辞書引き学習、海を渡る

―― 汎用的語彙学習方略モデルの開発 ――

深谷圭助
吉川龍生 編著

目　次

まえがき　巻頭言……………………………………………………………………… 4

研究計画の概要　複言語学習における汎用的な言語間共通学習方略モデルの開発に
　　関する実証的研究…………………………………………………………………… 8

**第1部【日本における複言語学習における汎用的な言語間共通学習方略モデルとし
　　てのJBモデル（辞書引き学習）の導入】**…………………………………17

　　高等学校の中国語授業における辞書引き学習導入実践——紙の辞書とオンライン
　　ツール活用の試み——……………………………………………………………18

　　[レポート]大学初級中国語におけるシールを用いた単語学習　………………49

　　日本の高等学校における『中日辞典（小学館第3版）』を使った辞書引きの取り
　　組みについて………………………………………………………………………53

　　中学校英語科における辞書引き学習実践に関する研究………………………75

　　日本の中学校英語科における辞書引き学習実践——石垣市立Ⅰ中学校の場合——
　　……………………………………………………………………………………95

　　新潟県新潟市立石山中学校の第二言語（英語）教育におけるJBモデル（辞書引き）
　　の実践…………………………………………………………………………… 111

　　英語辞書引きの取組（島根県　邑南町教育委員会）　島根県邑南町立羽須美中学
　　校、瑞穂中学校、石見中学校3校の実践から〜生徒感想アンケートと辞書引き
　　日記から見えてきたこと〜………………………………………………… 130

　　[インタビュー]札幌市立南月寒小学校6年4組児童、同担任新地先生、英語専科
　　千葉先生インタビュー……………………………………………………… 141

　　[インタビュー]森脇家（森脇父母）による辞書引き学習に関するインタビュー
　　……………………………………………………………………………… 154

　　辞書引き学習回想（島根県邑智郡邑南町立瑞穂小学校：森脇家）………… 180

　　くわな幼稚園における第一言語（日本語）辞書引き学習の実践……………… 189

第2部【イギリスにおける複言語学習における汎用的な言語間共通学習方略モデル
　　　としてのJBモデル（辞書引き学習）の導入】………………………… 199

　英国の教育場面における辞書引き学習の意義と効果………………………… 200

　英国の小学校の授業における辞書引き学習…………………………………… 218

　語彙習得学習における語種間共通方略モデルの開発とその実践――辞書引き学習
　　の動機づけと方略の有効性をめぐって――………………………………… 228

　イギリスの公立小学校における辞書引き学習の導入と教師の学び………… 257

　複言語主義に基づく英国の小学校におけるフランス語辞書引き学習の実践… 270

　英国・中等教育の外国語クラスにおける Lexplore（辞書引き学習）実践 … 291

第3部【シンガポールにおける複言語学習における汎用的な言語間共通方略モデル
　　　としてのJBモデル（辞書引き学習）の導入】………………………… 297

　シンガポール・マドラサ・イルシャド・ズフリ・アル・イスラミヤ校における辞
　　書引き学習を取り入れた語彙学習の改良…………………………………… 298

　シンガポールのアラビア語学習における辞書引き学習――児童の語彙習得と作文
　　にどのような影響があるか？――…………………………………………… 321

　「辞書引き学習」と Teach Less Learn More (TLLM) 教育学的アプローチのリン
　　ク……………………………………………………………………………… 324

研究の成果と残された課題……………………………………………………… 333

　子供と言葉の出会いに関する国際比較研究――イギリスにおける「辞書引き学習」
　　の導入事例を中心に――…………………………………………………… 334

あとがき…………………………………………………………………………… 356

執筆者一覧………………………………………………………………………… 358

まえがき　巻頭言

　本書は、2020-2023 年度科研費基盤研究 B「複言語学習における汎用的な言語間共通学習方略モデルの開発に関する国際比較研究」による研究成果をまとめたものである。

　本研究をまとめるにあたり、これまで 1994 年以来日本で取り組んできた「辞書引き学習」の実践研究のあゆみについて、本書の巻頭言として述べておきたい。

　「辞書引き学習」は、1994 年 4 月から 1999 年 3 月にかけて、本書の編著者である深谷圭助により開発された辞書を活用した学習方法である。

　辞書引き学習の取り組みは、1997 年 4 月、明治図書の教育雑誌『生活科授業を楽しく』で 1 年間連載され、翌 1998 年に『小学校 1 年で国語辞典を使えるようにする 30 の方法』(明治図書) で世に知られるようになり、現在に至る。1998 年刊行以来、四半世紀を過ぎた現在も絶版となることなく続いているロングセラーである (2023 年 12 月現在)。

　当時から、「辞書を小学校低学年から使うこと」「辞書は引くのではなく読むこと」を行っていた。この実践の効力と可能性については、取り組んでいる子供や保護者から大いに評価されていた。

　1994 年当時、1989 年改訂小学校学習指導要領において、小学校 4 年生から「国語辞典等の引き方指導」を始めることになっており、同僚教師から「なぜ、学習指導要領で小学校 4 年生からの指導とされているのに、小学校低学年から指導を行なうのか」と揶揄された。

　何度も言うが、「引く指導」はしない、「読む指導」をするのである。学習指導要領には辞書の指導を小学校低学年でしてはならないという規定は存在しない。

　はじめて「辞書引き学習」に関する実践論文を、勤務先の K 市教育委員会の論文コンクールに応募したとき、案の定「選外」であった。選外の理由は「小学 4 年生 (当時) で指導するべき国語辞典指導を小学 1 年生で行っているから」であった。「辞書引き学習」の可能性に自信を深めていた筆者は、「評価の観点」を変えるべく、同論文を A 県教育論文コンクールに応募した。その結果「最優秀賞(個人研究部門)」であった。その研究成果は、1998 年の本となって結実し、現在に至るまで、辞典

出版大手である小学館、三省堂、Benesse 他の絶大なる支援を得て、長い間、日本中の子供たちに愛される学習法となった。

　奇しくも 2024 年 2 月〜4 月に放送された NHK BS ドラマ『舟を編む〜私、辞書つくります〜』で「辞書引き学習」がドラマの印象的なシーンとして取り上げられた。このことは、デジタル社会が進展し、学校の教室に一人一台情報端末が配布される世の中においても、「辞書引き学習」には、子供たちや周囲の大人たちを「動かす力」があることを物語るものである。

　　　　　　　＊　　　　　　　　　　＊　　　　　　　　　　＊

　あれから四半世紀、志を一つとした私たち国際研究チームは、伝統的な学習アイテムとみなされている、紙の辞書と付せんを活用した「辞書引き学習」の汎用性を、異なる制度、異なる文化、異なる言語、異なる民族、異なる国民の間で実践、研究、検証を行うことで確かめるという壮大な国際研究プロジェクトに着手した。

　この国際研究で、最も困難かつ、重要だったのは、日本で生まれたこの言語学習法を、実際に導入してくれる学校が見つかるかどうかにあった。

　深谷は、国際研究パートナーを探すため、2016 年夏にイギリス・ロンドン大学 SOAS の客員研究員となって、研究協力校を探した。研究分担者である吉川龍生教授との出会いも、SOAS においてであった。吉川教授や独立行政法人国際交流基金（Japan Foundation）の尽力にも拘らず、筆者の在英中は研究パートナーを見つけ出すことができず、失意の帰国となったが、帰国直後に国際交流基金ロンドン事務所赤澤氏より、イギリスの校長 20 余名が京都視察へ行くので、そこで交渉をしたらどうかとの連絡が入ったのである。そこで意気投合したのが、ジャネット・アドセット英国キャッスルモルトン CE 小学校前校長であった。以来、2024 年 8 年余、同校では辞書引き学習の実践は続けられており、その効果は実証され続けている。

　また、シンガポールの実践では、華民（Huamin）小学校元校長、現 Principal consultant & partner with Singapore Education Consultancy Group である Edmund Lim WK 氏の尽力によるものである。シンガポールでの辞書引き学習の実践はシンガポール国立図書館での辞書引き学習ワークショップを始めとした展開がこれまでにあり、その実績の上での、シンガポール・マドラサ・イルシャド校での英語・アラビア語辞書引き学習実践報告があると言っても過言ではない。

　2024 年 2 月には、インド・サンジャイ　ガンジー記念 サー セクパブリックスクー

ル：Sanjay Gandi Memorial Sr Sec Public School Ladwa-Kurukshetra-Haryana に
おいて英語、ヒンディー語の辞書引き学習実践研究が始まった。多文化、他言語で
知られるインドにおいて、私たちの複言語主義、複文化主義に基づく辞書引き学習
がどのように実践され、理解されるのか大変興味深く注視するところである。

　私たちの挑戦は始まったばかりである。また、私たちは様々な国や言語、制度や
文化を超えたこの壮大な研究プロジェクトに関わる同志を求めている。本書を手に
した方で、是非仲間に加わりたいと念願する方々との輪が広がることを願ってやま
ない。

　なお、本研究プロジェクトには日本、イギリス、シンガポールの数多くの研究協
力者、執筆分担者が参加・参画している。
〈日本〉深谷圭助（中部大学現代教育学部教授）、吉川龍生（慶應義塾大学経済学
　　部教授）、関山健治（中部大学人間力創成教育院准教授）、王　林鋒（大阪教育
　　大学大学院連合教職実践研究科特任准教授）、廣　千香（三重県伊勢市立城田
　　中学校）、高原かおる・赤嶺祥子・西原啓世・仲山恵美子・崎山　晃（沖縄県
　　石垣市立石垣第二中学校）、堀尾亮介・土居達也（島根県邑智郡邑南町立瑞穂
　　中学校・石見中学校・羽須美中学校）、森脇智美・森脇　靖・森脇　嵩・森脇　蒼・
　　森脇明里（島根県邑智郡邑南町森脇家）、水谷秀史（三重県桑名市くわな幼稚
　　園・認定こども園くわな）、青山恭子（福井県立足羽高等学校）、荻野友範（慶應
　　義塾高等学校）、千葉里美・新地真広（北海道立札幌市南月寒小学校）、木幡延
　　彦（Benesse corporation）
〈イギリス〉Janet Adsett・Sian Cafferkey（キャッスルモルトン CE 小学校）、
　　丁佳（オルトリナム・グラマー・スクール・フォー・ボーイズ）
〈シンガポール〉Aishah Shaul Hamid・Suffendi Ibrahim・Rizal Jailani・Rozana
　　Mohamad Said・Noor Aishah Hussin・Firza Abdul Jalil・Siti Khairunnisa
　　Abdullah（マドラサ・イルシャド・アル・イスラミア）、Edmund Lim WK
　　（Principal consultant & partner with Singapore Education Consultancy
　　Group）
ここに深い感謝の意を表したい。

本書は、令和 2 − 4 年度科研費補助金基盤研究 B「複言語学習における汎用的な言語間共通学習方略モデルの開発に関する国際比較研究」（課題番号：20H01294）より研究助成を受け、出版刊行したものである。

2024 年 11 月
著者を代表して
深谷圭助

研究計画の概要

複言語学習における汎用的な
言語間共通学習方略モデルの開発に関する実証的研究

深谷圭助

研究の概要

　グローバル社会が進む中で、外国語教育の梃入れの必要を迫られた日本において、初等教育からの外国語（事実上は英語）教育が本格的に始まろうとしている。その一方で、日本語も含む学習者の言語学習に対する動機づけや学習方略の問題は教育現場の課題として残されたままである。本研究は、複言語学習において国や言語を超えた言語間共通学習方略モデルに期待される「辞書引き学習（以下、英語名Jishobiki、以下 JB と略記）」の言語学習者に対する動機づけと学習方略の有効性について、国際比較教育実践を通して明らかにすることを目的とする。

　具体的には、①日本、イギリス、シンガポールの学校において、JB モデルを導入し、②第一言語学習（いわゆる母語）第二言語学習（公用語、外国語）第三言語学習（外国語）としての英語・日本語・中国語教育の授業記録やエビデンス、教師や学習者の逐語記録や質問紙によるデータ収集を行い、③データ分析を通して、JB モデ

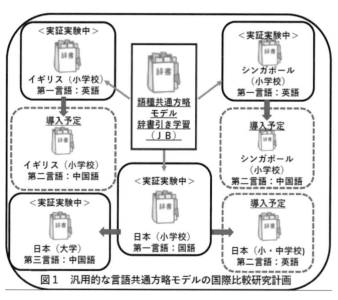

図1　汎用的な言語共通方略モデルの国際比較研究計画

ルの動機付けと方略の有効性について明らかにし、④汎用的な言語間共通学習方略
モデルを確立し、世界各国の教育現場に同学習方略モデルの指導手引書を提供する
ことを目指す。（図1参照）

1. 問題の所在と研究目的、研究構成
（1） 本研究の学術的背景、研究課題の核心をなす学術的「問い」
本研究の学術的背景

　日本の小学校では、平成29・30年度改訂学習指導要領により「外国語」が、小
学校5・6年生に導入された。日本の初等教育における外国語教育の梃入れは、
2008年の「外国語活動」の導入に続くもので、現在、日本の外国語教育改革は途
上にある。この日本の外国語教育における理論的枠組みの構築において影響を及ぼ
してきたCEFR（Common European Framework for Reference of Languages）は、
欧州複言語主義における言語教育の枠組みを提供するものである。しかしながら、
日本における理論的枠組みの受容は、元来のCEFRの複言語・複文化というコン
セプトを無視し、過度に特化したものであるだけでなく、日常的に複数の言語を用
いる環境に置かれている欧州の人々が持ちうるモチベーションを等閑視していると
考える。この枠組みのままでは、複数の言語を用いる環境作りや言語学習に対する
モチベーションの向上という側面の議論が抜け落ちてしまうのである。

研究課題の核心をなす学術的「問い」

　研究課題の核心をなす学術的「問い」は2つある。1つめの問いは「複言語主義
に対応した言語間共通学習方略モデルを開発することで、言語学習に対する意欲を
学習者にもたらすことができるか」という問いである。複言語時代に各言語学習の
動機づけをどうするのかという問題は英語教育学、言語教育学において重要な問題
として位置付けられている。一般的には、言語習得には長い期間と膨大な学習費用
がかかるものと認識されている。特に言語学習における「語彙（単語）習得」には、「努
力」や「忍耐」が必要と考えられている。況してや、複言語を学ぶ場合、学習動機
づけをどのように行うのか、あるいは、学習方略を如何にして習得させるかは、重
要な問題である。本研究では、言語学習を言語ごとの学習方略ですすめるのではな
く、汎用的な学習方略の確立を目指して、国や地域、言語を超えて通用する、効果

研究計画の概要

的な言語間共通学習方略モデルを開発することを目的としている。2つめの問いは
「JB モデルで取り扱う『紙の辞書』が現代において如何なる教育学的意義を持つの
か」という問いである。デジタル化や AI 技術の進展でデジタル辞典が紙の辞書に
替わって社会に広がりつつある。この言語間共通学習方略モデルで、教材として用
いるのは「紙の辞書」である。JB において、学習者は「紙の辞書」を読む習慣を
身に付け、既知の言葉に徴候的に出会うことで既知の言葉を再吟味する。さらに、
読んだ語彙の掲載箇所に、当該語彙を記した通し番号付きの付箋紙を貼り付けるよ
うにし、学習量を可視化する。このことで学習者は、意欲的に辞書をよく読むよう
になる。本モデルでは、従来の辞典指導のように、学習者に対して特定の語彙の検
索を最初から望まない。あくまでも、語彙を吟味することの面白さを JB で体験さ
せるのである。デジタル辞典は紙の辞典に比べて検索性が高いが、検索性が高くな
るほど、辞典の「セレンディピティ (serendipity)」が失われる。即ち、「検索をす
る際に、偶々目当てではない語に気を引かれる」機会が失われるのである。JB で
は紙の辞書を徹底的に読ませることで多くの語彙に出会わせる導入をする。多くの
言葉に出会わせることによって語彙の学びの糸口を掴ませるという「セレンディピ
ティ」的な語彙学習の動機づけは学習者にとって辞書を使うことの意義を感じさせ
る策となる。セレンディピティという考え方は「観察の領域において、偶然は構え
のある心にしか恵まれない」ことを指すが、JB では、多くの言葉を注意深く観察
することで、学習者の語彙に対する意識を高め、語彙学習に対する動機づけを高め
ていくことが期待されている。本研究チームは、語彙の検索だけはでない「紙の辞
書」の複言語教育教材としての価値を再定義し、「紙の辞書」が如何なる意義を持
つのかという問いを明らかにする。一般的に辞典指導は少数の語彙を「検索」する
ことに偏った指導がなされているが、JB で大量の語彙に出会わせることで「言葉
から学ぶ心の構え」を持たせることを目指す。

(2) 本研究の目的および学術的独自性と創造性
①本研究の目的
　本研究の目的は、複言語学習において国や言語を超えた言語間共通学習方略モデル
に期待される「辞書引き学習 (JB)」の言語学習者に対する動機づけと学習方略
の有効性について、国際比較教育実践を通して明らかにすることである。具体的に

は、①日本、イギリス、シンガポールの学校において、JB モデルを導入し、②第一言語学習（母語、公用語）、第二言語学習（公用語、外国語）、第三言語学習（外国語）としての英語・日本語・中国語教育の授業記録やエビデンス、教師や学習者の逐語記録や質問紙によるデータの収集を行い、③データ分析を通して、JB モデルの動機付けと方略の有効性について明らかにし、④言語間共通学習方略モデルを確立し、世界各国の教育現場に、汎用的な言語（英語・中国語・日本語）間共通学習方略モデル指導手引書を提供することを目指す。

②学術的独自性と創造性

　本研究の学術的独自性と創造性は２つある。従来、教育学研究において、比較研究を行う場合、理数系教科の教材を取り上げることが多かった。これは、各国のカリキュラムが似通っていること等、統制がかけやすいという理由に拠るものである。本研究は、従来比較研究が難しいと考えられてきた言語教材を取り上げている。辞書は語彙教材として、各国のカリキュラム、教材等として位置付けられており、統制をかけやすく実施が容易である。しかも、複数国間に跨る国際的な辞書指導に関する研究はこれまで例がない。これが本研究の学術的独自性と創造性の１つめである。

　複言語時代における言語間共通学習方略モデルの開発と同モデルにおいて使用される紙の辞典の再定義は多くの国で直面している問題である。デジタル辞書と紙の辞書の教育的価値を問うことは重要である。本研究は、複言語教育や AI 時代における言語教材の選択に新しい知見を提供するものである。これが本研究の学術的独自性と創造性の２つめである。

(3) 本研究で何をどのように、どこまで明らかにしようとするのか

　本研究の目的を達成するために、以下の４つの課題を実証的に検証することが必要である。

〈課題1〉異なる教育制度・学校文化等をもつ、特に日・英・星の学校（小学校、大学）において既存のカリキュラムへの影響が少ない言語間共通学習方略モデルを導入し、一定期間、実践をする。まず、第1言語、次に第2言語という順に導入をすすめ、実践を行う。（2020 年度前期―2022 年度前期）

研究計画の概要

〈課題2〉言語間共通学習方略モデル導入後、教師、児童へインタビューを行い、逐語記録を作成することで質的に分析したり、アンケートを実施したりして、統計的に分析する。（2020年度前期—2022年度前）

〈課題3〉学習方略を導入した実践から得られたデータを量的・質的に分析し、汎用的な言語間共通学習方略モデルの開発に関して有用な構成要因解明し、モデルの開発・改善を行う。（2021年度後期—2022年度前期）

〈課題4〉紙の（冊子体の）辞書の再定義、即ち、教育的価値を問うことを踏まえた、汎用的な言語間共通学習方略モデル指導手引きを作成し、刊行あるいはインターネット上で公開する。（2022年度前期—2022年度後期）

　具体的には、研究組織を（1）イギリス調査研究班、（2）シンガポール調査研究班、（3）日本調査研究班に分類し、（4）データ分析班、（5）言語間共通学習方略モデル指導の手引き作成班とし、それぞれ、第一言語教育でのJBモデルの導入を行った上で、第二言語習得に向けたJBモデルを継続的に実施させる（表1参照）。

表1　研究代表者、研究分担者の具体的役割

研究グループ	担当者	
【イギリス調査研究班】イギリスの第1言語教育で導入されているJBモデルを第二言語教育でも実践検証をする（2020年度前期-2022年度前期）	深谷	イギリスでの第一言語への導入と継続支援（実施中）班長
	吉川	イギリスでの第二言語への導入と調査・データ収得
	王	イギリスでの第二言語への導入と調査・データ収得
【シンガポール調査研究班】シンガポールの第一言語教育で導入されているJBモデルを第二言語教育で実践検証する（2020年度前期-2022年度前期）	吉川	シンガポールへの第二言語への導入と調査、班長
	王	シンガポールでの第二言語への導入と調査・データ収集
	深谷	シンガポールでの第一言語への導入と継続支援（実施中）
【日本調査研究班】日本の第1言語教育で導入されているJBモデルを第二言語教育、第三言語教育でも実践検証する（2020年度前期-2021年度後期）	王	日本での第二言語（英語）、第三言語（中国語）への導入と調査・データ収得、班長
	深谷	日本での第一言語（日本語）の導入と継続支援（実施中）
	吉川	日本での第三言語への導入（中国語）と調査とデータ取得

複言語学習における汎用的な言語間共通学習方略モデルの開発に関する実証的研究

研究グループ	担当者	
【データ分析班】実践・検証から得られたデータを量的・質的に分析し、言語間共通学習方略モデルの開発に関して有用な構成要因を解明する（2020年度後期-2022年度前期）	関山他3名 篠沢	データの解析（質的統計分析） データの解析（量的統計分析） 学会発表と学術論文執筆 篠沢はロンドン大学 SOAS 所属、研究協力者として統計分析をサポート
【汎用的な言語間共通学習方略モデル指導手引書作成班】指導手引きを作成する（2022年度前期—2022年度後期）	関山他3名	「汎用的な言語間共通学習方略モデル指導手引書」の執筆 全員で分担執筆

　研究総括は、研究代表者（深谷）が行い、各班で得られた研究知見については、学会等での発表を含めて年に2回から3回程度情報交換し、各班が有機的に連携しながら研究を進めていく予定である。また、各班ではそれぞれ分担された研究課題について中心となって取り組むが、調査項目の統一など、協働して取り組みながら効果的な研究を推進できるように常に連絡を取り合って研究を進めていく。なお、関山は他調査班の補助要員としても活動する。

　研究代表者の深谷圭助の専門分野は、教育方法学、児童語彙学である。これまで、自学主義教育、主体性概念の解明、学習用辞典を活用した児童の学習方略と言語力育成に関心を持ち、具体的には、①自学主義教育に関する研究、②日本の学習国語辞典の編集、③児童語彙に関する教材作成に取り組んできている。紙の辞典（冊子辞典）の活用による言語学習意欲の向上や語彙力向上を目的とした「辞書引き学習（JB モデル）」を海外の小学校言語教育の現場に導入し、研究成果を国際学会や学術論文で発表してきている。本研究では、主に研究統括を担当する。【日本調査研究班、イギリス調査研究班、シンガポール調査研究班、データ分析班、汎用的な言語間共通学習方略モデル指導の手引書作成班】

　研究分担者の吉川龍生の専門分野は、外国語教育である。これまで、外国語教育研究とりわけ CEFR に基づく複言語教育や高大連携、教材開発の研究、また諸外国における中国語教育の調査に取り組んできた。「中国語教育の国際比較と日本における主体的学習の可能性——SFLL、CEFR、辞書引き学習の実践から」（単独、慶應義塾中国文学会第3回大会、2018年7月7日於慶應義塾大学日吉キャンパス）という口頭発表を行うなど研究代表者と連携して研究を進めてきた。本研究では、主に日本の大学における第三言語教育、シンガポールにおける第二言語教育研究に

研究計画の概要

ついて担当する。【シンガポール調査研究班、日本調査研究班】

　研究分担者の王林鋒の専門分野は、外国語教育・教職開発である。外国語としての英語教育において、母語と外国語を一体化した言語教育を実現するための諸要素について解明することを研究上の関心としている。教職開発の分野では、子どもの学びを中心に据え、教師がどのように教材研究・教材開発をしているのかを探究してきた。本研究では、主に日本の小学校における第二言語教育、第三言語教育研究とシンガポールにおける第2言語教育研究を担当する。【日本調査研究班、シンガポール調査研究班】

　研究分担者の関山健治の専門分野は、辞書学（英語・日本語）、応用言語学である。学習英和辞典の編纂を通して、学習者のレベルに最適化した収録語彙、訳語の選定、提示方法を中心に研究を進めてきた。応用言語学の分野においては、中学、高校の英語教育現場における辞書指導教材の開発や日本人英語学習者の特性を踏まえ、複数の辞書メディアを融合した辞書指導方法論の確立に取り組んできた。本研究では、主に各研究フィールドから得たデータの分析と、言語間共通学習方略モデル指導手引書の編集について担当する。【データ分析班、汎用的な言語間共通学習方略モデル指導手引書作成班】

2. 本研究の着想に至った経緯など

(1) 本研究の着想に至った経緯と準備状況

　本研究の着想は、グローバル化を背景とする複言語教育時代に、学習者の言語学習の動機づけをどのように行わせたらよいのか、複言語を効率的に学習する言語間共通学習方略モデルを開発できないかという問題意識のもと、研究代表者が開発した日本の小学校における言語学習モデル「辞書引き学習（JB モデル）」を汎用的な言語間共通学習方略モデルとして応用できないかと考え、英語教育、中国語教育研究者らと検討することで着想に至っている。

　本研究プロジェクトでは、言語教育における主体的学習態度養成に対して、既に日本の小学校教育の現場で 1990 年代以降、成果を上げ、近年、英国、シンガポールでもその効果が実証されつつある "JB モデル" を、外国語教育で応用できるかを目標の一つとして研究に取り組んできている。本研究プロジェクトチームは、これまで、日本語とは違う環境で、JB モデルが有効であるかを確認し、日本語とは異

なる言語でどのような有用性があるかを検証してきた。具体的には、英国の実験校（小学校）において母国語としての英語の学習を中心に辞書引き学習を取り入れた教育実践を3年間に亘って行ってきている。その結果、明確になったのは、JBモデルが英語環境でも機能するという事実である。英国の小学校では、毎週1コマの"JB Time"を特設し、英語の語彙学習におけるspellingの能力向上や英語学習における自己調整学習能力向上に大きな成果を上げている。今後、外国語教育の文脈に辞書引き学習を取り入れた場合に、CLILのような学習法にJBモデルを結びつけて展開していくことで、更なる効果が期待できると考えている。（図2参照）

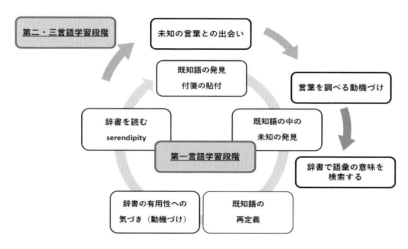

図2　汎用的な言語間共通学習方略モデルJBの言語学習動機づけと学習方略のプロセス

　本プロジェクトにおけるこれまでの成果は、日本の小学校の国語教育、英国の小学校の英語教育、そして、日本の大学の中国語教育におけるJBモデル実践の実証研究に関する研究を国際学会等（HICE2019:Hawaii International Conference on Education 2019、WALS2019：World Association of Lesson Studies 2019、日本教育方法学会55回大会）において報告している。

(2) 関連する国内外の研究動向と本研究の位置づけ

　国内の辞書指導に関する研究は、例えば、高橋渉、酒井英樹、田中江扶、金子史彦、田中真由美他4名「英語教育における辞書の活用―新学習指導要領に対応して―」

研究計画の概要

信州大学教育学部附属教育実践総合センター紀要『教育実践研究』No.15、2014 年）
のように、中・高等学校における英語辞書指導に関する実践的研究が多くを占める。
一方、辞書指導に関する比較研究は、深谷圭助「子供と言葉の出会いに関する国際
比較研究 ―イギリスと日本における「辞書引き学習」の導入事例を中心に―」（『現
代教育学部紀要』第 10 号、2018 年 3 月、pp.47-5）が主なものであり、本研究の独
自性は際立っている。言語間共通学習方略としての辞書指導に関する比較研究は管
見の限り存在しない。

科学研究費補助金　課題番号 20H01294

　2020 年度 基盤研究（B）「複言語学習における汎用的な言語間共通学習方略モ
デルの開発に関する国際比較研究（英文：A Comparative International Study for
Developing a Model of Language-Learning Strategies in Plurilingual Education）
申請調書より転載、一部編集した。

第1部

日本における複言語学習における
汎用的な言語間共通学習方略モデルとしての
JB モデル（辞書引き学習）の導入

高等学校の中国語授業における辞書引き学習導入実践

──紙の辞書とオンラインツール活用の試み──

荻野友範　吉川龍生　深谷圭助

はじめに

外国語学習において、辞書は最も基本的なツールの一つと言える。学校で初めての英語の授業が始まるとなれば、どの辞書を買おうかという話にもなる。大学でも、毎年4月には様々な言語の授業で辞書のことが話題になっていることだろう。教員として自分自身が新年度の授業を始める時のことを想像してみても、毎年の授業の早い段階で辞書についての説明をしていることに気づく。

辞書に関する情報は、外国語を学ぶ上での基本情報とも言え、試しにインターネットで何かしらの言語の「辞書・紹介」と検索をしてみれば、名だたる大学のサイトにある辞書案内に始まり、書店や生協、辞書を出している出版社のサイト、まとめサイトや個人ブログに至るまで、ここで全てを挙げるのは到底不可能なほどの情報にあふれている。

そうした辞書案内の中には、様々な形で紙の辞書の有用性を説くものもある[*1]。しかし、紙の辞書をどう使えばその有用性を引き出すことができるのかを説明したものは少ない。それはおそらく辞書はただ引けばよいのであって、とりたてて説明は要らないだろうということによるのだろう。また、言語学習の上達の秘訣として紙の辞書を読むことを勧めるものも少なからずあるが、どう読んだらよいのかを説明しているものは少ない[*2]。これも辞書を読むのに説明も何もないだろうということなのかもしれない。

そもそも、インターネット上の情報を槍玉に挙げる前に、かつての自分自身の授業を思い出してみても、紙の辞書は大事だ、紙の辞書を読むのだ、と力説していたことは確かだが、どう大事なのか、どう読めばよいのかということに時間を割いて解説し、継続的な取り組みを行った記憶はない。つまり、極めて逆説的で皮肉なことに、辞書はあまりに自明なほどに重要なゆえに、授業の中でむしろないがしろに

されてきたわけだ。誰でも引けると思われてきた辞書は、授業で扱うものというよりも、自学自習のお供と考えられてきたと言えるかもしれない。分からない言葉は、家で辞書を引いておけよ、という具合である。授業中に単語の意味を慌てて辞書で引く学習者がいたら、予習が不充分と捉えて不機嫌になる教員すらいるかもしれない。

　しかし、当該言語に熟達した教員はともかく、学習を始めたばかりの学習者にとっては、辞書を引くこと、ましてや読むことは、実はそれなりの困難を伴う。中国語について言えば、紙の辞書はピンインが分からないような場合には部首や総画、あるいは音訓の索引でその字を見つけなければいけないし、さらに辞書を引くのではなく読むとなった時に、何に着目して読んでいけば良いのかもはっきりせず、いきなり小説のように感情移入して時を忘れて読んだなどという状況はまず考えられない。辞書はどうやって使うのですかなどと質問したら怒られそうで気兼ねもするだろう。

　本授業実践は、その重要さゆえに逆に空白地帯となってしまっていた感のある辞書の使用について、辞書引き学習法の考え方を高等学校の中国語授業に導入し、オンラインツールと連動した学習パッケージの確立を目指して行ったものである。高等学校での実践としたのは、初等・中等教育の国語ですでに学習法として確立している辞書引き学習を、同じく初等・中等教育段階の初習外国語科目に応用する実践研究の一環として計画されたからである。英語に関しては、本格的な学習が始まる中学校１年生を中心に導入実践を進めているが、中国語の場合は高等学校段階から科目が設定されることが大半であることから、高等学校での実践とした。また、高等学校の中国語においては、専任教員でない教員が単独で担当していて、授業時間数も限られている場合が多いことから、極力授業時間を消費しない形で、導入のハードルが低く、無理なく続けられる学習パッケージの確立を目指すこととした。オンラインツールとの連動という意味では、全てのプランを実行できたわけではないが、まずは辞書引き学習を高等学校の中国語の授業の文脈にしっかりと位置づける取り組みを行い、学習パッケージとして完成度を高めていくための最初のステップとすることを目指した。

　なお、辞書引き学習の導入実践は大学の中国語授業でも開始しており、最終的には学習方略の上での高大連携という側面からの分析も行っていく予定である。

第 1 部

1. 授業実践の背景と目的

　本授業実践は、すでに国語（日本語）や英語で実践が行われている言語学習方略
モデルの中国語での応用と、授業実践が直面せざるを得なかったコロナ禍での授業
という状況を背景とし、導入の実現可能性と持続可能性を備えた学習パッケージを
構築できるかどうか確認することを目的の一つとした。また、学習者に及ぼす影響
や効果については、知識・技能のレベルにとどまらず、メタ認知能力の観点から学
習者の中でどのような広がりや深まりがあったかを、ルーブリックや自由記述アン
ケートから見取ることも目的とした。こうした背景や目的について、本章で詳述し
ていく。

1.1 辞書引き学習

　本授業実践の背景となっている言語学習方略モデルは、辞書引き学習である。辞
書引き学習は、任意の箇所から辞書を読み既知の単語を見つけ、通し番号を付した
付箋紙にその単語を書き掲載ページに貼り付けていくことを手始めに、未知の単語
についても同様に付箋紙を貼っていくものである。1990 年代に深谷圭助によりに
開発され、日本の小学校教育で広く知られるようになっている言語学習方略と言え
る[3]。近年は、JB model（JB モデル）として、日本の国語教育の文脈を離れ、複
数の国や地域、複数の言語での導入実践を進めている[4]。

　これまで、国語（日本語）以外の言語では、英語について日本国内と英国、シン
ガポールで実践が行われてきていたが、これを日本国内の第三言語（第二外国語）
教育の文脈に応用してみようというのが、この授業実践である。広く普及している
国語での取り組みは、修業年次が低いとはいえ、いわゆる母語の辞書で行われてい
るものであり、既知の単語を辞書で探してゆくという作業がスムーズに導入できて
いる面があった。それに対して、英語や中国語では、非母語話者の学習者を対象と
しており、既知の単語を探していくという導入の活動が上手く機能するのかという
のが、授業実践における最初の課題であると言えた。この課題については、英語で
はいわゆるカタカナ言葉をヒントにさせることでスムーズな導入ができることが分
かってきた。

　中国語に関しても、字体の差こそあれ、同じく漢字を使用している点に注目する

20

ことで、導入しやすくできるのではないかと考えられた。日本語でも使われている漢字の熟語を既知のものとして見つけさせ、その意味が日本語と同じかどうか、中国語ではどのような発音になるのかなどの点を確認させ、その作業を通じて辞書を読ませ、辞書引き学習のスキームに則り番号をふった付箋に当該の言葉を書き、辞書に貼っていくという方法である。この漢字を切り口にするという方法が果たして機能するのか、どのようにすればよりスムーズな導入につなげられるのかという点が、本授業実践の目的の一つであった。

1.2 オンラインツール

　新型コロナ感染症の影響が続く中での授業実践となったことで、オンラインツールを併用した対応が必要となり、それが新たな課題として浮上した。しかし、コロナ禍をきっかけに考慮に入れることになったオンラインツールは、一つの授業パッケージとして考えていく時に、むしろプラスになる面が多いことが分かってきた。とりわけ、Google フォームを使った成果や情報の回収は、単なる利便性を超えて、授業実践の実現可能性や持続可能性にも関わる大きな意味を持ちうることに気づいた。

　具体的には、当初紙媒体での実施を予定していた（実際に一部紙媒体での実施もした）ルーブリックや辞書引き日記*5 などを Google フォームで回収することで、実施する側の回収後の整理にかかる手間を大幅に減らすことが可能になり、現場の教員の負担をあまり増やさずに辞書引き学習を授業計画の中に組み入れやすくなるという期待が持てた。また、導入授業後の取り組みにおいても、学習者が授業時間外に見つけた言葉を Google フォームで提出させ、その結果をスプレッドシートで複数の教員が共有してコメントするということが可能になり、授業時間をあまり消費せず、直接の担当教員以外も参加して実践を続けていく見込みがたった。

　こうしたことから、この授業実践では、オンラインツールを活用した継続的な活用がプラン通りに運営できるのか、改善すべき点はどこか探ることも、その目的の一つになった。

　なお、オンラインツールに関しては、さらに一歩進めて Google フォームで回収した学習者が探してきた単語を、Quizlet*6 を使って単語カードやゲームにし、その後に扱った単語に関して小テストをするというプランも考えたが、まずは Goo-

第1部

gle フォームを使って基本的な授業実践を継続できるかの検証を今回の中心に据えた。

1.3 メタ認知能力につながるもの

　既述のように、小学校の国語教育における辞書引き学習が高等学校の中国語という授業空間で機能するか、オンラインツールを活用して円滑にフィードバックができるかなど、授業運営の観点をも視野に、導入可能なパッケージとして検証し、提示できれば、それである程度の目的は達成されたと言えるし、効果を測定したり、課題点をフィードバックしたりすることも難しくはない。

　加えて、教授法・学習法の一つである以上、そもそも学習者にどれだけメリットがあるのかという点が、最重要ポイントになってくる。しかし、教科書を用いた授業を主とし、辞書引きを補助的な位置づけで実践する取り組みでは、学習者の中国語能力の伸びが何に由来するのか、どの部分が辞書引きに影響を受けているのかを同定するのは困難が伴う。もちろん、ごく単純な知識・技能として中日辞典の使い方が分かったというようなものは、この授業実践による成果だと言えるのかもしれないが、教科書を用いた授業でも向上が見込まれる全般的な語彙力は、何によって伸びたのかということは判然としない。「高等学校学習指導要領（平成 30 年告示）」で謳われている資質・能力の 3 つの柱、すなわち「(1) 知識及び技能が習得されるようにすること。／ (2) 思考力、判断力、表現力等を育成すること。／ (3) 学びに向かう力、人間性等を涵養すること。*7」のうち、「知識・技能」の中の細かな辞書の使い方についてくらいしか明確に測定することはできないようにも見える。

　効果測定が難しいということもそうだが、そもそも辞書引き学習の導入で目指すものは、単なる語彙力アップではない。中国語で言えば、日本語の中の漢字と比較することにより中国語の運用能力において応用性を高めることであり、さらに中国語という教科を超えて他の言語や古文・漢文など日本語・中国語の古典などとも比較しつつ、言語のあり方について学習者が主体的に目を向けるように仕向けることである。それは、学習指導要領で言えば思考力・判断力・表現力の育成、学びに向かう力・人間性等の涵養へつながり、メタ認知能力・メタ言語能力を高めるということである。スポーツで喩えれば、球技においてどうやってボールを投げたり蹴ったり打ったりするのかという個別具体のレベルではなく、体幹を鍛えて個別の競技

に応用できる高い身体能力を目指そうというのにも似ている。しかし、そうした能力は将来的にその能力が効果を発揮するというような場合も多く、客観的な測定が難しい面がある。野球なりサッカーなりの試合で勝敗をつけることはできるが、そこに出場していた選手たちを基準も定かでない体幹の強さや将来どれだけ選手としての能力が伸びるかなどで比較することが難しいのと似たようなものだ。

　そこで、本実践では、学習者自身による、辞書引き導入前・導入直後・年度末のタイミングでのルーブリック評価と、自由記述による振り返りを分析することで、学習者の意識や認識、態度などにおける変化を見取ることによって評価すべく、実践を設計していくこととした。学習者の意識に何らかの変化が起き、それが教員側の意図したものであるのか、またその変化が持続したり他の変化につながっていったりするものであるのか、そうしたものをすくい取ることで実践を評価することも、大きな目的の一つとした。

2. 実践の内容

　本実践の具体的な活動について説明を加える。なお、本文中で示しづらい関係資料については、文末に一括して提示してある。掲載の都合上、実際に用いたものと書式などが異なることもある点をご了承いただきたい。

2.1 クラスの状況と事前準備

　今回の実践の対象となったのは、全日制の男子校である慶應義塾高等学校３年生の中国語授業である。基本的に２年次に１年間週２コマ（１コマ50分）の中国語を学習した後、３年次でも継続して週３コマ（１コマ50分）中国語を学習している生徒が対象となっている。ただし、履修者の中には、対象の授業とは別に何からの形態で中国語学習歴がある者、ネイティブスピーカー・ニアネイティブスピーカーも若干名含まれている[*8]。３年次の授業は日本人教員と中国語ネイティブ教員のリレー形式で２クラス設置されており、クラス人数はそれぞれ23名と24名となっている。

　中国語辞典（中日辞典）は、学校側で揃えることはできなかったため、研究プロジェクトの側で提供（貸与）することとし、小学館の『中日辞典 第3版』を必要

第1部

数用意することとなった。50 冊近くを購入・保管するのは現実的に負担も大きいため、教員分も含め 25 冊購入して 1 クラスずつ時期をずらして実践を行うこととした。

中日辞典として小学館版を採用した経緯・理由は以下の通りである。辞書を読ませ日本語の熟語と似たようなものを探させたり、未知の字や熟語を探させたり、意外な意味や類義語について確認させたりといった作業をする都合から、コンパクトタイプの辞書では情報量的に物足りなさがあり、だからと言ってあまりに大きな辞書では高校生が持ち歩くには不便であることから、中型辞典が候補に挙がった。具体的には、講談社・小学館・白水社・東方書店のものが候補となったが、例文にもピンインがついていることから最有力と考えた講談社版が版元品切れとのことで、収録語数や改訂のタイミング（近年改訂されているか）、類義語やコラムなどの記事の充実度などから検討した結果、今回は小学館版を使うこととした。

コロナ禍で導入授業を行う時期も二転三転したが、前期に 1 クラス、後期にもう 1 クラスで実施するということで準備を進めた。前期に行ったクラスでは、紙媒体で導入授業前と導入授業直後のルーブリック及び自由記述アンケートを行った。しかし、新型コロナウイルスの感染が爆発的に広がる中、後期授業での取り組みが対面で予定通りできるのかなどの懸念や、実際に紙媒体で実施してみて、逆にオンラインの方が後の処理がしやすいという感触を得たこともあり、すでに述べたようにオンラインツールを使ったプランを導入することとした。

ルーブリックや自由記述の回収は取り回しのしやすさから Google フォームを使用することにした。また、生徒が探し当てた単語を Google フォームで提出させる取り組みも計画したが、その際に PC やタブレット、スマートフォンなど生徒個人のデバイスでの中国語入力が必要となるので、Windows・Mac・Android・iOS での中国語入力ガイドも用意した。ピンインの入力については、アルファベットの上に声調記号が乗った形式は、様々なデバイスでの入力法を一つひとつ説明するのはやや煩雑であったため、アルファベットと音節の最後に数字で声調を入れる形式で対応することとした。

なお、ルーブリックについては、紙媒体で準備を進めていた段階から、本授業実践が主体的に辞書を活用しようという姿勢やメタ認知能力の涵養などを目的の一つとしていることが伝わるように記述文を作成した。Google フォームでのルーブリッ

クには、紙媒体の記述文（図１参照）をそのままコピーして使用した。

JBモデル（辞書引き学習）に関するルーブリック

評語 評価項目	S	A	B	C
辞書の利用： 紙の中国語辞書のひき方 【知識・技能】	使い方は完璧にマスターしている 記入日①	言葉の意味を調べることはできる 記入日①	少しアドバイスを受ければ言葉の意味を調べられる 記入日①	基本的な利用法の説明が不可欠である 記入日①
「辞書引き」とは： 辞書を読む「辞書引き」の理解 【知識・技能】	「辞書引き」を完全に理解し、学習の中で活用できる 記入日①	「辞書引き」がどのようなものかは理解している 記入日①	教員に確認すれば「辞書引き」のやり方を思い出せる 記入日①	「辞書引き」がどのような活動か理解できていない 記入日①
辞書の利用姿勢： 中国語学習における紙の辞書 【思考力・判断力・表現力】	分からないことを自分で見つけ知識を増やしていける 記入日①	分からないことに出会ったら意味を調べることができる 記入日①	必要に迫られれば利用できる 記入日①	辞書を使うのはなるべく避ける 記入日①
中国語辞書を活用する場面： 電子辞書・ネット辞書など含む 【学びに向かう力・人間性】	校外・家庭でも自然と日常の学習で利用できる 記入日①	校内での授業や活動で利用できる 記入日①	先生の指示を受けて使用できる 記入日①	積極的に使う気にはなれない 記入日①
中国語辞書の他領域での応用： 自立した学習者としての利用 【学びに向かう力・人間性】	中国以外の社会・文化や、他の言語とも関連付けて応用できる 記入日① ②	中国の社会や文化について知るツールとしても活用できる 記入日① ②	見つけたり調べたりした言葉の周辺に注意を向けられる 記入日① ②	語義の確認には使用することができる 記入日① ②

※該当する項目の記入日の欄に、「月/日（例：5/28）」のように日付を書き入れてください。
※記入日①は研究授業の前の自己評価、記入日②には事後の自己評価を記入してください。

図１　紙媒体のルーブリック

2.2 導入授業

　前期実施クラスの導入授業は 2021 年 6 月 15 日（火）、後期実施クラスは同年 10 月 8 日（金）に、各 2 コマ連続の授業で行った。前期実施時には、慶應義塾高等学校の国語科の教諭 2 名も参観していて、授業後に貴重なフィードバックを頂いた。活動内容を少し盛り込みすぎたため、後期実施時には活動内容をスリムにして余裕持って活動の総括まで行えるようにした。ここでは以下に、後期実施時の指導略案を引用する。なお、同日使用した PowerPoint ファイルについては、文末に付録として収めたので参照されたい。

第1部

慶應義塾高等学校・「辞書引き」指導略案（中国語／2限連続）

・第1時限目

	教師の活動・生徒の活動	指導上の留意点
導入 10分	1. 本時の活動内容・タスクを明示し、生徒の関心を引き寄せる 教師：自己紹介をし、いくつかの言葉について辞書を使い、日本語との類似点・相違点があることを示す 生徒：付箋のナンバリングをする	・机の上に辞書と付箋、筆記具があるか確認をする ・付箋のない生徒に与える ・付箋のナンバリングは、15枚分でよい
展開① 15分	2. 個人の作業をする 生徒：付箋15枚を目標に辞書を読み、気に入った言葉を1つ余分に付箋に書いておく 教師：まずは、日本語と同形のものを中心に見ていくように促す。机間巡視して、付箋の数や見つけた単語をチェックしながら、褒め、励ます	・辞書を"ひく"という言葉は極力使わず、辞書を"読む"と表現するようにする ・何枚貼ったのか、どんな言葉を見つけたのかと声をかける
展開② 15分	3. グループ作業をする 生徒：気に入った言葉を持ち寄って、自分の選んだ言葉を紹介し、グループ特選の1枚を選ぶ。発表時、選んだ理由を説明する担当を決めておく 教師：グループの1枚を選ぶ過程で、候補に挙がっている言葉について適宜知識の補足や発音の修正を行う	・他の生徒がなぜ選んだのかをよく聞くように促す ・発音の指導を適宜行う
展開③ 5分	4. 発音の練習をする 生徒：お互いの発音をチェックしあう 教師：机間巡視して、発音をチェックする	・発音指導しつつ、辞書の同じ音の言葉などについて、適宜説明をする
まとめ 5分	5. 次の時限に向けての案内をする 教師：本時の活動を振り返らせ、2時限目の活動の確認をする 生徒：本時の活動をふり返り、学習の上での留意点について理解するようにする	

高等学校の中国語授業における辞書引き学習導入実践

・第 2 時限目

時	教師の活動・生徒の活動	指導上の留意点
導入 5 分	1. 本時の活動内容を確認 教師：聞き取り用の用紙を配布する 生徒：活動内容を理解する	・活動の内容を理解していない者がいないか確認する
展開① 30 分	2. 発表会を行う 生徒：【発表者】グループ全員立ち、全員がグループ特選の 1 語を読み上げ、その言葉の意味や関係する知識を披露する／【聞き手】聞いている側のグループは、聞き取り用紙に、読み上げられた言葉のピンイン・簡体字を書き取り、辞書で意味を確認する 教師：教師：適宜発音の修正をする／辞書で該当の箇所を見てみるように指導する	・選んだ理由や関係する知識について、よく話を聞き、自分でも手を動かして確認するように促す
まとめ 15 分	3. 振り返りをする 教師：辞書を読む学習法の紹介をする。ルーブリック、自由記述アンケートの記入（いずれも Google フォーム）について説明をする 生徒：ルーブリックに記入しながら本時の活動をふり返り、学習の上での留意点について理解するようにする案内する 4. 今後の活動について説明する 教師：Google フォームを使って、辞書引きで見つけた言葉を提出する方法を案内する。2 週間ごとに教員からフィードバックをする。フィードバックを欲しい"厳選単語"には、チェックをするように指導する。複数厳選してしまった場合は、一つだけ教師が選んでコメントする	・紙の辞書は引くだけのものではなく、語彙を音声とともに構造化していくものであることを理解させる ・パーツの組み合わせで語彙が増加することを説明する（他の言語でも同じ）。 ・何か気になる言葉・面白い字などがあれば、その字と同じ音の漢字の項目をすべて読むことを推奨し、本時の取り組みが日頃の学習でも継続できるように促す

　導入授業冒頭でこれから行う活動の説明をする時や、生徒が個人作業を始めたばかりの時期には、知っている形の漢字や言葉を見つけて語釈をよく「読む」ように促すことが重要である。辞書は分からない言葉の意味を調べるために引くものだと

27

第1部

いう思い込みをなくし、何でも良いので知っているものを探して読むことが大事であると、繰り返し説明するように留意した。そして、特に今回の導入授業では、日本語と同じ漢字を使った熟語に着目して意味の違いを確認するように促し、それに慣れてきたら自由に見出し語と語釈を見て面白そうな言葉を見つけるように指導した。日本語との関係を最初の切り口としたのは、いきなり「気になるもの」「面白そうなもの」を探すようにと言われてもやり方がつかみづらいと判断したため、まずは一番なじみのある日本語との関係性を起点として、そこから辞書を読み、面白い言葉を見つけていけるように誘導するためである。辞書は手元にあるがどうしたらよいか分からないという状態にさせないために、何か生徒自身と深い関わりのあるテーマなどを設定したほうがスムーズに作業を始められる。例えば、辞書を読んでいって料理の名前を探そうとか、動物の名前を探そうといったテーマを設定するのでも良い。なお、辞書を「引く」という言い方は極力避け、辞書を「読む」と言うようにし、この活動こそが辞書を読むことに他ならないのだということを強調するようにした。

　グループワークでは、他のメンバーが選んだ単語を発音し説明するのを注意深く聞くこと、そしてその単語を自分の辞書で確認するように促した。それによって、自分では気づかなかった言葉を知り、自分とは違う視点に意識的になるように誘導するようにした。グループワークをこの段階で採り入れたのは、他のメンバーとの対話的な双方向の活動を通じて、個人活動だけでは達成できないような気づきをもたらすことを期待してのことである。また、自分が選んだ言葉について、理由という形で自分なりのストーリーを語ることで、その言葉が内的に文脈化され定着しやすくなることを狙ったものでもある。

　総括の部分では、中国語辞書がどのような構造でできているのか説明し、辞書を読むとはどういうことかについて再確認した。そして、よりメタなレベルで、辞書を読むという行為が他の言語を学ぶ時にも活用できること、言語がどのようにできているのか、言語学習とはどういうことかなどに目を向ける契機にもなり得ることを説明し、単に意味を調べるだけではない辞書の持つ可能性を説明した。

　導入授業後の生徒のリアクションについては、前期授業ではルーブリックと自由記述、辞書引き日記フォーマットを紙媒体で配布し次回授業で回収した。後期授業においては、ルーブリックと自由記述のGoogleフォームのリンクを生徒に送信し

て、期限までに回答させる方法を採った。

2.3 事後の活動とルーブリック

　事後の活動については、前期実施クラスではコロナ対応などによって当初計画が崩れてしまい、夏休み前までの自主的な活用にとどめることにした。辞書は学校に置いて帰ってもよいし、自宅に持ち帰っても良いことにしたが、学校に置いて帰った生徒が多かったようである。夏休み前に返却させ、後期の授業では自分の持っている辞書（紙の辞書とは限らない）での自主的な取り組みを促すにとどまった。

　後期実施クラスでは、2021 年 10 月 8 日（金）の導入授業の後、10 月 22 日（金）に生徒に提出リンクの送信とアナウンス、10 月 26 日（火）提出締切で、辞書を読んで見つけた言葉を提出させる活動の第 1 回目を行った。見つけた言葉はいくつでも提出可能としたが、その中でとりわけ気に入っている単語を「特選」の単語として別リンクで提出させ、その単語について担当者で分担してコメントすることにした。生徒から Google フォームで回収した単語は、スプレッドシートにまとめて、各担当者に割り振った上でコメントを書き込んだ。コメントをつけたものは、プリントにまとめて教室で生徒に配布し、他の生徒が書いたものとそのコメントを含めて読ませ、活動の振り返りとした。（表 1 参照）

　その後、第 2 回を以下のようなスケジュールで行った。2021 年 12 月 10 日（金）回答リンクの送信とアナウンス、12 月 13 日（月）提出締切、12 月 27 日（月）教員コメント配信（授業では扱わず、各自閲覧させる）。第 3 回は、冬休みの小課題という扱いにし、12 月 17 日（金）回答リンクの送信とアナウンス、2022 年 1 月 7 日（金）提出締切、1 月 14 日（金）教員コメント配付（授業内配付、いくつか取り上げコメント）、という流れであった。

　コメントの返却は、配信して各自閲覧させる形で時間をかけずに行うことも可能であったが、教室で印刷物として配布し説明を始めると生徒からのリアクションもあり、10 〜 15 分ほどの時間を取ることもあった。生徒自身が選んだ単語についてやりとりが行われるこの時間は、重要であるように思われた。

　なお、実際に教室で導入授業から活動を継続した立場から言うと、生徒に単語を提出させるのは、紙媒体でやるのは避けた方がよい。生徒にとっては、スマートフォンで気軽に単語を提出でき、活動に参加するハードルが大幅に下がり、教員の側か

第1部

らしてもスプレッドシートなどで簡単に提出されたものを共有でき、コメントを書き込むのが容易な上、最終的に返却・配布用のプリントを作成するのも容易である。今回は紙媒体のコメント付き返却プリントを作成したが、プロジェクターで示すことも選択肢の一つであり、状況によっては完全にオンライン対応することも可能である。

表1　生徒の選んだ単語と教員のコメントの例

shìpín diànhuà	视频电话	テレビ電話	コロナ禍で"视频"はますます身近な言葉になりました。"视频"はもともと辞書にあるように「周波数」の意味ですが、現在は「短い映像、動画」の意味で使われることがほとんどです。ZOOMのようなWeb会議システムは"视频会议"と言います。
jiào	教	宗教	"教"からまず想起されるのは文字通り「教（おし）える」という基本義ですが、「…教（宗教）」という時の「教」でもありますね。ちなみに、「…教（宗教）」という時や「教（おし）える」という意味が名詞的に使用される時は"jiào"で、「教（おし）える」と動詞的に使用される時は"jiāo"となります。なお、"教(jiào)"は（付属形態素のため）単独では使えず、単語を構成する要素として使われます。

3 結果の分析

　本章では、授業実践の前後で行ったルーブリックや自由記述を主要な分析対象として、本授業実践の具体的な効果について検討する。2021年度前半に取り組んだグループと、後半に取り組んだグループに分かれるため、まずはルーブリックの結果について両グループ間の比較を行い、それに続いてより継続的な取り組みを行った後半のグループの中での差異について検討する。そして、自由記述の内容について全般的に検討していく。

3.1 グループ別の分析

　まずは、ルーブリックの結果について、前半グループと後半グループでどのような変化を示したのかを分析していく。ルーブリックは「S・A・B・C」の評価基準で行っ

たが、それをそれぞれ「5点・4点・3点・2点」に換算して、数値化した。導入授業前・導入授業直後・年度末で実施しているので、それぞれの回について生徒の回答の平均を出し（表2参照）、表2の数字から平均値の遷移が分かるようにグラフを作成した（次ページ図2参照）

表2　グループ別・時期別の平均値

	辞書の利用：紙の中国語辞書のひき方	「辞書引き」とは？：辞書を読む「辞書引き」の理解	辞書の利用姿勢：中国語学習における紙の辞書	中国語辞書を活用する場面：電子辞書・ネット辞書など含む	中国語辞書の他領域での応用：自立した学習者としての利用
前半組 _ 事前	2.46	2.17	2.92	3.17	2.33
前半組 _ 事後	3.96	4.04	3.82	4.04	3.26
前半組 _ 最終	3.83	3.63	3.63	4.08	3.08
後半組 _ 事前	2.22	2.57	2.74	3.30	2.30
後半組 _ 事後	4.00	3.95	4.18	4.00	3.55
後半組 _ 最終	4.32	4.32	4.18	4.50	3.86

　まず前提として、どの項目についても、前半グループ・後半グループともに導入授業以前には数値が低く、前半グループのほうが高い項目、後半グループのほうが高い項目がまちまちではあるが、特にどちらかのグループがはじめから高い値を示していたわけではなく、ほぼ同じように低い値であったと言ってよい。

　そして、両グループに共通して一目瞭然なのは、全項目にわたって当初は数値が低かったものが、導入授業をへて大きく平均値を上げている点である。紹介のための授業と活動をしたため当然と言えば当然であるが、知識・技能のレベルにとどまらず、より抽象度の高い項目についても大きく数値が伸びており、辞書引きの取り組みが目指すところは、ある程度生徒にも伝わったものと考えてよいだろう。後半の導入授業は、前半の授業での反応を踏まえて活動内容を軽減し、総括の説明を少し手厚くするような変更もしているが、ルーブリックの結果からはあまり大きな影響が出ているようには見えない。

　前半グループ・後半グループで差がはっきり出ているのは、学年末の最終のデータである。コロナ禍対応などで導入授業の後にうまく継続的な活動ができないまま終わってしまった前半グループは、最終のルーブリックで5項目中4項目において

第1部

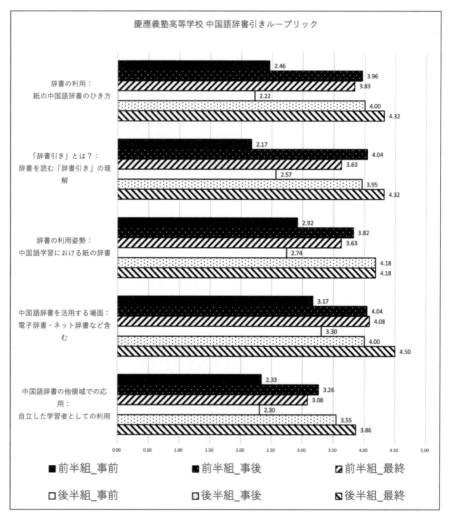

図2　グループ別・時期別の平均値

平均を下げてしまっている。一方、短期間ではあるが、導入授業後に活動を継続できた後半グループでは、5項目中4項目で平均が上がっている（残り1項目も変化なしにとどまって下がってはいない）。ここから指摘できるのは、導入授業で分かった気になっても、多少なりとも継続的に活動が行われないと定着していかないという点である。

高等学校の中国語授業における辞書引き学習導入実践

　すでに第2章で説明したように、今回後半グループが取り組んだ導入授業後の活動は、オンラインツールを使うことで授業時間をほとんど消費せずに行うことも可能である。生徒が提出した単語にコメントする時間はあれば望ましいが、数分だけでも返却して振り返ることもできる。既存のカリキュラムに辞書引きを導入していく上では、授業時間をあまり消費せずに活動を行うことが導入のハードルを下げる要因になると思われるが、オンラインツールを使用した活動継続は、導入のしやすさと効果の大きさの観点から、サプリメンタルな教授用パッケージとしての辞書引き学習にとって、非常に重要な点である。オンラインツールを使用して時間と手間を省きつつ、学習者の関心を維持し、辞書を利用することを習慣化していくこともできると考えられる。

3.2 グループ内での分析

　続いて、後半グループの中の変化を細かく見ていきたい。表3において、生徒1・2・12・20・22の5名の、「4. 中国語辞書を活用する場面：電子辞書・ネット辞書など含む」の項目は、いずれも事前の段階から導入授業後に自己評価が下がっている。個人のデータで事前よりも事後の方が下がっている事例は、4. 以外ではほとんど見られない。もちろん、4. の全体のトレンドも、他の項目同様に事前から事後に数値が上がるものではあるのだが、トレンドに反する事例が目立つのは、4. に特有な現象と言ってよい。

表3　後半グループ内での個別データ

	1. 辞書の利用：紙の中国語辞書のひき方			2.「辞書引き」とは？：辞書を読む「辞書引き」の理解			3. 辞書の利用姿勢：中国語学習における紙の辞書			4. 中国語辞書を活用する場面：電子辞書・ネット辞書など含む			5. 中国語辞書の他領域での応用：自立した学習者としての利用		
	事前	事後	最終	事前	事後	最終	事前	事後	最終	事前	事後	最終	事前	事後	最終
生徒1	2	4	4	4	4	5	2	4	5	5	3	4	2	3	5
生徒2	2	4	4	4	4	5	5	5	5	5	4	4	2	4	4
生徒3	2	4	4	2	4	5	3	5	4	2	4	5	2	5	5
生徒4	2	4	4	3	4	5	3	4	4	2	4	4	2	4	5

第1部

生徒5	2	4	4	2	4	4	4	5	4	3	5	5	3	4	3
生徒6	2	4	4	2	4	4	2	3	4	2	4	4	2	3	4
生徒7	2	3	4	2	4	4	2	3	5	2	4	5	2	3	4
生徒8	2	4	4	2	4	4	2	5	3	2	4	4	2	4	5
生徒9	2	4	4	2	3	4	2	5	4	3	4	5	2	3	2
生徒10	2	4	5	3	4	4	2	3	4	3	3	4	2	3	4
生徒11	2	4	5	2	4	5	4	5	5	3	5	5	2	3	3
生徒12	2	5	5	4	4	4	3	5	4	5	4	4	2	3	4
生徒13	2	4	4	2	4	4	3	4	4	4	4	4	2	3	4
生徒14	2	4	4	2	4	4	3	4	4	3	5	4	2	3	3
生徒15	2	3	5	2	3	4	3	3	4	3	3	4	2	3	3
生徒16	2	5	4	2	4	4	3	4	4	4	4	4	2	3	4
生徒17	3	4	4	2	4	4	3	4	4	3	3	5	2	3	4
生徒18	2	-	-	4	-	-	2	-	-	4	-	-	3	-	-
生徒19	4	4	4	2	4	4	3	4	4	2	4	5	2	4	4
生徒20	2	4	5	2	4	5	3	4	5	5	4	4	2	4	3
生徒21	2	4	5	2	4	5	3	4	4	5	5	5	3	5	4
生徒22	4	4	5	2	4	5	3	4	4	5	3	3	3	4	5
生徒23	2	4	4	2	5	4	2	5	4	2	5	5	2	3	3

　この現象の背景として考えられるのは、項目の説明に「電子辞書・ネット辞書など含む」と入れたことではないかと考えられる。授業の予習や試験勉強の中で電子辞書やネット辞書を活用している生徒は多く、その意味で、事前の段階で中国語の辞書をすでに活用していると判断したものと思われる。しかし、導入授業で紙の辞書とそれを「読む」という活動を経たことで、それまで自分が辞書を充分に活用できていると思っていたことが、単なる意味調べのためだけであったということに気づき、導入授業後に自己評価を下げたということが推測できる。4. で評価を下げたこの5名の生徒も、他の項目では評価を上げており、事後のルーブリックを全体的に低くつけたということはあり得ず、むしろ自分の辞書の使い方をよく振り返って自己評価をしたと考えたほうが良いように思われる。あまり使ったことのなかった紙の辞書に触れて、辞書という存在に対する見方が変わった可能性も指摘できよう。実際に、5名のうちの1名は、導入授業直後の自由記述で、「久しぶりに紙の辞書というものに触れて、"辞書を読む"ということの大切さを実感することが出来たと思います。ボキャブラリーを増やすのには、ただ調べたい単語を電子辞書で

調べるのではなく、紙の辞書で周りも一緒に取り込むことが一番効率的だと思いました。」と回答している。

　教室で生徒と接していれば、利用しやすさ、入手しやすさの点から、スマートフォンでネット辞書や翻訳機能を活用することが増えている現実を実感させられる。それは決して悪いことではなく、使える技術は使うべきだと考えるが、辞書を切り口に開かれるよりメタなレベルでの言語学習に生徒が入って行くチャンスが削がれてしまっている面もある。この 4. の数値の変化は、辞書のもつ奥深さに生徒が気づき始めたことを意味するかもしれず、注目すべき点である。この点については、次項の自由記述の分析でもさらに検討していく。

3.3 自由記述の分析

　最終の自由記述は、「辞書引き学習という活動が今後の学習や社会生活においてどのように役立つか／役立てていきたいかなどを中心に、辞書引きをやってみた感想を自由に書いてください。」という形で、生徒の回答をある程度方向付ける設問とした。なお、生徒の回答（一部削除あり）は、文末に付録2として掲載してある。

　自由記述で書かれたものに目を通してまず気づくのは、日本語や英語、あるいは「中国語に限らず」とか「他言語」という表現で示されている、複数の言語を関連付ける発想である。日本語と対照させることは、導入授業でも辞書を読むための切り口として話題提供しており（付録1　導入授業で使用したスライド参照）、日本語がキーワードとして出てくることは想定の範囲内であったが、導入時にはあまり言及しなかった英語や、「他言語」「別の言語」というかたちで、将来自分が学ぶ可能性のある不特定の言語においても活用できそうだとする記述が複数出てきているのは、本授業実践にとって非常に好ましいことである。例えば、「英会話を毎日やっているが外国の人と話すとき、複数言語を知っている人は話が弾みやすいのと、他言語との共通点や違って面白い点を共有でき、盛り上がるので言語を通じて文化を知ることができる。知る上で辞書は最適だった。」という回答などは、授業実践のねらいに合致した素晴らしい回答だと言える。ペーパーテストや評定には直接的に影響しないかもしれないが、学習者に獲得してほしい資質・能力が含まれていて、こうした記述から学習者の気づきを見取り個別に評価する必要のある部分である。今回はこうした回答に直接リアクションする機会がなかったが、学習者の気づきを

第1部

評価し励ますところまでを一つのパッケージとして計画できるようにすることが、次回以降の課題であると考えられた。

また、付録2は活動への参与度の選択肢で高いほうを選んだ順にソートしてあるが、参与度の高さと他の言語との関連性への注目は相関関係があるように見受けられる。この点はある種の相乗効果が出ているように考えられ、参与度が高ければ気づきが多くなり、気づきが多ければ参与度も高まる。そうした好循環の相乗効果を発揮させるためには、相乗効果を生むようなサポートが必要になってくる。生徒が見つけた単語にコメントをつけ、教員が持っている知識を加えてコメントするようなインタラクティブな活動は、好循環を生みだすための重要な要素であると言えるだろう。

その他には、インターネットやスマートフォンとの比較で、紙の辞書を評価する記述も見られた。例えば、「紙の辞書を引くことでインターネットなどで調べるときには目に入ることのない言葉を見つけられたり成り立ちが分かるので、語彙が自然と広がっていくと思った。」というようなコメントからは、実際に紙の辞書で活動をしてみて、紙の辞書の一覧性を実感している様子が伝わってくる。ただ単に紙の辞書を購入させるとか、自分で調べさせるとかだけでは、意外に気づかないところでもあり、辞書の一覧性に気づかせるような導入授業の効果もあるものと考えられる。

その一方で、参与度の低い生徒からは「重い」「使いづらい」と言った記述もなされており、「重くても」「一見使いづらくても」使い方が分かれば使いたくなるということをより分かり易く伝える工夫が必要だという反省もある。プラスの相乗効果が生まれていない状況であり、より一層辞書を活用したくなる雰囲気に生徒を巻き込んでいくギミックが必要であると言える。

また、そもそも今回生徒たちが使用した紙の辞書は研究のために貸し出されたものであり、それなりの値段である辞書を全員一律に買わせることの困難さもあり、全員分の貸出用辞書もない場合はどうするのかなど、辞書の調達における問題点も大きい。辞書の購入に関しては妙案がないものの、今回貸し出した辞書でもそれなりに「所有感」を持って取り組めたことは、教育機関が1クラス対応可能な数だけでも辞書を用意できれば、それを繰り返し使って、何年にもわたって導入授業とある程度の継続的な活動が可能であることを示せたとは言えるだろう。辞書の持つ高

次の意味を理解させるだけでも大きな成果であるとは言えるのだろうが、借り物の辞書ではなく自分の辞書を買いたいと思わせるところまで学習者を惹きつけることができれば、理想的である。ただ、辞書引きの活動は辞書を買わせるための取り組みではなく、効果や意義を理解した結果として学習者が自分の辞書を手に入れ、さらに学習を飛躍させていくものであり、はじめから辞書を買わせるにはどうしたらよいかというような問いに解を与えるようなものではないことは、確認しておく必要がある。

おわりに

　これまで高等学校での中国語辞書引き実践について、実践の詳細を示し、ルーブリックや自由記述の分析を行ってきた。本章では、今後の課題や計画について述べ、締めくくりとしたい。

　すでに指摘したように、今回の授業実践では期待以上の効果を実感できた部分もある反面、主に紙の辞書の購入しづらさや取り回しの悪さに起因する問題がどうしても出てきてしまうことが明らかになった。学習者が個人で辞書を購入し、物理的にも心理的にも学習のオーナーシップを高めてさらに学習を意欲的に進めていけるようにするには、買うだけ買わせて使うのは学習者任せというのではなく、紙の辞書を主要な教材として授業で扱うのだということを、明確に示すことができなければならないと言えるだろう。その意味でも、紙の辞書を主教材とした教育法を、どのような教員でも、どのような環境でも導入しやすいパッケージとして示す重要性が増してくる。とりわけ、高等学校における英語以外の外国語のように、授業時間数にも限りがあるような場合は、既存のカリキュラムの邪魔にならないように導入し継続できるパッケージ化された方法があれば、導入のためのハードルは劇的に低くなるだろう。

　本授業実践でも、ある程度のところまでは試すことができたが、今後の計画として考えているのは、生徒が提出してきた単語について、Quizlet で自習用教材を作成して遊びながら練習させ、単語小テストを行って得点を競うような活動を採り入れる方法である。この方法はまず、教員にとって手間のかからない方法で、生徒がオンラインで提出したものをそのまま Quizlet に流し込めばよく、授業時間外に遊

第1部

んで学習することが可能である点が優れている。最後のアウトプットを単語小テストとするのは、それで成績をつけたいからではなく、競い合う状況を設定することで、より積極的に辞書を使用し、Quizlet で学習する中で学習方法について自覚的に考えさせ、場合によっては学習方略において優れている生徒から他の生徒への伝授の流れを作り、グループとして積極的に学習能力を上げていく好循環を生みだすためである。定期試験などで思うように成績を残せない生徒も高得点を取ることが可能なようにすれば、苦手意識を取り除いて自信をつけさせることにもつながるし、そこで自分なりの学習方法を見つけられれば、他の科目においても応用できる部分も出てくる。この方法は、今年度も計画はしたものの諸般の事情で実践できずに終わったため、今後の実践待ちとなっている。

　また、環境によっては、成績に入る試験をすることで意欲のスイッチが入る場合もあるかもしれない。そうした場合には、教員の側で辞書を読んで注目して欲しいような言葉のリスト（中国語のみ）を作成しておいて、その単語を辞書で見てみることを切り口にして辞書に触れさせるといった方法も考えられる。また逆に、教員が生徒の提出してきた単語を用いた教材を作成し、その教材を授業の中でうまく活用するという方法をとるならば、生徒にとってはみずから選定した単語の活きた使い方を学べると同時に、教員にとっては辞書引き学習の成果を正規の授業における一つの教材として組み込める可能性ともなるであろう。どのような方法で学習者を辞書引きの活動に巻き込んでいくかは、各教育機関の事情によって異なってくることは当然であるが、汎用性の高い辞書引き導入パッケージを確立すべく実践を継続していきたい。

付記

　本論文は『慶應義塾外国語教育研究』第 18 号（慶應義塾大学外国語教育センター、2021 年 pp.41-66）2022 年 9 月 30 日発行に掲載されたものである。

注

※すべての URL の最終確認日は、2022 年 2 月 16 日である。

*¹ 例えば、各語種に関して以下のようなサイトがある。

【ドイツ語】岩手大学人文社会科学部 川村和宏研究室

https://iwate-de.org/2019/06/12/ 辞書の選び方（入門編）/

【フランス語】上智大学外国語学部フランス語学科

https://dept.sophia.ac.jp/fs/french/about_us/st_report/ 辞書とお友達になる方法 /

【中国語】駒澤大学総合教育研究部

https://www.komazawa-u.ac.jp/academics/faculty/sougou/language-second/useful/chinese-dictionary.html

*² 例えば次の「三省堂 英語教育リレーコラム」では、辞書を読むことが強調されているが、どう読めばよいのかについては詳しい記述はなく、「辞書引き学習」も紹介されているが、「読む」のではなく「引く」ことに焦点が当てられてしまっている。

https://tb.sanseido-publ.co.jp/english/column/relay_bc/20061212.html

*³ 辞書引き学習についての文献としては、主に以下のようなものがある。

深谷圭助「自ら学ぶ力を育てる国語辞典の活用法」『教育愛知 第 32 回教育研究論文特集号』第 46 巻・増刊 15 号（愛知県教育委員会、1999 年）、pp.6-17

深谷圭助『小学校 1 年で国語辞典を使えるようにする 30 の方法』（明治図書、1998 年）

これ以外にも、辞書引き学習の案内書が、近年まで複数出版されている。

*⁴ 海外での取り組みついては、例えば英国の小学校での実践について、以下のような研究発表も行っている。

FUKAYA Keisuke, YOSHIKAWA Tatsuo, WANG Linfeng. "Japanese 'Jishobiki' from British teacher's interpretation". WALS 2021（online ／口頭発表）. 2021 年 11 月 . The World Association of Lesson Studies（WALS）

辞書引き日記は、日々の辞書引き活動を記録するもので、日付と見つけた単語やその意味を記入するものである。文末の資料を参照。

*⁵ 辞書引き日記は、日々の辞書引き活動を記録するもので、日付と見つけた単語やその意味を記入するものである。文末の資料を参照。

*⁶ Quizlet

第1部

https://quizlet.com/latest

*7 文部科学省 [2018]、p.20

https://www.mext.go.jp/content/1384661_6_1_3.pdf

*8 中国語のネイティブスピーカー・ニアネイティブスピーカーにとっての中日辞典という視点は、日本語母語話者における国語辞典と同じような位置づけになり、最上級者向けの教授法という文脈で、辞書引き学習を採り入れた活動を検討することも可能であると考えている。

※本研究は、2021年度科学研究費助成事業（科学研究費補助金）（基盤研究（B））「複言語学習における汎用的な言語間共通学習方略モデルの開発に関する国際比較研究」（代表・深谷圭助／課題番号：20H01294）、および2021年度科学研究費助成事業（学術研究助成基金助成金）（基盤研究（C））「パフォーマンス評価に基づく外国語オンライン教育の高大連携および国際協働による研究」（代表・吉川龍生／課題番号：21K00684）による共同研究の成果の一部である

付録 1　導入授業で使用したスライド

慶應義塾高等学校
中国語"辞書引き"授業

2021/10/08
@日吉キャンパス 第1校舎

事前確認

● 準備するもの
✓ 辞書とふせん
✓ 筆記用具
✓ 元気

事前確認

● グループ分け
　"荻"組：DEを読む　"唐"組：Tを読む
　"深"組：Sを読む　　"県"組：Xを読む
　"汉"組：Hを読む　　"C"組：Cを読む

本日のミッション

➢ アウトライン
1. 辞書読み（個人作業）
2. 気に入った言葉を1つ選ぶ（グループ作業）
3. 発表用に発音練習をする（グループ作業）
4. 発表をする／聞きとる

本日のミッション
● 1時限目

➢ 13:10〜13:25
　指定の項で辞書を読む（ふせん1S枚目標）
　⇒気に入った言葉を1つ選び、1枚余分にふ
　せんに書いておく
➢ 13:25〜13:40
　各自が選んだ1枚を持ち寄り、グループ特選
　の1枚を選ぶ。理由説明の担当を決める
➢ 13:40〜13:45
　選んだ単語の発音練習をする

本日のミッション
● 2時限目

➢ 14:00〜14:05
　発音確認
➢ 14:05〜14:35
　発表会を行う
　【発表者】選んだ言葉を1人ずつ発音し、
　担当が理由や背景知識を発表する
　【聞き手】読まれた言葉を書き取り、辞書
　で探してみる

本日のミッション

➢ 辞書を読んでいくときの目の付けどころ
　①形などが面白い字・言葉
　②日本語と同じ字だが、意味の違う字や
　　言葉　などなど。
◆ 同じピンインの親字に目を通す。
➢ 例：p83 甭 béng ＝不＋用

➢ 今回は、まず日本語と同形のものから探し
　てみよう！

辞書引きと学習法

➢紙の辞書は引くだけのものではなく、読んで
　語彙を音声とともに構造化
　☞音と漢字を結びつける／一覧性
➢パーツの組み合わせで語彙が増加
　☞他の言語・学問でも同じ
　【日中】不＋可能＝不可能
　【英語】im + possible = impossible

辞書引きと学習法

➢日本語で使われている漢字の意味やイメー
　ジと比較する
　☞ 上
　【日】位置関係
　【中】位置関係・動詞・補語
➢電子辞書・ネット辞書でも応用できる部分
　はある ☞ 読むということ

辞書引きと学習法

➢何か気になる言葉・面白い字などがあれば、
　その字と同じ音の漢字の項目をすべて読む
　べし！ そして、ふせんを貼る！
➢友達と単語の出しっこをする／勝手に熟語
　を作ってみる ☞ 遊び感覚で辞書引きの継続
➢もちろん授業で辞書を引いたときも！
➢単語帳はピンインから書く

辞書引きと学習法

➢日本語・英語などとの比較・対照
　☞ 勉強法について考える⇒メタ言語能力
➢ たくさんやったほうが、使える部分は増え
　る？

おわりに

1.ルーブリック
2.自由記述
3.単語提出

第1部

付録 2　最終アンケートと自由記述

※前半グループ・後半グループをまとめて参与度の順にソートしてあります。

※個人情報が特定できる書き込みと欠席者のデータは削除してあります。

※記入されたものをそのまま修正などを加えず掲載してあります。

設問 1.　学校の「中国語」授業での、「辞書引き」活動への参与度

　　1 非常に積極的に取り組めた／2 ある程度積極的に取り組んだ／3 どちらともい

　　えない／4 あまり積極的に取り組めなかった／5 まったく取り組む気にならな

　　かった

設問 2.　他教科や学校外での、「辞書引き」活動の応用や活用、参与度

　　1 非常に積極的に応用・活用し取り組めた／2 ある程度積極的に応用・活用しよ

　　うと試みた／3 どちらともいえない／4 あまり積極的に応用・活用しようとは

　　思わなかった／5 まったく応用・活用しようとは思わなかった／応用・活用で

　　きることを知らなかった

設問 3.　辞書引き学習という活動が今後の学習や社会生活においてどのように役立

　　つか／役立てていきたいかなどを中心に、辞書引きをやってみた感想を自由に書

　　いてください。【自由記述／回答必須】

設問 1.	設問 2.	設問 3.
1	1	わからない単語を調べるために辞書を引くと調べる目的ではない単語も知ることができたので、これからもわからない単語一つを調べるだけじゃなくて、その周辺の単語も見るようにしたいです。
1	1	同じ熟語でも日本語と意味が違うものが、辞書のページを1枚見るだけでもたくさん見付かって、中には信じられないような意味の単語もあって、稚拙な感想にはなりますが、すごい楽しかったです。辞書は返却してしまいますが、今後また辞書を所持する機会は必ずやってくるのでその際ここでの経験を活かせると確信しています。

高等学校の中国語授業における辞書引き学習導入実践

設問1.	設問2.	設問3.
1	2	辞書引きを行い沢山の中国語を触れることで、中国語に対する苦手意識がなくなった。辞書で単語を調べることで、似ている単語なども触れることができ、知識がより深まった。
1	2	自分自身、最近は本を読むことが減ったり、英語などの外来語が多く入ってきた影響で、難しい（新しい）日本語に触れる機会が少なくなったように思う。最初の辞書引きの後、日本語の辞書をさらっと見てみたが、自分が知らない単語や、普段使っているのとは違う使い方の語彙が沢山あり面白かった。
1	2	日本語の辞書よりも複雑な漢字が多く載っていて面白かった。また、中国語と日本語で字は同じでも意味が違う言葉を見るのが面白かった。
1	2	中国語の単語を探すなかで、日本語との違いについて触れることが出来て面白かったです。
1	2	今回の辞書引き学習を通して日常的に紙の辞書を使おうと思えた。インターネットに比べて補足的な情報が多く、中国語だけでなく英語などの教科にも活用していきたい。
1	2	自分で興味を持ったり、分からない単語に出会った時に、自ら辞書を引いて意味を知ることで、ただ授業で習ったり誰かから聞いたりするよりも納得し、記憶に定着すると思う。今後の学習でも積極的に利用していきたいなと思った。
1	2	辞書引き学習が終わった後でも中国語の辞書を利用することはあった。例えば期末テストの勉強では、ネットで調べてもうまく出てこない言葉などを調べるのに使った。その際に辞書引き学習は大いに役立ったと思う。
1	2	辞書を引くという行為には付属的に様々なメリットがあることがわかった。特に中国語の辞書は単語に関する文化や歴史などのコラムがついていたりして、単語の意味だけでなく中国についても詳しくなれると思うので、積極的に辞書引きを実践していきたいと思った
1	2	今回の授業を通じて日常での辞書の使用機会が増え、探究心の向上に繋がったと思う。
1	3	中国語に限らないが、辞書の興味深さを知ると、本当に語学力を向上させたいときに辞書を見てみるという選択肢がしっかり頭の中にでると感じた。 英会話を毎日やっているが外国の人と話すとき、複数言語を知ってる人は話が弾みやすいのと、他言語との共通点や違って面白い点を共有でき、盛り上がるので言語を通じて文化を知ることができる。知る上で辞書は最適だった。

第1部

設問1.	設問2.	設問3.
1	3	辞書引きでは、自分が興味ある分野から単語を学ぶことができた。教科書にはならないような角度での、より実践的な学習をこれからも続けていきたい。
1	3	辞書を引くという行為は、単に単語の意味を知ることだけでなく、その言葉ができた背景や、使われている字などからその国の文化を知れることが面白かった。家にある辞書をこれからはもう少し使っていこうと思った。
1	3	辞書を読むと言う概念が新しかったので新鮮だったが、文章や映像などで触れる中国語とはまた違ったので、辞書引きを通して中国語のルーツを学んでいこうと思いました。
1	3	言葉のより正確な定義やそれまで知らなかった意味などについて詳しく知ることができて、教養が深まる。他の事柄にも関連づけて知識の幅を広げることができる。
1	3	辞書はわからない言葉に出会ったときに調べるという受動的に使うイメージしかなかったのですが、今回の授業で、わからない言葉を自分で拾って学習するという能動的な使い方があることを知りました。自分が日本語を通して抱いている漢字や熟語のイメージとのギャップがあるのが中国語の面白さだなぁと感じました。大学では別の言語にも挑戦しようと思っているので、そこでも辞書引きをやってみようと思います。
1	4	網羅的に学習することは、自分が本来なら出会わなかった言葉や知識に出会えるため、良いと思いました。他の教科においても、網羅的に学習することで、興味のあるものを見つけていきたいと思いました。
1	4	将来の語学学習に役立てていきたい
1	4	語句の意味を紙で調べることによって、言葉の語源がわかり、よりその言葉の意味を暗記しやすくなった。また関連する語句も一緒に覚えることができ、語彙力の向上につながった。漢字ばっかりで嫌になる辞書かと思ったが、構図は理解できれば簡単で、調べることも難しくなかった。
2	1	中国語に限らず日本語の語彙力を向上させることに役立てられる。私は日本語に触れる機会が多くどの語彙を使えばいいか分からないといった状況になることもあるため、日本語の辞書引きをやってみようと思っている。
2	2	おもしろい単語を見つけられたときは楽しかった。課題は短時間で取り組めるもので苦痛ではなかった。
2	2	日本語の漢字と中国語の漢字を比べてみて、面白いなと思った点が多くあった。今回得た知識をちょっとした豆知識として実生活で披露する機会があればイイなと思った。
2	2	色々な中国語の悪口を知れて、とても面白かった。

高等学校の中国語授業における辞書引き学習導入実践

設問1.	設問2.	設問3.
2	2	中国語に限らず、辞書引きによる知識付けの大切さを改めて実感した。これからも分からないことはどんどん辞書を見てプラスアルファの知識をつけようと思う。
2	2	単純にその言葉の意味だけでなく、言葉の成り立ちなどの情報も知ることが出来たので、新しい単語を覚える上では最適だと感じた。
2	2	今はスマホでなんでも調べてしまう時代なので辞書引きというのはとても新鮮なものでした。紙の辞書で引くと、嫌でも自分が調べたいもの以外も目に入ってそれが学習につながるので、将来的には、これに準じて自分が目的としているもの以外にも目を向けるような視点を大切にしていきたいと思います。
2	2	辞書引き学習法は調べたかった単語の周りの単語まで視界に入るため、単語に触れる機会が多くなる。そのため、辞書引き学習法は、言語学習において単語量を増やせる良いアイテムだと考えることができた。
2	2	辞書引きをやって見て、辞書が自分が思っているよりも身近なものだと感じた。
2	2	今の時代意味を調べるときはネットに頼ってしまうが、辞書引きの授業を受けて辞書を引く大切さを知ることができた。辞書引きをすることで学習の内容をさらに深めることもできた。
2	3	色々な人の着眼視点がそれぞれ違っていて、面白かった
2	3	辞書引きを行う上で、日本語にもある漢字が全く違う意味の中国語として出ていたのが一番驚きました。当然日本語の意味と同じ単語も沢山あったのですが、違うものは検討もつかないほど異なっており、面白く感じました。今後は分からない単語なども積極的に調べていきたいです。
2	3	辞書を読んでいると、嫌でも他の項目の説明が入ってくる。1つの知識、単語などのきっかけを中心に、傍系知識を増やすことの出来る取り組みだと感じた。
2	3	これから中国語だけでなく他の言語を学ぶ際にも辞書引きを使うことが出来ればより言語の習得がしやすくなると感じました。
2	3	中国語に限らず、辞書で言葉の意味を調べると、それに関連した語彙を芋づる式に見つけることができ、覚えることで表現の幅が広がって生活を豊かにすることができると感じた。普段知らない言葉を調べる時はスマートフォンに頼っているため、このような活動はとても新鮮だった。
2	3	今回辞書引きをして、初めて中国語の辞書を見ました。成り立ちや文化などの情報が書いてあり、面白かったです。

第1部

設問 1.	設問 2.	設問 3.
2	3	辞書引き学習を三年生になるまでその方法について学んでこなかったので、今回学習することが出来たのは自分の中でとても有意義なことのように思いました。今後とも中国語や、また他教科についても辞書引き学習を活用していきたいと思います。
2	3	紙の辞書を引くことでインターネットなどで調べるときには目に入ることのない言葉を見つけられたり成り立ちが分かるので、語彙が自然と広がっていくと思った。
2	4	言語学習のやる気が起きない時にその言語の楽しさを再確認できるよう活用したいと考えてます。
2	4	辞書引き学習という活動は大学生活にも応用できると思う。自分の知らない言葉があったら調べるという習慣は必要だと思う。また周りの語にも注意することで知識を増やせるので役に立つはずだ。
2	4	今後大学で英語や中国語以外にも違う言語を学ぶ機会があると思うが、そうした中で辞書引きから探した単語の周りに目を向けて派生した単語を見つけたりすることで語彙を増やしていくことなどに役立てていきたいと思う。
3	3	分からなかった所が一目瞭然で良かった。一方で、紙の辞書は重いので、基本的にはネットで調べることが多いと感じた。
3	3	中国語をアウトプットする際にとても辞書を使いたくなるので、日本語から中国語になおす辞書も、あれば使ってみたいなと思いました。
3	3	授業内では紙の辞書をメインで使用していたが、正直慣れるまでは使いづらいという印象だった。ある程度の説明があったからこそ取り組めたものの、自主的に行うには少しハードルが高いように思う。
3	3	中国語の学習をしていく中でわからない単語に出会うことは非常に多いのでわからないままで済ますのではなく自主的に今回の辞書引き活動で学んだことを活かせればと思います。

高等学校の中国語授業における辞書引き学習導入実践

付録 3　JB 日記フォーマット

第（　）週　　月　　　日（　）～　月　　　日（　）　　年　　組 氏名：＿＿＿＿＿＿＿
【ＪＢ（辞書引き）日記】　辞書引きをしたら、付箋の枚数（それまでの合計枚数）を書き、どんな単語（言葉）に出会ったか、どんなことを学んだかを、4～5 行程度（80～100 字程度）で書いておこう。

月　　日（　）合計　　枚	月　　日（　）合計　　枚
月　　日（　）合計　　枚	月　　日（　）合計　　枚
月　　日（　）合計　　枚	月　　日（　）合計　　枚
月　　日（　）合計　　枚	月　　日（　）合計　　枚

第 1 部

あとがき

　本報告は、辞書引き学習を初めて本格的に高等学校の中国語授業に導入した実践研究の成果をまとめたものである。この実践以前に、中国語の単語集とシールを用いた実践を行い、ある程度スムーズに導入できる見込みはあったとはいえ、本当に辞書引きが「高等学校」「中国語」という枠組みで機能するのか、相応の不安がある中での取り組みであった。

　結果的には、非常にスムーズに導入することができ、辞書を全クラス分買い揃えることができなかったという状況による怪我の功名のような側面があったとはいえ、2つの導入パターンの違うクラスで実践を行い、貴重なフィードバックを得ることができた。本報告でまとめた内容をふまえ、2022 年度も 2 年目の実践研究を継続して行った。2022 年度の活動については、2023 年 6 月に中国語教育学会にて成果報告を行っている。学会発表でのフィードバックなどもふまえ、2 年目の取り組みについての報告を、『中国語教育』22 号（中国語教育学会 2024 年 3 月）に投稿し掲載された。

　今後は、実践に参加する学校を増やし、さまざまな環境にどのように適応させていくかについて実践を通じて知見を蓄積していき、日本国内のみならず、現在海外で行っている中国語での辞書引き実践にも活かしていきたい。

レポート

大学初級中国語におけるシールを用いた単語学習

吉川龍生

1. 理論的背景

　本実践の背景になっているのは辞書引き学習である。日本国内や英国での辞書引き学習導入実践で関係者へのインタビューを行い、その経験の中から、単語集を用いた語彙学習に辞書引き学習のコンセプトの一部を活用できないか考えた。具体的には、単語集の学習にシールを貼るという作業を採り入れ、その作業を通じて、辞書引き学習の有効性として何度も言及された次の二つの点で、学生のモチベーションを高めることができないか実践してみた。ひとつ目は学生の達成感を向上させること、ふたつ目は学生自身の学習の所有に対する満足度を高めることをであった。

2. 実践の方法

　2018 年度筆者の担当する大学 1 年次の初級中国語クラスに導入した。辞書ではなく単語集を使ったのは、単語集を使用した学部統一試験が 12 月に行われるため、全員が同じものを所有していて取り組みやすい（わざわざ辞書を購入させるのはなかなか困難である）ことに加え、それまで学生の主体に任せて授業で単語集の活用をあまり行ってこなかったことから、手持ちの教材を有効に活用する新たな方法を考える上でも有用だと考えられたからである。

　学習法を学生に紹介する時期は、秋学期（後期）開始時点とした。それまでに、学生は教室で約 65 時間（週 4.5 時間／学期 14 〜 15 週間）中国語を勉強してきている。最終的な比較を行うため、担当している 2 クラスで予備試験を実施し、成績が低かった方のクラスだけに導入することとした。なお、もう一つのクラスにも、統一試験終了後に学習法の紹介をし、次年度の統一試験の勉強の際に活用するように、材料を配布した。

第1部

紹介した具体的な作業手順は次のとおりである。(1) 単語集をはじめから見ていき、試験で出題されても完全に答えられそうな単語を見つけ、白いシールに番号を書いて当該の単語のところに貼り付ける。(2) 完全に覚え切れてはいないが、少し学習すれば覚えられそうな単語を見つけ、黄色のシールに番号を書いて当該の単語のところに貼り付ける。(3) 初めて見るようなレベルの単語を見つけ（(1)(2) の作業の残り）、赤いシールに番号を書いて当該の単語のところに貼り付ける。

3. 実践結果（得点の変化）

●予備試験結果（50 点満点／ 2018 年 9 月末実施）

Ａクラス平均：42.08 点（27 人）

Ｂクラス平均：36.41 点（36 人）

差：5.67 点

⇒クラスＢ（平均点が低いクラス）に適用

●統一試験の結果（2018 年 12 月）

Ａクラス平均：36.56 点

Ｂクラス平均：32.00 点

差：4.56 点

ＡクラスとＢクラスの平均点の差は、予備試験時の 5.67 点から、本試験時の 4.56 点に、1.11 点縮まっている。この 1.11 点の差が統計的に有意かどうかを評価するのは難しいが、経験的に予備試験時のクラス間の差は、本試験では拡大していることが多いことが分かっており、ＢクラスはＡクラスよりも 9 人多く、通常はクラスの生徒数が多いほど成績が下がる傾向が見られるので、経験的には学習法導入による多少の効果はあったのではないかと考えられる。

自由記述アンケート

学習法を導入したＢクラスの学生に対して、自由記述のアンケートを実施した。その回答を肯定的なものと否定的・懐疑的なものに分けて、代表的なものを示すと

以下のようになる。

●肯定的な回答

　○自分が覚えたものにどんどんシールが貼られていくので、勉強する意欲が高ま
　　るものと思われる。

　○シールが貼りにくかったが、分からないところは飛ばして先にすすむため、早
　　く進めることが出来ている気がして、モチベーションを保てる。

　○ピンインを（発音）覚えるのが難しかったですが、意味は漢字を見れば何とな
　　く分かったので、案外覚えやすかったです。

●否定的・懐疑的な回答

　○覚えた単語に印をつけるよりも、覚えていないものに印をつける方が自分には
　　合っているかもしれない。

　○普段から覚えられた単語、もしくは覚えられていない単語にチェックをつける
　　くせがあるので、シールを貼る手間が面倒くさかった。

　○正直シールに番号を書く作業とそれを貼る作業が面倒だった。左端に間違えた
　　ときにチェックをつけていくスタイルでも充分だった。

　学生の中には、シールを貼っていく方法を肯定的に捉えている者も少なからずい
た。日本人学生は、漢字に対して充分な知識を持っているので、中国語を 65 時間
授業で学んだだけでも充分に自信を持って使える単語が相当数あり、それを切り口
に辞書引き学習の知っているものから始めるというコンセプトを応用する余地が充
分にあった。

　一方で、知らない単語にシールを貼ればよいと考え、知っている単語にシールを
貼ることでモチベーションが上がることを理解していない学生も多かった。また、
知らない単語を後回しにすることの意義やメリットを充分に説明できていなかった
面があり、具体的な作業に入る前にその点をもう少し丁寧に説明した方が良かった
かもしれないというのが反省点である。

考察

　実践の結果は、圧倒的に効果があるというようなものではなかったが、まったく

第1部

効果がないというわけでもないという状況であった。学生のふだんの成績とは明確に関連付けることはしていないが、授業担当者の感覚では、中国語の学習を上手く進められていない学生ほど、シールを貼る取り組みに熱心に取り組んでいた印象があった。逆に、成績が良くすでに自分の学習法を確立しているような学生は、あまり積極的に取り組んでいないようだった。とりわけ、大学入試で成功体験を持つ学生になると、自分なりの学習法を確立している場合も多く、一見すると手間が増えそうな学習法を積極的に採り入れようとするインセンティブに欠けるように見えた。辞書引き学習を応用したこうした方法は、大学生くらいの年齢になると、紹介する対象を絞り込んで行ったほうが効果的であるかも知れない。

追記

　本実践は、中国語授業で中国語の辞書を使った取り組みをする以前に、さまざまな可能性を探る中で行われた実践研究であった。この結果は、HICE2019（17th Annual Hawaii International Conference on Education）やWALS2019（World Association of Lesson Studies）で報告を行った。漢字の知識を持つ日本人学生が、中国語の学習を始めたばかりでもそれなりの「既知」の語彙を見つけて活動できることに確信を持つことにつながった本実践は、次のステップとして高等学校の中国語授業で中国語辞書を使用した取り組みを行っていく基礎となっている。

　また、漢字の知識のある日本の学生に対する中国語教育という考え方を、第二・第三言語としてヨーロッパの言語を学ぶヨーロッパ人にも適用できるのではないかということで次の実践を行っていく上でも、重要なステップになったと言ってよい。

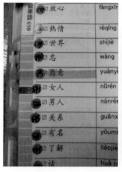

日本の高等学校における『中日辞典（小学館第３版）』を使った辞書引きの取り組みについて

青山恭子

1. はじめに

　福井県立足羽高等学校（以下、本校）は、1976（昭和51）年、福井市内の４番目の普通科高校として開校した。1989（平成元）年公立高校で全国初の普通科国際コース（中国語）が設置され、1991（平成３）年に普通科から独立し、国際科中国語コースとなった。

　本校中国語コースには、開設当初より現在に至るまで続いている行事が２つある。１つは、1990（平成2）年に第１回が行われた１年生対象の中国語１泊学習会「ニーハオ足羽聯歓」、もう１つは、同じく平成2年8月に第１回が行われた２年生対象の「北京外国語大学での語学研修」である。これらの行事は、2020（令和2）年3月のコロナ感染症の拡大により、中止をやむなくされた。語学研修に代わるものとして中国や台湾の高校生とのオンライン授業を実施することで、少しでも現地の雰囲気を味わったり会話したりすることの楽しさを味わう取り組みをしている。一方で、行事を通して実践から学ぶ中国語として、中国語部が中心になり中国語コース全体から希望者を募り、中国語関連の各種行事や地域でのボランティア活動に参加してきた。

　2021（令和3）年度の本校の学科編成は、各学年普通科普通コース２クラス、普通科特進コース１クラス、国際科中国語コース１クラス、国際科英語コース１クラスの計５クラス編成であった。全国レベルで活躍する運動部や文化部があり、国際科があることで海外からの高校生を学校全体で受け入れるなど、国際交流の盛んな学校である。進学と就職の割合が7：3で、大学と専門学校への進学が半々である。中国語コースにおいては、中国語を学ぶために入学した生徒は少なく、ほとんどの生徒が点数輪切りの中で本コースを選択している状況である。また2020（令和2）年度入学生は、私立高校の授業料免除に伴い、県下の公立高校は軒並み定員割れを

第 1 部

起こす学校が増えた。その結果、県教育委員会の指導により、魅力ある学校作りに取り組むことになった。本校は 2022（令和 4）年度入学生からは普通科キャリアデザインコース体育専攻・キャリア探究専攻・進学専攻、多文化共生科中国語英語コース・日本語コースの 5 クラス編成の新たな枠組みでスタートした。

2. 辞書引きへの取り組み

　2020（令和 2）年 3 月からの世界的なコロナ感染の拡大により、本校においても国内一斉休校を経てオンライン授業の実施が加速した。一方で現在（2023 年 3 月）に到るまで、国際科の海外語学研修や姉妹校との相互訪問交流などの国際交流関連の行事はすべてストップした状況のままである。中国語を学ぶ生徒達に今までの生徒同様のモチベーションを維持させるために、あらゆる手立てを講じたいと考えて、オンラインによる中国の高校生や大学生との交流を進めていた。そのような状況下で、2020（令和 2）年 8 月に辞書引きのお話をいただいたことは一つのチャレンジであった。他の教員の賛同を得られなかったが、私の担当するクラスで 2021 年の 2 月から辞書引きを実施することにした。

　本校国際科中国語コースのカリキュラムは、1 年次に「基礎中国語 I（3 単位）」「基礎中国語（2 単位）」、2 年次「中国語理解（2 単位）」「中国語表現（2 単位）」「中国事情（2 単位）」と選択科目「選択基礎中国語（2 単位）」、3 年次「中国語理解（2 単位）」「中国語表現（2 単位）」と選択科目「中国事情（4 単位）」である。「中国事情」は「数学」との選択である。辞書引きを本格的に行った 3 年次の「中国事情」は単位数も多いことから、授業で習った内容をグループで調べてパワーポイントで発表したり、海外とのオンライン授業を実施したり、中国語検定試験対策をしたりするなど、本来の外国語教育の目標を実現できる科目として位置づけることができる科目である。

　高等学校学習指導要領の外国語に関する科目については次のように記されている。

　　その他の外国語であっても、教科としての外国語の目標に基づくことに留意することが必要である。すなわち、「外国語によるコミュニケーションにおける見方・考え方を働かせ、外国語による「聞くこと」、「読むこと」、「話すこと」、「書くこと」を統合的に結び付けた言語活動を通して、情報や考えなどを的確に理

日本の高等学校における『中日辞典（小学館第３版）』を使った辞書引きの取り組みについて

解したり適切に表現したり伝え合ったりするコミュニケーションを図る資質・能力を育成することを目指す」という目標の下に、各科目の内容等を定めることになる。さらに、知識・技能が、実際のコミュニケーションにおいて活用され、思考・判断・表現することを繰り返すことを通して獲得され、学習内容の理解が深まるなど、「知識及び 技能」と「思考力、判断力、表現力等」が一体的に育成されるとともに、考えを形成・深化させ、話したり書いたりして表現することを繰り返すことで、生徒に自信が生まれ、主体的に学習に取り組む態度が一層向上するなど、「知識及び技能」及び「思考力、判断力、表現力等」と「学びに向かう力、人間性等」が不可分に結びついているという関係は、その他の外国語においても同様である。＊1

　現在の生徒達はオンライン授業、インターネット、SNSなどを利用して、あらゆる情報を瞬時に手に入れることができる。確立された情報としての知識を得る手段として「辞書引き」は有用であると考える。「辞書引き」つまり辞書を読むという取り組みを、外国語教育の３つの柱である「知識及び技能」及び「思考力、判断力、表現力等」と「学びに向かう力、人間性等」を身につける手段の一つとして位置づけたい。３つの柱がどのように身についたかを測定することは難しいが、実施にあたり吉川龍生氏と同様に、ルーブリックの評価と自由記述による振り返りを分析することで、学習者の意識や取り組みへの変化を考察してみたい。
　外国語学習において母国語と外国語の語彙の習得は重要である。吉川龍生氏は「高等学校の中国語授業における辞書引き学習導入実践」の中で次のように述べている。

　　そもそも辞書引き学習の導入で目指すものは、単なる語彙力アップではない。中国語で言えば、日本語の中の漢字と比較することにより中国語の運用能力において応用性を高めることであり、さらに中国語という教科を超えて他の言語や古文・漢文など日本語・中国語の古典などとも比較しつつ、言語のあり方について学習者が主体的に目を向けるように仕向けることである。それは、学習指導要領で言えば思考力・判断力・表現力の育成、学びに向かう力・人間性の涵養へつながり、メタ認知能力・メタ言語能力を高めるということである。
　＊2

第 1 部

3. 生徒について

　2021（令和 3）年 2 月時点で高校 2 年生中国語コースの生徒 23 名が辞書引きに
参加した。全体として大人しく素直な生徒たちである。2 年生の 2 月時点での進路
希望は、中国語関係の大学進学を目指す生徒は 3 名、大学進学先を迷う生徒 4 名、
中国語関係以外の大学進学希望者は 2 名、専門学校進学希望者 9 名、就職 5 名であっ
た。また、辞書引きを通じて、少しでも生徒の中国語学習の意欲関心が高まること、
そして言語を学ぶ上で辞書を引くことの面白さを味わうとともに語学力の向上と
「学びに向かう力・人間性等の涵養」を目標に定め、授業時間開始 10 分を利用して
取り組むことにした。

4. 1 年目の中国語の辞書引き実践

4.1 実施方法の説明
開始日：2021（令和 3）年 2 月 16 日 3 限目 2 年 4 組『中国語理解』（10：40 〜）
〈導入〉
・「中国語理解」の授業の最初 10 分間辞書を引くことを伝える。
・今後の成長を見るために、現時点での「現時点での自分と辞書との関わり」につ
　いて自己採点する。
・ルーブリックで自己評価→回収
〈辞書引きの説明〉
・机の上に、「辞書・赤ペンかラインマーカー・付箋」を準備する。
・付箋に番号を書く。今日はまず、1 〜 15 まで書く。
・次回からは、好きなページを開き、知っていることばを見つけて付箋を貼ってい
　く。
〈初日は、全員でやってみる〉
昨日および今まで見てきた「瓔珞」の中で、聞き取った単語を言わせる。
①皇上→②皇后　③皇太后　④皇太子　⑤娘娘→　⑥一言為定　⑦奴婢　⑧罪→⑨
罪該万死
⑩醉→　⑪醉生夢死→　⑫醉翁之意不在酒→「敵は本能寺にあり」（電子辞書で調

べる）

・紙辞書を引いていくと、電子辞書では味わえない広がりがあることを伝える。

〈小学館の『中日辞典第3版』を選んだ理由の説明〉

・付録やコラムが充実していて、挿絵もふんだんに使われているから。

・付録の説明

国家主席は誰？→⑬习近平

P2169→繁華街の音読　⑭南锣鼓巷

⑫のコラムの説明→⑮春节

〈今後のやり方の説明〉

・『中国語理解』（週2回：全員）と『中国事情』（週4回：青山班のみ）の授業の
　最初10分間を使う。

・残り2分で毎回一人に、今日のヒット単語を黒板に書いてもらい、それを全員で
　辞書を引き付箋を貼り発音する。

・第一ゴール→黄色を使い切る

・1ヶ月後に、自己評価する

・3年の卒業まで毎時間行う。

4.2　2022（令和4）年6月9日3限目2年4組『中国語理解』（10：40〜11：30）

吉川龍生によるオンライン授業

辞書引き指導略案（オンライン指導用、中国語）〈福井県立足羽高等学校 version〉

時	教師の活動・生徒の活動	指導上の留意点
導入5分	1．本時の活動内容を明示し、生徒の関心を引く 教師：自己紹介をし、いくつかの言葉について辞書を使い、日本語との類似点・相違点があることを示す 生徒：付箋のナンバリングをする	・机の上に辞書と付箋、筆記具があるか確認をする ・付箋のない生徒に与える ・付箋のナンバリングは、5枚分でよい

第1部

展開 35分	2. 個人の作業をする 生徒：ふせん5枚を目標に辞書を読み、気に入った言葉を一枚余分にふせんに書いておく 教師：机間巡視して、付箋の数や見つけた単語をチェックしながら、褒め、励まます 3. グループ作業をする 生徒：気に入った一枚を持ち寄って、グループ特選の一枚を選ぶ 教師：グループの一枚を選ぶ過程で、候補に挙がっている言葉について適宜知識の補足や発音の修正を行う 4. グループ発表を行う 生徒：【発表者として】グループの特選の言葉について、全員が一度ずつ発音し、簡単に選定理由を発表する 【聞き手として】発表グループの発音を聞いて、どの言葉なのか書きとめる 教師：適宜発音の修正をする／余裕があれば、辞書で該当のピンインを見てみるように指導する	・辞書を"ひく"という言葉は極力使わず、辞書を"読む"と表現するようにする ・何枚貼ったのか、どんな言葉を見つけたのかと声をかける ・他の生徒がなぜ選んだのかをよく聞くように促す ・漫然と聞かず、手元の辞書を活用するように促す
まとめ 5分	3. 振り返りをする 教師：辞書を読む学習法の紹介をする 生徒：自由記述アンケートに答えながら本時の活動をふり返り、学習の上での留意点について理解するようにする	・紙の辞書は引くだけのものではなく、語彙を音声とともに構造化していくものであることを理解させる ・パーツの組み合わせで語彙が増加することを説明する（他の言語でも同じ）。 ・何か気になる言葉・面白い字などがあれば、その字と同じ音の漢字の項目を全て読むことを推奨し、本時の取り組みが日頃の学習でも継続できるように促す

　2021（令和3）年2月16日に辞書引きを開始したが、3月は入試や学期末考査等で辞書引きをほとんど実施できず、6月9日の吉川龍生の授業をスタートとし、他校と共通のルーブリックを用いて生徒自身による評価を行った。2021（令和3）年6月9日以降、『中国語理解』および『中国事情』の授業開始10分を利用し辞書引きを継続した。ルーブリックによる自己評価は2021（令和3）年6月9日と2022（令和4）年2月4日に行い、各自の変化を調べた。ルーブリックの各項目は4段階（10点・7点・4点・1点）50点満点で合計を行った。

4.3 結果

6月9日	辞書の利用知識技能	辞書引きとは	辞書の利用姿勢	活用する場面	他領域での応用	合計
①	5	1	4	4	4	18
②	7	7	7	7	4	32
③	4	4	4	4	4	20
④	4	4	4	4	4	20
⑤	4	7	4	7	4	26
⑥	4	1	1	4	1	11
⑦	10	7	4	4	4	29
⑧	7	7	4	4	4	26
⑨	7	7	7	7	4	32
⑩	7	7	7	7	7	35
⑪	4	4	4	1	4	17
⑫	1	7	1	1	1	11
⑬	7	7	4	4	4	26
⑭	7	4	4	4	4	23
⑮	1	4	1	1	4	11
⑯	10	7	4	4	4	29
⑰	7	4	4	7	4	26
⑱	1	1	1	1	1	5
⑲	1	7	1	1	1	11
⑳	10	7	7	7	4	35
㉑	11	1	4	4	4	24
㉒	4	7	4	4	7	26
㉓	7	7	4	4	1	23
合計	130	119	89	95	83	

2月4日	辞書の利用知識技能	辞書引きとは	辞書の利用姿勢	活用する場面	他領域での応用	合計
①	10	10	10	10	10	50
②	10	10	10	10	10	50
③	10	10	10	10	10	50
④	7	7	7	7	7	35
⑤	10	10	10	10	7	47
⑥	10	10	10	10	10	50
⑦	10	7	7	7	7	38
⑧	10	10	10	10	10	50
⑨	10	10	10	10	7	47
⑩	7	10	10	7	7	41
⑪	7	7	7	4	7	32
⑫	10	10	7	7	7	41
⑬	10	10	10	10	10	50
⑭	7	7	7	7	7	35
⑮	7	7	7	7	10	38
⑯	10	10	7	7	7	41
⑰	7	4	7	7	5	30
⑱	7	7	7	7	7	35
⑲	10	7	4	7	4	32
⑳	10	7	10	7	4	38
㉑	7	10	10	10	7	44
㉒	7	10	10	7	10	44
㉓	10	10	10	10	10	50
合計	203	200	200	188	177	

第1部

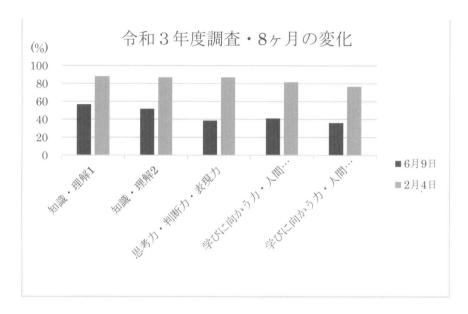

4.4 自己評価

①	今まで知らなかった単語を見つけることができ、物知りになった気分です。
②	辞書引きを本格的にやったのは小学校以来でしたが、知らない単語をたくさん調べたり知っている単語の他の意味を知ったりできて思ったより楽しかったです。
③	知らない言葉や日常生活で使う言葉をたくさん調べて中国語をもっとスラスラ使えるようになりたい。
④	辞書引きのスピードが遅いので、もっと早く引けるようになりたいし、分からないことにも進んで辞書で調べていきたい。
⑤	自分の知らない単語がたくさんあり、今後辞書を付箋でいっぱいにしたい。
⑥	たくさんの言葉に出会い、ことわざなどもたくさん知ることができました。
⑦	今まで授業で学んだことのない単語を学ぶことができよかったです。
⑧	いろいろ調べる時に「調べたい」と意欲を持っていろいろなジャンルの単語を調べ、今後は四字熟語にも挑戦していきたい。
⑨	いつも使っている電子辞書よりも不便だけど、調べたり見つけたりするのが楽しいです。自分が進んで調べるので、面白い単語を探すのが好きです。
⑩	知らない単語や面白い単語を探すのが楽しいです。
⑪	知らない単語や面白い単語を探し、みんなの反応を見るのが楽しいです。

日本の高等学校における『中日辞典（小学館第3版）』を使った辞書引きの取り組みについて

⑫	最初辞書引きをやる意味があるのかと思ってやっていましたが、番号を重ねるうちに楽しさが増してきました。
⑬	知らない単語の意味や由来などを深く知ることができた。自分で進んで調べるので頭に残りやすい。
⑭	自分の好きな言葉の中国語を知ることができ、知識が増えていくのを付箋の量で達成感を感じることができた。
⑮	新しい発見がたくさんありました。一番面白かったのが、ジュゴンが"人魚"だったことです。付箋でいっぱいにして自分だけの辞書を作りたいです。
⑯	最初は電子辞書があるので必要ないと思っていたけど、楽しく調べることができた。付箋を大量にして単語を覚えたい。
⑰	今までは電子辞書で楽に調べられたけど、自分で探して調べるのも楽しいと感じるようになった。
⑱	電子辞書もあるのに、なぜ今時紙辞書を使うのかと不思議に思ったが、自分で考えて探すので頭に入るようになった。ただもっと早く調べられるようになりたい。
⑲	一つの文字を調べるとその周りには聞いたことのない言葉がたくさんあり自然と付箋に書いている自分がいる。もっといろいろな言葉を調べていきたい。
⑳	付箋に書くことで、頭に入るような気がする。
㉑	辞書引きをするとピンインが理解できるので、最初の頃よりも早く辞書を引けるようになった。
㉒	最初は紙辞書を引くことに興味はなかったが、みんなで調べていくうちに楽しくなってきた。
㉓	今まで紙辞書を引くことは苦手だったけど、辞書を読み進めていくうちにもっとたくさんの単語を調べていきたいと思うようになった。

4.5 考察

　辞書引きを始める前は、電子辞書を使い、紙の辞書を使うことのない生徒たちであったが、8ヶ月間、授業時間で辞書引きを定着させることで、大いに成長の跡が見られた。例えば、⑱の生徒の自己評価「電子辞書もあるのに、なぜ今時紙辞書を使うのかと不思議に思ったが、自分で考えて探すので頭に入るようになった。ただもっと早く調べられるようになりたい。」とあるように、スマホや電子辞書に慣れた生徒にとって辞書を読むことに面倒くささや抵抗がなくなり、楽しくなっていく過程がある。目に見えた付箋の量に達成感を感じ、言葉への興味も高まる生徒たちの姿がある。

　①辞書の利用：紙の辞書の引き方【知識・技能】

　　→使い方は完璧にマスターしている。

第1部

②「辞書引き」とは：辞書を読む「辞書引き」の理解【知識・技能】

→「辞書引き」を完全に理解し、学習の中で活用できる

③辞書の利用姿勢：中国語学習における紙の辞書【思考力・判断力・表現力】

→分からないことを自分で見つけ知識を増やしていける

④中国語辞書を活用する場面：電子辞書・ネット辞典などを含む【学びに向かう力・人間性】

→校外・家庭でも自然と日常の学習で利用できる

⑤中国語辞書の他領域での応用：自立した学習者としての利用【学びに向かう力・人間性】

→中国以外の社会・文化や他の言語とも関連付けて応用できる

各項目の最終目的レベルに達成できたあるいはその次のレベルまで全員が達成できている。

5. 2 年目の中国語の辞書引き実践

2022（令和4）年度は、3年次の選択科目「中国事情（4単位）」の最初の10分を利用し「辞書引き」を実践した。「中国事情」は「数学」との選択である。国公立大学や医療系に進む生徒は数学を選択している。「中国事情」を選択する生徒は文系大学への進学、専門学校、就職まで幅広い進路を希望する生徒である。辞書引きを本格的に行った3年次の「中国事情」は単位数も多いことから、例年授業で習った内容をグループで調べてパワーポイントで発表したり、海外とのオンライン授業を実施したり、中国語検定試験対策をするなど、外国語教育の3つの柱である「知識及び技能」及び「思考力、判断力、表現力等」と「学びに向かう力、人間性等」を身につけるにふさわしい科目である。

「辞書引き」および評価の方法については前年度同様に取り組んだ。最初の授業で説明をし、後は毎時間授業の最初に8分間辞書引きを行い、残りの2分間で毎時間一人の生徒が本日の単語の一つを紹介し全員で辞書を引き共有する方法を実施した。まずは「知っている単語」から、「＊のつく重要語」そして「興味のある単語」へと自由に取り組ませました。

日本の高等学校における『中日辞典（小学館第 3 版）』を使った辞書引きの取り組みについて

5.1　結果

5月19日	辞書の利用知識技能	辞書引きとは	辞書の利用姿勢	活用する場面	他領域での応用	合計		12月6日	辞書の利用知識技能	辞書引きとは	辞書の利用姿勢	活用する場面	他領域での応用	合計
①	7	10	7	4	7	35			10	10	10	10	10	50
②	10	10	10	10	10	50			10	10	10	10	10	50
③	7	10	4	7	4	32			10	10	10	10	10	50
④	7	7	7	7	4	32			10	10	10	10	10	50
⑤	4	7	10	7	4	32			7	7	7	7	7	35
⑥	7	10	7	7	7	38			10	10	7	7	7	41
⑦	4	4	4	7	4	23			10	10	10	10	10	50
⑧	7	7	7	7	4	32			10	10	10	10	10	50
⑨	10	7	10	10	10	47			10	10	10	10	10	50
⑩	7	7	7	7	4	32			10	10	10	10	10	50
⑪	7	4	4	4	4	23			10	10	10	10	10	50
⑫	4	7	7	4	7	29			10	10	10	10	10	50
	81	90	84	81	69				117	117	114	114	114	

5.2　自己評価

①	今まで知らなかった単語を学ぶことができました。中日辞典が役に立ちました。
②	授業の 10 分間を使ってたくさんの単語を知って勉強になりました。
③	辞書引きは楽しかったし知識が深くなった。
④	自分の知らない中国語の単語をたくさん見つけることができて楽しかった。これからも自主的に調べていきたい。
⑤	外来語は音や意味からできていることに興味を持った。調べていくと気になることがたくさん出てきました。
⑥	今まで知らなかった単語を知れてよかった、
⑦	最初は面倒だと思ったが、付箋が増えていくのと中国語の単語の意味や例文を読むのが楽しくなった
⑧	星印の単語を中心に調べ記入することができた。

第1部

⑨	日本語でもなかなか使わない単語がいっぱいあって面白かったです。いっぱい調べられたのでよかったです。
⑩	はじめは教科書などの分からない単語を調べて分かるようにしていたけど辞書をめくるうちにいろんな単語と出会うことができました。
⑪	初めて中国語を紙の辞書で調べたが、いろいろな単語を知ることができ、楽しみながら学ぶことができた。
⑫	辞書引きは大変だけどとても面白い言葉があって楽しかったです。

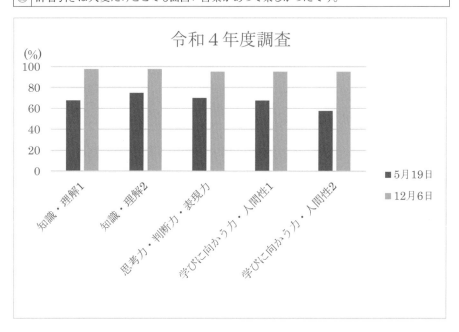

5.3 考察

　授業は12名の生徒を中国語検定4級以上合格者6名と準4級合格者6名の2クラス展開少人数であるため、実施しやすい環境である。辞書引きを始める前は、電子辞書を使い、紙の辞書を使うことのない生徒たちであったが、昨年度より少人数で取り組んだため、ルーブリック評価は確実に高くなった。

6. まとめ

　スマホ世代の高校生にとって紙辞書を使うことは少なくなってきている。本校中

日本の高等学校における『中日辞典（小学館第３版）』を使った辞書引きの取り組みについて

国語コースの生徒は入学時に全員が電子辞書を購入するため、電子辞書の使い方講座を業者にお願いして１年生・２年生でそれぞれ年に１回ずつ実施し、学校として積極的な使い方を推奨している。そのような状況の中で、今回、中国語の紙辞書を使うことは、面倒だと感じたり抵抗感を持ったりする生徒が多かった。2021（令和３）年度は初回の授業において、深谷先生、吉川先生がオンラインで、また王先生が実際に参観してくださったことや吉川先生がオンラインで授業をしてくださったことにより、生徒たちは興味関心を持って取り組み、８ヶ月間の授業の中で辞書引きを定着させることができた。また、上記のグラフからも分かるように、生徒たちは紙辞書への抵抗感もなくなり、辞書を読むことの楽しさや積極的な活用に目覚めていることが分かる。

　また、コロナ禍で海外語学研修に参加できない分、辞書引き以外に月１回の中国や台湾の高校生との交流を実施したことも考えられるが、大学進学希望者中、中国語関係の学部に進学した生徒は５名に増え、中国語検定試験の３級合格者も増加するなど、よい影響が出ている。

　2022（令和４）年度の生徒達は、先輩の辞書の付箋取りから始まった。全体での説明の後、それぞれのクラスで取り組んだ結果、昨年度よりも到達度が上昇した。進学先については当初より明確であり、中国語関係の大学進学は２名、その他の４年制大学３名、専門学校６名、就職１名であった。辞書引きの研究授業を行わなかったが、真面目に取り組む生徒達であったため、楽しみながら取り組んでいた。

　生徒達の毎回の学んだことや感想を見ると、単語を調べてみた時点では面白いという感想にとどまっているので、それらの感想や調べた単語について教師からのコメントが必要であった。例えば、次のような調べ学習を行った。①“笑窩”「靨」については、日本語はないと書いてあるが、日本語にもあることを電子辞書で確認させる。②“巨无霸”「ビッグマック」の由来についても、電子辞書や各自のタブレットで調べさせ、「大物」や「昔の大男」という意味のあることを確認させる。また、調べた単語には、生徒それぞれの興味の方向性があり、「外来語」や「四字熟語」など楽しみながら辞書を読んでいることが分かる。

　今後の課題として、他の中国語教員の協力を得ることができ、１年次から高校卒業まで継続して取り組むことができれば、より大きな成果が得られるのではないかと感じている。

第1部

【JB（辞書引き）日記】辞書引きをしたら毎日、付箋の枚数（それまでの合計枚数）を書き、どんな単語（言葉）に出会ったか、どんなことを学んだかを4～5行程度（80～100字程度）で書いておこう。

日本の高等学校における『中日辞典（小学館第３版）』を使った辞書引きの取り組みについて

10月1日(金) 合計 3 枚	10月11日(月) 合計 3 枚
huáng tàizǐ　huánghòu　huángguā　húguā 皇太子　皇后　黄瓜（胡瓜） 皇太子　皇后　キュウリ　地方によって	huíshēng　huíwén　hùnníngtǔ 回生　秽(闻)　混凝土 死人を　スキャンダル　コンクリート よみがえらせる
10月4日(月) 合計 4 枚	**10月2日(火) 合計 4 枚**
huóbǎo　huǒlièniǎo　huǒjiàn　huǒjiàntǒng 活宝　火烈鸟　火箭　火箭筒 お調子者　フラミンゴ　ロケット　ロケットランチャー	huǒjìng　huòyàng　jīdǎo　jīqìrén 火镜　货样　击倒　机器人 虫眼鏡　サンプル　ノックダウンさせる　ロボット
10月5日(火) 合計 3 枚	**10月13日(水) 合計 3 枚**
jīcháng lùlù　jīròu　jīchì 饥肠辘辘　肌肉　鸡翅 空腹でおなかが　筋肉　翅先 ぐうぐう鳴く	jīdàn bāofàn　jīdànjuǎn　jīmù 鸡蛋包饭　鸡蛋卷　积木 オムライス　だし巻き卵　積み木
10月6日(水) 合計 3 枚	**10月14日(木) 合計 4 枚**
jīyǔyún　jīdūjiào　jīchángqì 积雨云　基督教　记账器 積乱雲　キリスト教　レジスター	jiāshì　jiāniánhuá　jiǎfà　jiānxì 家饰　嘉年华　假发　奸细 インテリア　カーニバル　カツラ　スパイ
10月7日(木) 合計 3 枚	**10月15日(金) 合計 3 枚**
jiāntóuhuáng　jiànměi yùndòng　jiāoyuándànbái 尖头蝗　健美运动　胶原蛋白 ショウリョウバッタ　ボディービル　コラーゲン	jiǎohuái　jiǎobànjī　jiào gēge 脚踝　搅拌机　叫哥哥 くるぶし　ミキサー　キリギリス

第1部

11月8日(火)　　合計　8　枚 面包圈 ドーナツ. パンを丸くというのでドーナツになっているのがおもしろいとおもった。 雀斑. えくぼ「雀」がロをはなれた文字なので おもしろいとおもった。	11月17日(木)　　合計　3　枚 巨无霸 ビッグマック 食べ物の名前なのに无が使われているのがおもしろいと思いました。
11月9日(水)　　合計　2　枚 裸妆 ナチュラルメイクを指す 蒂地・うれきがある ・切削にある ・廊掃抱	11月30日( )　　合計　3　枚 密约 mì yuē ひそかに約束する 漢字のそのままの意味だと思いました。
11月9日(水)(？)　　合計　5　枚 傍扣子 のをとめる 逃债 táo qī とりたてから逃げる. 逃夜 夜家に帰らない.	11月?日(金)　　合計　6　枚 不亵暗室. 人目のないところでも良心を背くことをしないというのはとても大切なことだと思いました。
11月10日(木)　　合計　4　枚 星汉 天の川 星运・スターになるための運というのはどういうものなのか気になりました。 また天の川で「どうはんス」という漢字が使われるのかも気になりました。	月　日( )　　合計　　枚
11月16日(水)　　合計　3　枚 开光 ・ 睡眠供养物. 白富 文字を切ったらその羽おった ので・がおもしろいとおもいました。	月　日( )　　合計　　枚

日本の高等学校における『中日辞典（小学館第３版）』を使った辞書引きの取り組みについて

11月 8日(火)正　合計　5　枚 「一大然」(原悪い)・ …「一夫」で・方の、一端という意味 が、それに「熱」想いをつけることで 片思いになる。なんかとても印象に 残りました。	11月 16日(水)正　合計　20　枚 最近「看不起」(見下す)を授業で 習ったから目についた言葉。 「小看」…ばかにする、見下す
11月 9日(水)下　合計　7　枚 「骨感」(スレンダー)・ …私が思うスレンダーはもっと肉付き のよいものを指すが、中国語の簡体 字では「骨感」とかいて骨を強調さ せるように書いていたので日本語 と違うなと感じました。	11月 17日(木)下　合計　23　枚 掃晴娘…てるてる坊主。 　ほうきを持った女性の紙人形をつるす 日本ではティッシュなどでてるてる坊主 をつくりつるす文化と同じだけど女性限定 にしているところが少し違った。
11月 9日(水)下　合計　10　枚 「不管黒猫白猫, 捉着老鼠 　　　　就是好猫」 …黒猫だろうが白猫だろうがネズミ を捕る猫はよい猫である。 (手段や方法を問わず、目的さえ達成 　　　　すればよい。)	11月 30日(水)下　合計　25　枚 「虚情假意」 …うわべだけの親切、口先だけの好意 特に理由はなし。
11月 10日(木)下　合計　13　枚 「英勇」…すぐれて勇敢である 日本語と同じように勇敢である人 のことを「英勇」というように 中国語でも同じような意味だと 知りました。	11月 30日(水)下　合計　28　枚 「絶殺」…(サッカーやバスケットボールな 　　　　ど で) 勝敗を決める得点。 　　　　決定打。 サッカーのワールドカップが最近 ニュースで取り上げられていて、日本の 負けにも相手の決定打が何かあったのでは。
11月 15日(火)下　合計　16　枚 「磕头碰脑」…大勢の人が 　　　　　押し合うさま。 ハロウィンの時期にイテウォンでた くさんの人が混んで死んだから、 これを思いつきました。 　↳踩踏事件 (cǎi tà shìjiàn) 中国 　↳雑踏事故　　　　　日本	12月 1日(木)下　合計　30　枚 「再生父母」…命の恩人 父母が中国語で両親という意味 だから親のように素晴しく、恩人 だという意味。

第 1 部

7. 最後に・福井県立足羽高等学校における中国語教育の取り組み

7.1 「国際理解教育」

　国際科（中国語コース／英語コース）がある学校ということで、国際交流を推進する部署の国際部があった。英語や中国語圏の高校生との交流事業や中学校への広報以外に、学校全体で行う「国際理解教育」にも取り組んできた。1年生では「日本の常識が世界の常識ではないことを知る。」2年生では「世界の中での日本の現状を知る」3年生では「国際ボランティアも視野に入れ、日本人としてのあり方を考え、より専門的なことを知る中で、自己の進路を考える。」これらの観点は中国語教育においても、同じ流れで進むべきで、当たり前の日本の状況が通じない国々が多いという現実を知り、実際の現地での対処の仕方を学ぶ重要さを感じるからである。

7.2 「行事で学ぶ中国語」

〈中国語コースの中国研修〉

2年生：中国語コース全員参加の中国語研修（北京外国語大学または国立台湾師範大学）

1・2年生：希望者3～7名の福井県主催の中国語研修（蘇州大学・浙江工商大学・華東師範大学）

特に、福井県主催の研修では事務局が本校にあり、中国での研修内容は足羽高校の教員が現地の先生方と相談し、①中国で日本語を学ぶ学生たちとの交流　②2泊3日のホームステイ　③大学生の授業への参加　④元本校ＡＬＴとの再会　⑤現地の日本企業訪問などを企画した。ホームステイが一番印象に残り、その後も交流が続く場合が多い。

〈姉妹校交流の推進〉

　本校を訪れる中国、アメリカ、オーストラリアの高校生達との相互交流を進め互いの学校でのホームステイや授業体験研修を行う。

日本の高等学校における『中日辞典（小学館第3版）』を使った辞書引きの取り組みについて

〈ボランティア活動〉

①小学生対象のワールドツアー、②ホームステイ受け入れ、③地元中学校文化祭での地域交流、④青少年赤十字国際交流の集い、⑤春節の集い・中国語での司会進行などに積極的に地域と関わることで日中間の文化交流活動に貢献する。

〈スピーチコンテスト〉

中国語部の生徒と希望者が各種スピーチコンテストに参加し上位入賞を果たしている。参加する中で、それぞれが自己を見つめ、中国との関わりや、人とのつながりについて考えるようになった。特に力を入れたことは「漢語橋世界中高生中国語コンテスト」に出場することである。大会は「スピーチ」「パフォーマンス」「中国語による知識クイズ」の3部門の合計点に印象点が加わり競われる。世界大会に参加した生徒達は、世界5大陸の国々からの200人以上の高校生と中国語で交流してきた。

最後に、32年間中国語教育に従事し、"中国教育部中外語言交流合作中心"に送付した「漢語橋」での取り組みの文書を掲載する。

我从1991年开始在足羽高中教汉语。至今已经31年了。在31年间，我一直在学校的中文课和校汉语俱乐部里给学生教汉语。不仅如此，我还跟中国的老师们互相帮助合作，并积极学习有关现代中国的文化，带领学生们去中国实地交流研修，举办日中文化交流会等等。

我一直以来，我的汉语教学遵循4个重点。第一，学好地道的中文，其次是要了解中国文化、风俗习惯、历史等等，再者，要关注全球的观点及趋势。第四是尊重对方的人权。

在这些重点的基础上，我一直在积极地推进日中两国年轻人之间的交流与理解。

从第一届到今年的第十四届，至今，我带领学生们参加了十余届的汉语桥世界中学

第1部

生中文比赛，见证了汉语教育在这数十年间的发展变化。第二届汉语桥世界比赛时，我作为日本大阪队的领队老师参加了在重庆举行的大赛。我们队很荣幸地获得了博客团体最优秀奖和个人优秀奖。

我校参加汉语桥世界比赛的学生们后来都顺利进入大学，继续学习汉语。曾经指导的学生们，如今有的在中国工作，有的在与中国有关的公司里就职。他们都感叹很荣幸能参加汉语桥、能结交世界各地学习汉语的学生们。有些学生们现在还保持着联系。在我教学生涯的 31 年间，我最大的目标就是希望加深日中两国年轻人之间的互相了解与建立友好关系。明年是我教师生涯的最后一年，也是日中建立友好邦交五十周年。虽然我要退休了，但这并不意味着在此止步，为了两国友好关系能够更加长久地发展，我愿为汉语教育事业贡献一生。将来我依旧希望尽自己最大的努力，为日中两国年轻人之间的交流与理解提供帮助和支持，为在日本的汉语教育事业的推动贡献自己地一份力量。

〈**我校参加汉语桥世界中学生比赛的名单**〉

第一届：（选手）岸上爱、杉田彩

第二届：（选手）伊藤直人、（观摩）生岛雄大

第三届：（选手）生岛雄大、（观摩）仓谷美江

第四届：（选手）仓谷美江、（观摩）松泽正宜

第五届：（选手）松泽正宜、（观摩）汤本大葵

2015 第八届：（选手）土田若奈

2016 第九届：（选手）岛田优真

2017 第十届：（选手）山内雅贵

2018 第十一届：（选手）永原黎太郎

2019 第十二届：（选手）大洼绫香

2020 第十三届：（选手）相马爱香、仓谷咲音

2021 第十四届：（选手）大垣内美梦

2022 第十五届：（选手）田中弓子

7.3　まとめ

外国語の習得は、人と人、心と心をつなぐことである。生徒達は、中国語コースの代表として、中国研修やボランティア活動などに参加し成果を上げてきた。これ

らの経験は、学習への意欲をかき立て、世界観を広げ、生徒たちを成長させた。「中国研修」では、大学生や中国人の先生など人と人とのつながりが重要であり、私の仕事はそれらの人たちと本校の生徒達を中国語部→中国語コース→国際科→学校全体→卒業生へとつなげることであった。しかし、コロナ感染症により国際状況が一転し、一切の交流事業が中止になったことで従来のやり方からの転換が必要であった。2020年からの3年間はICT機器の活用し、国内外の生徒達同士でのオンライン会議や授業を実施したり、グーグルクラスルームを利用して課題を提出したり、音源を送りリスニングや音読の練習をさせたりしてきた。一方で、外国語習得の地道な学習は必要であり、辞書を読むという地道な作業は、便利なネット環境とともに実施することで、意外性も加わり相乗効果を上げることができると考える。

最後に、この3月に定年退職を迎えるに当たり、本校での辞書引きを支援してくださった、深谷圭助先生、吉川龍生先生、王林鋒先生に心よりお礼申し上げます。

注

* 1　(『外国語編　英語編　高等学校学習指導要領（平成30年告示）　第8節　その他の外国語に関する科目）
* 2　(『慶應義塾　外国語教育研究　第18号』「高等学校の中国語授業における辞書引き学習導入実践」)

【解説】 王　林鋒

辞書引き学習が始まったきっかけ

　コロナ禍の影響で、海外語学研修や姉妹校との相互訪問交流などの国際交流関連の行事がすべてストップされた状況の下、中国語を学ぶ生徒達のモチベーションを維持させるために、どうしたら良いか、と実践者である青山先生が常に考えていた。オンラインによる中国の高校生や大学生との交流を進めながら、他に手立てを講じられないかと悩んでいる時期に辞書引き学習法に出会った。

　辞書引き学習で目指すものは、単なる語彙力アップではなく、学習者が主体的に言語学習に目を向けるようになることである。辞書引きで中国語を学ぶ際には、漢字を手がかりにして、日本語と中国語の相違点から比較分析することでことばの仕

第 1 部

組みや働きに気づき、さらに、鍛えられたことばへの気づきといったメタ言語能力を生かしながら、他の言語の習得や日本語への深い理解が期待できる。それは、学習指導要領で示された思考力・判断力・表現力の育成、学びに向かう力・人間性の涵養へつながり、メタ認知能力・メタ言語能力を高める言語学習方略である。

辞書引き学習実践の効果

辞書引き学習を導入してからは、2 年次 23 名の生徒を対象に『中国語理解』および『中国事情』の 2 科目の授業開始 10 分を利用し辞書引き学習に取り込んでいた。ルーブリックによる自己評価は導入日の 2021（令和 3）年 6 月 9 日と 2022（令和 4）年 2 月 4 日に行い、「知識・理解」、「思考力・判断力・表現力」、「学びに向かう力・人間性」、それぞれのカテゴリにわたって、ポジティブな変容があった。中には、辞書を読むことに面倒くささや抵抗がなくなり、楽しくなっていく過程や、目に見えた付箋の量に達成感を感じ、言葉への興味も高まる生徒たちの姿が見られた。2022 年度では、10 分間の内、残りの 2 分間で毎時間一人の生徒が本日の単語の一つを紹介し全員で辞書を引き共有する方法を実施した。「知っている単語」から、「＊のつく重要語」そして「興味のある単語」へと生徒たちに自由に選べるようになった。2 回目のルーブリックによる自己評価は、2022 年 12 月 6 日と 2022 年 5 月 19 日に行い、前回と同じような正の変容が見られた。辞書引き日記の記述から、一つの単語から関連する単語群への探究の広がりや四字熟語の由来を探るような自ら未知のことばの世界に進めていく様子が伺えた。

今後に向けて

今回は、一人の教員が担当する選択科目の授業に自主的に取り込んだ。今後の課題として、他の教員の理解と協働を得るために、教員同士の授業参観や意見交流の場の設定が必要である。生徒が 1 年次から卒業まで継続して取り組むことができる体制を整える工夫が求められる。

中学校英語科における辞書引き学習実践に関する研究

深谷圭助　吉川龍生　王林鋒　関山健治　広千香

1. はじめに

　本研究では、ヨーロッパ言語共通参照枠（以下、CEFR と略記）が唱導する複言語・複文化主義に基づく国や言語種を超えた汎用的な学習モデルを構築するために、日本の中学校における第 2 言語（英語）教育において「辞書引き学習」モデルの実践・検証を行う。同モデルは、メタ認知能力向上に資する語彙学習モデルとしても期待される。

　本研究に関連して、日本の高等学校における第 3 言語（中国語）教育において「辞書引き学習」の実践・検証が行われており、その研究成果は、荻野友範、吉川龍生、深谷圭助「高等学校の中国語授業における辞書引き学習導入実践―紙の辞書とオンラインツール活用の取り組み」慶應義塾大学外国語教育研究センター『慶應義塾外国語教育研究』（第 18 号、2021 年、pp42-66）で明らかにしている。また、イギリスの小学校における第 1 言語（英語）教育における「辞書引き学習」の実践・検証の研究成果は、深谷圭助、吉川龍生、関山健治「イギリスの公立小学校における辞書引き学習の導入と教師の学び」中部大学現代教育学部『現代教育学部紀要』第 14 号、2022 年、pp27-35）、深谷圭助、吉川龍生、王林鋒、関山健治「イギリスの小学校英語教育における JB（辞書引き学習）モデル導入事例に関する考察」日本外国語教育推進機構『複言語・多言語教育研究』（第 8 巻、2020 年、pp151-160）や、深谷圭助、吉川龍生「語彙習得学習における語種間共通方略モデルの開発とその実践－辞書引き学習の動機づけと方略の有効性をめぐって－」『現代教育学部紀要』（第 12 号、2020 年、pp47-55）、深谷圭助「子供と言葉の出会いに関する国際比較研究―イギリスと日本における『辞書引き学習』の導入事例を中心に―」（『現代教育学部紀要』第 10 号、2018 年、pp47-59）等において明らかにしている。

　本稿では、この内、日本の三重県 I 市立 K 中学校 3 年生の英語授業で実施した、

第 1 部

生徒のメタ語彙能力向上に資する自律学習モデルとして期待される「辞書引き学習」
導入の成果を明らかにする。

2. 研究の背景と研究の概要

　グローバル社会が進む中で、外国語教育の梃入れの必要を迫られた日本において、
小学校からの外国語（英語）教育が本格的に始まっている。その一方で、日本語も
含む学習者の言語学習に対する動機づけや学習方略の問題は教育現場の課題として
残されたままであり、本研究はこうした課題を克服するものである。

　本研究は、複言語学習において国や言語を超えた言語間共通学習方略モデルに期
待される辞書引き学習の、言語学習者に対する動機づけと学習方略の有効性につい
て、国際教育実践を通して明らかにすることを目的とし、本稿では特に日本の第 2
言語（英語）教育における自律学習モデルとして期待される「辞書引き学習」モデ
ルの実践成果を検討する。

3. 日本の中学校英語科（第 2 言語）教育における辞書引き学習の導入と実践・検証

(1) 研究実践の準備の概要

　本稿では、三重県 I 市立 K 中学校 3 年生の辞書引き学習の実践・検証について
述べる。まず、K 中学校 3 年 1 組、2 組 45 名に対し、2021 年 6 月 28 日に深谷・吉
川・広が導入授業を行った。その後、生徒達は、毎週の英語授業のうち 2 回、冒頭
10 分間で、紙の英和・和英辞典『チャレンジ中学英和・和英辞典第 2 版（Benesse）』
と『辞書引き英語ふせんブック（小学館）』を用いて辞書引き学習を実施した。生
徒達は、小学校において国語辞典を用いての辞書引き学習の経験はあるが、英和辞
典による辞書引き学習の取り組みは初めてである。K 中学校 3 年生生徒に対しては、
以下の点について指示をした。

　まず、辞書を引くのではなく、読むこと。そして、読んで既知である単語や気に
なる単語を見つけたら、通し番号を振った「ふせん」に単語のスペルと語釈を記入
したものを英和辞典の頁の上端に並べて貼り付けること。最後に、辞書を読む際、
既知と思われる単語を積極的に読むことで、既知と思われた単語に対するこれまで

の認識と、辞典に掲載されている記述内容の「ずれ」について気付いたことを「辞書引き日記」に記述することである。

　以下は、「辞書引き学習（ＪＢモデル）指導略案　その１：基本のすすめ方」である。

表１　辞書引き学習（ＪＢモデル）指導略案　その１：基本のすすめ方

1. 目標：順に既知の単語を見つけ、付箋に書き込み、辞書に貼り込むことで、既有の知識との関連づけて捉え、既有の単語に関する知識を量的に確認し、単語に対する関心を広げ、単語学習の意欲を高める。

2. 指導過程

時	教師の活動・生徒の活動	指導上の留意点
導入2分	1．準備と集中を促す 生徒：辞書と付箋と筆記具を机上に用意する 教師：前回の特徴的な生徒の学びを紹介する 　　　生徒の評価（励まし）をする 生徒：付箋のナンバリングをする 教師：終了時間を告げる	・机の上に辞書と付箋、筆記具があるか確認をする ・付箋のない生徒に与える ・付箋のナンバリングは、5〜10枚分でよい。あとはその都度追記させる
展開5分	2．生徒が辞書引き学習の活動を実施する 生徒：知っている単語（言葉）探しをする 教師：机間巡視して、付箋の数や見つけた単語をチェックしながら、褒め、励ます 生徒：6〜10語程度を探す 教師：見つけた単語の数が多い生徒を誉める 　　　見つけた単語の数が少なくても、丁寧に読み込んでいる姿勢を見せる生徒も誉める	・導入での準備ができた生徒から始めてよい旨を確認する ・沢山の付箋を貼っている生徒に賞賛の言葉をかけ、何枚貼ったのか、どんな言葉を見つけたのかと声をかける ・面白い言葉を発見した生徒がいたら後で紹介することを働きかける

第1部

時	教師の活動・生徒の活動	指導上の留意点
ま と め 3 分	3．生徒は活動の振り返りをする 教師：JB日記に、付箋の枚数（累積）を記録し、今回見つけた単語とその立項された単語の語釈等を読んで、学んだこと（同じ所と違う所）を書くように指示する 　　　以前と、言葉に対する認識が変わったのか、変わっていないのかを意識させる 生徒：教師の指示について分かっている生徒はどんどん進める 教師：机間巡視しながら、生徒を賞賛する 　　　JB日記は最後の行まできちんと書くように指示する 教師：週末の回で、ルーブリック評価をさせて、該当箇所に〇を記載させる。週の学びのまとめを文章で書かせる 教師：JB日記を回収する	・時間が終わる前に、回収してあったJB日記を各自に配布する ・終了3分前になったら、まとめに入るようにそれぞれで時計を見て行動するようにさせる ・JB日記に付箋の枚数の記入と今回の辞書引き学習で得た「学び」を記録しているかどうか机間巡視で確認する ・学びとは、何が同じで、何が違うかを確認すること、どのようにこれまでの認識と変わったのか、変わらなかったのかを言えれば「学び」は成立していることを伝える ・時間があれば、JB日記を生徒に紹介させる（時間がなければ教師が紹介する）

　　以下は、「辞書引き学習（JBモデル）指導略案　その2：辞書引き学習の学習成果交流」である。

表2　辞書引き学習（JBモデル）指導略案　その2：辞書引き学習の学習成果交流

1. 目標：辞書引き学習で学んだ学習の成果について分かりやすく説明したり、単語に関するクイズを出題し合ったりすることで他の辞書引き学習者と交流し、単語に対する関心を広げ、単語学習の意欲を高める。

2. 指導過程

中学校英語科における辞書引き学習実践に関する研究

	教師の活動・生徒の活動	指導上の留意点
導入1分	1. 辞書引き学習の学習成果について紹介（教師） 教師：これまで辞書を読んできて、気が付いたこと、面白い、興味深いと思ったところをクイズの形で発表してもらいます 生徒：前の発表位置について、PCの準備 生徒：スムーズに次の発表ができるように、前に近い席に座る	・あらかじめ、発表者は割り振っておく ・毎回2人ずつ発表する ・毎週、最後の辞書引きの時間帯（10分程度）で2名の生徒に発表させる ・発表は、PCを用いてパワーポイントで2～3枚程度にまとめる ・発表は単語（言葉）の語釈、用法、品詞などのクイズで他の生徒に問うものとする
展開7分	2. 辞書引き学習の学習成果について発表（生徒） 教師：では、辞書引き学習で辞書を読んでみつけた単語の中から新たに知ったことを発表してもらいます 教師：2人の発表を評価する	・辞書を読んで、「あれ」「おもしろい」「はめて気がついた」ということを「クイズ」にして問うことで、気づきを共有する ・あらかじめ、誰が発表するのかを決めておくと生徒に発表の準備をする心づもりができる ・発表は、パワーポイントなどを用いて行うとスムーズである
まとめ2分	3. 辞書引き学習の学習成果について評価（生徒相互） 教師：2人の発表に対するコメントを書きましょう 生徒：発表に対するコメントを「JB日記」に書く 教師：JB日記を回収する	・日頃、辞書引きを行った後に書くJB日記に、発表会の時には、発表者の発表に関するコメントを書くようにさせる ・事後に教師はJB日記には目を通しておく

　以上のような英和辞典の使い方は、すでに国語辞典での辞書引き学習の経験がある生徒が多かったので、どの生徒も問題なく活動に没入することができていた。学習の様子を「辞書引き（JB）日記」から読み解きたい。

(2)「英語辞書引き日記」から読み取るメタ語彙認知能力

　以下は、K中学校3年2組生徒203による「辞書引き日記」（2021年6月28日~2022年2月21日）である。日記には、日付、付箋の数、学習活動後のコメントが記載されている。

第1部

表3 生徒203の「辞書引き（ＪＢ）日記」全文

6/28【10枚】	chain（チェイン）くさり、チェーンという意味だけでなく、鎖でつなぐという意味がある。
6/30【14枚】	story には「うそ」「作り話」という意味があった。
7/02【21枚】	stand には立つという意味だけでなく、売店といういみがあった。ガソリンスタンドはここからきているのではないかと思った。
7/05【25枚】	level には形容詞として平らな、同じ高さのという意味があった。
7/06【29枚】	village には city 同様、the をつけると村人たちという意味になった。
7/08【36枚】	color は色以外にも肌の色や旗という意味があった。
7/12【41枚】	worry など動詞だと思っていたものには名詞として使われる場合があった。
7/13【49枚】	story にはうそ、作り話という意味があった。
7/15【55枚】	mark には印だけでなく、成績、採点するという意味があった。
7/16【63枚】	my は「私の」という意味だけでなく、「おや」「まあ」という意味があった。
7/17【83枚】	action は、「作用」という意味もあった。まだ知らない言葉も沢山あったので勉強になった。
7/18【93枚】	air は「空気」という意味しか知らなかったが、「様子／態度」という意外な意味があった。
7/19【103枚】	日本語で「アンバサダー」と言っていたものは、「大使」という意味があって驚いた。
7/20【112枚】	アップルと言っていたのに、辞書の発音は、「あープる」となっていて面白いと思った。
7/21【120枚】	arch には「アーチ」という意味だけでなく、「土踏まず」という意味もあった。体の一部の意味もあると知って驚いた。
7/22【127枚】	ask は「質問する」という意味だけで使っていたけど、「たのむ」という意味があった。これから使っていきたい。

7/23【137枚】captain は「船長」や「主将」「陸軍大尉」等いろいろな意味を持つと知ることができた。

7/24【146枚】ポテトチップスのチップは、どんな意味だろうと思っていたので、「かけら」という意味があると知って驚いた。

7/25【156枚】leave は残すという意味もあった。さらに lemon はフルーツのレモンだけではなく、レモン飲料という意味があった。

7/26【161枚】普段よく使う last は、「…しそうもない」という意外な意味があった。他の単語にも意外な意味がないか気になった。

7/27【170枚】feel は「感じる」という意味しか知らなかったけど、「さわる」という意味もあった。

7/28【177枚】flavor は「味」という意味しか知らなかったけど、動詞として「味をつける」という意味があった。

7/29【183枚】foot は「足」という意味だけでなく、長さの単位の「フィート」や、「ふもと」という意味があって驚いた。

7/30【190枚】日本語でフォーマルという単語を知っていたけど、意味は知らなかったので、「儀礼的」という意味を知れて勉強になった。

7/31【200枚】friction は「摩擦」という意味があって、ボールペンはここからきてるのかなと思った。

8/01【210枚】weed は「雑草」という意味は知っていたけど、「草むしりをする」という動詞があると初めて知った。

8/02【220枚】今まで、ようこそという意味でしか使っていなかった welcome は「自由にしてよい」という意味もあって面白いと思った。

8/03【231枚】今まで「公式」という意味でしか使っていなかった official は、他にも「役人」「公務員」と人を表すこともあると知って驚いた。

8/04【242枚】たまに、海外映画で聞く oops は「おっと」「しまった」という意味があると知れた。

8/05【252枚】今までオルカと言っていた「シャチ」の発音は「オーカ」だと知って驚いた。注文という意味で使っていた order は「順序」という意味があった。

8/06【271枚】out はいろいろな意味があって、中でも「大きな声で」という

81

第1部

意味には驚いた。

8/07【283 枚】outside は名詞、形容詞、副詞、前置詞としても使えるので万能だと思った。

8/08【292 枚】paper は「紙」という意味以外に「新聞」という意味があった。今まで新聞は newspaper だと思っていたので驚いた。

8/09【302 枚】pass は通り過ぎるという意味以外に、名詞用法として「乗車券」、「パス」という意味があった。他にもたくさんの連語があった。

8/10【312 枚】pedal は日本語ではペダルだけれど、正しくは「ペドゥル」と発音することが分かった。

8/11【322 枚】performance は、「演技」や「演奏」という意味しか知らなかったけど、「できばえ」、「成果」という意外な意味があった。perfume も香水以外に「よい香り」という意味があった。

8/12【332 枚】pet は形容詞としてお気に入りのかわいがっているという意味があった。phrase は p から始まると知って驚いた。

8/13【342 枚】picture は「絵」「写真」以外に「映画」「イメージ」という意味があった。pick は「つむ」の他に「始める」「盗む」という意味があった。

8/14【352 枚】pipe には「管」以外に「ふえ」や「管楽器」の意味があった。Place は「順位」「地位」という意味があった。

8/15【362 枚】plant は「植物」という意味しか知らなかったけど「工場」という意味があった。plastic には「自由な形にできる」という意味があって驚いた。

8/16【381 枚】警察官という意味の police officer 以外にも police man という意味の単語があった。

8/17【400 枚】pose は「引き起こす」「見せかけ」という意外な意味があった。positive は「陽性の、確信している」という意味がある。

8/30【409 枚】principal という単語は「おもな。主要な」という意味の他に「校長」という意味があった。そして print には想像以上に多くの意味があった。

8/31【419 枚】produce は動詞として使うか、名詞として使うかによって発音が違っていて面白かった。他にも同じような単語がないか探し

たい。

9/01【429枚】promise は「約束」の他に「見込み」「有望」という意味があった。property にも「財産」「所有物」という知らない意味もあった。race という単語には「人種」「民族」という意味があった。

9/02【439枚】日本語のパンチは英語からきていると知って驚いた。穴あけ器のパンチという意味でも使うことができると知れた。

9/03【449枚】puzzle は名詞の「パズル」以外に「難問」「なぞ」や、動詞の「混乱させる」という意味があった。

9/04【459枚】大きな野ウサギという意味の単語は rabbit ではなく、hare を使うことを知った。

9/05【469枚】rail は「レール」「鉄道」以外に「手すり」という意味があった。全く違う意味なのに同じ単語なのはなぜだろうと思った。

9/06【479枚】ラズベリーのつづりは、raspberry で、なぜか真ん中に p が入っていた。Rate は「割合」という意味しか知らなかったけど、「値段」「速度」という意味もあった。

9/07【489枚】receipt はレシートと発音していたけれど、レスィートになっていた。recip もレサピーという発音だった。

9/08【499枚】recruit は新入社員という意味しか知らなかったけれど動詞としても使えると分かった。

9/09【509枚】regular は「普通の」という意味しか知らなかったけれど、いろいろな意味があった。名詞としても使うことができた。

9/10【518枚】resort は「レゾート、行楽地」という意味しか知らなかったけれど、「resort to」で、「…に頼る、…にうったえる」という意味になった。

9/11【528枚】return は「帰る、もどる」だけでなく、「報いる」や名詞として「帰り」「戻ってくること、返すこと」という意味でも使った。

9/12【538枚】rich は「金持ちの」という意味の他に「豊富な」「栄養価の高い」という意味があった。

9/13【549枚】risk は「危険」という意味だけでなく、「危険にさらす」「思い切ってやってみる」という意味があって驚いた。

第1部

9/14【559 枚】	rocket は「ロケット」以外に「打ち明け花火」という意味があった。確かに、打ち上げるという点では共通しているなと思った。oll には「(雷が) ゴロゴロ鳴る。とどろく」という意味があった。
9/15【569 枚】	rough は、絵を描く時の「下描」という意味で使っていた。本当は「大ざっぱな、あらっぽい」という意味だと知って驚いた。
9/16【579 枚】	rule は「ルール」という意味でしか使っていなかったけど、「支配、統治」や動詞として「支配する」という意味でも使えることが分かった。
9/17【589 枚】	safe は「安全な、無事に」という意味しか知らなかったけど、名詞で「金庫」という意味があった。
9/18【600 枚】	salt は名詞の意味しか知らなかったけど、形容詞で「塩気のある」、動詞で「塩気をつける」という意味があると知った。
10/5【606 枚】	satisfaction は発音だけは知っていたけど、意味は知らなかったので「満足、満足させるもの」という意味だと知ることができてよかった。
10/7【618 枚】	saw は映画のタイトルで聞いたことはあったけれど「のこぎり」という意味だとは知らなかったので驚いた。
10/11【630 枚】	scissors はもともと複数なので 2 丁のはさみは、two pair of scissors というと知った。
10/12【642 枚】	scratch には「かく、ひっかく」という意味があって宝くじのスクラッチもここからきているのではないかと思った。
10/21【663 枚】	serve はスポーツのサーブだけでなく、「役に立つ、仕える」などのいろいろな意味があった。
10/26【670 枚】	日付に使う seventh は「7 分の 1」という意味でも使えることが分かった。他にも seventeen は「17 人、17 個、17 時、17 歳」という意味があった。
10/28【680 枚】	shampoo は「シャンプー」だけでなく動詞として「髪を洗う」という意味があった。
11/04【695 枚】	shoot には「シュートする」だけでなく、「若芽、若枝」という意味があった。

11/05【708 枚】shower は「シャワー」だけでなく、「にわか雨、夕立」という意味があった。

11/09【714 枚】今まで sigh と signal の意味の違いが分からなかったけれど今回で知ることができた。

11/11【723 枚】since は「〜から」という意味しか知らなかったけれど、「〜だから、〜ので」という意味であることを知った。

11/12【730 枚】single にはいろいろな意味があり、特に「独身の、片道切符」という意味には驚いた。

11/22【740 枚】sixty は「1960 年代、60 代」という意味があると知った。

11/25【755 枚】普段「スケッチ」という言葉は使っていたけれど、「概略、大要」という意味があると知らなかった。

11/26【768 枚】slow は形容詞、福祉の意味しか知らなかったけど、動詞として「速力を落とす」という意味があった。

12/02【780 枚】smoke は「けむり」以外に動詞として「タバコを吸う、くん製にする」などいろいろな意味があっあった。

12/03【790 枚】snap は今までなんとなくしか意味が分からなかったけれど「ポキンと折る」などの意味があることが分かった。

12/06【801 枚】so だけでも「それほど、それだから、そのように」などいろいろな意味があることが分かった。

12/07【807 枚】ソーラーパネルなどの「ソーラー」はどんな意味か知らなかったけれど、「太陽の」という意味があると知れた。

12/09【816 枚】sometimes は「ときどき」という意味があるけれど、sometime になると「いつか」という意味になった。

12/10【829 枚】soul は「たましい」たけでなく、「人間」という意味もあることが分かった。

12/13【835 枚】spade はトランプのスペードだけではい、農機具の「すき」という意味があることが分かった。

12/21【859 枚】speak の過去分詞の spoken は「口頭の、口語の」という知らなかった意味があった。

1/13【867 枚】spot は「場所」以外に「点をつける」という意味があって、絵

第1部

の技法のスパッタリングはここからきているのかもしれないと
思った。

1/14【877 枚】spring は「泉」、square は「広場」という新しい意味を知るこ
とができた。

1/17【889 枚】step はいろいろな意味があって、特に「足音」という意味は驚
いた。

1/24【905 枚】strange に「奇妙な」以外に「見知らぬ」という意味がある。

1/31【914 枚】stress は「ストレス」以外にも「強調する、アクセント」とい
う意味がある。

2/01【924 枚】subject はいつも使っている「科目」以外に、「主題、見出し」
という意味があった。

2/03【940 枚】suit は「スーツ」以外に動詞で「都合がよい、似合う」という
意味がある。Sunny-side up は「片面のみ矢板目玉焼きの」と
いう変わった単語も見つけた。

2/04【947 枚】surf という単語は「サーフィンをする、インターネットで見て
回る」という意味があり、なぜ、全く違う意味なのに同じ単語
なんだろうと思った。

2/07【958 枚】ドラマなどで使われるサスペンスは大体の意味しか知らなかっ
たけれど、名詞として「緊張、ハラハラドキドキ」という意味
があると知った。

2/08【965 枚】swim は「泳ぐ」という意味でしか使っていなかったけれど、「め
まいがする」と体調面でも使えると知った。

2/10【974 枚】synonym という単語が前読んでいた小説に出てきて意味が分か
らなかったので、「同意語」という意味だと分かってすっきり
した。

2/14【987 枚】タブーという言葉は何語からきているのか分からなかったけれ
ど、英語で「禁忌」という意味があった。

2/15【1000 枚】普段よく使う take は「する、とる、かかる、乗る、飲む」な
どたくさんの意味で使えると分かった。

2/18【1021 枚】temple は「寺院」という意味しか知らなかったけれど、同じ

> 単語で「こめかみ」という意味があった。
>
> 2/21【1034 枚】textbook の text はどんな意味があるのか知らなかったけれど、
>
> 「本文、原文」という意味があると知った。

　以上、3 年 2 組生徒 203 の「辞書引き日記」全文である。最終的に生徒 203 は、2022 年 2 月 21 日までに 1034 枚の付箋を辞書に貼付けている。

　言語教育の主流は、特定の文脈における文中の単語の意味を調べ、解釈をすすめることになっている。その際、その文脈に当てはまらないと見做される単語の意味や用法は排除される。一方、辞書引き学習では、学習者が既知と見做す単語を省察し、これまでのその単語に対する認識を新たにし、単語には、複数の意味や品詞分類、用法が与えられていることを知ることで、メタ的な語彙認識力を身に付けることができる。

(3)「英語辞書引き学習ルーブリック」のデータから読み取るメタ語彙認知能力・自己調整能力

　本研究では、メタ語彙認知能力や自己調整能力に関わるルーブリック評価シートを作成するとともに、それぞれの項目をグーグルフォームに立項し、生徒にルーブリック評価を実施するようにした。ルーブリック評価については、A（5 点）、B ＋（4 点）、B（2 点）、C（1 点）とし、以下の評価規準に基づき点数化した。

第 1 部

表 4　JB モデル（辞書引き学習）に関するルーブリック評価表

評価基準／評価規準	A 5点	B+ 4点	B 2点	C 1点
知識・理解 ①　辞書の利用法：辞書を読む JB モデルの技能の習得と英語に関する理解	すすんで辞書を読んで興味のある言葉を見つけ出し、自分なりに日本語と結びつけている	すすんで辞書を読んで言葉を見つけ出すことができる	教師に指示されたり、少しアドバイスをうけたりすれば、辞書を読んで、言葉を探すことができる	辞書を読もうとしない
②辞書の利用法：辞書を引くことに関する技能と知識・理解	自ら読んだり、調べたりする等、辞書の使い方は完璧にマスターしている	自ら言葉の意味を調べることはできる	教師に指示されたり、少しアドバイスを受けたりすれば、言葉の意味を調べられる	基本的な利用法の教師による説明が不可欠である
思考・判断・表現力 ③辞書の他領域での応用：辞書の応用	自ら他の辞書も活用し、言葉を調べる以外の事柄にも辞書引きで身に付けた力を応用できる	自ら辞書をその言葉の背景となる社会や文化について知る道具として活用できる	教師に指示されれば、辞書引きにおいて他の言葉に注意を向けることができる	辞書引きを特に何かに活用・応用しようとは思わない
学びに向かう力・人間性（1） ④辞書利用に向き合う姿勢：辞書利用の姿勢	自ら学校の中だけでなく、家庭においても分からないことを自分で見つけて積極的に利用できる	自ら学校で分からないことに出会ったら積極的に利用できる	学校で必要に迫られれば利用できる。教師に指示されれば、利用できる	学校で辞書を使うのはなるべく避けている
学びに向かう力・人間性（2） ⑤日常の学習における辞書利用：日々の学習習慣	自ら校外・家庭でも自然と日常の学習で積極的に探究的な活動ができる	自ら校内での授業や活動で探究活動を意欲的に行おうとしている	教員の指導の下で探究的な活動を円滑に行おうとしている	積極的に探究的な活動を行おうとはしていない

　　表 5 では、2021 年 11 月 22 日と 2022 年 2 月 21 日に実施したものを、それぞれ得点集計し、比較できるようにした。また、表 5 の評価項目に対応した質問紙調査を実施し、各生徒の欄に付記した。

表5 K中学校3年1組（生徒101-109）英語辞書引き学習に関するルーブリック調査における得点推移（2021.11.22/2022.2.21）と質問紙回答記述一覧

ルーブリック実施日時/質問紙項目	101	102	103	104	105	106	107	108	109
11.22	21	20	23	21	20	22	23	19	21
2.21	—	★23	★24	★23	—	★23	★24	★20	★25
1.辞書引き学習に取り組む前と後で、自分自身がどのように変わりましたか	単語を見るとともに「これ辞書引きでやった！」とか「どういう意味があるかな？」とか興味を持って学習できるようになりました。	まぎらわしい単語を確認することができました。同じ単語で意味が違うことに驚きもった。わからない単語があってもくやしいけど日本では一つの単語なのにいくつもありおどろきがありました。	分からない英単語があったときに今までならスマホなどで調べていたが辞書を使って学習するようになったので、日本語以外の言語も辞書やスペルを調べられるようになった。	今までは英単語がパッとでてこなかったけど、辞書引きをしてからパッと出てくるようになった。	授業のはじめに辞書引きを行ったことで、休憩と授業の切り替えがうまくできるようになり、その後の授業をより集中して受けることができるようになった。	自分がどれだけの単語を知っているのか、知ることができて、英語の単語数が気にしなくなりました。	長文問題に出ているよくわからない英単語が出たときに見る単語の組み合わせや語から考えて、単語の意味がわかるようになりました。前は分からない単語を飛ばして英語を読んでいたが分からない部分が少しは分かりました。	1つの意味だけでなく、たくさんの意味や品詞があることを知り、組んだ時に前より自分の中にある単語が増えたと思います。	今まで読めなかった英単語を街中や私生活で大体だけど読めるようになりました。聞いたことがあっても英単語が分からない事があったりしたので、そのような事がへったと思います。単語が増えたと思います。
2.英語辞書引き学習をしてみて自分の英語力や英語学習に対するモティベーションはどのように変化しましたか	1にように、英語に対する関心が前よりもほか集中力が高まり長い文章を読む方ができるかなど高まっています。	付箋の枚数が多くかったらいいなと思っていましたが、多かったらそれは逆に眠くなってもモティベーションが下がるので、僕にとってはふせんが多いと思えるくらい貼っているのでモティベーションでした。	自分が知っている英単語の数が多いことを知って、これまでより自分の英語に対する単語にも自信がついた。	テストの点が少し上がった。	今までは、自分自身が自分の知っているのか知らないのか分からなかったけど、辞書引きを通して、自分でおもっていたより多くの単語にふれることができたので、自信がついた。	たくさんの単語を知っていることができて、英語について自信をもつことができました。	分からない意味がある単語だけときには理解しきれなかったけど、だんだんとわかってきて、それから今もたえずに勉強に取り組むようになりました。	単語を書くことや見ることによって、単語力が上がったと感じました。単語力が上がると、英語に対するモティベーションにつながり、今はより単語に取り組むようになりました。	自分自身の英語力が上がったことは自分でも感じ、前に比べて今は、辞書引き学習をしたことで英語力が上がったと思います。
3.英語辞書引き学習でどのような学びがありましたか？どのような単語に出会い、どのようなことを発見しましたか？	単語の意味で、ほかの品詞としての意味や知っていることを知ることができました。幅広い意味を捉えられるようになりました。	思わぬ単語に出会い、そして、忘れていた単語があって思い出せれたと思います。	文字の数が多くて見たくないという単語が自分の知っている単語に接頭語や接尾語がついているだけなど関連性があることや、アメリカ英語とイギリス英語によるスペルの違いや発音の違いがあることを学べた。	辞書引きはすごくて簡単にいろいろな単語の出会いがありました。	発音記号を見ると、仮名英語と全然違う単語などもあり、意味を知らないけど、辞書を見て読めていたり、同じような、意味の単語も似ているなど共通するスペルがあるので、ある程度予測していくことができる。	同じつづりだけど、意味が違ったり、同じ意味の単語などもあったり、似ている単語なども、たくさん発見できた。	例えば、examという単語につく、他の単語をつけると、近い意味になることが分かった。読み方が似ているところもあるということを発見した。	自分の知らない単語や難しい単語に出会った。知らない品詞やつづりも知れた。	単語のつづりをしっかり確認できて、覚えていた以外の意味や使い方を学べたと思います。
4.英語辞書引き学習を引き続き取り組みたいと思いますか？それはなぜですか？	辞書引きという活動で単語を知る意味の、素朴力を増やすことができれば取り組みたいと思います。	取り組みたいと思います。忘れかけている単語があれば、新たに思い出していたいからです。	取り組みたい。取り組んでいない単語の数がたくさんあるのと、かけた時間を持ったり、自分の知らない単語を調べることができたり、また、自分の知っている単語の意味やスペルを再確認できるから。	引き続きしたいと思いました。理由は、やってないろいろな単語の出会いがあったから。	引き続き取り組んでいきたい。辞書引きは、多くの役に立つ英語を知ることができたり、他にも集中力が違ってきたり、切り替えなどして、できるようになったり、英語の学習以外にも生活できることがたくさんあったから。	単語に入って楽しくできるので、取り替えたいと思います。	私は、これから英語の勉強をしたいので、辞書を活用していきたいと思います。	思う。理由は、知っている単語や知らない単語を覚えたいという単語も知れるし、単語の知識が上がると思うから。	思います。英語辞書を引いて成長を自分自身ができたからです。

表5は、生徒101から生徒109のルーブリック評価得点の変化と2022年2月21日に実施した質問紙調査の結果である。2021年11月22日と2022年2月21日の2回、ルーブリック評価を行った生徒は7名中7名全員得点が伸びていることがわかる。また、ルーブリックの評価規準に対応した質問紙調査では、語彙学習が特定の語釈やスペリングを覚えるのではなく、語彙を俯瞰的に捉えるメタ的に語彙認識をする視点が形成されつつあることを窺わせる回答が散見される。例えば、生徒103の質問紙項目3に対する回答「文字の数が多くて見たくないという単語が自分の知っている単語に接頭語や接尾語がついているだけなど関連性があることや、アメリカ英語とイギリス英語によるスペルの違いや発音の違いがあることを学べた」には、単語帳を暗記するだけでは気づくことができなかったのではないだろうか。

第 1 部

表 6　K 中学校 3 年 1 組（生徒 111-118）英語辞書引き学習に関するルーブリック調査における得点推移（2021.11.22/2022.2.21）と質問紙回答記述一覧

ルーブリック実施日時/質問紙項目	111	112	113	114	115	116	117	118
11.22	20	20	18	18	23	17	—	18
2.21	★21	★24	☆18	★23	☆23	★23	—	★23
1.辞書引き学習に取り組む前と取り組んだ後で、自分自身がどのように変わりましたか	知っている英単語が増えた気がします。辞書引きをして英語ではないけれど、知っていた単語が多かった。	辞書を使って分からない単語があれば調べることがだんだん楽しくなってきました。勉強の際にも何回か使いました。	つづりは書けて同じ意味の日本語と英語が調べることができる単語が増えた。	辞書引きに取り組む前はなかなか辞書を読む機会がなく自分がどれくらいの英語の語彙がわかったのかわからなかった。取り組んで自分はこんなに単語や熟語を知っていたんだ！と気づき、自信を持つことができました。	英語の単語に対する興味がより深まった気がした。ミーティングやディスティニーなどのカタカナ文字について調べたいと思い、取り組むようになった。英語の単語テストが増えててほしいと思うようになりました。	辞書引きを始める前は、自分がどれだけの単語を知っているか分からなかった。でも辞書引きを始めてから自分が知っている単語を知ることが出来るし、自信を持てるようになりました。	単語を見て読み方が分かるようになった。	自分は単語を覚えている数は人よりも少ないと思っているので、毎月今行った辞書引きで自分がどれだけ単語を知っているか目に見えることで自信がついた気がします。
2.英語辞書引き学習をしてみて自分の英語力や英語学習に対するモティベーションはどのように変化しましたか	知っている単語が増えたけれど、英語をスラスラ話せるようになりたいと思いました。	英語検定をしてから英作がとてもできるようになりました。英語のテストの結果も上がり英語が前よりも好きになり、もっと学びたいと思うようになりました。英語をやっていると、パッと頭に読むときの「カン」が身についたと思います。	知っている単語が出ると、楽しくなったかなと思った。	自分自身が持っている語彙について気づくことができ、英語に触れることが楽しくなり、積極的に学習に参加することができるようになりました。	英語の主に口面で自信が持てるようになってきた気がした。英語を書くことに対する違和感がなくなった気がした。	「あまり自分は単語知らないだろうな」と思っていたけれど、結構思っていたより、知ってててうれしかったです。そして家で誰かが「これなんて読むんだろ」と教えてくれました。そして自分のモティベーションが上がりました。	知っている単語が少なかった。	自分は英語が苦手、単語を覚えらんないし、覚えようとしてもネガティブに考えていました。でも自分は単語を覚えているとも分かったし、毎日辞書引きをしたので、続けることができるということも分かりました。英語はできるんだとモティベーションがUPしたような気がします。
3英語辞書引き学習でどのような学びがありましたか？どのような単語に出会い、どのようなことを発見しましたか？	似ている発音があったけれど、意味が全然違ったり、英語のスペルが長いわりに発音が短かったりしてとても不思議に思いました。	単語の最初にcomが付く単語は日本では「コン」と読むけど、英語では「カン」で発音は大半「カン」と読み、これからは、発音することで短めに発音が短めにかして「カン」で読もうと思いました。単語に漢字な意味がある何回か見つけたりしました。	新しい単語を覚えるというより今までやってきた単語を復習している近いと思った。だから、今まで聞いてた日本語の単語のつづりや意味を発見することが多かった。	名詞の中に昔私たちが日本語と同じように使っているものや、同じつづりでも意味が全くちがうものがいくつかありました。im, im, ianなどをつけた否定的な意味のある単語などの規則性を見つけることを発見した。	dollar(s)という単語に出会い、ドルではなく、「ダラー（ズ）」と発音することをチャップのように＜米＞でのかになったりする単語に出会い、英語は細かく作られていることを発見した。	何かものを表すものじゃなくて、動作を表す単語と多く出会いました。	洋楽の音楽を聴いている時に分からない英語を調べて印象に残りました。こんな発音なんだなと思いました。	自分が知っている単語はたくさんあると知らない単語や知らない意味の単語もたくさんあるということも分かりました。
4.英語辞書引き学習を引き続き取り組みたいと思いますか？それはなぜですか？	思う。知っている単語が増えて、日常的に少し単語が使えることができたから。	私は、引き続き取り組みたいと思います。今まで辞書引きをしていて、英語が身についたからです。辞書引きは楽しいし、英語にとても興味を持ちました。	思わない。私はもともと覚えていない。だから、新しい単語は少ないので、新しい単語辞書引きは無理だと思ったから。	取り組みたいと思います。理由はもっと英語に触れることを楽しみたいからです。これから取り組んで自分が持っている語彙やそれを応用する能力に気づくことができ、英語がもっと好きになりました。これからも好きな英語に触れ、実力をつけていきたいと思っています。	はい。ハリーポッターなどの知っている単語がわかって取り組んでいくのが楽しいから。	取り組みたいと思います。理由はもっと多くの単語に身に付けたいし単語が好きだからです。	分からないところ、調べてわかるとスッキリするから。	続けたいと思います。自分が知らなかった単語や知らなかった単語が複数個あったりするなどいろいろなことが知れるからです。でもすぐ忘れてしまうし私は書かないと覚えられないので、暗記はできないということが分かりました。なので、併行しながら暗記もしたいと思います。

　表 6 は、生徒 111 から生徒 118 のルーブリック評価得点の推移と質問紙の回答である。2 回ともルーブリック評価をしている生徒 7 名中 5 名は得点が向上し、残る 2 名も得点は減っていない。生徒 111 は質問項目 3 の回答で「スペルが長いわりに発音が短かったりしてとても不思議」と述べており、英語語彙には発音しない部分があることに気付き始めていることがわかる。こうした気づきは、語彙学習に対する興味を高め、語彙学習を暗記一辺倒から探究的に学ぶきっかけを掴むことになる

と考えられる。生徒115のケチャップのスペリングがアメリカ英語とイギリス英語では異なる点への気づきは、生徒115にとって英語学習に対する興味を掻き立てるものとなっていると推察できる。

表7　K中学校3年1組（生徒119-127）英語辞書引き学習に関するルーブリック調査における得点推移（2021.11.22/2022.2.21）と質問紙回答記述一覧

ルーブリック実施日時／質問紙項目	119	120	121	122	123	124	125	126	127
11.22	18	—	20	—	23	18	23	20	23
2.21	★23	19	★21	16	☆23	★21	★24	★22	☆23
1.辞書引きに取り組む前と取り組んだ後で、自分自身がどのように変わりましたか	取り組む前はめんどくさいと思っていたし、授業時間が減ってマイナスな気持ちばかりだったけど辞書引き始めると辞書引きをしている間に休み時間との気持ちの切り替えがしやすくなって、授業に集中しやすくなりました。	単語に興味が出た。自分の辞書を買おうと思った。	テストなどで単語が書けるようになった前まで書けなかった単語を書けるようになった。	英単語を覚えやすくなった。	分からない単語だけでなく、単語の読みも自分から調べるようになった。	辞書引きでは今まで知らなかった意味を知るだけでなく、単語自体に少し興味を持てた。	普段の授業やワークを解いている時に、辞書引き学習でやった単語がその場で意味づけに思い出すことができるようになりました。	分からない単語を辞書で調べようと思うようになった。	前はいっぱいある英語を覚えるのは大変だなと思っていたけど、辞書引きをしたことによって結構自分の知っている単語がたくさんあって英単語が身近に感じられるようになりました。
2.英語辞書引き学習をしてみて自分の英語力や英語学習に対するモティベーションはどのように変化しましたか	過去問を解いている中に辞書引きで見た単語が出てきるなあとイナような気持ちで、英作文が書きやすくなったのでうれしいし、もっと単語を覚えたいと思うようになりました。	単語の語源に興味があったので、楽しかったので、終わったあとも自分でやってみようと思う。	単語を覚えたことで自信をもってやってみようになりました。	英語を学習するとき楽しくなった。	読むだけでなく、書いているから頭に入りやすかった。学習中に出てきた単語の意味が分かるようになってやりやすくなった。	積極的に新しい単語の意味を知りたくなった。	自分が思っていたよりも新しかったという時に、辞書引きで引くことで自分の自信に繋がりました。	分からない単語ではなくても辞書で引いて、もっと単語を覚えていきたいと思うようになった。辞書に載っていたい単語を覚えていきたいと思った。	いろいろな新しいことを知ることによって、英語って面白いなと思ったし、前よりもさらに英語が好きになったと思います。
3.英語辞書引き学習でどのような学びがありましたか？どのような単語に出会い、どのようなことを発見しましたか？	私はかけたら読み方を知らなくてもいいと思っていたけれど英作文を書く方法に英語の書き方を、リスニングが聞きやすいことに気付きました。	inやdisなどが始めにつく単語、似たような意味の知っていたけど、2番もついているのは気が付かなかった。	今までに分からなかった単語に出会った。	自分が知らない意味を知った。	知っているつもりでいた単語に知らなかった意味を知った。(darling)ダーリンという意味は知っていたけど、「最愛の」「かわいい」という形容詞があるとは知らなかった。	名詞の単語は、つづりや発音、意味も覚えるものが多かったです。	似たような意味の単語は、同じような単語が含まれていることを知り、同じつづりの単語でも意味が違う単語があることを知った。	よく知っている単語でも、意外な意味や品詞をもっている単語に出会いました。	
4.英語辞書引き学習を引き続き取り組みたいと思いますか？それはなぜですか？	取り組みたいと思います。辞書引きをしてからリスニングの点が上がったり、長文が読みやすくなったからです。	単語に興味があるので続けたい。	取り組みたい。たくさんの単語を覚えられるから。後々役に立つからです。	取り組むと単語を覚えやすいので続けていきたい。	出来たら取り組みたい。なぜなら辞書引き学習だけでは身につかない単語力を辞書引きで更に身に付けていきたい。	思わない。なぜなら動きからは取り組みたいです。はじめは、辞書引き、途中からあんどうだと思ってしまっていたけど、あとから学力を身についた自信が得られませんでした。	取り組みたいと思う。自分が気づいていなかったけれど、普段の授業の前に辞書引き学習があることで授業でも入りやすくなってそして辞書を見たい単語を身についたことができている気がするから。	取り組みたいと思います。理由はまだ、ことわざの単語しか調べられていなかったので、全部の単語を覚えたいからです。そして辞書引きをすることがとても楽しかったので。	取り組みたいと思います。理由は、のどの単語しか調べられていなかったからです。そして辞書引きをすることがとても楽しかったからです。

　表7は、生徒119から生徒127のルーブリック評価得点の推移と、質問紙における回答である。9名中、2回ルーブリック評価を行っているのが7名である。そのうち、ルーブリック評価の得点が伸びた生徒が5名、得点が変わらなかった生徒が2名、得点が減少した生徒はいなかった。生徒124は、得点が伸びた生徒であるが、質問「英語辞書引き学習を続けたいと思いますか」に対する回答として「思わない。

第１部

なぜなら飽きたからです」「はじめは楽しかったけれど、途中から面倒だと思って
しまいました。あと少し学力が身についた自信を得られませんでした」と述べてい
る。生徒124は、最初の動機付けとしての付箋を増やすことに関しては楽しく取り
組むことができていたが、継続するために必要なメタ語彙認知にまで到達していな
かったのだろう。到達を阻んでいたのは、高校入試を間近に控える生徒124が持つ
「伝統的な学力観」認識だった可能性がある。

4. 英語語彙検定の実施

　３年１組と２組の生徒に時期を分けて２回英単語検定を実施した。２回とも実施
できた生徒の有効回答数は45名だった。ただし、調査を行う時期が遅れ、辞書引
き学習実施期間の最後の１か月間で実施した検定となった。従って、あくまでも参
考程度のデータであることを述べておく。このデータは、３年１組と３年２組で、
Google form を用いてオンラインで英語語彙検定を実施したものである。この英語
語彙検定は、関山健治が英語辞書の中から、中学生が既知の単語と認識し易いもの
を選択・抽出し、開発したものである。なお、英語語彙検定は、受験頻出の単語を
選択したのではなく、英語辞書語彙のうち、英語辞書引き学習で生徒の目にとまり
やすい、生徒が日常で使用する日本語語彙と関連性が強い英語語彙群の中からラン
ダムに抽出したものである。問題の語彙数は80語であり、80点満点である。観測
数は45であり、１回目と２回目の検定を両方とも受検した者のデータのみ対象と
している。語彙の理解度に関して、辞書引き学習を実践した実験群に対して、t検
定を実施し、１回目の検定と２回目の検定の平均の検定として実施した。実験群で
ある３年１組と３年２組、合わせて45の観測数の標本の１回目の検定と２回目の
検定の平均に対し、有意水準を $a = 0.05$ として t 検定を実施したところ、片側検
定で、0.000117834 という数字を得た。これは統計的に大きな有意差があることを
示すものである（$p < 0.05$）。

表8 K中学3年生（N＝45）の一対の標本による平均のt検定

t-検定: 一対の標本による平均の検定ツール	1回目の平均	2回目の平均
平均	62.33333333	65.22222222
分散	114.6363636	101.9040404
観測数	45	45
ピアソン相関	0.893394101	
仮説平均との差異	0	
自由度	44	
t	-4.004526229	
P(T<=t) 片側	0.000117834	
t 境界値 片側	1.680229977	
P(T<=t) 両側	0.000235669	
t 境界値 両側	2.015367574	

　参考程度のデータ検証であったが、この間のデータには大きな有意差があり、辞書引き学習の語彙能力の向上に対する有用性を示すものである。この検定により、1回目から2回目の実験群の平均の差に有意な差が生まれていることが明らかになった。つまり、辞書引き学習が語彙力向上に何らかの影響を与えていたことが窺われる。

5. おわりに

　生徒203は、英和辞典中で、気になるものを拾い読みし、付箋紙に単語と語釈を書き込んだ後に、発見した語彙に関する事柄を日記に記録した。英語辞書引き学習では、単語の構造や、単語の複数の語釈の存在を知ることにより、メタ的な語彙の見方や捉え方が形成されることが日記から読み取れる。生徒らにとって、単語そのものの成り立ちや、脱文脈化された場合のその単語の意味、使い方について知ることは、普段のテキストベースの単語学習ではなかなか経験できない。英和辞典の使い方を教えても、教科書に教材文に含まれる単語の解説が、その教材文の文脈に則した意味しか掲載されていないことを考えれば、英語辞書引きは、教科書の新出単語の有無にかかわらず、語彙学習を行うことができ、汎用的な自己調整学習を定着

第1部

させることができるのではないか。

　本研究では、データの使用目的や講ずる措置を研究の対象者に対し十分に説明した上で、必要な範囲の個人情報に限り収集した。協力者各位には厚く御礼申し上げる。

　本研究は、令和4年度科学研究費助成事業（科学研究費補助金）基盤研究B「複言語学習における汎用的な言語間共通学習方略モデルの開発に関する国際比較研究」（課題番号：20H01294）による助成を受けて実施したものである。

付記

　本論文は『現代教育学部紀要』第15号中部大学現代教育学部、pp.51–61、2023年2月に掲載されたものである。

日本の中学校英語科における辞書引き学習実践

——石垣市立Ｉ中学校の場合——

深谷圭助　吉川龍生　王林鋒　関山健治
高原かおる　赤嶺祥子　仲山恵美子　西原啓世

1. はじめに

　本稿では、ヨーロッパ言語共通参照枠（以下、CEFR と略記）が唱導する複言語・複文化主義に基づく国や言語種を超えた汎用的な学習モデルを構築するために、日本の中学校における英語教育において「辞書引き学習」モデルの実践・検証を行う。同モデルは、メタ語彙能力向上に資する語彙学習モデルとしても期待される*1。

　本研究に関連して、日本の高等学校の中国語教育において「辞書引き学習」の実践・検証が行われており、その研究成果は、Yoshikawa.T, Fukaya. K（2023）A supplemental package of vocabulary teaching tools for improving autonomous learning and metacognitive abilities in Chinese language education: Integrating paper dictionaries and digital technology, BCLTS Annual International Conference, at the University of Edinburgh, 29th June 2023、吉川龍生、荻野友範、深谷圭助「高等学校での実践データに基づく中国語「辞書引き学習」導入パッケージ」『中国語教育学会第 21 回全国大会予稿集』中国語教育学会第 21 回全国大会（東海大学湘南キャンパス）2023 年 6 月 4 日、20 - 24 ページ。荻野友範、吉川龍生、深谷圭助「高等学校の中国語授業における辞書引き学習導入実践—紙の辞書とオンラインツール活用の取り組み」慶應義塾大学外国語教育研究センター『慶應義塾外国語教育研究』（第 18 号、2021 年、pp42-66）で明らかにしている。また、イギリスの小学校の第一言語（英語）教育における「辞書引き学習」の実践・検証の研究成果は、深谷圭助、吉川龍生、関山健治「イギリスの公立小学校における辞書引き学習の導入と教師の学び」中部大学現代教育学部『現代教育学部紀要』第 14 号、2022 年、pp27-35)、深谷圭助、吉川龍生、王林鋒、関山健治「イギリスの小学校英語教育における JB（辞書引き学習）モデル導入事例に関する考察」日本外国語教育推進機構『複言語・多言語教育研究』（第 8 巻、2020 年、pp151-160）や、深

第1部

谷圭助、吉川龍生「語彙習得学習における語種間共通方略モデルの開発とその実践
—辞書引き学習の動機づけと方略の有効性をめぐって—」『現代教育学部紀要』（第
12号、2020年、pp47–55）、深谷圭助「子供と言葉の出会いに関する国際比較研究
—イギリスと日本における『辞書引き学習』の導入事例を中心に—」（『現代教育
学部紀要』第10号、2018年、pp47–59）等において明らかにしている。本稿では、
日本の中学校の第二言語（英語）教育における辞書引き学習導入事例として、2022
年に沖縄県石垣市立I中学校1年生の英語授業で実施した生徒のメタ語彙能力向上
に資する自律学習モデルとして期待される「辞書引き学習」の実践成果を明らかに
する。

2. 研究の背景と研究の概要

　グローバル社会が進む中で、外国語教育の梃入れの必要を迫られた日本において、
小学校からの英語教育が本格的に始まっている。その一方で、日本語も含む学習者
の言語学習に対する動機づけや学習方略の問題は教育現場の課題として残されたま
まであり、本研究はこうした課題を克服するものである。本研究は、複言語学習に
おいて国や言語を超えた言語間共通学習方略モデルとして期待される辞書引き学習
の言語学習者に対する動機づけと学習方略の有効性について、本稿では、特に日本
の英語教育における自律学習モデルとして期待される辞書引き学習モデルの実践成
果を検討する。

　テキストの文脈にある単語の意味を調べる通常の辞書の使い方と異なり、辞書引
き学習では、辞書から既知の単語を見つけ、複数の意味や成り立ち、用例を包括的
に読む。このことで、日本語と英語の間の語義や用法を言語知識と経験に照らし合
わせながら、その語の意味や成り立ち等の異同について検討する。このことは、榎
本剛士が論じた、「複言語・複文化主義では、言語や文化を心の中の別々の部屋に
しまっておくのではなく、すべての言語知識と経験が寄与しながら、言語同士が関
係を築き、また相互に作用し合っている統合された新しいコミュニケーション能力
を作り上げる*2」とのCEFRにおける複言語・複文化主義の考え方に合致する。

　これまでの日本の英語教育では、教える側のカリキュラムやテキストの引力が強
く、辞書の使い方もテキストの文脈に沿った単語の意味を調べるものが主流であっ

た。テキストの文脈に沿わない語釈や用例はノイズとして処理されがちであった。辞書引き学習は、テキストに依らず、辞書の中から生徒の既知語を見つけて読むため、生徒の英単語理解実態に即して学習が展開される。当該の英単語が、対応する日本語の語釈と併せてその単語に関わる言語知識と経験を寄与させながら理解を進めるため、言語同士が新しい関係を築き、言語と文化が統合された新しいコミュニケーション能力を作り上げるのである。

また、通常の辞書引きは、テキストにある未知語を辞書で調べ、テキストの文脈に則して適切と思われる語釈や用法を選択してテキストを理解するために行う。それに対して、辞書引き学習では既知語に着目し、既知語を辞書から見つけ出して

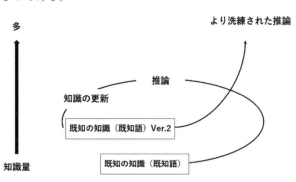

図1 ブートストラッピング・サイクル モデル（単語理解）

語釈や用例を読むことで、既有の知識が更新され、より洗練された単語解釈の推論ができるようになる。この考え方は、今井むつみ・秋田喜美による言語取得の理論モデル「ブートストラッピング・サイクル」と重なるものである[*3]。本稿では、日本の中学校における英語教育において、辞書引き学習を導入することにより既知の知識から学習を始め、英語と日本語を相互に比較することで、メタ語彙能力獲得のための学習動機付けと自律的な学習方略を得ることを目指す。

3. 石垣市立 I 中学校における辞書引き学習モデルの実践の概要

本研究では小学校における辞書引き学習導入の実績がある沖縄県石垣市教育委員会に中学校での実践導入の依頼をし、実験群としてI中学校、統制群としてO中学校の協力を得た。

(1) 2021（令和3）年7月～：授業内での帯活動として辞書引き学習

2021（令和3）年7月以降、授業内（最初の10分程度）で辞書引きを実施した。

第1部

夏休みには、辞書を自宅へ持ち帰らせ、各自で辞書引きを実施させた。

(2) 2021（令和3）年10月：研究チームの訪問と、6クラスへ特設授業

深谷圭助、吉川龍生、王林鋒がそれぞれ2クラスずつを担当し、辞書引き学習の目的、辞書引きの進め方を確認し、実際に辞書引きを進めた。グループに分かれ、辞書の中から知っている英単語を探す活動では、「これまで知らなかった意味を持つ単語」や「ややこしいスペルの単語」などを探しながら、単語に関する気づきを見つける場面があった。グループごとに割り当てられたアルファベットから始まる英単語を辞書から見つけ、選んだ単語のスペルと意味、その単語を選んだ説明を交えて発表を行った。「発表の様子」授業の終末には、単語の仕組みについてそれぞれの研究チーム担当者より説明をした。"re-"や"im-"等の接頭辞を知ることで、より単語が覚えやすくなるヒントとなった。

- ・Board は「板」という意味があるけど、on board になると「飛行機に乗っている」という意味になる。
- ・ほうれんそうとわさびの名前に驚いた。
- ・温泉はhot spring で直訳すぎて面白かった。hot line というのは、直訳すると「熱い線」だけど、そこから「緊急連絡」という言い方になっていて面白いと思う。
- ・zig-zagは日本語でも「ジグザグ」だったので面白かった。英語から日本語になったのか、日本語から英語になったのか気になった。
- ・今日は初めてナマコが「sea cucumber（海のきゅうり）」と書くのを知って面白かった。また、前より多く調べられてよかった。
- ・今日は4枚しか付箋をつけられなかったです。その中で印象に残ったのは、sore という単語で「ずきずき痛む」という意味がおもしろかった。
- ・くじらは「ほぇーる」だと思ってたけど、「ウェール」だったのが意外だ。
- ・本立てはずっと「ブックスタンド」だと思っていたけど、英語では「ブックエンド」だったので面白いと思った。
- ・measure は「寸法、大きさ」の意味のほかに「手段」「処置」という意味があると知った。
- ・ET が「地球外生命体」という意味だとわかった。
- ・Korea は「朝鮮」も「韓国」もどちらの意味もあった。発音は「クリーア」だった。
- ・nursery は「保育園」だと知っていたけど、「苗床」という意味があった。「保

育園」と「苗床」は全然違うのに結びついて面白かった。

・run にはたくさんの意味があった。「走る」「流れる」「運転する」「経営する」「立候補する」「続く」「～の状態になる」こんなにあってびっくりした。

・end という語は「終わり、最後」のほかに「末端、端、つきあたり」「終了、消滅、死」そして「目的」という意味もあった。

・コケコッコーは cock-a-doodle-doo と言って、「カッカドゥードゥールドゥー」と発音することがわかった。にわとりの鳴き方が国によって違うのか、と思った。

・ハロウィンのときのかぼちゃの名前は jack-o'lantern で「ヂぁカらぁンタ（～）ン」と読むことがわかった。

・crayfish はザリガニ。ザリガニなのに「フィッシュ」が入ってるのが面白いと思った。

(3) 2021（令和3）年10－11月：英語語彙検定実施（1回目）

授業内にて、第1回英語語彙検定を実施した。統制群として。近隣の同規模校である石垣市立O中学校1学年4クラスに対しても、同じ英単語検定を依頼し、実施した。

(4) 2022年（令和4）年3月　英語語彙検定実施（2回目）及び、辞書引き学習インタビュー実施

授業内にて、第1回英語語彙検定を実施した。統制群として。近隣の同規模校である石垣市立O中学校1学年4クラスに対しても、同じ英単語検定を依頼し、実施した。また、数日間に亘って辞書引き学習に関するインタビューを行った。以下、生徒のコメントである。

・今までは、分からない単語があったら放置していたけど、今は英単語に興味を持ち、調べられるようになりました。これからも辞書引きに取り組みたいです。理由は人から意味を聞くよりも、自分で調べたほうが楽しく学べるからです。

・今まで覚えてなかった単語も覚えられて英検4級も合格できたし、英語に対して興味を持つことができました。辞書引きはこれからも取り組みたいと思います、なぜかというとまだまだ全然分からない単語がたくさんあるから、それら全てを調べたいと思ったからです。

・今までは辞書を持ってなかったから分からない単語があっても調べなかった。でも、辞書を初めて使って自分で調べてみるということをすると、頭に定着す

るし、とても覚えやすいし、調べる習慣がつく。その単語の意味だけでなく、○○と○○が合わさって、○○などの単語になるみたいな丸暗記させないようなことが書いてあってとても覚えやすい。

・辞書引き学習に取り組む前は、すぐスマホのほんやくアプリなどに頼りがちでしたが、辞書引き学習に取り組んだ後は、自らわからない単語を調べることが楽しいと感じるようになりました。1つの単語にいろいろな意味があることに改めて気づきました。例えば、gap という単語にはただギャップという意味だけでなく、割れ目という意味もあることを知りました。

・付せんが増えていくので、自分の成長が可視化できていいと思いました。

(5) 2022（令和4）年4月：授業内で JB Tournament を実施

　生徒たちは、第2学年に進級し、赤嶺祥子（1〜4組担当）と西原啓世（5〜6組担当）が昨年度に引き続き、辞書引き学習を進めた。本研究プロジェクト同人の新潟市立石山中学校教諭武石裕子（当時）の実践 "JB Tournament" を元に、Round1 は「野菜に関する単語」、Round2 は「国に関する単語」と設定し、グループ対抗で実施した。以下は、辞書引き日記より生徒のコメントである。

・外国という短い単語でも英語にすると、とても長くて正直、驚いた。foreign country

・同じスペルでまったく違う意味の言葉があった。意外とフルーツが見つからなくて驚いた。くりやアボカドが果物ということが知れてよかった。

・白菜がチャイニーズキャベツでびっくりしました。ナスなのにエッグが入っていてなんでだろうと思いました。

(6) 2022（令和4）年6月〜：授業内で JB Tournament を実施

　各単元末に「アルファベット」や「スペルが長単語」等のテーマを与える等して、数回実施しました。以下は、辞書引き日記の生徒のコメントである。

・member, memory, men, mercy, mermaid, message, metronome, microscope, Ken has a good memory.

・diamond（ダイヤモンド）、down（ダウン）、earphone（イヤホン）など、日常的に使っている言葉が多い。

・letter（レター）、lover（ラバー）、lover は恋人などの意味だけだと思っていたけど、愛好家という意味もあると分かった。

・今日は「旅」という単語に興味を持った。trip や travel、voyage など形が違うけど意味は同じものもあると分かった。

・付せん 10 枚中、2 枚、季節の単語に出会った。夏「summer」冬「winter」。私が知っていた意味とは違う意味はなかった。

・selecion（選択）がセレクションじゃなくて、セレクシュンと読むことが分かった。像のことを statue ということが分かった。pinch には、はさむなどの意味もあることが分かった。

・bitter にはにがい、ひどい、つらい、怒ったの意味があるけど、bitterness にはにがさ、つらさ、にくしみと意味が少し変わるのが面白い。

・im がつくだけで、もとの言葉と反対になる単語があることが分かった。imperfect ←→ perfect

(7) 2022（令和4）年6月：辞書引き学習インタビュー実施

　数日間、放課後の時間帯に英語学習に関する能力が比較的高い生徒、中間層、そしてスローラーナーを各クラスから3名ずつピックアップしてインタビューを行った。以下、「辞書引き学習の良いところ」「これからの英語学習でやってみたいこと」に関する生徒のコメントである。

・自分の知らない単語、逆によく聞くけど意味を詳しく知らないような単語を中心に、楽しみつつ覚えるように辞書引きに取り組みました。

・わからない知識が身についたり、わからない単語があったら調べたりするのが楽しい。辞書引きは今後につながったり、日常生活でも役立ったりする。

・授業内で使う時間が設けられていなくても、分からない単語があれば自ら辞書を引くことができました。また、分からないスペルも調べることができました。タブレットでも簡単に調べることができますが、辞書には熟語がのっていたり、例文が載っていたりしてその単語以外の知識もふやすことができるのが辞書引きの良さだと思います。これからはたくさん単語を調べて、ふせんの数を 100枚以上にしていきたいです。

・分からない単語があるときに調べた。授業内で自分の知っている単語を探した。これからはただ調べるだけじゃなく、しっかりと意味も理解して、覚えたいです。

・辞書引きはもちろん、授業内での取り組みで使用したり、スペルや意味の分か

第1部

らない単語を調べたりしました。1つの単語に1つの意味だけでなく、複数書かれていて、より理解が深まったり、できたところがよかったと思います。これから、新しい単語との出会いも大切にできるように様々な工夫をしていきたいです。

・辞書引き学習の良さは、付せんに書くところだと思います。

(8) 2023（令和5）年3月：辞書引き学習についてのインタビュー

辞書引き学習に関する全5項目の質問を、Google Forms を用いて中学2年生164名に実施した。2022（令和4）年8月以降、英語授業内で辞書引きの時間を設定できなかったものの、「3学期になって【辞書引き】を進めていますか？」という質問に対して「はい」と答えた生徒は13名であった。継続して自主的に進めていた生徒の理由については以下の通りである。

・知っている単語を増やしたい。何となくやりたくなることがあったから。

・分からない単語がわかるようになるから。

・知らない英単語が知っているものになるから。

・自分の知っている英単語の数が少ないから。

・分からない英単語を調べるため。

・自分の知ってる単語が、どのくらい増えているのかわかるし、それが楽しいから。

・授業で文を書く時スペルとかが気になったから。

・頭に残すため。

また、「辞書引き学習をすることのメリットや役に立つことを教えてください」という質問に対して、以下のコメントがあった。

・いろいろな単語に出会え、知ることができる。

・意味がわかるし、どんな場面で使えばいいのかまで書いてあること。

・単語の読み方やスペルを簡単に調べられる使い方や類語もわかる。

・これ一つを持っとけば単語がわかる。

・スペルの確認やほかの使い方をしらべられる。

・ネットで調べるより、覚えやすい。例文があってわかりやすい。

・自分でページをめくって探すことで頭に単語が入ってくる。

・単語を覚えることができる、単語に慣れることができる。

・単語のスペルだけでなく、読み方や使い方までわかる。

・スペルがわかることと、発音が書いてあること例文があること。

・分からない単語を調べることができる。こんな言葉ものってるんだ！　って辞書引きが楽しくなる。

・単語の意味をすぐに理解できて、分からないままにしないことができるし、学習を深めることができる。

・自分で辞書を引いて調べることでインターネットや翻訳機能を使う時よりも自分に英単語が身につくところ。

・自分の分かってる単語の数がわかる。

・ネットで調べるよりも正しく意味が書かれていると思います。

・イメージがしやすい。

・調べたい単語を探しているときにほかの単語も目に入るからいろいろな情報を得ることができる。

・何を調べたかわかる。付箋を見ることで思い出すことができる。

　実践導入期間中、石垣市立Ｉ中学校では、コロナ禍において欠席者への対応と相次ぐ学級閉鎖の中、どう生徒への学習の保証を行うか、限られた授業時数の中での指導計画、１人１台タブレット端末活用が進む中での辞書との併用など、課題は辞書引きを習慣化させるための手立てと時間の確保が課題であったが、辞書引き学習導入の成果として、指導担当者から、①語彙や語句そのものへの関心が高まったこと、②知識が広がることへの喜びを実感させることができたこと、③そしてスローラーナーが取り組める楽しい活動であることを確認し、生徒の英語学習への興味・関心が高めることができたことが挙げられた。

　また、「英語を苦手としている生徒、普段無気力な生徒でも、教師に指示されることなく自ら辞書を開き、級友と一緒に単語を探す姿が見られた」「英語の能力以外でも、生徒自身が持っている知識を発揮することができるため、普段英語を苦手としている生徒にも活躍する場を与えることができた」「教師も知らない単語を見つけた生徒の目の輝き！自信につながっているように見えた」との声も寄せられた。

第1部

4. 日本の中学校英語科教育における辞書引き学習の実践検証

(1) 研究実践の準備の概要

　この日本の中学校英語科教育における辞書引き学習の導入実験と検証のために、導入の事前・事後において英語語彙検定を実施し、実験群（石垣市立 I 中学校）と統制群（石垣市立 O 中学校）の平均得点のデータに有意な差があるかどうか検証を行うことにした。統制群については学校規模、学校の置かれている環境、生徒の質が良く似通っている隣接の同市立 O 中学校に依頼し、実験群（I 中学校）に対する統制群（O 中学校）として研究に参加することの了承を得た。語彙検定で用いる検定問題は、研究分担者の関山健治が作成した。検定の実施については、Google Forms を用いて行った。なお、検定問題については、以下の通りである。

(2) 語彙検定問題の概要

　本研究で用いる語彙検定の作成に際しては、CEFR-J で B1 以上のレベルの語（約 2600 語）のうち、日本の小中学生向け英和辞典で多く出現するが、英語母語話者

表1　本研究で用いた英語語彙検定問題（関山健治作成）例

問題（日本語）	選択肢1（正解）	選択肢2	選択肢3
分けあう	share	shake	shine
さまざまな、違った	different	difficult	distant
機械	machine	tool	motor

の子供向けの英語（英英）辞典では頻度が少ない語（J 語彙）と、逆に、英語母語話者向け辞書では頻出するが、日本人向け辞書にはあまり出てこない語（N 語彙）、どちらのタイプの辞書でも多く出現する語（JN 語彙）を 90 語選定した。内訳は、A1 が 30 語、A2 が 34 語、B1 が 26 語である。日本における英語教育で重要とされる J 語彙に加え、英語母語話者が最初期の母語（英語）教育で身につける N 語彙を加えることで、日本人の中学生が学校での英語教育で必要とされる語彙に加え、より日常的、実践的な語彙の知識も加味することをめざした。解答は多肢選択式とし、綴りや発音が類似した語（lift に対する rift, thumb に対する some など）や同じ意味カテゴリーに属する語（duck に対する goose など）、絵辞典などで近接して扱われているために混同しやすい語（finger に対する hand など）などを誤答選択肢（distractor）として選定した。難易度は、中学1年生で 90 問中 50 点程度、中学2年生で 90 問中 60 点程度、中学3年生で 90 問中 70 点程度を想定した。中学1年生から3年生まで、幅広いレベルの学習者が受験することを踏まえ、ランダ

104

ムに誤答選択肢を提示するのでなく、平易な語であっても正確に理解していないと引っかかってしまう選択肢を設定することで、特に中学3年生の上位レベルの学習者にとっても満点がとりにくい問題にするように配慮した。

　この語彙検定を実験群である石垣市立I中学校と、同じ市内にあるI中学校の近隣の公立中学校、O中学校を統制群として、両校に対し同学年、同時期に語彙検定を実施し、それらの得点平均値を統計的に処理することで、その差が有意な差であるのかを明らかにすることとした。

　I中学校で、2回検定を受けたのは130名（N=130）であり、O中学校で、2回検定を受けたのは106名（N = 106）であった。

(3) 日本の中学校英語科教育における辞書引き学習の実践に対する検証

　以上の語彙検定を、実験群と統制群に対して実施した。実験群、統制群ともに2022年10 – 11月に語彙検定を実施し、2023年3月に2回目の語彙検定を実験群、統制群共に実施した。統制群は、実験群の近隣の中学校で、学校規模や学力にあまり差のない学校を選択した。

①実験群（石垣市立I中学校）

　実験群である石垣市立I中学校では第1学年、計6組の生徒が語彙検定を行った。平均点は、1回目の最低点は47.18点、最高点は51.87である。2回目の最低点は49.7点、最高点は53.66点である。1回目と2回目の語彙検定結果は表2の通りである。

表2　石垣実験群の語彙検定結果（1回目、2回目）

石垣1組	1回目	2回目
1102	44	37
1103	32	39
1104	46	58
1105	62	60
1106	32	32
1107	44	37
1108	57	63
1109	50	54
1110	38	60
1111	49	47
1112	39	51
1113	52	80
1114	66	60
1115	43	48
1116	44	37
1117	50	55
1120	46	44
1121	61	63
1122	52	50
1123	42	47
1124	55	69
1125	33	33
1126	55	55
1128	46	46
1129	50	61
1130	59	60
1131	59	62
平均	48.14	52.59

石垣2組	1回目	2回目
1201	48	54
1202	49	59
1203	57	57
1205	59	68
1206	60	54
1207	56	56
1208	37	35
1209	61	63
1212	41	40
1213	42	45
1214	59	67
1215	76	83
1216	41	44
1218	47	47
1219	73	74
1220	40	38
1224	50	37
1225	56	50
1226	47	51
1227	43	43
1228	73	86
1230	28	43
1231	44	52
1232	58	52
平均	51.87	53.66

石垣3組	1回目	2回目
1301	57	66
1302	66	58
1303	47	50
1304	67	69
1305	56	58
1306	40	58
1307	51	50
1308	52	52
1309	52	60
1310	38	36
1312	39	42
1314	50	59
1315	48	60
1316	32	35
1318	56	66
1319	47	52
1320	35	45
1321	32	28
1322	45	37
1323	36	42
1325	53	59
1326	41	47
1328	46	56
1329	73	73
1330	47	52
1331	50	62
平均	47.88	52.18

石垣4組	1回目	2回目
1401	47	51
1402	31	39
1403	45	52
1404	71	74
1406	41	44
1407	51	54
1409	43	61
1410	59	53
1411	42	36
1412	64	73
1413	24	34
1415	56	56
1417	61	63
1420	63	66
1421	32	28
1422	50	57
1423	36	42
1424	70	80
1425	46	53
1427	34	39
1429	50	53
1430	47	60
平均	49.73	53.26

石垣5組	1回目	2回目
1501	55	64
1502	66	78
1504	44	40
1506	40	45
1507	30	36
1508	42	39
1509	43	51
1510	51	46
1512	37	54
1513	39	46
1514	66	64
1516	44	43
1517	67	73
1518	54	70
1519	43	44
1520	51	57
1521	55	56
1523	50	54
1525	55	58
1527	36	26
1528	49	56
1531	35	49
平均	47.27	52.22

石垣6組	1回目	2回目
1601	54	54
1602	58	60
1603	30	46
1604	46	46
1605	55	45
1606	59	65
1607	46	55
1608	54	58
1609	58	64
1611	48	62
1613	51	43
1614	49	53
1617	49	42
1618	40	40
1620	29	39
1621	64	53
1622	53	54
1624	51	56
1625	37	45
1626	46	29
1628	45	55
1629	45	38
1630	43	53
1631	60	58
1632	56	47
平均	47.18	49.7

第1部

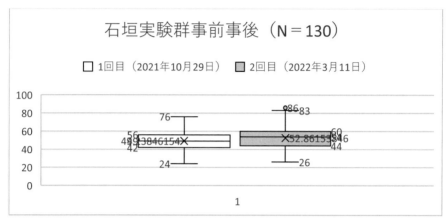

図1　石垣実験群語彙検定（1回目・2回目）の箱ひげ図

②統制群（石垣市立O中学校）

　統制群の石垣市立O中学校では、第1学年の計4学級が語彙検定を受検した。1回目の最低点は45.03点、最高点は51.16点である。2回目の最低点は43.44点、最高点は50.28点である。これらの全データは以下の通りである。

表3　石垣統制群の語彙検定結果（1回目、2回目）

統制群1組	1回目	2回目	統制群3組	1回目	2回目	統制群4組	1回目	2回目	統制群5組	1回目	2回目
1101	56	61	1301	56	46	1401	41	38	1501	27	46
1102	42	44	1303	53	41	1402	54	61	1502	42	48
1103	73	74	1304	59	69	1404	50	53	1503	59	61
1104	54	43	1305	42	54	1405	55	54	1504	57	58
1105	43	60	1306	39	34	1407	43	35	1505	45	49
1105	43	37	1307	47	53	1408	54	53	1506	30	37
1106	62	70	1308	32	31	1409	44	30	1507	64	67
1107	53	49	1309	25	31	1410	50	51	1508	43	28
1109	52	60	1310	47	47	1411	63	56	1509	61	66
1110	59	58	1312	40	39	1412	43	40	1511	45	50
1111	42	32	1316	33	28	1413	61	66	1512	61	64
1112	55	57	1318	59	55	1414	63	70	1513	25	30
1113	47	52	1319	32	33	1415	29	42	1515	38	56
1114	68	74	1320	57	59	1415	82	42	1516	46	39
1115	59	62	1321	46	39	1417	44	48	1517	59	55
1116	30	29	1321	59	39	1418	42	36	1518	39	46
1117	40	61	1322	50	47	1419	42	52	1519	62	62
1118	42	39	1323	44	42	1420	55	55	1520	51	52
1120	53	47	1324	40	33	1421	47	45	1521	44	50
1122	37	38	1325	47	57	1424	60	60	1522	38	49
1124	51	50	1326	33	32	1425	52	52	1524	59	65
1125	44	60	1327	79	34	1427	42	46	1525	40	39
1127	36	34	1328	55	55	1428	52	58	1526	47	43
1127	45	49	1330	43	36	1430	37	29	1527	36	26
1128	30	43	1331	33	52	1431	74	78	1528	32	54
1129	41	54	平均	46	43.44	平均	51.16	50	1529	40	46
1130	26	27							1530	32	48
1131	45	44							1531	39	42
平均	47.42	50.28							平均	45.03	49.39

106

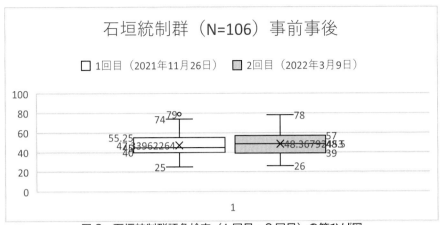

図2　石垣統制群語彙検定（1回目・2回目）の箱ひげ図

表4　石垣実験群1回目と2回目の平均値のt検定

t-検定: 一対の標本による平均の検定ツール

	石垣実験群1回目（2021年10月29日）	石垣実験群2回目（2022年3月11日）
平均	49.23846154	52.86153846
分散	115.6403697	147.3605247
観測数	130	130
ピアソン相関	0.8192112	
仮説平均との差異	0	
自由度	129	
t	-5.894111023	
P(T<=t) 片側	1.54825E-08	
t 境界値 片側	1.656751594	
P(T<=t) 両側	3.0965E-08	
t 境界値 両側	1.978524491	

石垣実験群の1回目と2回目の平均値の間に統計的な有意差はない

　石垣統制群、実験群共に、事前事後2回の語彙検定で得られた平均値の間に統計的な有意差はなかった。また、石垣統制群と実験群の事前事後2回の語彙検定の間の平均値の差は石垣統制群では、0.87、実験群では、3.62である。（下表参照）また、統制群と実験群の1回目検定の平均点の差は1.74であったのに対し、2回目の検定では4.49であった。2回目の平均の差は1回目の平均の差よりも大きく広がっていることが分かる（表5参照）。

107

第 1 部

表 5　石垣統制群・実験群の語彙検定 1 回目と 2 回目の平均点とその差

グループ	1回目平均点	2回目平均点	差
石垣統制群（N＝106）	47.5	48.37	0.87
石垣実験群（N=130）	49.24	52.86	3.62
差	1.74	4.49	

　以上の統制群と実験群の 2 回の語彙検定の間の得点差の平均に関して、辞書引き学習を行った実験群が辞書引き学習を行わなかった統制群に比べ、語彙力が有意に伸びたかどうか t 検定を実施することを通して統計的な有意差があるかどうかを明らかにした。両群共に、分散は等分散である。その結果、p 値（0.05）を下回り、2 標本の得点の伸びの平均値の差の間に、統計的に有意差があることが認められた。

表 6　石垣統制群 1 回目と 2 回目の語彙検定平均値の t 検定

t-検定: 一対の標本による平均の検定ツール		
	石垣統制群1回目（2021年11月26日）	石垣統制群2回目（2022年3月9日）
平均	47.33962264	48.36792453
分散	135.331177	142.8823899
観測数	106	106
ピアソン相関	0.649124324	
仮説平均との差異	0	
自由度	105	
t	-1.071173536	
P(T<=t) 片側	0.143273706	
t 境界値 片側	1.659495383	
P(T<=t) 両側	0.286547412	
t 境界値 両側	1.982815274	
	石垣統制群1回目と2回目の平均値の間に統計的に有意な差はない	

表 7　石垣統制群と実験群の 1 回目・2 回目間の語彙検定得点の伸びの平均値差の t 検定

t-検定: 等分散を仮定した 2 標本による検定		
	石垣統制群（O中学校）1回目検定と2回目検定の得点差平均	石垣実験群（I中学校）1回目検定と2回目検定の得点差平均
平均	1.028301887	3.623076923
分散	97.68490566	49.12039356
観測数	106	130
プールされた分散	70.91216181	
仮説平均との差異	0	
自由度	234	
t	-2.354550208	
P(T<=t) 片側	0.009686213	
t 境界値 片側	1.651391475	
P(T<=t) 両側	0.019372426	
t 境界値 両側	1.970153643	

辞書引き学習を石垣市立Ｉ中学校１年生（実験群）において実践を行うことを計画し、実験群に対し、導入の事前と事後の２回に亘って語彙検定を実施した。また、石垣市立Ｏ中学校１年生（統制群）に対しても、実験群が語彙検定を実施する時期に合わせて同検定を行った。Ｏ校は、学校規模や学力、地域環境が似通った学校として選ばれた。１回目と２回目の語彙検定の平均値を、それぞれ実験群と統制群で行ったところ、双方共に、統計的な有意差は確認できなかったが、１回目の検定と２回目の検定の間の統制群の平均値の得点差(伸び)と、実験群の平均値の伸び(得点差)の間でｔ検定を実施したところ、これら２標本の事前と事後の得点差の平均値の間に統計的に有意な差が認められた。

5. おわりに

　本稿では、複言語・複文化主義に基づく汎用的な学習モデルを構築するために、日本の中学校の英語教育における辞書引き学習モデルの実践と効果分析を行った。その結果、語彙の理解に対して生徒の知識技能を向上することに関して効果がみられた。辞書を読む、辞書引き学習導入という教育的介入により、生徒の内面にある英語（既知語）と向き合うことで、言語・社会文化的アプローチが可能になり、生徒自身の単語認識が更新され、より洗練された言語推論ができるようになったことを示す生徒の発言が実践記録から数多く見られた。また、辞書引き学習に取り組んだＩ中学校（実験群）とよく似た教育環境下にあるＯ中学校（統制群）で英語語彙検定を実施し、統計的分析を行った。その結果、統制群と実験群の２回の語彙検定の間の得点差の平均に関して、辞書引き学習を行った実験群が行わなかった統制群に比べ、語彙力の伸びに有意な差があったことがわかった。

　その一方で課題も確認することができた。「辞書は意味を調べるもの」「調べた箇所に付箋を貼ることが辞書引き学習」との認識に囚われている教員や児童が未だいるということである。辞書活用もまた、伝統的な学校文化からは自由ではないのである。

　本研究は、令和４年度科研費補助金基盤研究Ｂ「複言語学習における汎用的な言語間共通学習方略モデルの開発に関する国際比較研究」（課題番号：20H01294）の助成を受けた。

第 1 部

付記

　本稿は、『現代教育学部紀要』（中部大学現代教育学部〔16〕2024‐03）に掲載された論稿である。

注

＊1 日本では CEFR を英語能力の達成度としての共通参照枠にのみ関心がある。日本英語検定協会公式 HP でも以下のような説明の仕方になっている。「CEFRとは、Common European Framework of Reference for Languages: Learning、teaching、assessment（外国語の学習、教授、評価のためのヨーロッパ共通参照枠）の略で、複数の言語を対象とした学習、教授、評価のための枠組みとして長年の言語教育の研究成果を基盤にヨーロッパで開発されました。CEFR の中心になっているのが言語達成度を表す共通参照レベルで、A1 から C2 までの6つのレベルが設定されています。」【CEFR とは】https://www.eiken.or.jp/speakingtest/（2023 年 6 月 13 日閲覧）
＊2 榎本剛士「『英語教育』を更新する」『CEFR の理念と現実：現実編教育現場へのインパクト』くろしお出版、p.123。
＊3 今井むつみ、秋田喜美『言語の本質』中公新書、中央公論新社、2023 年、p.193。なお、図1「ブートストラッピングサイクルモデル（単語理解）」は、同ページを元に深谷が作成。

新潟県新潟市立石山中学校の第二言語（英語）教育における JB モデル（辞書引き）の実践

武石裕子

1. 実践の背景と目的

　2021（令和3）年1月26日、中央教育審議会第127回総会において「「令和の日本型学校教育」の構築を目指して〜全ての子供たちの可能性を引き出す、個別最適な学びと、協働的な学びの実現〜（答申）」が取りまとめられた。その中で「個別最適な学び」と「協働的な学び」が、2020年代を通じて実現すべき「令和の日本型学校教育」の姿として示された。さらに GIGA スクール構想により1人一台端末環境が実現し、これまでの実践と ICT との最適な組合せを実現することで、今までの実践の効果を高めることが求められている。「個別最適な学び」には「指導の個別化」と「学習の個別化」があり、答申の概要には以下のように示されている。

指導の個別化
● 基礎的・基本的な知識・技能等を確実に習得させ、思考力・判断力・表現力等や、自ら学習を調整しながら粘り強く学習に取り組む態度等を育成するため、
　　・支援が必要な子供により重点的な指導を行うことなど効果的な指導を実現
　　・特性や学習進度等に応じ、指導方法・教材等の柔軟な提供・設定を行う
学習の個性化
● 基礎的・基本的な知識・技能等や情報活用能力等の学習の基盤となる資質・能力等を土台として、子供の興味・関心等に応じ、一人一人に応じた学習活動や学習課題に取り組む機会を提供することで、子供自身が学習が最適となるよう調整する

辞書引き学習はまさにこの「指導の個別化」と「学習の個性化」を満たすもので

ある。やり方を全体指導した後の進むペースは個人に任され、どのような言葉から
その日の学習を始めるかも生徒の興味・関心に任されている。さらに自ら進んで取
り組む生徒は教師の助けを必要とせず、そのため教師は手助けが必要な生徒を個別
指導することができる。

　2019（令和元）年度の秋から勤務校で辞書引き学習を取り入れて来た。最初に導
入したきっかけは生徒の学習意欲と語彙力を高めるためであった。授業中の活動
には熱心に取り組む生徒たちであったが家庭学習の習慣が定着しておらず、それに
伴って学習内容の定着も芳しくはなかった。さらに高校入試に向けて実力テストを
受験していくうちに思うように点数が取れずに学習意欲を失っていく生徒、語彙力
が不足していることに気づく生徒が出始め、どうやったら点数が上がるか、また語
彙力を増やすことができるかと相談を多く受けるようになった。生徒から単語帳な
どを作ってひたすら発音したり、書いたりしてもなかなか単語が覚えられない、や
る気が出ないという声を多く聞き、授業の中で楽しみながら語彙力を高めることが
できる活動はないだろうかと探していたところ、辞書引き学習の紹介を受けた。

　当時の担当2クラスでの英語辞書の所有率は各クラスで3、4人であること、中
学校卒業を半年後に控えた生徒たちに中学生用の辞書を買わせる訳にはいかないこ
とを考え、辞書は学校図書館にある英和・和英辞典を2クラス共用することにした。
そして生徒は、英語学習用のファイルかノートに付箋を貼っていった。付箋を重ね
て貼る生徒もいれば並べる生徒もいたり、イラストを加えたりと学習の進め方に個
性が見られた。7分間の調べ学習の後には、ペアになって日本語で出題して英語を
答えたり、英語で出題して日本語で答えるクイズを行った。クイズに出題する言葉
も分かりやすい言葉を選ぶ生徒もいれば、絶対に相手が知らないような難しい言葉
を出題する生徒もいた。事後にとったアンケートでも生徒たちの感想は概ね良好で
あり、辞書引き学習の学習意欲と語彙力への効果を感じた。

　このような背景から、さらに辞書引き学習の効果を高めるためにGIGAスクー
ル構想で支給された1人一台の端末を用いて実践を行うことにした。よって本実践
では学習指導要領で求められる3つの技能の観点から、「思考力・判断力・表現力」
を養うために必要な「目的・場面・状況」に応じた言語活動を行うための基礎とな
る言語材料（知識・技能）を辞書引きで身につけることで、生徒の英語力の向上を
目指すことを目的とした。また生徒にもたらされる影響や効果の1つとして、言語

材料（知識・技能）の習得だけでなく、「学びに向かう力・人間性」に関わる英語学習に対する学習動機づけとどのように関わるのかもアンケートから見取ることも目的とした。

2. 実践の内容

2.1 クラスの状況

　今回の実践の対象となったのは、公立中学校である新潟市立石山中学校1年生4クラスのうち1組と4組の英語授業である。令和3年度の入学生であるため、小学校6年生で教科としての英語を学習してきた生徒である。学校は新潟市の東区に位置し、1年生から3年生まで各4クラスと特別支援学級2クラスの中規模校である。生徒は明るく落ち着いた学校生活を送っているが、市内の他地域と比較すると家庭学習の習慣が身についていない生徒が多い。入学後すぐに行ったNRT（標準学力検査）の標準偏差は国語50.3、社会49.2、数学50.0、理科48.5、英語49.4という結果である。英語に関しては実践を行った2クラスの標準偏差は1組は48.2、4組は51.4である。

　どちらのクラスともコミュニケーション活動には積極的に取り組み、分からないことや疑問に思ったことは質問するなど意欲的に学習しているが、じっくりと読んだり書いたりする活動は苦手である。特に1組は全体的に落ち着かなく、授業が開始時間で始められなかったり、授業中も生徒の興味が学習内容から逸れていってしまうことがよくある。両方のクラスとも月に1回のALT授業をとても楽しみにしていて、校内でもALTに出会うとハイタッチをしたり話しかけたりと、積極的にコミュニケーションをとっている。クラス人数はそれぞれ29名である。英和辞典は、個人所有もクラスに2、3名しかおらず、また学校側で揃えることもできなかったため、『チャレンジ中学英和和英辞典　第2版　スマートスタイル』を合計58冊の貸与を受けた。

2.2 実践の内容

　2クラスとも5月31日から、週4時間の英語授業のうち2時間の帯活動で実施するということで準備を進めた。毎回のJB（辞書引き）日記とルーブリックは、

第1部

研究プロジェクトから提供されたものを使用した。

表1　新潟市立石山中学校「帯活動としての辞書引き授業」指導略案

時	教師の活動・生徒の活動	指導上の留意点
展開① （7分）	1. 個人作業 教師：生徒の様子を見ながら声をかける 生徒：辞書を開いて知っている単語を見つけたら付箋に書き込み、辞書に貼っていく	・分からない言葉があるから辞書を「引く」のではなく、パッと開いたページに知っている言葉があるか探すように強調する ・やり方が分からない生徒と一緒に取り組む。進みが早い生徒にはどんどん枚数を増やすように声をかける
展開② （3分）	2. ペアワークをする 教師：うまく進まないペアと一緒にクイズを出す 生徒：今日調べた言葉から5問クイズを出題する	・英語で出題して日本語で答えてもらっても、その逆でも良い
まとめ （2分）	3. 振り返りを記入する 教師：生徒の様子を見ながら声をかける 生徒：振り返りを記入する	・振り返り用紙は授業終了時に回収する

　記録の取り方は、夏休み後からJB日記を4組は日付と調べた枚数を入力するとそれまでの合計枚数とグラフが出るようなスプレッドシートに変更した。しかし1組は紙媒体のまま使用した。4組のスプレッドシートも当初はお互いの学習状況を見て友達の姿から学んだり、良い刺激となることを期待して共有シートにしたが、友達のものを間違って消してしまう生徒や、友達のスプレッドシートに勝手に書き込む所謂「荒らし」をする生徒が出て、個人のものとした。そのようなこともあり、友達と学習成果を共有する機会として定期的に独自のJBレポートを作成し、授業支援クラウドであるロイロノートの提出箱に提出させた。それを教師側から回答共有し、生徒がお互いの学習成果を見ることができるようにした。新潟市では文部科学省のGIGAスクール構想を受け、2021年度に小学校1年から中学校3年まで一人1台の学習者用端末を整備し、授業支援アプリケーションとして、ロイロノートを導入している。

2.3 まとめの活動

まとめの活動として、辞書引き導入１ヶ月後、４ヶ月後、半年後、年度末である８ヶ月後でルーブリック評価と個人作業であるJBレポートの記述、JBトーナメントと称したグループ活動を行った。

JBレポートはJB日記とは別に、次のような内容を書かせるものである。「①今まで調べた合計枚数②今まで見つけた大発見単語BEST3③分かったこと、気がついたこと④これからの目標」をロイロノートで作成し、提出箱に提出させた。全員が提出した後に回答共有して友達の進捗状況や学習状況について見ることで、学習動機づけに繋がっていった。

JBトーナメントは出題される問題について、辞書を使って班で協力して取り組むものである。班のメンバーが見つけた単語を班長に見せて班長が書いたり、「o,l,y,m,p,i,c」のように伝えて班長が書いたりと班によって回答のまとめ方は様々であった。回答はロイロノートに書き、制限時間が来たら提出箱に提出する。ロイロノートの提出箱には提出時間が出るので、一番早く提出した班にはプラス１ポイントとした。問題の例としては、「オリンピックに関する単語を５分間でできるだけたくさん書こう」、「pから始まる一番長い英語の言葉を３分間で探そう」、「５分でしりとりしよう」などである。生徒の中には「オリンピックに関する単語を５分間でできるだけたくさん書こう」という問題を見て、iPadで「オリンピック」と入力して検索し始めた生徒もいた。しかし「オリンピック」というキーワードでは英単語が出てこなくて、検索方法を考えているうちに時間が経過し、さらに班の他のメンバーは辞書でどんどん単語を見つけている様子を見て、慌ててiPadをやめて辞書を使い始めた。

生徒たちにこのJBトーナメントは大人気で、「班活動ではなく個人戦にしてほしい」、「もっと時間を増やしてほしい」などリクエストもたくさん出てきた。終わった後の振り返りでは「おもしろかった」に加え、「こんなに頭を使ったのは久しぶりだった」という予期しなかった感想もあった。さらにこの活動には、普段の辞書引き学習にはあまり乗り気ではない生徒も楽しそうに参加していた。この活動も辞書引き学習そのものと英語学習、また時事的な問題を入れることによって国際理解についても学習の動機づけに関与することができるのではないかと考える。

唯一の難点があるとすれば、今回使用している『チャレンジ中学英和和英辞典

第1部

第2版　スマートスタイル』の中に、「食べ物に関する言葉」や「動物に関する言葉」などをまとめたコーナーがあることである。これは学習者にとっては非常に便利であるが、クイズの問題を作る側からしたら、まとめのコーナーがないものを探して考えて出題しなくてはいけないということである。その分、出題する側も辞書をじっくりと読むことができ、生徒がクイズの答えを探しながら、どのような言葉にどのように出会っていくかを想像することもできる。教師自身も辞書を読む経験を、このJBトーナメントの問題づくりですることができるとも考える。

表2　新潟市立石山中学校「JBトーナメント授業」指導略案

時	教師の活動・生徒の活動	指導上の留意点
導入 (4分)	1.準備と説明 教師：班の形を作り、解答者を決めるように指示する、やり方を説明する 生徒：班になり、解答者を決める 　　　説明を聞く	・机の上に辞書、iPad 、筆記用具を準備させる ・スクリーンに説明を映す ・2回目以降は、生徒の様子を見て説明を省略可能
展開 (40分)	2.Missionに取り組む 教師：Missionをモニターに映す 　　　制限時間を伝え、タイマーで測る 　　　制限時間がきたらロイロノート（授業支援クラウド）の提出箱に提出させる 　　　提出物に記録される提出時間を見て、一番早い生徒（班）に1ポイント加点する 　　　生徒と解答を確認する 生徒：Missionに取り組む 　　　制限時間がきたらロイロノートの提出箱に提出する 　　　解答を確認する	・50分授業ではMissonは4つでちょうど良いが、生徒の様子を見て数を変える ・Missionを個人作業とグループ活動の両方を入れることも可能
まとめ (6分)	3.振り返りを記入する 教師：順位を確認し、振り返りを書かせる 生徒：振り返りを記入する	

新潟県新潟市立石山中学校の第二言語（英語）教育における JB モデル（辞書引き）の実践

表 3　生徒の JB レポートの記述例（導入半年後の 12 月）

①今まで調べた合計枚数	②今まで見つけた大発見単語 BEST3	③分かったこと、気がついたこと	④これからの目標
558 枚	1.sure 　副詞だと確かに、といういつも使ってる意味だけど、形容詞になると確信してと使えるから。 2.paper 　a piece of paper で紙一枚という意味になるから 3.made 　「作る」の過去形しから知らなかったけど、be made of 〜で…製のという意味になることが分かった	普段使っている単語も be を付け足したり、形容詞、動詞、副詞…など形を変えれば意味が全く変わることが分かった。	次回は、形を変えての意味まで理解できるようにしたい。そして、知っている単語をたくさん見つけて、英語をより使えるようにしたいです。
172 枚	1 位 question 　q から始まる単語が少なかったから 2 位 each 　each other はよく使っていたけど each 単体はあんま使ったことなかったから 3 位 learn 　learn は習うで study が勉強するという意味だった。使い分けるのむずそう。	辞書があれがどこに行っても怖くない！	200 枚→ 300 枚→ 500 枚と増やす！
38 枚	1 位 cockroach 2 位 toilet 3 位 paper 　おもしろいから	いろんな言葉があると気づいた	50 枚いくこと

第 1 部

| 167 枚 | 1 位 live
生きるという意味とコンサートや生放送のライブという 2 つの意味があった
2 位 rainbow
rainbow が虹という単語のことを初めて知ったから
3 位 work
働くという意味と仕事という 2 つの意味があることを知ったから | 自分が知っていることと違うことが発見できるし、新しい言葉も知れるから、辞書はとても便利だと思います。たくさん調べると将来にも役立つのかな〜と思います！ | 冬休み中もたくさん調べて、500 枚まで調べたいです！ |

表 4　JB トーナメントの回答例（年度末の 2 月）

問題	回答例
オリンピックに関する単語を 5 分間でできるだけたくさん書こう！	Olympic, Paralympics, sports, medal, surfing, tennis, basketball, baseball, soccer, track and field, skateboard, table tennis, Judo, badminton, medal, gold, silver
p から始まる一番長い単語を 3 分間で探して書こう！	pronunciation, philosophical, physical education, professional
5 分間でしりとりしよう！	quick, kids, see, each, have, everything, good, day, your, right, they, you, up, please, even, now, with, him, more, every, year, right, then, national, lyrics, should, dye, effectively, yak, keep, put, type, enough, how, well, if, for, rain, nine, error, run, nice, eye, even

3. 検証

3.1　検証方法

　本実践では、2 つの方法（アンケート、定期考査）を用いて検証した。アンケートは、「英語学習に関するアンケート」と「辞書引き学習アンケート」の 2 つを実施した。「英語学習に関するアンケート」は、「英語を学習する理由」と「英語の家庭学習の状況」そして「学校外で英語に触れる機会」の 3 つの項目から構成されている。

　「英語を学習する理由」のアンケート尺度は、西村多久磨、河村茂雄、櫻井茂男

新潟県新潟市立石山中学校の第二言語（英語）教育における JB モデル（辞書引き）の実践

（2011）による「自律的な学習動機づけとメタ認知的方略が学業成績を予測するプロセス～内発的な動機づけは学業成績を予測することができるのか？～」から、自律性の程度を示す動機（理由）によって表現される調整スタイルという下位概念を想定し、外的調整、取入れ的調整、同一化的調整、内的調整の４つを用いて動機付けを細分化したものを用いる。西村らはこれらの概念を次のように説明している。

　　外的調整は、報酬の獲得や罰の回避、または社会的な規則などの外的要求に基づく動機づけであり、従来の外発的動機づけに相当する。取入れ的調整は、自我拡張や他者比較による自己価値の維持、罪や恥の感覚の回避などに基づく動機づけであり、消極的ではあるがその活動の価値を部分的に内在化しているという特徴を持つ。同一化的調整は、活動を行う価値を認め自分のものとして受け入れている状態を表す動機づけである。内的調整は、興味や楽しさに基づく従来の内発的動機づけに相当し、最も自律性の高い動機づけである。（西村ら（2011））

さらに西村らによれば、実証研究では、自律的な調整スタイルとされる内的調整と同一化的調整は、well-being や学校適応、学業達成とのポジティブな関連が報告されており、教育的に望ましいものとされているので、この２つの概念の数値が上昇することを目指して今後の実践を行う。またこの内的調整と同一化的調整は、「自己目的性と手段性」の観点を踏まえて相違を考慮することができる。

　　内的調整は、「おもしろいから勉強する」などのように、学習自体が目的化しており、この性質は自己目的性と呼ばれる。一方、同一化的調整は外発的動機付けの下位概念の一つであり、学習すること以外に重要な目的がある。学習はその目的を達成するための手段とされ、この性質は手段性と呼ばれる。（西村ら（2011））

これを対象生徒に当てはめると、卒業時に高校受験を迎える中学生と言う立場が同一化的調整で「とてもあてはまる」と「少しあてはまる」と答える生徒の割合に影響を与えると考える。実際に年間を通して、アンケートではこの傾向を見取るこ

第 1 部

とができた。しかし学習内容が徐々に難しくなっても、学習動機をおもしろいと感じる内的調整で高めることができるのだろうか。西村らはこの点に関して、次のような見解を述べている。

　例えば、「勉強することがおもしろいから」などの内的調整に基づく学習動機づけを強く持っている生徒が、理解するのは困難な学習内容に直面した場合、最初は理解に努めるが、その状況が続いてしまうと興味や関心が薄れしまうことが予想される。学習活動は遂行されなくなり、結果的に、メタ認知的方略の使用も減少するであろう。一方、同一化的調整は、学習を行うという価値を自己のものとして受け入れている状態を指す。そのため、学数内容が難しくなったり、興味が持てなくなったりしても、自分のために学習しようとする意志が働くと考えられる。（西村ら（2011））

以上、西村らの考え方を採用し「同一化的調整」について特に着目した。アンケートでは「英語を学習する理由」について「内的調整」、「同一化的調整」、「取り入れ的調整」、「外的調整」の4項目についてそれぞれ5つずつ質問し、生徒は4件法で「1：まったくあてはまらない」、「2：あまりあてはまらない」、「3：少しあてはまる」、「4：とてもあてはまる」の中から回答した。

新潟県新潟市立石山中学校の第二言語（英語）教育における JB モデル（辞書引き）の実践

表5　「英語を学習する理由」の質問項目

内的調整	1-1	（英語の）問題を解くことがおもしろいから
	1-2	（英語について）むずかしいことに挑戦することが楽しいから
	1-3	（英語を）勉強すること自体がおもしろいから
	1-4	（英語の）新しい文のきまりや、表現を見つけることがおもしろいから
	1-5	自分が（英語を）勉強したいと思うから
同一化的調整	2-1	（英語が）将来の成功につながるから
	2-2	（英語について）自分の夢を実現したいから
	2-3	（英語の成績を良くして）自分の希望する高校や大学に進みたいから
	2-4	（英語が）自分のためになるから
	2-5	（英語を）勉強するということは大切なことだから
取り入れ的調整	3-1	（英語の）勉強で友達に負けたくないから
	3-2	友達より良い（英語の）成績をとりたいから
	3-3	（英語について）まわりの人にかしこいと思われたいから
	3-4	友達に（英語で）バカにされたくないから
	3-5	（英語の）勉強ができないとみじめな気持ちになるから
外的調整	4-1	（英語を）やらないとまわりの人がうるさいから
	4-2	まわりの人から、（英語を）やりなさいといわれるから
	4-3	（英語の）成績が下がると怒られるから
	4-4	（英語を）勉強するということは、規則のようなものだから
	4-5	みんなが（英語を）あたりまえのように勉強しているから

　「辞書引き学習アンケート」は、5項目について4件法で回答する。項目は「1：「辞書引き学習」は楽しい」、「2：「辞書引き学習」で知っている単語量が増えてきている」、「3：「辞書引き学習」を始めてから、授業中に自分で辞書で調べることがある」、「4：「辞書引き学習」を始めてから、家庭学習でも辞書を使うことがある」、「5：授業中に辞書が手元にあると安心する」で、生徒は「1：まったくあてはまらない」、「2：あまりあてはまらない」、「3：少しあてはまる」、「4：とてもあてはまる」の中から回答する。アンケートは辞書引き学習を開始する前の6月、始めて1ヶ月後の7月、学年末の3月の3回実施した。

3.2　分析

　3回分の「英語学習に関するアンケート」平均値は〈図1〉のような結果になった。これを見ると「内的調整」、「同一化的調整」、「取り入れ的調整」、「外的調整」

の4項目全てにおいて、3月に大きな変化が見られる。項目ごと別に見ていくと、西村ら（2011）らによれば、well-beingや学校適応、学業達成とのポジティブな関連が報告されていて教育的に望ましい自律的な調整スタイルとされる内的調整と同一化的調整において、内的調整では「1-5：自分が（英語を）勉強したいと思うから」で3月は大きく伸びていた。また同一化的調整では「2-2：（英語について）自分の夢を実現したいから」、「2-3：（英語の成績を良くして）自分の希望する高校や大学へ進みたいから」、「2-4：（英語が）自分のためになるから」の3つの項目で、3月は伸びが見られた。「取り入れ的調整」と「外的調整」においても3月は変化が見られ、これらについてはマイナス方向への伸びが見られる。これらに関しては、卒業時にほぼ全員が高校受験をするという現状にあって、入学当初に比べ徐々に周りとの学力差を気にしたり、家庭からも勉強するように言われている姿をここに見ることができる。

図1「英語学習に関するアンケート」平均値

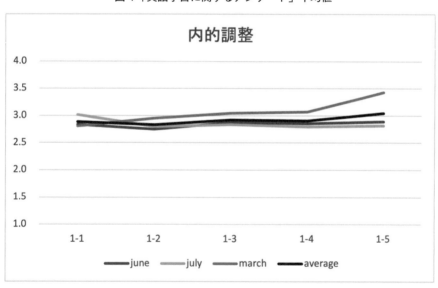

新潟県新潟市立石山中学校の第二言語（英語）教育における JB モデル（辞書引き）の実践

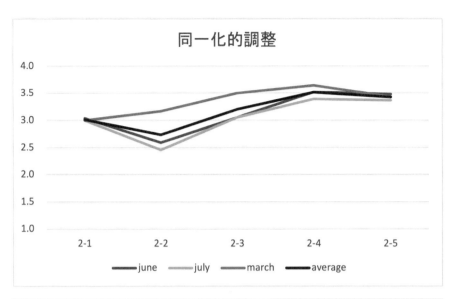

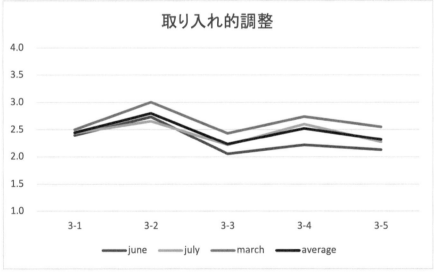

第 1 部

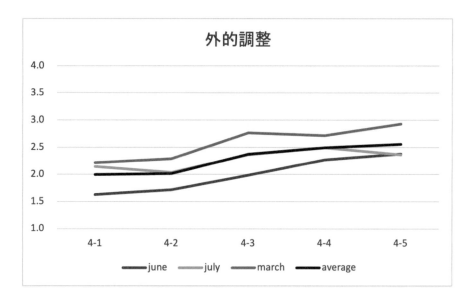

　3 回分の辞書引き学習に関するアンケートの平均は〈図2〉(次ページ)のようになった。「1:「辞書引き学習」は楽しい」、「2:「辞書引き学習」で知っている単語量が増えてきている」、「3:「辞書引き学習」を始めてから、授業中に自分で辞書で調べることがある」ではほぼ変化はなかったが、「4:「辞書引き学習」を始めてから、家庭学習でも辞書を使うことがある」と「5:授業中に辞書が手元にあると安心する」では 3 月に大きな変化を見せた。特に「安心」については、自分の辞書にどんどん付箋の枚数が増えてくることで学習の成果が目に見え、それが安心感につながっていくのではないかと考える。

新潟県新潟市立石山中学校の第二言語（英語）教育における JB モデル（辞書引き）の実践

図 2「英語学習に関するアンケート」平均値

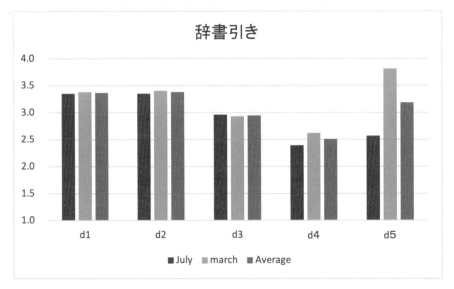

　次に3回分のアンケートの平均と辞書引きの「楽しさ」について分析をした（図3）。内的調整に関して5項目のすべてで「とてもあてはまる」と回答した生徒が一番高かった。同一化的調整では「（英語が）将来の成功につながるから」以外はすべて「とてもあてはまる」と回答した生徒が一番高かった。そして「あてはまらない」と回答した生徒がすべてで一番低くなっていた。取入れ的調整では「まったくあてはまらない」と回答した生徒が、「（英語について）まわりの人にかしこいと思われたいから」で最もそう思っていた。辞書引きはまったく楽しくないけれど賢いと思われたい、という思いから付箋を貼っている生徒がいる可能性も示唆される。外的調整では「とてもあてはまる」と回答した生徒がおおむねよい傾向であることから、辞書引きにはプレッシャーを感じずに取り組むことができると推測される。

第1部

図3「英語学習に関するアンケート」と辞書引きアンケートの「楽しさ」の関係

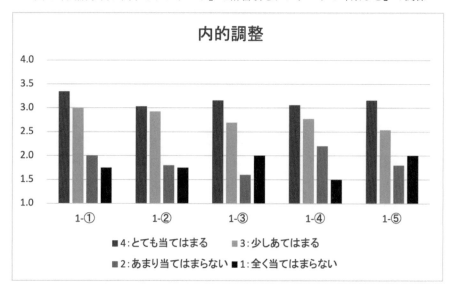

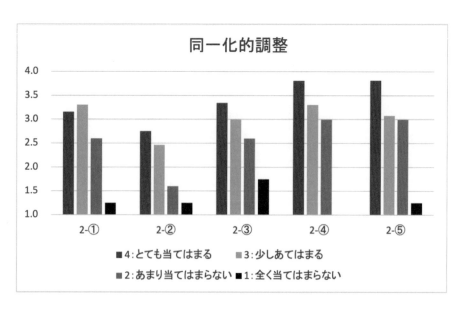

新潟県新潟市立石山中学校の第二言語（英語）教育における JB モデル（辞書引き）の実践

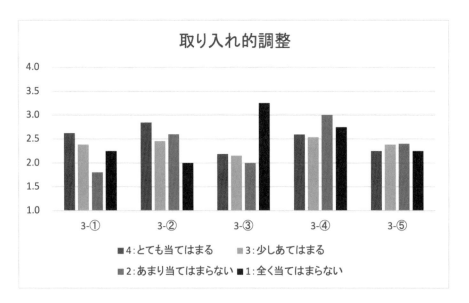

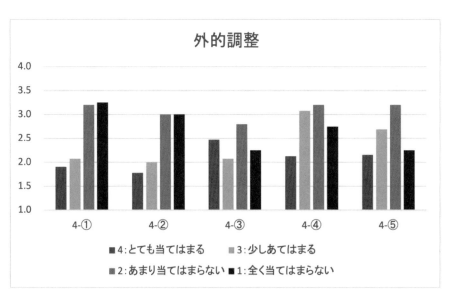

第1部

4. おわりに

　辞書引き学習は、辞書で出会った単語を付箋に書いてそのページに貼っていくという、辞書と付箋とペンがあればどこでも誰でも気軽に取り組むことができる学習活動である。その辞書引き学習に帯活動として週に2回取り組むことで、生徒の英語学習に対する意欲が高まるという成果を得ることができた。しかしながらGIGAスクール構想によって1人に1台端末が支給されたことで、紙の辞書離れが一層加速した。生徒はインターネットに接続して検索することを日常的に行なっているので、紙の辞書だけでなく活字そのものから生徒が離れている。生徒が言葉の意味や使い方を調べたときに、それが何をもとにして出てきた情報かということを気にすることはほとんどない。よって正確な情報源である辞書は、生徒にとって遠い存在になっている。無料で支給されている端末に対して、紙の辞書と付箋にかかるお金を保護者に負担してもらえるかが今後の辞書引き学習への大きな課題であると感じる。辞書、付箋、ペンという3つがあれば1人でも、友達と一緒でもいつでも取り組むことのできる辞書引き学習がもたらす学習効果を多くの人に伝えることで、辞書引き学習がさらに普及し、生徒の英語力向上に繋がると考える。

参考引用文献

西村多久磨、河村茂雄、櫻井茂男（2011）「自律的な学習動機づけとメタ認知的方略が学業成績を予測するプロセス〜内発的な動機づけは学業成績を予測することができるのか？〜」『教育心理学研究』pp77-87. 東京：日本教育心理学会

【解説】王　林鋒

新潟市立石山中学校で辞書引き学習が始まったきっかけ

　小学校英語の教科化を体験した児童が中学生になり、ALTと接する姿や教室英語に慣れている姿からその成果を感じた一方、実践者の武石先生が「英語は嫌い、分からない、書けない、話すのは楽しいけれど書くのは難しい」と思う多くの生徒に出会った。小学校の700単語問題の習得に躓いている生徒は、少なくない。さらに、中学校での授業時間では、話すことが言語活動の中心となり、生徒が何を話し

たらいいのか分からない、英語では何を言えば良いのか分からないと悩んでいる。

　そして、EFL 環境である日本において英語力を向上させるためには、自ら英語に接する機会を作り継続して英語を学習していくことが不可欠である。学校現場で教員が提供できる動機付けのための機会と言えば ALT 授業や、海外の学校との交流などがあるが、継続した取り組みではない限り、単発的な動機付けになってしまう。辞書があれば、特に時間や場所を設定する必要はなく、好きな時間に自分のペースで取り組むことができる。

　以上のように、生徒たちの学びの実情とニーズを踏まえて、英語力の向上や学習動機づけを目指すことを目的として、辞書引き学習を導入した。

新潟市立石山中学校における辞書引き学習実践の効果

　中学校 1 年生の二つのクラス合計 58 名の生徒を対象に、週 4 時間の英語授業のうち 2 時間の帯活動として辞書引き学習を取り込んでいた。進め方は 7 分間の個人作業、2 分間のペアワーク、1 分間の振り返り記入である。ペアワークではペアでクイズを出しあったり、学習の振り返りとして辞書引き日記にその日調べた枚数とどんな言葉に出会ったか、どんなことを学んだかを 80 ～ 100 字程度で記録するレポートを作成したり、生徒がお互いの学習成果を共有するように工夫していた。

　定期的に行った生徒自身によるルーブリック評価、定期テストとアンケート分析、さらに辞書引き学習に意欲的に取り組んだ生徒へのインタビューを分析することによって、辞書引き学習による英語力と学習意欲における変化を検討した結果、有意さが認められた。とある否定的だった生徒が、8 ヶ月間の取り組みを経て、「単語量」、「自信」、「テストや普段の学習に生かせる」、「目で見える」といったキーワードがインタビューから伺えた。

英語辞書引きの取組（島根県　邑南町教育委員会）
島根県邑南町立羽須美中学校、瑞穂中学校、石見中学校3校の実践から
～生徒感想アンケートと辞書引き日記から見えてきたこと～

堀尾亮介

1. はじめに

　邑南町は2004（平成16）年10月1日に羽須美村（旧）、瑞穂町（旧）、石見町（旧）の三町村合併により新しく誕生しています。それぞれの地域に中学校1校ずつがあります。（羽須美中学校～全校生徒32名・瑞穂中学校～全校生徒88名・石見中学校～全校生徒126名）

　邑南町教育委員会では、子どもたちが早い段階で言葉に興味・関心をもち、ひいては語彙力を高めていくようにと、2014年以来、小学校1年生から「国語辞書引き学習（以下～辞書引き）を進めてきました。普通、辞書は「わからない言葉の意味」を知るために使うのですが、辞書引きは、「知っている」言葉を見つけ、書かれている事項を読み、その言葉を付箋に書いて貼っていく取組です。この取組のねらいは、意味を確認し、すべての学力の基礎となる語彙力を高めることです。

　辞書引きを行った子ども達は、知らず知らずのうちに、調べることの面白さを体感することとなり、他の様々な辞書を読むことに広がっていくことを期待しました。この「辞書引き学習」を考案し、全国に広げられている深谷圭助先生（中部大学教授）にご指導いただいています。

　学習指導要領の改定により、英語学習においても、中学校で扱う英単語数がかなり増えました。（1200語→1600～1800語）英語の単語を獲得することは、邑南町の生徒に対しても課題となっています。生徒が英単語を楽しみながら主体的に学び、語彙を増やしていくにはどのようにしていくか、考える必要性がありました。教育委員会では、中学校一年生の入学祝い品に英語の辞書を贈っています。深谷先生は、英語辞書を利用した英語辞書引きの取組も研究されています。

　そこで、国語辞書引きと同様に、子ども達の英語の語彙力を高めるために、各中学校の協力のもと、英語辞書引き学習の研究協力に取り組むこととしました。

島根県邑南町立羽須美中学校、瑞穂中学校、石見中学校3校の実践から

2. 実践の様子

【2021（令和3）年度の取組】～羽須美中学校を中心として

（1）英語辞書引き研修会の実施（英語科教員対象）

　2021（令和3）年度の実践は、中学校1年生を対象とすることにしました。各中学校で1年生に授業を行っている英語教諭は、英語辞書引き自体初めての学習方法です。まず、初めて実践する中学校英語教員の方に、研究の目的やねらいを正しく知っていただき、その方法を理解していただく必要を感じました。

　そこで、3校の英語教諭の方に集まっていただき、深谷先生をお招きして、英語辞書引きについての研修会を実施しました。この研修会のねらいは、次のとおりです。

ア　中学校1年生から生徒に英単語への関心を育てることで、基礎学力の定着とともに学習意欲の向上を図るための英語辞書引きの方法について学ぶ。
イ　中学校1年生から英語の辞書引き学習に親しむことで、調べ学習への意欲や情報活用能力を高める方策について学ぶ。

　また、この研修会において、以下のような今後の研究推進の行い方を確認しました。

1　3つのねらい
　　知っている英単語を探して読むことで、
　　　①知っている英単語の理解が正しかったのか。
　　　②他の意味や使い方はないのか。（言葉には、複数の意味の使い方がある）
　　　③関連する言葉（同義語、反義語、類義語等）があるのか。　　等
　　をとおして、自分の英語の語彙力を確かめるとともに、語彙力を高める。
2　対象～中学校1年生（羽須美中～15名、瑞穂中～34名、石見中～46名）
3　期間～令和3年10月、11月、12月～1ターム（3ヶ月）
　　　　　　令和4年1月、2月、3月～2ターム（3ヶ月）
　　　　　　令和4年4月、5月、6月～3ターム（3ヶ月）～中学校2年生
　　　　　　○1タームと2ターム、2タームと3タームの間に実践交流会実施
4　辞書引きの実際の運営
　①英語の辞書を引く時間（10分～15分程度）を確保する。（時間の設定については、各校で工夫する）

131

第1部

> 求める生徒の姿
> ○英語の時間は必ず辞書を座右に置き、授業の中で、時々引くようにする。
> ○早めに作業が終わったら自由に辞書引きをするなど、隙間の時間を使って積極的に辞書を読むようにする。
> ○付箋の増えた生徒は賞賛する・承認するなど、実践の後押しをすることで英語語彙力、辞書引きの習慣がつくよう工夫する。
> ②辞書引き学習の進捗状況をカードに書く。（付箋の枚数とグラフ作成、発見した単語のことに関する学習履歴をカードに記録する。）

　この研修会を通して、英語辞書引きの目的やねらいを周知することができ、これからの実践に取り組むための共通認識ができました。

(2) 英語辞書引き導入授業の実施（該当生徒対象）

　国語の辞書引きについて取り組んだことのある中学校1年生ですが、英語の辞書引きは初めての取組です。羽須美中学校に先行した実践をお願いしました。深谷先生に6月にご来町いただき、羽須美中学校1年生を対象に1単位時間の導入授業を行いました。

　入学してからあまり辞書を引くことが少なかった生徒が多かったのですが、小学校と同じように「知っている言葉」を見つけ、それを付箋に書き辞書に貼ることに関しては、すぐに興味を持って取り組みました。

　導入授業後の感想は以下の通りです。

> ○今まで英語の時間で辞書を引く機会が少なかったけど、国語辞書引きと同じようにできると分かったので、続けて取り組んでみたい。
> ○日本語の辞書引きよりも、知らない言葉ばかりの英語の世界に入り込んだような気持ちがしてわくわくした。
> ○スペルが難しいものがあったり、一つの言葉にたくさんの意味があったりした。英語の単語の世界も奥が深いと思いました。

　導入授業をすることを通して、生徒は英語辞書引きの楽しさ・面白さを感じるとともに、英語の単語に対する興味・関心を高め、今後の取組への意欲を高めることができたと感じました。

　この時期、新型コロナウイルス感染症の拡大もあり、他の2校に関しては、深谷先生にご指導いただいた導入授業を実施することはできませんでした。

島根県邑南町立羽須美中学校、瑞穂中学校、石見中学校 3 校の実践から

　そこで、羽須美中学校の導入授業の DVD を他校の英語の先生に見ていただいた後、各校の英語担当より自校の生徒へ導入授業を実施していただきました。

　中学校 1 年生の 1 学期は、小学校の学習指導要領で示されている「大文字、小文字を活字体で書くことができるようにすることや語順を意識しながら音声で十分に慣れ親しんだ簡単な語句や基本的な表現を書き写すことができるようにすること」が十分身についていない生徒もいます。自分が知っている言葉を見つけ、それを付箋に書き写し、貼っていくという辞書引きは、小学校での外国語活動や外国語と中学校英語との接続にも有効な手立てであると思います。

(3) 実施初期の辞書引き日記から

　6 月の導入授業後、辞書引きをした後、「辞書引き日記」を書くことを続けました。

羽須美中学校の辞書引き日記～実践初期の記述から（一部抜粋）

---

(1) 新しい言葉の意味や知識の獲得
　・ドリルは「工具」という意味だと思っていたが、「繰り返し」という意味もあって驚いた。
　・バーベキューは、BBQ と書くのに、スペルで Q を使っていないことに驚いた。
　・ボールペンは英語でかくと「ボールペン」でなくて「ボールポイントペン」であった。
(2) 言葉に対する学習意欲の向上
　・自分が知っている言葉を見つけることができて嬉しかった。
　・一つの単語でも全く違う意味を持つことがわかった。
　・相手に質問するときに使える言葉が増えてきた。

　生徒は、今まで自分が知らなかった言葉を知ることに喜びを感じていることが分かります。一つの英単語にもいろいろな意味があり、使い方が違うことに気づいています。また、英会話等のスピーチ練習にも、得た知識を使ってみようとする意欲が高まっていることが感じられました。

第1部

（4）2021（令和3）年度のまとめ〜羽須美中学校の実践から

ア　生徒アンケートから

令和3年度の実践を終えるにあたって、生徒へのアンケートを行いました。

令和3年度　生徒へのアンケート結果（R3年度末）

Q1　辞書引き学習の取組の前と後の変化はありますか。
・辞書引きをして、書ける単語が増えてきました。
・自分の好きな曲の歌詞の意味が分かるようになってきました。
Q2　英語力や英語学習に関するモチベーションがどうなりましたか。
・英語の学習が楽しくなってきました。
△あまり大きな変化を感じていません。
Q3　新しい英単語はどのようなものでしたか。
・部活とのつながりがあるものが印象に残りました。
・普段生活している中で知っている単語が記憶に残っています。
　　　　例　季節・行事〜例　春・クリスマス・スノー
　　　　big　偉大な　　　　等
・自分が好きな曲のタイトルの意味が分かりました。
・教科で出てきた英語表現の意味が分かりました。
　　　　例　社会〜 belt 地帯・地域
その他
・使っている場面とセットで覚えるとよいのでは。
・付箋が多くなると、辞書自体が見にくくなる。
・スマホ・ＰＣなど並行して調べるとよいのでは。

　生徒のアンケート結果から、生徒が辞書引き学習を続けることで、新たな知識を獲得して、それを各場面が増えてきたと感じられました。また、生徒の日常生活と英語をつないでいることは、英語の歌、季節の行事・教科との関連した言葉など様々でした。一人一人が辞書引き学習で出会った言葉と日常生活をつなげていることが分かりました。

　課題として、辞書引き学習を行っていくと辞書そのものが見にくくなると感じている生徒もいました。GIGA スクールにより一人一台タブレット端末が配布されたこともあり、タブレット端末と並行して使っている生徒もいます。

　今後、辞書というアナログ面とタブレット端末等のデジタル面とそれぞれの良さを生かしながら、ハイブリッド的な使い方を考えていく必要もあります。

島根県邑南町立羽須美中学校、瑞穂中学校、石見中学校３校の実践から

イ　指導者側からの視点から

辞書引き学習について（指導者側が感じたこと）
　(1)　英単語に対して
　　①英語辞書に対する興味・関心の向上～辞書を引く機会が増えたことで、生徒の英語
　　　辞書を引くことへの抵抗感がなくなっている。
　　②辞書の使い方の向上⇒今までよりも辞書を引くスピードが速くなった。
　　　例えば「ディフィカルト」と「ディファレント」の場合、綴りの「ＩとＥ」のどちらが先に
　　　あるかを素早く理解しているからである。
　　③英語の単語の広がり
　　　今回の辞書引きは、自分の興味・関心を広げることにつながっている。
　　　LINE（サイレントＥ）⇒BIKE、MINE等　サイレントＥ等のある単語などのつなが
　　　りを意識する生徒もいたことが成果の一つである。
　(2)　実践するにあたって
　　　英語の時間の１時間の授業時間での扱い方（１週間に一度）、授業の導入場面（10分）
　　　を設定した。これにより、興味・関心が高い生徒は、授業が始まる前から調べること
　　　もできた。
　　　設定した時間後も引き続き行いたいという生徒もいたので、教育課程の時間以外に進
　　　んで行えるように、家庭学習との関連も考えていく必要があった。
　(3)　実施する上で困ったこと等
　　①教育課程～時間の確保
　　　新型コロナウィルス感染症の拡大のもと、臨時休校措置を行い必要もあり、授業時間
　　　が減少する中で、正規の英語授業の中でどのように取り組むか、工夫が必要であった。

　特に、「辞書引き日記」は、新たに知ったことを中心に書いておくことに関して、指導者が朱書きなどで適切な評価を与えると、自分自身の成長を感じる生徒が多かったです。このことは大きな成果です。

　指導者が日記に適切なコメントを書けるよう、その内容の分析する視点をもつことが大切であると考えます。指導と評価の一体化を図ることが重要です。

【2022（令和４）年度の実践】～瑞穂中学校、石見中学校を中心として

(1)　第２回英語辞書引き研修会の実施（英語科教員対象）

　引き続き英語辞書引きの実践を重ねるために、昨年度実践している２年生で取り組むことにしました。継続して行うことで、生徒が自主的に取り組むことができると思ったからです。

　２年生の英語担当がかわり、今年度から取り組む英語教員もいるので、再度、教育委員会主催で第２回英語辞書引き研修会を実施しました。

第1部

主なねらいは、以下の2点です。

> (1) 3月に行われた研究協力校の発表交流会の様子を動画視聴することで、今年度の実践に取り入れてもらうこと確認する。
> (2) 昨年度より取り組んでいる英語辞書引きの内容を確認して取り組むことで、英語の基礎学力の定着とともに学習意欲の向上をはかるための一助とする。

　実施方法については前年の取組と同じですが、特に、英語語彙力、辞書引きの習慣がつくように、付箋の増えた生徒は賞賛する・承認するなど、実践の後押しをすることを確認しました。また、第3タームは、実施前後にCBTで英語単語検定を行うことで、客観的データからも実践の効果を確かめることにしました。

(2) 実施終了時の辞書引き日記から

　英語辞書引き学習を9ヶ月の実践（1〜3ターム）した後には、明らかに生徒の辞書引き日記の表現に変化が見られました。これは、9ヶ月続けることで、3つのねらい（知っている英単語の理解・他の意味や使い方・関連する言葉）を習得できた生徒が多かったといえると思います。

　重複した意味合いもありますが、辞書引き日記の記述を類型化してみました。

辞書引き日記の8つの類型化（ア〜ク）

ア　今まで知らなかった意味を辞書引き学習で獲得した表現（一部抜粋）

> ・accessory 〜キラキラした装飾品のイメージだったけど、車、機械類などの付属品やベルトやカバンのことだと知った。
> ・alarm 〜目覚まし時計というイメージしかなかったけど、動詞で「人を怖がらせる」ということが分かった。
> ・alien 〜異星人（宇宙人）の意味しか知らなかったけど、形容詞〜外国の外国人の名詞〜外国人もあるということを知った。
> ・am〜英文を作る時、当たり前のように使う（am）にはいろいろな意味があることを改めて知った。
> ・area〜地区・場所という意味以外に面積という意味があるということが分かりました。
> ・brown〜茶色だと思っていたけど、日に焼けたという意味があると知ることができた
> ・close〜閉めるだけでなく「接近した」「親しい」と使うこともあると分かった。
> ・get〜「・・・を得る」しか知らなかったけど、「・・・を買う」「・・・を理解する」などの私の知っている以外の意味がありました。
> ・うれしい＝ happy だと思っていたが、うれしい＝ g lad ということを知ることができた。

島根県邑南町立羽須美中学校、瑞穂中学校、石見中学校3校の実践から

・antenna は、ラジオなどのアンテナのイメージしかなかったけど、虫の触覚という意味があることが分かった。・fight と battle はどちらも戦うだが、battle の方は、規模が大きい。
・herd には、硬い、難しい、熱心に、熱心な、激しくなど複数の意味があることを始めて知りました。
・「bank」が銀行で、「banker」が銀行員であることが分かりました。
・飛ぶという意味をもった英単語が複数あって驚いた。

イ　新しい疑問を見つけている表現

・太平洋が pacific という意味でした。大西洋も気になったので調べてみようと思います。
・cheap ～今日は、安いという単語を調べられたので、次は高いという単語に出会ったらいいなと思いました。

ウ　発音と綴りを関連づけている表現

・jeans ～意味を知っていても綴りを知らない単語の復習ができた。
・eye（目）の単語は知っていたけど、スペルが「i」でなく「e」であることが分かった。
・became ～ become（～になる）の過去形だと分かった。a と o の違いに気をつけたい。

エ　英単語の別の意味に気づいた表現

・last には、「最後」「この前」「やっと」などの意味があると分かったので、英文を日本語にするときは意味をよく考えたい。
・同じ単語で、意味の違うものがあったので、場面にあっている意味の方を使いたい。

オ　関連することを学んだ表現

・any ＋○○で疑問文や否定文を表す単語がたくさんあった。
・brin g のあとにつける言葉によって意味が異なった。
・analog の対義語が digital だと分かった。
・背中の痛みは、backache ということが、分かった。Headache（頭痛）とよく似ている。（類推的な考え方）
・lip という単語は、唇ということを知りました。リップクリームもそこから由来が来ているのだと思いました。
・buy だけでなく、buy ＋人＋ものや buy ＋もの＋ far ＋人などの形も覚えていきたい。

137

第1部

カ　調べた単語を生活と結びつけながら、積極的に使おうとしている表現

・fist ＝握りこぶし　コナンの映画の題名　群青の「拳」でフィストと呼ぶのはここからきている。
・amazing 〜誰かに気持ちなどを伝える時には使いたいと思いました。
・今日は、気持ちを表現する単語がたくさん出てきた。今後、この単語を少しずつ使っていきたい。
・amount という単語を初めて知ることができた。総額を伝える時に使いたい。
・「ice」で氷という意味が分かると「シャーベットアイス」「アイスクリーム」等、普段よく使う言葉もそこからきていることが分かりました。

キ　枚数が増えることに達成感を感じながら行っている表現

・100枚達成記念日　200枚達成記念日　300枚達成記念日　400枚達成記念日　500枚達成記念日　たくさんの単語を知ることができて、楽しいです。
・今日調べた単語は、すべて知っている単語で自分が知っている単語の多さに驚きました。

ク　自分を振り返り、自己肯定感が高まり、学習意欲が向上した表現

・自分の知っている単語の多さにびっくりした。
・全く知らなかった単語も「知る」に変えることができて、辞書引き学習を通して「分かる」が増えてきました。
・知っている単語が多くて、付箋をたくさん貼ることができてよかった。
・65枚すべて知っている単語で、自分が知っている単語の多さに驚きました。
・1年生で習った単語がたくさんあって、復習することができた。
・新鮮なという単語がどのように書くのだろうと思ったことがなかったので、辞書を引いてよかったです。辞書を引かなかったら、この単語に出会ってなかったと思います。

①英語辞書引きの効果

　9カ月経った後の辞書引き日記の表現を比較してみると、子どもの感想が多くの観点で書けるようになったことが分かります。

　特に感想として多かったのは、「今まで知らなかった意味を辞書引き学習で獲得した表現」でした。新たな知識を獲得することが辞書引きの中核となることが分かります。

　他の意味や使い方に気づいている生徒や関連する言葉に着目した生徒の感想も見受けられました。英単語の説明に書かれたことを最後まで読むことの効果であると思います。

島根県邑南町立羽須美中学校、瑞穂中学校、石見中学校３校の実践から

Ａさんの変容

〇取組当初の感想（よかったこと）
　たくさんの単語に出会うことで、自分の知っていることがふえています。
〇取組後の感想（よかったこと）
　1つの単語でもたくさんの意味があることに気づき、どの単語を使うのが良いか、選択肢
　が広がりました。

　英単語は、文字の組み合わせによる音の変化が非常に複雑です。英語辞書引きによって、音の変化による綴りの違いを獲得できる面もうかがえました。

　書くことに関して、小学校では「慣れ親しむ」ことを中心に行っていますが、中学校においては正確さが求められます。辞書を読み、それを付箋に転記することで身につくこともあると考えます。

　英語辞書引き学習の効果として、英語辞書を引くことに抵抗感がなくなったこともあげられます。常に辞書を手元に置き、辞書を読むことで英単語に対する興味・関心を高めることもできたと思います。

　第３ターム前後に行ったWEB英単語検定において、統計的処理の中で有意性が認められ、この取組は効果あると結果がでたことを嬉しく思いました。

②取組の課題

　限られた時間の中での実践であったため、今回の英語辞書引きは個人作業が中心となりました。ペアやグループなどで交流する時間をもっと持つことが必要であったと思います。互いの取組を紹介したり、新たに気づきをクイズにしたりするなど、協働的な学びにつなぐことができると、更に語彙力を高めることができたのではないかと思っています。

3. おわりに

　語彙指導において、中央審議会答申では、「小学校の中学年の外国語活動の段階から扱ってきた内容を中学校の言語活動において繰り返し活用することにより、生徒が自分の考えなどを表現する際にそれらを活用し、話したり書いたりして表現できるような段階まで確実に定着させることの重要性である。」と言及しています。

第1部

また、中学校外国語における目標に簡単な情報や考えなどを理解したり、表現したり伝え合ったりするコミュニケーションを図ることにあります。

　生徒の感想の中に「知識の幅が広がり、ALTの先生と英語で少し話せるようになったことがよかったです」というものがありました。英語辞書引きで獲得した知識をALTとの会話の中で進んで使おうという意識の高まりを感じます。

　繰り返し辞書引きを行い、読んだり書いたりすることを通して、意味を理解する受容語彙から発信語彙として定着していくことも、英語辞書引きの一つ成果であると考えます。

　邑南町の小学校4年生で、国語の辞書引きに取り組んだ児童が、英語の辞書引きに取り組みました。2023（令和5）年3月末には、20000枚の付箋を貼りました。自分が進んで学びたいという意欲があることが、この取組の原点であると強く感じました。

　邑南町教育委員会のスローガンは、「邑南の未来（これから）を創る～世界に羽ばたける力を子どもたちに～」です。邑南町の子ども達が英語辞書引きを通して語彙力を高めていったことは、これからの世界を生きていくうえで大きな力になり得たと確信しています。

> インタビュー

札幌市立南月寒小学校6年4組児童、同担任新地先生、英語専科千葉先生インタビュー

2023.3.25（Fri）

6年4組新地学級児童

Aさん：辞書引きをはじめたばかりの時は、付箋の数が増えていくことがモチベーションになっていて、どんどんやっていましたが、ずっとやっていくうちに、新しい言葉とか、知ってる言葉の意味を新しく発見したり、辞書を引くことが楽しくなりました。

　　　　辞書引きをやっていて役に立ったことは、外国語の授業中に、今まで知らなかった言葉を分かるようになったり、読めるようになったことです。

Bさん：英単語を調べたら、知らない日本語があって、日本語を知れた。

　　　　例）英語：オール【oar】（知っている）＝日本語：櫂【かい】（知らない）

Cさん：私が持っている辞書は大学からいただいたものです。今の付箋の枚数は4500枚くらいです。辞書の知っている単語に付箋をはっていくと新しい発見があって、例えば、「あ、この単語、知ってる！」と思っても、自分が知らない意味もあって、すごくびっくりしたし。友達と「今、何枚になった？」とか競争し合うのは本当に楽しかったです。他にも外国語の時なども役に立って、辞書引きをやってよかったなぁと思いました。

Dさん：辞書は本を読んで分からない言葉とかが出てきたときに使ったり、暇なときにやったりしていました。最初は付箋の数が増えるのがうれしくてやっていましたが、今では新しい言葉を覚えられたり、覚えた言葉を使ったりしたときにうれしさを感じるようになりました。違う言語の辞書でもやってみたいと思いました。このような学習ができてよかったです。

Eさん：付箋は4400枚くらい。

　　　　【どんな時に辞書使う？】

　　　　英検とかの勉強のときに、分からない言葉や単語があったら辞書を使う。

　　　　【どんなところが楽しい？】

第1部

1つの単語でも複数の意味があることがあるから、それを知れる（知ることができる）のも楽しい。

【どんなところが便利？】

単語の意味の他に、文も一緒に書いているのが便利。

Fさん：私は音楽をやっていて、よく表現の仕方で難しい言葉があったので、辞書で調べていました。また、最近も枚数を増やしていくことで知っていることが楽しいです。歌詞などでも沢山の表現が出てきたときに調べることで、その人の気持ちがわかるようになり、さらに曲の意味が分かるようになりました。

新地教諭・千葉教諭に対するインタビュー（オンライン）

深　　谷：本日は、お忙しいところ、インタビューにご協力いただき、誠にありがとうございます。2023年度に取り組んだ札幌市立南月寒小学校での実践の取り組みについてインタビューをしたいと思います。どうぞよろしくお願いいたします。

インタビューの内容については以下の三つの内容を考えております。

子どもたちの様子についてというのが一点めです。

それから教師の目線に立ってどうだったかということが二点めです。

三点めが、日頃の先生の授業の中でそうした辞書引きがどういうふうに生きていたのかということについてです。

この三つのことについてお話を伺いたいと思います。よろしくお願いします。

新地先生：そうですね。子どもたちは今、深谷先生がおっしゃったように付箋を張るというきっかけで、つかみとしてはすごく食いつきが良かったと思います。付箋が増えていくということに喜びを感じていましたので、お互いに何枚何番まで行ったという声かけは自然と発生していました。子どもたちどうしても差は出てきてしまうんですけど。

他のクラスで取り入れていた番付ですよね。付箋の枚数で格付けしていくことによって、次の番付発表まででもうちょっと増やすぞというような最初楽しい面白いっていうのは付箋の数で、やっぱり子どもたちは意識

が生まれていったと思います。

指導者としてどうしても他の活動も忙しいですし、休み時間も6年生は最高学年の立場として、委員会や縦割り活動などの時間があり、忙しいので朝の読書時間を辞書引きの時間としての活用も認めるようにしていきました。もちろん本を読むことを大切にしている子もいたんですが、ここで辞書引いていいんだよねということで辞書引きの方が読書よりも楽しんでいる子もどんどん増えていきました。

あと、隙間時間って私たちは呼んでいるんですけど、テストが早く終わった場合とか活動がどこかより早く終わった場合とか、本を読むまたは授業の復習をする子もいる中で今の時間は辞書を引いていいのか、そういう声も上がってきていたので自分たちで辞書を引く言葉を増やしていくっていう意識が少しずつ見えてきたような気はします。

時々交流で行っていたので、新しい言葉に出会った時、その言葉を組み込んだ英文を友達に出題するというような交流をしました。

意味を覚えたことに満足するだけじゃなくて、文章に組み込むことでこういう使い方ができるんだよって、友達に発信することを楽しめる子もいましたね。

もちろん辞書に書いてある例文をそのまま取材する子もいれば、こういった場合もこの単語は使えるんだよねっていうように本当に活用しようとしている子も見られました。普段の授業は私のクラスは英語辞書でしていたので、授業の中に組み込むという機会がなかなか設けられなかったんですけど、他のクラスの授業の中では国語の時に国語辞書を置いてて、すっと引くような指示とか活動ではなく、自分でわからない言葉に出会った時に辞書を引くような子もいたということは聞いています。

深　谷：ありがとうございます。

子どもたちがいろいろ言葉を見つけるにあたって自分のこれまでの生活とか、自分の知識と結びつけながら新しい英単語の意味とか新しい英単語の使い方についての気づきがあるように伺っていたんですけども、もう少し具体的にどんな単語を子どもが見つけて、どのような気づきをし

第1部

ていたのかということについて覚えていらっしゃるなら教えていただきたいと思います。

新地先生：具体的な実践例とかですね。

深　谷：そうですね。

新地先生："CASE" は、「箱」「入れ物」だけじゃない場合っていうのがあるんだよーっていうことを口にしていた子がいました。あまり付箋を貼ることに意識を向けている子ではなかったんですけど "CASE" って「容器」のことっていう周りの言葉に対して、やっぱりってことがあるよねっていう言葉も説明できていたんですね。僕も一緒に立ち会って、「最悪の "CASE" だよね」って。

　　　　こういった "CASE" ではとか、普段小説とかドラマ本でも出てくるよねっていう言葉も子どもたちの中で出てきて「あ、そうか、そうか。でも同じスペルを書くんだね。同じ単語なんだね」っていうような言葉は聞かれましたね。あとは申し訳ないです。それぐらいしかちょっと今出てこないんですけどすみません。

深　谷：例えば "CASE" の場合は、発音のまま書くと、"CASE" っていう単語はスペリングが正しくできないんですよね。特に CASE の場合は。英語って発音のまま単語のスペリングをすると上手く書けないというそういう問題があるんですよ。千葉先生、この辺のスペリングの問題難しいですよね。

千葉先生：難しいですね。あの、未だに例えばサッカーとか書くのに、ローマ字で "SAKKA" とか。そんな感じで書こうとする子どももいるんですよね。はい。だから、例えばサッカーなんかの場合は、K じゃなくて C なんだよとかね。そういうちょっと共有があると面白いですよね。

深　谷：これサッカーとかアメリカ人でも正確にスペリングできない人はいるんです。だから、なんでこういうアルファベットが入ってるんだろうかとか、そういったものも子どもたちの気づきとしては面白い気づきではありますよね。

　　　　忙しくて朝の読書時間でということなんですが、学校のカリキュラムとかの問題じゃなくて先生のこれまでの指導に対する考え方、いわゆる学

144

習指導とか、授業における指導の考え方と今回の辞書を普段から使わせる考え方、新しい気づきとか新しい発想というのはどうですか？

新地先生：ちょうど研究で子どもが自ら主体的に学ぶっていうことは研究の内容としても組み込んでいて、それが授業の中でできるのかとかはあるんですけど、今回、深谷先生に来ていただいて、辞書という、「見える」っていうのはなんというかシンプルだけど子どもたちにはとても響きやすいことなのかな。どうしても目に見えない発言とか考え方で教師がなんとなく「主体的」に持っていく授業より、目の前のものをもっと付箋をつけて自分が頑張ったからこういった言葉が使えるようになったっていうのが視覚的にそういった辞書というものがあって、いつの間にか主体的に学べることにつながっていくんだというのは、初心に帰るというか、勉強になりました。ありがとうございます。

深　谷：実際にその隙間時間、またはその朝の読書時間とか、基本的に学校で使っていたというような感じですか。それとも時々家に持ち帰ってやっているというようなところもありましたか？

新地先生：そうですね、最初の1ヶ月ぐらい主に、子どもたちはこれ自分のじゃないし借り物という意識もあって学校で使っていることが多かったんですけど、祝日や土日とかあとはもう冬休みの時とか、先生持って帰ってやりたいって子どもたちからどんどん出てくるようになったんですね。なので付箋持って帰って、ちゃんとやっといて、ただし毎日辞書は学校に持ってきてねとか、持っていってもいいけど、辞書が学校にはある状態にしてねとは言ったんですけど、子どもたちが持って帰る時は付箋も先生付箋もらって帰りますと言ってほとんどの子が帰って、何百という数をこなしてくるっていうのが子どもたちの方から生まれてきました。私も、高学年ですし、大切なものは扱えるので子どもたちがそこまで望むならということで、家でも頑張ってやろうっていうことに持っていきましたね。実際、うちの学級、本当に朝の時間と隙間時間ということがメインだったんですけど、まあ、（付箋の数）1000を超える子たちが3分の1ぐらい出て、その子たちは持って帰ることが常だったので、おそらく学校で与えられた時間ではなくて家での自分の時間の中で、もちろ

第1部

ん学校の課題もこなし、自主学習もこなし、それ以外の時間で辞書引きに努めていた子たちでしたね。

深　谷：子どもたちも先生方も忙しい中で挟み込むように辞書引きをやってたんですが、それがある程度、もちろん子どもによっては、継続が難しい子どももいたというふうに思うんですけども、継続が続いた子どもの、やはり第一の要因というのは何ですか。付箋なんですかね。それともそれ以外のものがあるんですかね。どうお感じになってますか？

新地先生：そうですね。やはり、私のクラスでいうと、付箋の数が大きなモチベーションになってた子は多いですね。休み明けに辞書を持ち帰った子たち同士で「何枚？」という言葉が交わされていたので。ただ、もう 3000 枚、4000 枚行ってるようなうちのクラスではもう 2 人くらいだったんですけど、その子たちはもうその言葉を使えるようになりたいから新しい言葉で自分の語彙力を増やして。今後の学習ですよね。学校の授業を生かしたいからという子は 2 人 3 人はいましたね。

深　谷：やっぱりその付箋が 3000 枚とか 4000 枚とか、多い子たちは付箋の数から言葉をもっと勉強したいとか、または言葉に興味が出てきているっていう風に見ることができますか？

新地先生：そうですね。

　　　　　もともと英検とか英語塾に通ったり、文章を自主学習ノートで英文で日記を書いてくる子でもあったので。辞書引きをしていた子たちは、他の地域の事例ですと、その自主学習ノートですとか、またはその要するに学習と関連づけて辞書を使うようになるっていうことがあって、日記とか作文とか、学習のノートに辞書引きの習慣を紐付けて勉強するようになるっていうことがあったので、先生がご覧になった、かなりたくさん付箋を貼ってきている上位のレベルの子たちはそういった使い方をしているんじゃないかと私も思いました。

深　谷：ありがとうございました。小学校 6 年生でこれだけ付箋を貼るケースはあんまりなくて、低学年は付箋はたくさん貼るんですが、6 年生でこれだけ貼るのは珍しいんです。だいたい 6 年生って冷めちゃうんで。たくさんその辺のところを新地先生、すごく上手になさっているなというふ

うに思うのと、子どもが多分、素直なんだろうというふうに思います。おそらく、子どもが学ぶということに対してすごく素直で、それを先生がやっぱり褒めて子どもたちに響いてるんじゃないかなというふうに思うんですけどね。だから素晴らしい学級経営だし、学習指導もすごくね、素敵な学習指導をされてるっていうことがよくわかります。

新地先生：ありがとうございます。

深　　谷：英語の指導については千葉先生が指導に入ってらっしゃるんでしょうか？

千葉先生：はい。

深　　谷：基本的に（新地）先生が、英語の指導に入るということにはなってないでしょうか？

千葉先生：なってないです。

深　　谷：そうですか。

その英語の授業について単に先生が直接関わったりすることも基本的にはないということですね。

千葉先生：一緒に授業参加してくださったりちょっとお助け的に入ってくれたりすることはあります。

深　　谷：千葉先生からご覧になって新地先生のクラスの英語の辞書引きはどういうふうに映りましたか？

千葉先生：日常的にしている子が多いので、前も言ったかもしれないんですけど、学校行事で入学式っていうのが、「エントランスセレモニー」というのが出てきた時に、エントランスって子どもの中では「玄関」とか「入り口」とかそういうふうに知っているカタカナとして知っている子がいたんです。実は入学するとか入るっていう「玄関」に近いんですけど。意味があるんだよって言った時に、ある子どもがそれ辞書引きで出てきたやつだ、自分で調べた時に出てきたって気づいた子がいました。

あと、あの "see" のシーというのが結構、教科書に出てくるんですけど、ほとんどの場合「見る」という意味で出てくるんですが、実は、"I see" とか「分かる、理解する」とか、また「アイシー」ってよく子どもも使うんですけど、あんまりよく分かってなくて音だけで使ってるんです。

第1部

実はその see というのは「会う」という意味もあるとか、そういうのに気づく。

辞書を引くとそれがちゃんと、「1、2、3」みたいな感じで、順番にいろいろな意味が出てくるので、そういうのを見て、「こんなにいろんな意味があるんだ」っていうのに気づいたりだとか、そういった声が多いクラスでした。

深　　谷：やはり辞書を引いてるから、言葉に対するちょっとした敏感さはあるんでしょうね。

千葉先生：おそらく。そうだと思います。

まさに言葉に対する敏感性っていうのは、辞書引きで狙っているところでもあって、これってどういう意味とか、それって聞いたことあるとか、そういった言葉がたくさん出てくるという言葉は普段からのそういう辞書引きの習慣によって、そういうセンスが磨かれてるところはあるかなと思いますね。

はい。特に「シー」って、耳から「シー」って入ってもそれが"see"で、そのいろいろな意味のある"see"だっていうことについてピンとこないでしょうね。おそらく。

深　　谷：なるほど。やはり新地先生のクラスの子どもたちは英単語に対する気づきはあったんですね。今の話を聞いて新地先生いかがですか？

新地先生：子どもたちは基本、さっき先生もおっしゃっていたような、仲いいとか素直っていうのもあるので、友達が頑張ってる、一緒に頑張ろうとか、ここまでやったぞ、どうだっていうのが、そんなに気兼ねなくできる関係だったんですよね。だから私も見てて、特に3学期とかは、この子がこんなにはまるとは思わなかったなっていう子が何人もいて、きっかけは友達とこうやってるんだっていうのが多かったので、環境によってこう辞書引きにはまったっていう子はいると思います。多分一人で頑張ってみなって言っても、なかなか聞こうとしないだろうなっていう子は、本当はいっぱいいるんですけど、友達と一緒に頑張れたという言葉が当てはまると思います。その辺り、学級経営とか、またはその集団としてやってるっていうことの良さは出てるんでしょうね。

深　谷：おそらく。で、今、先生が言われたように、「この子がハマる」ということに対してびっくりしたっていうのは、あんまりその勉強が得意じゃないという意味ですか？

新地先生：「体、動かす方が好きだよね、君たちは」っていう子たちも、本当に辞書を持って帰って、なんていうか、実直にはまったらこんなに楽しんでガシガシやるんだっていう子は何人かいましたね。なんていうのかな、知的というよりも、ある意味、情緒的にそういう活動してるところも多分あるんでしょうね。

おそらくね、そういう心情的感情的っていうのか、情動的にこういう辞書引き学習は、目で見て分かりやすいとか頑張ってることが分かりやすいということで、素直に、すごいなとか、自分も頑張ろうっていうような気持ちになりやすかったんでしょうかね。

深　谷：わかりました。辞書引きは、あのある意味そのカリキュラム上には、別に辞書を引くっていうことは小学校の学習指導要領ではないんですけど、たとえ、辞書を引くっていうことは、国語とか漢字辞典は、学習指導要領に書いてあるんだけども、おそらくこういう使い方はしない、想定してないと思うんですよね。普段から辞書を使うということの良さっていうことについて最後に千葉先生聞いていいですか？　普段から辞書を使うことの良さっていうことについて。

千葉先生：うーん。やっぱりちょっと私ももう少し日常的に授業の中で子どもが引けるように机に置いておくなり、もっと早い段階でさせていればよかったなと思ったんですけども、前にもお話しした、そのウェブ上の辞書を使う良さと紙の辞書の良さとあると思うんですけども、紙の辞書は子どもに分かりやすいんですよね。

その例文が載っていたり、意味がいくつもある。その例文がすぐについているので子どもが今必要なのはこの意味だとか、そういったことが分かったりするんですよね。とても分かりやすい。パッと気軽に調べられるっていうところがいいなと思います。

あと、先ほどその新地先生のクラスの学級の雰囲気の話があったんですけども、やっぱり「エントランス」が出てきた時も、「これ僕が調べたやつ」

149

第1部

だとか、そういう声が出るのがいいなと思いまして、それによって他の
子たちにも新しい発見になったり共有するっていうことにつながってい
くので他のクラスでももしかしたら同じく調べてた子がいたかもしれな
いけど。声に出さないとやっぱりそれは共有されないので、みんなでそ
ういうふうに共有しながら、新しく発見できるっていうのもいいところ
だなと思いました。

深　谷：素敵なことですよね。これって僕が調べたやつだって言ったことが嫌味
にならない。全く嫌味じゃないですね。みんな取り組んでて、みんな頑
張ってるやつだから、それって調べたやつだと言っても嫌味にならない。
でも、これもし、辞書引きやらずに、「それ、僕知ってるやつだ」って言っ
たら、多分ですね。嫌な奴になっちゃいます。

確かに、クラス全体で（辞書引きを）やってるから、そういうことがやっ
ぱり共感できるっていうのか、共有できるというのか、「じゃあ、自分
も」っていうような気持ちになるんでしょうね。

千葉先生：おそらくね。それが自然な声として出てくるっていうのは、やっぱりク
ラスで取り組んでいるということの意味がそこにある。一人でやってて
も、なかなかそういったことをクラスの中では言えないと思うんですよ
ね。おそらく、一人で辞書引きやってても、そういうことを言うと周り
の子のなかなか共感が得られないんだけど、みんなでやってるから多分
共感は得られるんですよね。

深　谷：おそらく、どこの先生に聞いても「要するにやる時間がない」とか、「や
らせると授業が進まない」とかそういう話になるので、なかなか難しい
ところはあるんですけども、ある程度こういうふうに、子どもの普段の
授業の中とか、普段の声の中で「それ聞いたことある」とか「見たこと
ある」とかいうのが出てくるということは日頃の取り組みがこう生きて
いるっていうことです。

そういったことによって多少、辞書引きを前向きに捉えていただけると、
とても嬉しいと思います。

授業で活用するというのは、また次の段階としてまたあるのですけども、
でも意外に紙の辞書が子どもたち、楽しく使えるようになる。引き方か

ら入らなくても、読んでいって付箋を貼るっていうことで、案外楽しくできるっていうことは、私にとっても結構インパクトのある気づきだったし、そういうことも千葉先生、新地先生に伝わるといいなということを思いながら、今回関わらせていただいたということです。

あの子どもたちから、すごくいい話をたくさん聞いて、たくさんのエピソード拾ったんですが、それ（インタビューの録音可能時間）がちょっとなくなっちゃったので。

ただ、おそらく新地先生は、あのクラスの中でうまくその辞書引きをやってるという、子どもたちに対して褒めていたと思うし、認めていたと思うし、それがあのクラス全体でやっぱり良い学習の習慣になって定着していたということは明らかですね。あの子どもたちはとてもいい経験を6年生でして、中学校に進学されていくんじゃないかなというふうに思っています。

ありがとうございました。とても良い話を伺うことができました。

【解説】深谷圭助

2022年度に英語辞書引き学習に取り組んだ札幌市立南月寒小学校6年4組担任の新地先生と英語専科教員の千葉先生にご協力いただき、年度末の多忙なスケジュールの中、オンラインでインタビューをしました。

2023年2月27日に授業参観をし、意欲的に辞書を活用する様子を観察することができたので、それを省察しながら、インタビューを受けていただきました。

小学校で外国語活動、外国語授業がスタートをしていますが、小学校において、言語学習の基本である、語彙力をどの程度、どのように指導するのかは未だに悩みの種となっていることが多いように思われます。

教科の学習は、検定教科書の文脈で展開されますが、英語においても同様です。英単語学習は、検定教科書において出現する英単語を覚えさせたり、試験対策と称して英単語を覚えさせたりする傾向があります。その意味において、日本の教科教育における動機づけは、教科書学習の中や試験の中にあります。

辞書引き学習により、子どもの内にある「語彙」を元として、その「語彙」を検討し、新たな意味を付与する様子が子どもたちの様子から明らかになりました。

第 1 部

　辞書引きは、付箋を貼るという活動を伴うため、児童の活動に対する興味関心も刺激し、学習に対して普段は興味を持てない子どもたちも引き込む機能を有していることも明らかになりました。

　検定教科書を用いた、テキストベースの学習ではない、児童の語彙認識のレベルに応じた学習が可能であると共に、子どもたちの情意面に対して影響を与えることから、学ぶ動機付けや言語（語彙）学習方略としての有効性がこのインタビューからも確認されます。

　小学校における第二言語の語彙学習としての英語辞書引き学習の有効性は、この実験的取り組みによって確認されたと考えています。

　この活動により、語彙学習の動機づけが行われ、具体的な学習方略が児童に身に付くことでしょう。

札幌市立南月寒小学校・「辞書引き」指導略案（英語・国語／1時限）

時	教師の活動・児童の活動	指導上の留意点
導入10分	1．本時の活動内容・タスクを明示し、児童の関心を引き寄せる 教師：自己紹介をし、いくつかの言葉について辞書を使い、日本語の中のカタカナ言葉を中心に、英語でどのように言うのかに関心を持たせる 児童：付箋のナンバリングをする	・机の上に辞書と付箋、筆記具があるか確認をする ・付箋のない児童に与える ・付箋のナンバリングは、10枚分でよい
展開①15分	2．個人の作業をする 児童：ふせん10枚を目標に辞書を読み、気に入った言葉を1つ余分にふせんに書いておく 教師：机間巡視して、付箋の数や見つけた単語をチェックしながら、褒め、励ます	・辞書を"ひく"という言葉は極力使わず、辞書を"読む"と表現するようにする ・何枚貼ったのか、どんな言葉を見つけたのかと声をかける
展開②15分	3．グループ作業をする 児童：気に入った言葉を持ち寄って、自分の選んだ言葉を紹介し、グループ特選の1枚を選ぶ。なぜ選んだのかを言えるようにしておく 教師：グループの1枚を選ぶ過程で、候補に挙がっている言葉について、適宜知識の補足や発音指導などを行う	・他の児童がなぜ選んだのかをよく聞くように促す ・発音の指導を適宜行う
まとめ5分	4．ふり返りと学習法の紹介 教師：国語辞典も同じように使えること、英語辞典を読みながら国語辞書を読むことも重要であることを示す 児童：ルーブリックに答えながら本時の活動をふり返る	・知っている言葉・見たことのある言葉を見つけて読んでいくことで、楽しく語彙を増やせることを伝える ・辞書は"勉強"で調べるだけでなく、読んでみることが大切な使い方であることを伝える

第1部

インタビュー

森脇家（森脇父母）による辞書引き学習に関するインタビュー

（オンライン　2023年3月24日）

深　谷：読書ノート（島根県が全県の小学校で取り組んでいる取り組み）と辞書引きはリンクしてるし、いろんな活動と辞書引きはリンクしてて、ものすごくダイナミックに勉強していますね。そういう、教科書やテキスト通りに勉強してるというわけじゃなくて、お子さんの生活ベースで、色々なものと結びつけて言葉を手がかりにしながら辞書引きをしているなとすごく感じて感銘を受けたんですが、普通はなかなかうまくできないんですよね。多くの方々はイメージができないので。だから森脇さんのところがやってることが普遍的なものになるように、文字にしていかなくちゃいけないというのが私の仕事なんです。

辞書引きの最初のきっかけは、一番上のお子さんが始めたというところから始まっていますよね。そこから嵩くんが、お兄ちゃんの様子を見て辞書引きを始めて、森脇家辞書引きに関する方法論が固まってきたと思うんですけども、その辺のところのお母さんのお話を聞きたいと思いますが、い

かがでしょうか？

森脇母：そうですね。最初、長男の時は、学校でそういう取り組み（深谷による邑南町における辞書引き学習の指導）があったので、そのまま授業中でもしていましたし、すごく辞書引きをやろうということよりも 1 年間で 2000 枚いったらいいよねっていうような感じで毎日 10 枚していくような感じでした。あまり自分も熱心ではなかったんですけど。やっぱり 2000 枚を達成した時の達成感を子供も感じてましたし、それが結構、楽しいなっていうのも親としても思いました。言葉を知ってクイズを出し合って、いろんな言葉を知っていく意味でコミュニケーションの一つとしていました。話題も増えましたし、それで勉強しているという感覚ではなかったですね。嵩もそれを見ているので、自然に「僕もああいうことやってみたいな」っていうところからやってたので、無理やり「お兄ちゃんやってるけぇやって」というより、「真似っこしてやる」みたいな、遊びを真似っこするような感覚で嵩も小さい時やっていて、小学生になってようやく同じような辞書をもらったので、「よし。これでお兄ちゃんみたいなことができるぞ」という感じで本人はやってましたし、親も頑張れっていう感じでもなく、応援はしてましたけど、すごく熱心にという感じではなかったです。

　もう自然にどんどん自分でやっていってたので、それをサポートしていくというか、追いかけ、支えていく感じで、どんどん付箋が増えていったので。目標を決めてどうこういうのはなかったですね。

深　谷：北海道（南月寒小学校）でも最初に付箋が増えるから嬉しいとか、要するに付箋で何枚貼ろうというところから、だんだんそこから離れていくというのか、数をたくさん貼るということだけじゃなくなってくる。当初は、付箋、たくさん増えて嬉しいなとかそういうことから始まって、だんだんと言葉そのものに興味とか出てくるという様子があったので付箋が増えるというのは子供にとっては楽しいと思うし、達成感があるのでいいと思うんです。

　途中から言葉そのものに目が向き出すというところは面白いところだと思うんですが、その辺のところからお話を伺っていいですか？

森脇母：本が元々好きだったので、本を読むような感じで辞典を見てたんだと思う

第１部

んです。

だから特に小学校入学前は辞書を読むというか、付箋を貼ること、書くことというよりも読むという時間の方が長くて多分本を読んでいるような感覚で文字を見てたんじゃないかなと思います。

深　谷：辞書を読むということですよね。本が好きだというところの延長線上に辞書を読むということがあったということですね。そして読んでいて何か気がついたというような、こういう言葉がどうのこうのとか、そういう言葉に関するお話とかをすることがあったと思うんですけど。何か覚えていらっしゃることで、面白いなと思ったことありますか。

森脇母：ちょこちょこあります。「これってこういうんだって」とか。イラストが載ってるやつとかは結構覚えてましたね。自分が知らない言葉だけどイラストが載ってるとか。主人が陶芸をやってるので、「ろくろ」とか辞書に出てきた時に、お父さんのが載ってるよとか。そういう、ちょっと知ってるやつが載ってるとか。面白いなっていう感じで読んでいたっていう感じですかね。

深　谷：なるほど。

森脇母：知ってる言葉が出てきた時の「ああ、知ってる」っていうのもあるし、「へぇ」っていう時もあるし。

森脇父：例えば五十音がわかるのってさ、例えば、この「か」だったら、次にこれが来るんじゃないかとか。ひょっとしたら、この次、これが出てくるんじゃないかみたいな予測がつきだす。そろそろ出てくるなとか。今、取り組んでいる英語辞書引きでもそうですよね。

深　谷：なるほど。だんだん言葉の並び方についても予想がつくようになりますね。例えば「ろくろ」の話がありましたけど、「ろくろ」って、耳では聞いたことがあるんだけども、「ろくろ」ってどんな漢字で書くんだろうとかね。自分が思っていた「ろくろ」とは違う漢字が使われたりとか。

私の指導をしていた子供に、「たまげる」っていう言葉があって、「たまげる」は、びっくりするとか驚くって意味なんだけど「魂が消える」と書いて「魂消る（たまげる）」なんですよね。だから「たまげる」って、いわゆる田舎のそういう方言みたいな言葉だと思ったんだけど「魂が消えるぐ

らいびっくりすること」だっていうことで面白いっていうことがあったん
ですけど。おそらくそういう漢字、音で知っている言葉が漢字と結びつい
て、その漢字の書き方に興味を持つとかね。例えば、「つくし」だったら
土に筆と書いて「土筆（つくし）」とか、そういうようなエピソードもい
ろいろあろうかって思うんですけどね。

あと、どうですか。「読書ノート」を書くときに、どういうふうに辞書を使っ
てらっしゃいますか。

森脇母：そうですね。「読書ノート」を書くとき、辞書は使ってませんけど。図鑑
とかやっぱり調べることとかが好きなので、図鑑を見て発見したことをま
とめたりとかということは結構ありますね。本を見てまとめるというのは
結構ありますし。その漢字辞典の四コマ漫画みたいなのがあったり、こと
わざの説明のページとかがあったりするとそれをまとめたりという感じで
すかね。

深　谷：例えば辞書で調べてもよくわからないことが図鑑で調べると写真とかそう
いうものが載っていてわかりやすいとかいうのがあると思うのですが図鑑
と辞書の使い分けはどうですか？

森脇父：私から見た印象として、多分、併用していることはないんですよ。図鑑読
んでる時に、例えばカタカナ読んだりする時、例えば、「ナントカザトウ
クジラ」っていうどこで切っていいかわからないってあるじゃないですか。
カタカナでザッとあって、その単語として成り立ってるっていう感じでは
子供は見てないわけですよね。そういうものが何となく音で覚えてたもの
を辞書で調べた時に、これはあれと繋がっているんじゃないかと口に出す
わけです。図鑑で見た時の音と、カタカナの音とか文字の発音した音と自
分が辞書で調べた時に文字を書きながら口ずさんでる時が多くあるんです
けど、最近はその口ずさんで自分で聞いてる音と過去に見た図鑑の映像が、
大人みたいに図鑑と辞書の併用はしないのですが、過去に見たものと辞書
引きしたものが「ポン」と繋がる時があるんですよ。

自分の体験として、ぼーっと図鑑を眺めてることと、後に意識的に辞書引
きで声を出してやっていることがポンと繋がった時に、定着しているって
いう感じが、経験的に覚えてる言葉を辞書で調べることによって、それが

第1部

深く繋がって定着していくっていうイメージですね。まさに今、英語の辞書引きしてるのは、そういう感じがしています。息子はカタカナを読みながら意味も読んでるんですね。そうすると息子が好きな、趣味的にやってるレゴブロックとかあるんですけど、レゴブロックで出てくるキャラクターの名前「ビーキーパー」とか「イリジャー」とか、そういう登場人物をカタカナで覚えてたのが、「あれはハチミツ養蜂家なんだ」という風に、自分が勝手に知らずに覚えてるものが「後付け」で辞書を調べることによって、どんどん繋がっていくという補完関係というか、補っている感じがします。

だから、自分の幼少期から常に重なってきて、なんとなくこうやって身に付いてるものが、処理することによってどんどんピースがくっついていく。どんどんガチャッガチャッって入って定着していく感じが、親目線ではするんです。例えば、過去に見た図鑑に、「ナントカザトウクジラ」とか載ってるとすると、そのときに「ナントカ」の意味がわからなくても、後になって「ナントカ」っていうのは、そういう意味だったんだ！ってまた新たに意味付けがされていく感じじゃないから、その時に深まる。さっきの「タマゲル」じゃないですけど、まさに、今、初めて俺（森脇父）も知って、「魂消る（たまげる）」って、今初めて辞書引きみたいな感じになるわけですよ。そうすると「タマゲル」っていう言葉はもう忘れませんよね。いつも使いたくなりますよね。だから、まさに子供見てたらそういう感じで、辞書で意識した言葉を使ってる時あるよね、そういう感じだと。

森脇母：ざっくり読んでいて、読めない漢字とか多分意味がわからないものもあるけど、例えば、「咀嚼力（そしゃくりょく）」が、なんとなくこうかなと思いながら読んでいて、過去読んでいたものと辞書引きをした時にそれ（咀嚼力）が出てきた時に、あ、この言葉と、この前読んでいたあの言葉がこうだったのかな？　みたいな感覚だと思うんですよ。1回1回読んで、きっちりと調べながら覚えていくよりも、微妙に蓄積されている色んなものがパッと繋がっていったりする発見というか、無意識かもしれませんけど、そういうのがあるかなと思っています。一段一段きちんと積み上げていくというより、バラバラになって色んなものが入っているけど、繋がったり、

これとこれが繋がったり。だから、たくさん出会っている分だけ繋がる。あ、知ってるとか聞いたことあるかもとかっていうのが、図鑑で見たよとか、辞書で見たよっていう断片的なものがカチッと繋がることが多いのかなと思います。すごく分かりやすい。

森脇父：それがね、親から見てても息子に対する印象として、パッていう顔をするんですよね。過去のものと、今調べたものが繋がって焼き付いた、脳に焼き付いた瞬間というか。この体験が多分こうなんだっていう。今俺（森脇父）が「たまげる」っていうのを頭の中で字面を想像して今焼き付いたの。ここでできた印象が多分一生消えないぞっていう、つまり、辞書引きで、僕の思い出が一生消えないぞっていう。それが辞書引きで達成されている感じは、子供の表情を見てたらすごい。なんとなく（辞書を）使ってるんじゃなくて、格別に（辞書によって）裏付けされるというか自分のために。

深　谷：僕自身も実感として、「辞書引き」のアプローチっていうのは、ある意味、「農業」というのかな、「畑」とか「農業」に似てるところがあると思います。やっぱり、ちゃんと子供が「子供の言葉の畑」を耕したところに種が落ちたときに根が生えてくるような感覚。だから、工場なんかでいろんなものを組み立てていく、準備されたものが組み立てられていく、あるスキームのもとに組み立てられていくっていうんじゃなくて、本当に子供の「言葉の畑」みたいなところを、辞書引きをすることによって土を耕して種が発芽しやすいような、そういうところの用意をしてるっていうのか、そんな感じなのかなっていうふうに思いますね。ある意味、これをすれば必ずこうなるだろうというよりも、どこから芽を出してもちゃんとそれを温かく見守ってあげられるというのか、工業的な考え方だとそこで不具合があったらそこでわざわざ立ち止まってしまうんだけれども、辞書引きってやってるうちに、あっちこっちで芽が出てきて、なんでこんなところに芽が出てきたんだろうっていうことを振り返ってみたときに、ああ、あの時にちゃんと辞書を引いて自分の子供たちのそういう言葉の畑を耕しておいたから、こんなところに芽が出てるんだなっていうような感覚なんで、だから学校の教育の、いわゆるきちんと体系立てられたカリキュラムで、そこで反復練習してそこで覚えてというのとは違う。「畑的な考え方」での「辞書引き」っ

第1部

ていうのは根が生えたら、やっぱり忘れないんですよね。そこでね、機械的にやっていくと、やっぱり剥落していって。そこで大人に叱られたりするわけですが、「辞書引き」の場合は基本的に叱られることがない。できたらそこで褒めてもらえる。思わぬところで褒めてもらえる。だから反復練習みたいな勉強とは違う学び方なんだというふうに私も思っていて、辞書引きを入れることによって、学校の教育のちょっと冷たさというか、やっぱり子供に対する残酷さが否応なく感じられるように思います。あの（辞書引きの）「やわらかさ」はいいなっていうふうには私自身思ってるんですけどね。うん。

森脇母：やっぱり、「辞書引きをやったからこの文、この言葉はもう頭に入ってるでしょ」みたいな感じじゃなくて、やっぱり「辞書引き」をやることによって、学ぶ気持ちとか、知りたいなという気持ちとか、そういうものを育てるためにやってるというか、感覚がすごいあって、それってすぐ結果が出ないじゃないですか。これやったからといって、国語のテスト点が伸びるとか、言葉を大量に覚えているとかそういうことではないんだけど、僕は知りたいとか、それを見て、「へー」と思うみたいな。「辞書引き」はこの「動く心」がすごく育つ。で、それが、例えば1年後、2年後とか、10年後とかにその子の何かに火をつけるかもしれない。学校には多分そこまでを見通すものもないし、とりあえず、やらせないといけないから、朝活動の間にこれをやらせるとか、これが終わった後に、この時間にやらせるとかっていう、なんか作業的なことになってるような感じ。だから、だんだん子供も飽きてくるし、その（付箋の）枚数だけ追うっていうのもやっぱ飽きてきてしまう。やっぱりそこで発見した動いた気持ちっていうのを汲み取るっていうのが、やっぱりいいかなと思って。だから、例えば言葉に興味がなくても、そうやって動いた気持ちを僕はこっちの植物の方が好きなんだとか、宇宙のこの星が好きなんだとか、これが好きなんだって、いろんなところに行けばいいなと思って。これだから国語の授業なんだよとか、言葉を知ったねとか、そういうことじゃなくて、やっぱり子供のやりたい気持ちを「辞書引き」で育てるっていうのがすごくいいなと私は思いますけど。

森脇父：具体的に今の話聞きながら思ったのは、「見て」、「書く」、で、「声に出す」っ
て。子供は三つをやってるわけですよ。一つの単語をパッと見て、昔は何
回も往復してこうやってたの、パッと見て今、嵩なんかは1回見て書けて
る単語も、要するに一時記憶ってわからんけど、記憶して書いて、それを
声に出してるって。今、見てみたら、学びですごく大切なことだと思うん
ですけど。これは、学校は評価しづらいところだけど、実は昔はまあノー
トとか取ったから。板書って言うんですかね。それが、昔はこう、読み書
きそろばんとか、読み書きやってたけど、今ではそれがノートとか、重た
いし書けないんで、プリントで済ましちゃってる部分が学校って結構、増
えてるんだけど、結局、今は辞書引きしてるから、例えば、先生、今、リモー
トで授業やってたりすることもあるんですけど、嵩がそれでメモを取りな
がら授業を受けることがあるんですけど、それがすごく早くなってるんで
すよ。話聞きながら、メモ取りながら、考えまとめながら、それで発言し
てるわけですよ。これ、「辞書引き」の成果って確実に言えて、もう話聞
きながら大人でもなかなかできない…。あと、どこか校外の活動で○○さ
んの話の見学で川の説明とか言って、「○○さんの話を聞きましょう」っ
て言って一緒に歩くけど、割ともう○○さんにバンバン言われることを単
語でメモして、それを後でその次の時間帰ってきて、座学みたいな感じで
デスクワークするときに、またそれを文章起こししたり、文字起こしにつ
なげたりとか、これ絶対辞書引きが役立つっていう感じなんですよね。英
語にしてもそうで、結局学校の成績につながらないっていうのは、学校が
その評価しやすいやり方をしているんですよね。文章書かせないとか、ノー
ト作らなくてプリント配ってるから。なんか書いて考えなさいとか、イン
タビューしたものをバーっとこう話をそれを聞き取ってっていうことの勉
強が増えたなら、「辞書引き」ってめちゃめちゃ役に立つと思うんですよね。
そういう意味で先生から評価されないというよりも、そういうものを避け
ている感じを今の学校に対して受けるから。だから、何にしても子供の興
味っていうのは過去の体験を「これってこんな仕組みで、ああなってたん
だ」っていう喜びというか、たぶん自分の体を動かしたとか、言ったとか、
発言したっていうものがまたこうポッと合わさる。それなんかやっぱ、手

を動かし、声に出し、目を、っていう状態が3拍子じゃないけど、それぐらいが揃ってないとやっぱり繋がりにくいものなんですよね。学校はその時間を取ってないから。プリントを配って、四角埋めるだけだったら。そこに到達するまでに、先生の声を聞き、板書見たり書き写したりして、その蓄積が自分の原体験とか経験と繋がって、初めて「ああっ」ていう感じがあるんだけど、そこまで全然行ってない。でも「辞書引き」はそこに一番到達しやすい状況が揃っている。口に出せばなおさらなんですけど、声を出すようになってからめちゃめちゃなんかさらに覚えるのが早いみたいですね。

英単語の辞書引きを見ててもそうだけど、「ちょっと声出してごらんよ」って言って、「カタカナ読んでごらん」って、この前ちょっと前から言って、そうするとよりこう入ってきてる感じはしますね。日本語でもそれは絶対そうだと思うんで、そういうものが、学校が避けて通ってる部分を、実は板書しないとかプリント配って終わりとか、そういうものを全部補う可能性、補えるのは「辞書引き」で、本当はこっち（辞書引き）主体でやった方がいいんじゃないかと思う時もあるんですけど。

でも、「これもう無理だな」っていう状況が今の学校にあるんで、ただ要素としてあった方がいいよね。そうすると、もう全然それから先の授業の読み方とか―。

森脇母：読む力とか、書く力とか、単語を目で記憶してこっちのノートに書き写す力なんていうのはすごくついてると思いますし、嵩の音読とかそういうものにもつながっていくし。

森脇父：絶対いいと思うよ。特に、やっぱこう書くっていうことに慣れてない子はずっと3年4年になっていくから。それはもう「辞書引き」だけやっとけばいいって思います。ただ、授業としても、カリキュラムとしても義務教育で成り立つかっていったら成り立たないから、そこをどう埋めていくか。ツールとしては最高だけど、先生たちがそれをどう取り込んでいくかっていったら何かに気づくしかない。板書して、先生の言ったことを書き取ってもらってたら、確実にボロが出るんで。今の学校、その辺を何とかしたい。

森脇母：思いを文章にしたりするのが、今の子供たち、すごく苦手だなと思います。

だから、何か感想書きましょうという時もすごく時間がかかるし、やっぱり「いろいろ楽しかった」とか「良かったと思います」とか、みたいなぐらいで、いろんな自分の気持ちを書いてみたりとかっていうのはみんなすごく苦手だし、書くということがすごく苦手なんだと思います。

深　谷：なるほど。辞書引きの付箋にものすごくたくさん書いて貼ってやってますよね。それって実はすごく大きな力になっているところがあって、やっぱりかなり書くの早い。聞きながら書くとか書いて整理するっていうことがやっぱり非常に早かったんで、おそらく今言われたように辞書引きの効果だなと思いますね。それから学校って教えることが多くて、先生の仕事は教えることだと皆思っているので、大量の情報をいかに効果的に教えて、それをどうやって評価するかということまで考えてやると、どうしてもプリントに穴埋めで書かせて、子供に書かせる時間をあまり持たせない。書く時間を取るのはもったいないとか、または板書する時間がもったいないとか、だからタブレットとかコンピューター、スクリーンで映したりとか、またはワークシートを渡して書く。ほとんど授業中に書いてないです。

森脇母：書いてないですね

深　谷：ほとんど書いてない。書くことそのものに抵抗感があるんですけど。おそらく辞書引きしている子は、嵩君もそうですが、すごく書くのは早いと思うし、言葉の拾い方も多分上手いんですよね、だから本当はそういうことをきちんと身につけさせた上で授業がなされるといいと思うし、先生が板書している間にサササッとノートに書いていけばいいんですけども。多分そういったことがどんどんなくなってきている。板書もほとんどしない先生も増えているということで私が見に行く授業もほとんどワークシートです。ワークシート、ものすごく流行っていて、子供のノート見ても何も書いてないです。結局、ノートを集めるのも大変なので、プリントを集めて、一応それをどういうふうに評価に使っているかどうか分からないんですが、評価をすることを考えたら、ノートを集めて点検してということはすごく時間がかかるので、そういうような評価の仕方はしないですよね。

森脇母：そうですね、あとやっぱり、日記の宿題とかがもうないですね。日記とかは先生がコメントを書かないといけないので、昔の先生なんかは、昔と言っ

第1部

ちゃ失礼ですけど、年齢が高い先生なんかはきちんと宿題で日記を出して
コメントを書いて、その日のうちに返すんですけど、若い先生なんかは日
記の宿題はまず出さないし、自学ノートなんかやっていっても花丸とかも
コメントもなくて、見ましたよっていう確認だけだから、子供も本当にや
る気が全然なくなっちゃって。だから、文章を書く機会、自分の意見を出
したりする機会もほとんどないですね。

森脇父：でも長女のクラスなんかは、明里がどんどん辞書引きで教育委員会から賞
状をもらうと、それでみんなの前で賞状をもらったりすると、そうすると
なんかいいなみたいな感じで、付箋がちょっと流行ったりとか、それでみ
んな付箋を自分のケースとか入れて、コンスタントにやる子も増えてき
たりして。明里さんが頑張ってるから、みんな流行ってきだして1000枚
2000枚ってなって、教育委員会、先生たちもH先生とかD先生も喜んで
おられましたけど、賞状をもらえるってことが、頑張ったら褒めてもらえ
るっていうことが、それがこの1年間で広がったみたいで、そのあたりは
自慢とかこれだけやったらすごいですよっていうよりも、やっぱり先生に
褒めてもらう、先生も実はその教育委員会に電話して何とかさん何枚いき
ました1000枚いきました2000枚いきましたっていうのがだんだん快感に
なってきて、電話し始めて、それでもう相乗効果で。
それだけ結構いってる子が、2000枚結構頑張って、それでその参観日の
日に、嵩、この何万枚の辞書引きを廊下に参観日に飾ってたら親の人でも
これがあれねみたいな感じで言ってたりとか。あと廊下ですれ違う、通り
がかる別のクラスの子でもこれ嵩くんでしょ、明里ちゃんもやってるね、
すごいこんなに丸くなるんだって、目に触れる機会っていうか、ボールに
なったやつとかそういう、とにかくひと手間何か先生が写真撮って貼り出
すとか、ボールになってその変化を展示するっていうのを、何かあれば子
供はめちゃめちゃ反応すると思うんですよね。
大人がこれやったらこうなるよっていうよりも、物理的にこうなんかあの
付箋がモワッとなってるとことか、それみんなが賞状をもらってる先生も
賞状を渡す快感というかそういう単純にその辺できっかけ作りはできてい
い習慣を作るんだけど、あとは先生に火がつくかみたいなところはある

なぁとは思いましたね。この数年で。

森脇母：個人学習になりますよね。どっちかというと、きっかけは学校なんだけど。やっぱり皆さん知ってる人は家庭でやってるので、学校活動というよりかは個人で多分、親がさせたりとか、そういう空気があったりとか一緒にやろうっていう、熱心な親とかだとさせるけどっていう感じで、学校としての働きかけっていうのはやっぱりなかなか難しいんじゃないかな。

森脇父：教育委員会が熱心に賞状を発行したり、先生よくやりましたね、よくこの小学校すごいですねって言われる。学校ぐるみでっていうのは一つ今いい状況になってるのかなって思います。

森脇母：担任の先生のこととか校長先生のその気持ちとか、そういうので全体が盛り上がるかどうかというか、やっぱり頑張ったことに対してちゃんと褒めてやるというか、頑張った結果に対してとか、そういう空気がないとやっぱり個人的にずっとやっていくっていうのは難しいし。

森脇父：環境としては「ちょっとしたこと」だと思うんです。環境としてちょっと変えればみんなのやる気が出てくるっていうのは、分かりやすい取り組みだと思うんで。物理的に増えていくとか。

森脇母：だから子供が誰かがやってると、僕もやろうとかっていうのは、結構クラスでもありましたよね。○○くんやってる。僕もじゃあ辞書引きやろうとか、じゃあ私もやろうっていうのが、やっぱりクラスの良さというか、みんなでやる良さというか。

深　谷：なるほど。今おっしゃった通り、学校と家庭の問題っていうのはものすごく重要な問題なんですが、今の学校をめぐる状況だとこういうことをするのは先生の仕事としては余分な仕事だと思われがちなんで。働き方改革ということで、子供のテストの丸付けでもこれは先生が自主的にやってることであって、学校として認められる仕事ではないと裁判所が判断したんです。要するに先生がやらなければいけない仕事なのか？　先生が自主的に自分の判断でやってることか？　っていうことで。裁判所の判断では、勤務の時間の中でやろうとすると授業の準備も一つの教科あたり5分とかね。5分を超えたら自主的なもので、それは賃金の発生するような仕事にはならないという。だから先生方によってはそういうことって、余分な仕

第1部

事だという風に思うと前向きになれないというような状況が今の世の中にあるのはちょっと残念なことではあります。でも学校で、例えばね、明里ちゃんのそういう辞書を見せるということだけで、子供のやる気に火がついたりとか、子供が刺激を受けるっていうのはその通りで、先生のやることっていったら、そういう見せ方の工夫とか、そういう見せる場をちゃんと作るとか、割合に簡単なことなんですけども、そういう簡単なことでもそういったことはちょっとあんまりね。仕事としてはどうかというようなね。そういうのがあると残念な感じがしますよね。これ学校でやっていると、いろんなところで辞書引きやっていると、いろんな言葉がつながってきて、これって前に引いたやつだとか、前に調べたやつだとか、そういうような言葉を言った時に、学級全体で辞書引きをやっていたら、そのことは全く嫌味じゃないんですが、学級全体でこれ前に調べたやつだというふうに言った発言があったとして、学級でそれをやっていないと、やっぱり周りがちゃんと前向きに受け取ってもらえないというところがあって、だから学級全体で辞書引きをやっていて、これ前に引いたことがあるとか読んだことがあるとか、そういったことを言うと割合にみんな自分もそれ調べたかなとかね。そうやって辞書に手をかけたりとか。割合に学級全体でやることの効果というのは大きいんじゃないかという意見もある。ですから学校全体でやるとか学級全体でやるということは、そういう意味においては、僕は大事なことと思うし、学校の先生には、どうか辞書引きに関しては子供の邪魔しないでください、子供が自由に辞書を使うということを邪魔しないでくださいということを言いたい。とりあえずやっていることそのものがすごく素晴らしいことなんで、「やっていることについてはぜひいっぱい褒めてあげてくださいね」ということは最低限お話しすることにはしています。授業の中でどう扱うかという問題は先生方にもよるのであんまりこちら側としてはリクエストができないんですけども、やっぱり自然に子供たちが辞書を引く習慣を持って辞書を引くと何か得なことがあるということが子供たちの経験の中であることそのものが重要なことなんで、学校でやっていることについては一定意味があると思います。

それから瑞穂小学校の場合は、大屋校長先生が辞書引きを邑南町に定着さ

せた先生でもあるし、多分、邑南町で一番、辞書引きのことは、知っていらっしゃる方だと思うんだけど、それ以上に森脇さんのお話を伺って、ものすごく刺激を受けた。校長先生は教育委員会との関係でもよくわかっていらっしゃるので、すごくやりやすいなと思います。

中学校に向けて、どういうふうに森脇家ではこの辞書引きのベースを発展させるというのか、または見守っていきたいと思っていらっしゃいますか？

森脇母：私は個人的に子供として思うのは、1、2年生の時は国語辞典の辞書をやって、それで3年生の時にローマ字の学習がありますよね。ローマ字とかが苦手だったら中学校行っても苦手というか、じゃないかなと思うんですよ。ローマ字の学習ってすごく短くて、学校では結構ササッと終わってしまうんですよね。だからローマ字が結構曖昧になっている部分もあって、3年生になる時にローマ字をしっかりやって、4年生くらいから4、5、6で英語の辞書引きをするのがいいんじゃないかなと思っています。英単語の中学校になるともっと文法的なこととか、いろいろ学ぶじゃないですか。教科書に出てくる単語を覚えなきゃいけないとか。本当にスペルを覚えなきゃいけないとかっていうことになってくるので、なかなか多分そういう時間がないので、小学生のうちにいろんな単語を知ってたり書いたりする練習をしておけば、中学校で知らない単語が出た時にこれ調べようっていう気持ちになるんじゃないかなと長男見ていて思いますけど。英単語分かんないってなった時に調べるっていうところまで全然行かないんですよ。辞書を開いてこうやってABCで並んでるから、同じ辞書のとこ見て、どういう意味かって調べるんだよっていうところまで全然行ってなくて、分からないってなった時に、この単語分からんって終わってしまうというか。だから、小学生の時って時間もまだあるし、スペルをしっかり覚えないといけないっていうところまで行かないじゃないですか。その間にクイズのようにというか、やっておくとやっぱ書くのがすごく早くなる。でパッと見た英単語をなんていうんですかね、ちゃんと単語として認識できるというか。

森脇父：結局、長男が中1になって、気づいたらすごくびっくりしたのが、中学校

で教える英語っていうのは、僕たちが中学生の頃とは全く違ってて「小学校の3、4、5、6でやったことはもう完全に頭入ってますよね」っていう前提で、いきなりもう中1で文法とか普通に会話とか、あれは人も教えない単語だねっていう、だから全然こうまだ ABC も書けないの。書けないのにローマ字も何も分かってないのにもう中1になったら英語評価しますよ、テストしますよっていうことが最近は当然のように始まってしまって、それが僕は父親としてびっくりしています。実際、いろんな人に聞くと、やっぱ英語はもう壊滅的というか、そもそもこの早くから3、4、5から始めてしまったがゆえの「はてな感」が中学生に蔓延してて、英語嫌いだなっていうのが増えてしまってる。だから、それをカリキュラムとしても変えないのであれば、とにかく小学校のうちに文法とか変な授業とかいいんで、実際、英語の本場の先生が来てくれるから、耳に慣らすのはいいけど、単語も本当に「辞書引き的なこと」で覚えておいた方がいいんじゃないかと。

森脇母：簡単な "apple" とか、そういう "I like" とかっていうことすらも書けないところで中1になってるんですけど、それは、「もう小学生でもざっくりやりましたよね」「過去形もやったよね」「"went" とかやったよね」っていう感じで進んでいってるので。一応、I went なんとかとか言えるのは言えるんですけど、それが文法的にどうかとか。これは過去形だからこうとかっていうのは頭に入ってないので、全然書けないし…と言うのは結構みんな言うんですよ。

中学1年生とか、恥ずかしくもなくちゃんと、1、2、3とかっていうのは言えるようにはなってるんですけど、2、3の綴りも分からないし、いつがいつという意味も分からないまま進んでるって。やっぱり小学校の英語っていうのが多分、各学校によって全然理解度とか定着度っていうのが違って、スペルとか単語を書かせるような学校、一応書いてみようとかっていうプリントで書かせる学校なんかはそれなりに定着してるかもしれないけど、テープとか流して、なんとなく楽しければいいよねっていう雰囲気のまま進んでるクラスなんかはそうなってるから、だから差がすごく大きくて。

中学1年生でもすごくできる子はもう熱心にすごくやってるから、簡単だ

よって、中1の勉強でも簡単っていう子もいれば、本当にAとBとD、どっちだったっけ？ みたいな子も同じようにスタートしてて、差がすごいやっぱり大きい。その間がどんどん広がるような感じで、穴埋めしようと思っても、どんどん進んでいくんですごく難しいですね。

だから小学生の時間があるうちに、単語に触れるとか、アルファベットを書きなれるとかっていうのはすごくいいなと思っています。だから嵩なんかは全然文法とかの勉強をしてなくても、"Like"とか"play"とか"baseball"とかっていうのが分かってるので、簡単な英作文見るとそれが読めるんです。"I like baseball"とか。

森脇父：主語と動詞とかが分かれば、見当がつくから早くいけるじゃないですか。でも今だったら、たとえこの単語が大文字で始まっててもそれが、名詞とか場所の名前だっていうことさえ、もう気づけない状態なんですよ。だから慣れてないから、もう一個一個見なきゃいけない状態の子もすごく多いし、聞くとか喋ることは慣れてるから、一見できてるように見えるんだけど、テストすると、え～みたいな感じの子が多い。苦手意識が相当あるから。そこは前倒しで、とにかくアルファベット書き慣れている状態を作って。多分"I""You"とか"She"とか"He"とか、動詞の原形とか、やっぱりそれだけやっとけば、見当つけて読めるようになる。その反復だけでもしとけば、苦手にはなりにくいと思うんですけど。

森脇母：単語自体はそんなに難しくなくて。だから、それを小学生のうちにやっぱり果物とか筆記用具の英単語とか、野球とかBaseballとかもそうだし、どこへ行ったとか。"Go home"とか、"Wake up"とか、本当に簡単な英単語なんだけど、それもわかってないのでそれがわかってると、だいぶ中学生になった時に、これ聞いたことあるとか、見たことあるとかっていうことにつながるんかな。

森脇父：俺たちはですねその国語の辞書引きの後に軽くやっといて、それで同じような感覚で智美（森脇母）の提出したPDF（次章の「辞書引き学習回想」）もそうですけど、和英というか、基本的な主語、基本的な名詞とか動詞とか、絞った英語辞書であれば、よりやる気というか基本的な文章を構成する辞書であれば、辞書引きが中学校に向けてよいのではないかと。

第 1 部

森脇母：小学校の辞書っていうのがすごくいいなと思うのは、簡単なよく出てくる
　　　　単語じゃないですか。これ知っとけば、中学校でも普通に出てくる “dance”
　　　　とか、簡単なやつ “Who” とか。だから、子供もやりやすいし、知ってる単語、
　　　　日本語はいっぱいある。

森脇父：この前、道ドライブしてて、嵩が、店の看板に “life”（ライフ）って書い
　　　　てあって。普通に「ライフ」とかって、目につく単語読めるようになっちゃっ
　　　　てるんですよ。これはもうこれ使ってやったでしょ。辞書引きしてるだけ
　　　　で、読めちゃってるんですよ。だいたい見当つけて読んどるよね。“I like
　　　　〜” って読んじゃってるんですよ。

森脇母：書いてあるやつでも、グッドモーニングだったとか。

森脇父：「おはようございます」みたいな感じの。中学校で辞書引きしようと思っ
　　　　たら、もう勉強と思っちゃうから。

森脇母：時間もないし。

森脇父：中学校でどう活用するかって言ったら、やっぱ知らない単語。だけどもう
　　　　すでに調べなきゃいけない単語が中１の最初の時点でめちゃめちゃ多く
　　　　なってる。

森脇母：どういう風に辞書が構成されてるかっていうのが、まず、中１で分かって
　　　　ないので、調べようにもどう調べていいかがわからない。長男を見てて思
　　　　いますけど。
　　　　日本語が書いてあって下につづりが書いてあって読み方とかが書いてある
　　　　んだなっていう形式というのでさえも長男は分かってなかったので。こう
　　　　やって調べるんだよって言ってもどういう風に調べるんだろう。例えば「野
　　　　球」ってどうやって言うんだろうね。いやいやとか言って、ローマ字で言
　　　　うと “Y” から、いやいやみたいに調べてしまうというか、逆だよ、「ワイ」
　　　　だよーって。
　　　　スポーツとかこっちだよ！　みたいな。だからそういう子も結構クラスで
　　　　いるし（辞書を）活用しようがないんですよ。英語の辞書を中学校で、だ
　　　　からやっぱりこういう辞典に慣れておくというかそれは大きいことじゃな
　　　　いかなと思います。

深　谷：中学校では、まず教科書に基本的に単語の意味は書いてある。だから辞書

を使うような機会はないし、そもそも引かせる時間もない。だから、楽しく辞書と付き合える小学校の間に辞書引きをやることによって、いわゆる単語に対する知識とか、単語をどういう風に読んだらいいのかとか、単語が読めてある程度意味が分かれば文章を読んでもなんとなく意味が取れるわけであって、今回中学校でやってるんですが、やっぱり辞書を使う時間をどう取ったらいいんですかとかね、授業時間の中で生み出すのは難しいし、「自分は英語の授業しか担当してないんで、他の時間で辞書引きをやってもらおうとするとかなり学年の先生方にお願いしないといけない」と、なかなか人の問題とか時間の問題とかで難しいんですね。だったら小学校のうちに、そういう英語教育の段差を埋めるという意味においても、「辞書引き」を小学校の高学年でやるということはいいかなと。

森脇母：いいと思います。長男が6年生の時にちょっとやってみようかというので、やったのがこの辞書なんですけど、その時はやっぱり授業中に出てきて、これ知ってるっていう感じでやってました。聞いたことある、これ授業でやったじゃんとか言いながらやってました。だから、高学年の6年生の夏休みぐらいにやってたので、結構、高学年になると知ってる色とか何回も出てきてるので、単語がそれで知ってるっていうのは多分増えてるんじゃないかなと思います。

深　谷：基本的に日本語ってアメリカの影響を受けまくっているので、日本語でカタカナになっている英語の音ってあるんですよね。だからそういう意味においては、これ聞いたことある、聞いたことはあるけども、どうやってスペリングしたらいいのか分からないとか。または、例えば、日本語になっている言葉、日本語になっている英語の言葉ってあるじゃないですか。例えば、トランプっていう言葉だったら、日本でもトランプっていう言葉はあるんだけども、日本では「トランプ」ってカードゲームのことですが、英語ではカードゲームの意味はないですよね。だから、そういうきっかけとしては、結構、日本人が英語を学ぶきっかけっていうのはおそらくあるんですけど、そのことを勉強する学ぶような機会っていうのはなくて、英語の辞典を読んでいれば、そういったことを学ぶきっかけって、多分できると思います。

171

第1部

　　　　もともと森脇家は子供さん、すごく愛情を持って、かわいがっていらっ
　　　　しゃるのがベースにあると思うんですが、「辞書引き」をすることで子供
　　　　の面白さとかすごさとか、子供が成長していくっていうことに対する興味
　　　　深さっていうのは、いろんな切り口があったんじゃないですか。

森脇父：それは本当そうだよね。子供の能力にびっくりするのは本当。なんか親の
　　　　方は親の方で日々忙しかったり、勉強なんて学校行ってちゃっちゃっと
　　　　やっとけやっていう気持ちで送り出してしまう方が大半だと思うんですけ
　　　　ど。あとこの辺は塾があまりないんですけど、塾行っとけやみたいな感じ
　　　　で、自分の稼ぎをそこに投入して、子供に力を使ったと思ってしまうのも
　　　　一つなのかもしれないけど。実はもったいないのは、やっぱり子供の成長
　　　　する姿を、「辞書引き」を通してすごく見させてもらえた、見てるし、ど
　　　　んどん早くなっていく。確実に、流すわけじゃなく、目に入ってくるスピー
　　　　ドと、それを自分の中で仕分けるとか。今は、単語を書くスピードとか、
　　　　それを自分の知っている世界に結びつけていく「想像力」みたいな。これ
　　　　がイメージで仕事してる人間だから余計分かるんですけど、昔はこういう
　　　　狭い領域だったものが、その壁を取っ払って、次の領域とこの部屋とこの
　　　　部屋が繋がっているんだなっていうのが分かるわけですよ。子供の喋って
　　　　いる方とか喋っている様子とか見てると、それを一緒に同じ家の中、部屋
　　　　の中に体感できるのは、片手間でも例えば自分のパソコン仕事をしてたり、
　　　　智美だったら料理してる中であっても、なんか子供が成長してるなってい
　　　　うのは、振り返れば、子供の辞書を通して伝わってくるわけですよね。
　　　　付箋の数、書くスピード、言葉にするその滑らかさというか、すごい三拍
　　　　子というか書くとか読むとか発音するというところまで、俺は最近この英
　　　　語を見てて、その子供の成長する様子がすごく伝わってくるんで、そこは
　　　　本当に「辞書引き」っていうのはすごくいいもんだなと思わせてもらって
　　　　るし、国語辞書から和英辞書っていう流れにびっくりしました。
　　　　国語辞書引きやってるから、その流れで和英の辞書に入っていって、それ
　　　　から日本語から英単語カタカナ読んで、あーっていう感じの上手い、いい
　　　　スパイラルっていうか、流れがあったんで。

深　谷：その「滑らかさ」っていう言葉はすごくいい言葉で、どんどん滑らかになっ

ていくっていうのかな。学んだことが身についていく、滑らかになっていく繋がっていくっていうところで、その辺のプロセスをすごく興味深く見てるところが、やっぱり森脇さんの素晴らしいところで、大体その多くの親も教員もそうですが、成績の点数を見てそこしか見てない。なんでそういう点数になったのかということについて、要するに一定のやっぱり90点以上とか80点以上とか、そういうことじゃなくて、この点数にはこういうプロセスがあったからこの点数なんだなっていう、そういうプロセスと合わせての点数の見方っていうのはなかなかできてないんですが、おそらく森脇家ではそのプロセスを結構詳細に見てるんで、ある意味その結果とプロセスをつなげて考えることができる。でも多くの場合はそのプロセスをほとんど見てない。先生も見てないし、親も見てないんで。点数だけで物事見ちゃうんですよ。

森脇父：そうですね。

深　谷：そこがすごく面白いところですね。

森脇父：どこで頭抱えてるかとか、スラスラやってるその後ろ姿と、引っかかってこんなになってる後ろ姿って、親としてもチラッと見たら、今ここ苦手だよねって思ってくる。これってどう書けばいいとか。「辞書引き」でも、近くにいると伝わってくるというか、その距離感とか。

森脇母：個人活動ではあるんだけど、家族の中でやってるので色々質問したり、こういうことがあるんだよと教えてくれたり、それって何て言うん？　とか、こっちが教えてと勝手に言ったりとか、だからその個人的にこれをずっと解いていくっていう勉強じゃなくて、家庭の中でなんかもう一緒になってやってるというか知っていくっていう感覚がすごくあるかなあ。

森脇父：大人だったら、やっぱり辞書なんかいちいち見ないけど、子供が調べてるので大爆笑することもあったりとか、例えば「猿」の項目を図鑑で見てたりとかすると、長女明里が、「猿のとこに『ヒト』っていうのがあったよ」。「ヒト？」って思ってよく見たら「人」だったんですよね。新しい生物だから、「ヒトって俺よ！」って言うけ。なんだ「ヒト」って「人」だったっていう。それって、「俺たち！俺たち！」って（笑）。

深　谷：面白いですね。

第1部

森脇父：それ「叡智」だと思うんですけど。例えば日本人って、やっぱ昔の人が努力して海外だったらもう全部英語で覚えるところ、過去の人たちが明治時代かしら、全部日本語で「フィロソフィー」だったら「哲学」っていうのを全部名前をつけてですね、粘って粘って日本語にした人がいるじゃん。「動物」でも「西なんとかなんとか」って、名前ついてるから、日本にもいるのかなと思ったら、海外にしかいない動物だったりするわけですよね。なんで、こんなとこすごく日本人頑張ったんだろうっていう。だってこれ日本にもおりそうな名前なのに、なんとか赤なんとかなんとかね。でも、海外にしかいないっていうね。なんとかボルネオなんとかとか日本語にしない方が分かりやすいものを、全部、日本語にしようと頑張っている人がいるなと。辞書を見ればそういう努力がすごい伝わってきたりして結構面白いんですよね。

森脇母：でも、やっぱり勉強っていうものとして、いろんなことを捉えると、やっぱり最終的に100点取るのがいいとか、最終的にこうだといういっていうのは、親とか先生とかが思う最終的ゴールみたいなのがあるんですけど、自分たちは「辞書引き」にしても、「読書ノート」とか他のことにしても、あまり勉強という枠組みをしてないのでそういうところをゴールにしてない感じ。本当に家で映像を見たり話したり、外で遊んだりするのと同列で辞書引きとか、本を読んだりとか、ノートにまとめるとかっていうのがあって。親子でそれで関わっていったり、子供はよく変な言葉を調べたりとか。子供ってお尻があったよとかってよく言うじゃないですか、普通だったら、調べません、そういうふざけたことしませんとかって言うんだけど、そういう子供のなんか気になるところとか、例えば英語でも「ハゲた」とか、そういうフレーズが出た時に「ハゲたってこういうんだって」みたいに、そういう子供の気になるところとか、そういう子供の下品なところとか、そういうところはダメだよって言うんじゃなくて、面白いっていう感じでずっと接してきたので。

森脇父：子供に近づけるんじゃないかとか。

森脇母：子供もそういう感覚で続けてるんだと思います。勉強してるとか、最終的にゴールがここだとか、そういう感覚はないんじゃないかなと。

森脇父：成績には確かに。でも本当に。

森脇母：実はたぶんすごい身についてる。学校で変なことするよりか、私は「辞書引き」をずっとさせといた方がいいんじゃないの。絶対そう。低学年で変な活動させるより。

森脇父：本当そうだよ。だってまず、やる気なくなるからしたくなくなるわけだって。

森脇母：時間がかかるので、みんな嫌になるんですよ、書くの。本当そう。しながら書くっていうのがみんなできなくて、聞きながら書くっていうのができない。聞く時は聞く。

書いてくださいって言った時に、「何書けばいいの？」って言うんですよね。みんな子供たちに、「さっき先生言ってたよね」っていうのが。「え？　何をやる？」みたいな。しながらやるとか、いずれは自分たちがすることを今説明してくれてるんだなっていう感覚がないので、じゃあ、やってって言った時に、「え？　なんだった？」「なんだった？」みたいな

そういうところにちょこちょこ時間が取られるので、先生はスムーズにいくように、だから「この枠にこうやって書くんだよ。この単語を」っていう形になってしまうのかな。手っ取り早くその時間を終わらすために。

森脇父：最初に全部「辞書引き」から始めれば、俺は全部解決すると思うんですよ。

森脇母：音読と「辞書引き」でいいんじゃないかな。

森脇父：音読と「辞書引き」で全部解決しましょう（笑）。小学校1年2年それやったら、あとは読解力から。何も問題ないですよ。

森脇母：そうすると本を読む力になって、本も読めるようになるじゃないですか。字を読むのが辛くないから、単語単語は短いので、文章書くのをみんな嫌がるけど、単語だとすごく簡単だから。たくさん書ける。

森脇父：なんか調べようと思ったら「走っていたら」とか載ってないよね、だから「走る」ということにせんといて、みんなもうそこでつまずくんだよね。

森脇母：3年生の国語辞典の勉強の学習の時に、「載ってない！載ってない！」って言って、なんか「走っています」とかっていうのを調べるときに、「走っています」で調べようとするわけですよ。だから載ってないとかって言って、そこでつまずいてしまう。

175

第1部

だから「それが『走る』になるんだよね」っていうところまで、やっぱり先生も説明するのすごく難しいかどうか知りませんが、だから「あ、もう載ってないよー」って言うのでもう終わってしまうっていうか、「あ、めんどくさい」みたいな。

森脇父：俺も思い出したんですよ。確かに、辞書って単語でしか載ってないよね。言い切った言葉っていうか、自分が調べたいのが文章だったらどう調べりゃいいかって。子供が呆然としてるわけですよ。

深　谷：これ、辞書を指導する先生も多分気がついてないんですよ。「教えて」と子供が言って初めて気がつく。でも、これ辞書を初めから読んでいれば、そういうもんだっていうことは説明しなくてもわかるわけですね。言い切りの形にしなくても。

森脇父：そうです。

森脇母：あと単純に、「あかさたな」で並んでるってことが、子供たちは分かってないんですよ。辞書、3年生で調べるときに。だから、例えば、「イチゴ」とかになった時に、「えーないよー」とか言ったりするんですよ。だから、「さあどこの部屋にいると思う？」って言って「あかさたな」のね。だから「あいうえお」だから「あ」の部屋にいるわっていうので「あ」を開くじゃない。「あ」のこのページというか、「そっから『あいうえお』って並んでるんだよ」っていうのでさえも分かってなくて。だから、全部のページの一番最初からずっと調べるみたいな感じで、めちゃめちゃ時間かかるから。

森脇父：先生が、それを教える時間も、もう教える能力もやばそうだよね。だから、だったら触れとった方が早いよね。だと思う。「習うより慣れよ」的なものを1年からやっとった方が早いかな。

森脇母：最初、国語辞典やった時に、「あ」からやっていったんで、嵩は1年生の時に「あ、今「か」に来たよー」とか、「もう「た」に来たよー」とか、「今「な」のページ行ってるよー」とかっていう風に言ってたんですよ。小学1年生の時にってことはそうやって「あかさたな」で最後「もう「わ」まで来てる」とかって言ってたからそういう風に並んでるっていうのは、自然に多分身についてきて、「わ」の方はもう最後だなとか、そういう「り」の方に来たぞとか、そういう感覚を育てるというか、直接的に語彙を覚え

るとかっていうことじゃなくて、なんか言葉の雰囲気というか。やってい
ると3年生のそういう時に結びついて、こうやって知らん言葉は探せばい
いんだとかいうことになっていって、結局、図鑑でも何でも調べる時に「索
引」から調べますよね。

森脇父：子供と一緒だったら、衝撃的なこといっぱいわかる。

森脇母：次男が喘息とかの病気があるので、1年生の時から普通学級にいたんです
けど1、2年の時は付き添いで毎日行ってたんですよ。学校に。だから、
みんなの様子が実は分かってきて、ずっと1日中いたんですよ。教室の中
に。だからみんなの具合がよく分かって、こういう感じなんだ、みんなこ
こは苦手なんだとか、辞書ってこういう感じでみんなやってるんだとかっ
ていうのが、他の子のことがすごく分かるんですよ。だから3年生になっ
ていった時にみんなこうだったんだなとかが勉強になったというか、子供
たちの苦手なところとか、自分が小さい時と比べると全然違うんだな。

森脇母：書く時間はやっぱり、すごく少ない。

森脇父：言って声に出すということをしてないのが、ダメだと。

深　谷：子供のことでこれだけ語れるっていうのは、素晴らしいことだし。本当に
ありがとうございます。これ文字起こしするの大変だなと思いながら、す
ごく本質的なお話、教育に関して本質的なお話ですごく勉強になります。

森脇母：私が思うのは、今の子供たちは、褒めてもらうことがすごく少ないですね。
学校の中で。先生にもよるんですけど。褒めてくれる先生はすごく褒めて
くれてノートの花丸とかもそうだし、こういうふうに思ったこと、すごい
いいアイデアですよねって言ってくださる先生ももちろんいるんだけど、
やっぱりちょっとした小さなプリント1枚でさえも褒めてもらってないか
ら、みんな全然やる気がなくなっているところがすごくあって。だから私
が嵩につき添って教室に行って、みんなと一緒に学習するんですけど
「それいいアイデアだな」「良い」「よく頑張ったね」って褒めると、すご
く喜ぶんですよ。子供たちが。「俺、天才かもしれない」「いいんじゃない。
書いた方がいいんじゃない」とか言って。だから、そういうちょっとした
ことを褒める。100点取って褒めるとかじゃなくて、今のいい意見だねと
か。

第1部

森脇父：視点とかね。

森脇母：いいじゃん。面白い面白いとか、バッチリ塗れたねっていう、ちょっとした声かけが、先生たちになかったりするんじゃないかなと思って。だから、「頑張ってもこれどうなるの？」っていう。「このプリント仕上げたけえってどうなるの？」っていう感覚。どうせできないでしょとか評価がないからやる気がなくなる。「日頃、頑張っとっても別にどうなってんの？」みたいな。まあまあ、じゃあこの辺でいいかっていう子供がもうこれ以上いきたいよっていうことじゃなくて、まあこの辺でいいんでしょって、なんかもう下げちゃってる自分たちで、まあこの程度でしょ。だからすごくもったいないな。伸びる子も多分伸びないし。

森脇父：大屋校長先生がその担任の先生がたまたまなんかで休まれた時に臨時に授業に入られて、大屋先生が、書写の時間に入られて、それで久しぶりに、黒板に綺麗な字を書かれるわけですよ。大きく丁寧に。そしたら、おおーってみんな伸び上がった。普段どうなの？　みたいな感じで。分かるわけですよね。熱心に丁寧にやってくれて、熱意が伝わるし、大屋校長先生、本当丸付けも上手だし、コメントもすごい上手だし。熱意とかスキルとかもすごい。人間性もすごくいいんですけど、でもなんていうか、その自分の魂みたいなものをじゃあ学校の先生たちに伝えられるかって言ったら、これは難しいんだろうなと思って。教育とは「熱」だということは、勉強とは熱っていうことはなかなか言えない。もちろん立場上も教頭でもなんでもないし、そうじゃない立場にいて見なきゃいけないけど。一応校長先生のお話で、笑顔を大切しましょうとかね、言うことは言うけど、その笑顔を大切するためには、やっぱ、学校だったら、大屋先生のような「熱」を持った人が勉強を教えたらみんな笑顔を学べるようになるって俺は思うんだけど。やっぱ先生たちにその熱意というか、どうやったらこう、そういう子供たちの笑顔を勉強で見ることができるかっていうことをやっぱ話し合う、伝えるその時間も当然ないし、もうこなすだけで一杯一杯になってる。学校の姿を見るともったいないなと思いますよね。なんかそのあたりがどうにかならんかなと思いながら「辞書引き」やってると子供ってすごいなと思うんで。そのあたりがもどかしいっていう。

森脇母：特に小さい子なんかは、褒めてもらえることで伸びるっていうところがあって、自主的に学習目標を持ってやっていくっていうのは、随分アートだと思う。なので、やっぱりちょっとしたことでも、褒めてあげられるっていうのが、多分若い先生とかはまだ難しいんじゃないかなと思って、だからみんなもやる気がなくなってくるというか。今の嵩の同級生にずっと私1年生から付き添ってるので、一緒に学校に行ってるんですけど、やっぱりすごい積極的に「はいはい」って発言してた子も、もう授業聞いてないとか。

深　谷：子供たちの様子をよく観察すること、よく褒めることは、辞書引きに限らず、大切なことですよね。そして、辞書引きから見えてきた、学校教育の課題などもぜひまた共有させてください。本日はありがとうございました。

辞書引き学習回想（島根県邑智郡邑南町立瑞穂小学校：森脇家）
（2023年3月現在：長男 蒼中1、次男 嵩 小4、長女 明里 小2）

森脇智美

●私（母：智美）は本が好きだったので、子供が小さいころから絵本の読み聞かせをしていました。図鑑もよく手に取って一緒に見ていましたし、子供自身も自分で手に取って読んでいました。このころは調べるという感覚はなく本を読む、見るという感じでした。日頃から花を見つけた時や魚を主人が調理する前にどんな魚だろうねと図鑑で調べるようになりました。

●日記をはじめる（嵩4歳）

　長男が小学1年生になり夏休みに絵日記の宿題がありました。その時に、「絵日記ってなに？　やってみたい」ということから、絵日記を書くようになりました。入学前にひらがな表を部屋の壁に貼っていたので、それを見ながら文字を書いたり絵を書いたりしていました。夕食後に日記を書いて、夜眠っている間に私がコメントとシールを貼ると、とても喜び、続けるうちに、朝起きてすぐに日記帳を開くことが日課になっていました。「今日こんなシールだ！」と喜び、続けることが出来ました。続けることや毎日やることを目標としていたわけではありませんが、兄のようにノートを開いて「勉強」している感じが嬉しかったのかもしれません。1冊終えた時、母親からのメッセージと少し大きめのステッカーを一枚プレゼントしました。すると達成感があったのか、2冊、3冊、終わるたびに、喜びが大きくなり3年間ほぼ毎日書き続けました。18冊以上になりました。

●辞書との出会い

　長男が1年生で辞書引き学習を教わりました。深谷先生の講演会に私も嵩と明里をつれて行きました。自宅に帰った長男は、1日で100枚の付箋を貼り喜んでいました。2000枚になると賞状がもらえるんだってと長男が言っていたので「1年生の間に2000枚目標にしてみようか」と、コツコツ頑張りました。その姿が楽しそうだったのか、嵩もやりたいと言ったので、幼児向けのドラえもんの国語辞書を買い、長男と一緒にやり始めました。この時はまだ小さかったので、「目標を掲げて」「毎日

辞書引き学習回想（島根県邑智郡邑南町立瑞穂小学校：森脇家）

10枚」と決めることなく、やりたいときにやる、という感じでしたし、どちらかというと本のように文字を読んでいる時間の方が長かったように思います。絵や図を見ていたので辞書を図鑑のように捉えていたのかもしれません。辞書引きのホームページに「辞書引きラリーシート」という日本地図に色を塗っていくものがあったので、子供それぞれに用意して付箋を貼るごとに塗っていくことも楽しみのひとつでした。500枚貼った写真を送ると賞状がいただける、というHPの記載を目にしたので、この時たかしの写真を送り、賞状を頂きました。長男は1年生で2000枚、2年生で3800枚で、そのまま3年生になりました。学校の授業等が忙しくなり、続ける時間がなくなったので、嵩もその後は、辞書引きはしませんでしたが、長男が宿題で出た自学ノートに興味がわき、図鑑を見てノートにまとめることを、時々やっていました。

●長男4年生、嵩1年生、明里4歳

　嵩が1年生になり、いよいよ辞書引きが始まります。お兄ちゃんと同様に学校からいただいた辞書を手にしコツコツ続けました。最初は私の中で、長男と同じように「1年生のうちに2000枚行くといいね」という気持ちで始めましたが、あっという間に2000枚までいってしまい、付箋の数は増えて行きました。特に枚数の目標はたてていませんでした。この時4年生になった長男が3800枚でとまっていた自分の辞書を見て、「5000枚までやってみようかな」と思って少しキリがいい5000枚まで貼りました。嵩もそれを見て、「5000枚までやりたい」と自分で言いながら続け、1年生の終わりに8000枚貼ることができました。この時に、「キリよく1万枚まで行きたい」と嵩は発言していたので、自分の中での決意が生まれた時だったのかもしれません。この時娘は4歳でした。お兄ちゃん達が取り組んでいる辞書引きを見て、「私もやってみたい」と言っていたので、以前幼少期に使っていたドラえもんの国語辞書でチャレンジしていました。娘はこの時は何枚いきたいとかはなく兄たちと同じような行動がしたくて真似てやっていたような感じです。

●嵩2年生

　2年生の1学期で2000枚を貼り、ついに1万枚貼り終えました。この時は自分で掲げた目標を達成したという大きな喜びがあったと思います。1年生の時は授業の合間で先生が取り組ませる時間を設けられていたので、学校へ持って行ったり持ち帰ったりしていましたが、途中から学校で取り組む時間や機会もなくなったので

第1部

自宅で取り組んでいました。1万枚になった辞書を担任の先生にご覧いただき、褒めてもらったことはとても喜びだったと思います。この時、深谷先生の辞書引き学習の講演会があり、賞状を直接渡していただける、ということでしたが、喘息の症状が出て体調不良でお目に掛かることが出来ませんでした。後日、大屋校長が賞状を渡してくださいました。この時には、やり切った、という達成感が強くあり、次に何かやろうという気持ちは親子ともにありませんでした。

●嵩3年生、明里1年生

娘が入学し、辞書引きがスタートしました。嵩は妹の付箋に番号を書いてあげたり、応援したりしながら、徐々に自分でもやりたくなってきたのか、そんな表情をしていたので、「また続きでやってみる？」と私が声をかけると、「やってもいいん？1，2年生じゃないのに？」と答えていました。「何年生でもやっていいって教育委員会の方がおっしゃっていたよ。」と私が言うと、「よっし！」と気合いを入れて取り組み始めました。嵩3年生の2学期後半でした。低学年の頃に比べると書くスピードも文字を目で追うスピードも速くなっていたのか、自分でも、「なんか、早くできる！」と言っていました。毎日300枚する日もありました。もう自分なりの考えをもって取り組んでおりましたので、特に目標を掲げて、声をかけて、ということもありませんでした。息子の中で今日は○○枚までやろう、という自分でペースを考え、隣にいる娘と一緒に笑いながら話しながらしていました。そして一気に2万枚まで行きました。それから「辞書っていくつ言葉があるんかな」と言っていたので私が調べて「この辞書は3万3000語くらいだって」と伝えると、「じゃあ3万枚までやろう！」と自分で目標をたてていました。辞書が開きにくくなっていたので、もう一冊同じ辞書を買い、調べる用と貼り付け用の辞書で取り組むことになりました。この頃から1000枚増えるごとに大屋校長へ報告しておりましたので、「へぇー、すごいですね」といつも驚いてくださったり、「2万5000枚目はどんな言葉でしたか？」と応援してくださったりするコメントが嬉しく、報告が楽しみになってきたような感じでした。自分の目標で取り組んでいたことですが、それをきっかけに他者に伝えたり、声をかけてくださったり、辞書引きをきっかけにしたやり取りが嬉しそうでした。嵩3年生、3万枚の付箋を貼り終え、辞書は丸くなりました。嵩1年生、1万枚の付箋を貼り終えました。長男6年生、英語の辞書引きを1000枚しました。

辞書引き学習回想（島根県邑智郡邑南町立瑞穂小学校：森脇家）

●嵩4年生、明里2年生

　9月末に深谷先生の辞書引き学習講演会がありました。以前お目に掛かることが
かなわなかったため、3万枚の辞書をご覧いただけたら、という想いで大屋校長を
介して素晴らしい機会をいただきました。その時深谷先生と出会い、頑張りを認め
て褒めて下さったこと、サインと名刺をいただいたことが、嵩にとってはとても大
きな喜びになりました。何かまた始めたいと言い出したので、親子で一緒に考えて
みました。広辞苑は紙が薄いしフリガナがないので難しい、漢字辞典にしようか、
自由自在にしようか…。長男が小6の時に取り組み、中学生になった今、英語を勉
強しているせいか、嵩が「英語の辞典でやってみたい」と言いました。それで小学
館の小学生用の英語辞典を買いました。たくさんやりたい、と言ったので、英和・
和英辞典にしました。(長男の時は英和辞典)。英語の辞書引きを始めるにあたって、
どのような感じでどの言葉を付箋に書くのか。知っている英語と言ってもほとんど
が知りませんし、普段使っている「レモン」「オレンジ」「ジュース」「ベースボール」
のような英単語も、子供にとってはこれは「英語」という認識がないのでそれを軸
にしてすることができません。親子で考えました。本人が辞書を見ながら思いつい
た方法は、「知っている日本語を見つけて、それを英語でどういうのか」という形
で付箋に書くということでした。英和でも和英でも同じように、知っている日本語
から英語へ、という形をとっています。販売されてある専用の付箋についてですが、
大文字小文字を意識してアルファベットを書く練習としては罫線があるのは良いで
すが、嵩の場合はもともと書く字が大きくスペースが小さい付箋は難しそうだった
ので、辞書引き用ではなく50×75cmの付箋にしました。(長男が取り組んだとき
は小6の2学期頃だったので専用の付箋でも書き込めていました。)国語辞典で辞
書引きのやり方は知っているのですが、最初はアルファベットを目で追い、手元の
紙に記すのに一文字一文字確認しないといけないので時間がかかっていました。何
百枚か続けると、アルファベットの書き方も上手になり、書くスピードも目で見て
書き写すこともリズムよくできるようになりました。辞書引きをするペースは、嵩
の中で朝50枚、夕食後に50枚と決めて毎日取り組んでいます。「付箋の色も100
枚ごとに色を変えたい」と言い辞書引きを続けました。

　　付箋を貼りながら嵩が気付いたこと。

・普段使っている日本語と同じ言い方の単語→「ジュース」「サッカー」「ペン」「バ

第1部

ナナ」など

・普段使っているものと、違う言い方の単語

・日本語そのまま→「うどん」「そば」「すし」「将棋」など

・ローマ字で書くのと同じスペルや似ているものがある→[banana][America][pen]
[post] など

・頭文字が大文字で書いてある→国の名前など

・ページ数も英語で書いてある

　辞書引きを続けることで、子供の中でいろいろな気付きが徐々に生まれてきました。単語横に記されたカタカナでの発音を言って教えてくれる時もありますし、○○って英語でどういうか知ってる？　と主人にクイズを出すこともあります。辞書の終わりまでいくと、もう一度Aからスタートしました。2巡目は、1回目に付箋に書いていないものを書きました。1回目に知らなかった日本語のところです。重複単語もあります。また、まとめて表示してある単語も書いています。たとえば「fruit」の所でピーチやアップルなど絵でまとめて載っているところです。（発音表記がないところは私に尋ねたり、一緒にPCで調べたりしました）3巡目になると、発音のカタカナの部分を声に出して読みながら書くようになりました。辞書を見て単語を書き写すのも早くなりましたし、簡単な英文や単語も読めたり覚えたりしていました。「I like baseball./do my homework/eat …」

●現在嵩（小4）、英和和英辞典の辞書引き2万枚（深谷先生にお会いした秋ごろから始めて）、明里（小2）、国語辞典の辞書引き、2万枚（11月末）、2万8000枚（3月）

《国語辞典の辞書引きのやり方（我が子の場合)》

【長男】→好きなページをひらいて、その中で知っている言葉を見つけて付箋に書く順番に、というより、パラパラめくりながら発見した言葉を書いていました。

【嵩、明里】→辞書のはじめのページ「あ」～、知っている言葉を見つけて付箋に書く。
　　　　　終わりまでいくと、もう一度「あ」に戻って、今度は知らなくても付箋に書く。
　　　　　終わりまでいくと、もう一度「あ」に戻って、付箋に書く。

・3万枚したので、辞書の文字を最初から終わりまで3度読んだ、書いたことになります。

・付箋が多くなると辞書が開かなくなるので同じ辞書をもう1冊買う。

辞書引き学習回想（島根県邑智郡邑南町立瑞穂小学校：森脇家）

・2回目になると漢字のところも平仮名ではなくて漢字で書くことも増えてきました。

《英和・和英辞典の辞書引き》

【長男（小6時）】→「Ａ」から、知っている単語を書く。英語の授業で出てきた単語があるため、日本語と合わせて英単語を読んで、「アッ知ってる！」という感じで書き記していました。発音もカタカナで一緒に付箋に書いていました。日本語は分かるけれど英単語として知らない単語も、「へえー」と言いながら書いていました。

【嵩（小4）】→「Ａ」から、知っている日本語を見つけその英単語を書く。和英でも同じ。終わりまでいくと、もう一度「Ａ」に戻って、今度は1回目に書かなかった単語も書く。小さな表や絵の部分の英単語も書く。（付箋が多くなると辞書がだんだん開かなくなったため、家にあった同じ英和辞典を用いてする）2巡目になると知っている言葉が増えてきているので、付箋にアルファベットを書き写すことに気をやるというより、単語や意味、内容に目をやるようになりました。知ったことを教えてくれる回数も増えました。

《取り組む子供の様子を通して辞書引き学習をして親としてよかったなと思ったところ》

・辞書引きをしていると、短時間の集中力がつく。

・一枚一枚付箋に書く、というシンプルな行為がわかりやすく、始めやすい。

・途中でも作業をやめやすく、また途中からでも始めやすい。（ノートに書くことは、やろうと思った時にちょっとハードルが高い。1ページ仕上げる集中力が必要）・文字を目で読む、書く、書き写すことが早くなる。

・単語ごとに頭に入るので、長い文章を書き写すときに、文節ごとに記憶して手元で書くということがスムーズにできる。

・新しい言葉や知っている言葉を見つける楽しさが生まれ、辞書を何度も開くので同じ単語でもまた新しく出会うような感覚で、知らない→知ってる、に変わる楽しさがある。

・知ったことを家族にクイズを出したり、教えてあげるとみんなが驚いたり感心してくれる。

・付箋が増えていくと、自分でも「頑張った」ことが目で見て分かるので達成感を感じやすい。

第1部

- 知らない、分からない、という気持ちになった時に、辞書で調べたらいい、図鑑にのっている、という気持ちになるので、自然に調べる癖がつく。
- 分からないと投げ出すのではなく、漢字辞典でも国語辞典でも図鑑や本でも、「あっ、あれで調べてみよう」という意識が育つ。その中で「調べたけど、のってないよー」と言う時があるので、一緒に別の本で調べたりインターネットで調べたりしていました。（インターネットで調べるようになったのは4年生のころからで、それ以前は本で調べていました）
- 小1から辞書引きをしていたので小3で辞書の引き方を学ぶ時、辞書に対する距離が近い。
- 辞書で調べるための決まり事を知っている。
  例えば
- あ→か→さ→た→と並んでいる
- 「動いて」を調べるときに「動く」という言葉で調べることができる
- 一つの言葉でもいろいろな意味があることを知っている
- 漢字が分からなくても「国語辞典に載っているよ」や「辞典の楽器のページみてごらん、絵がのってるから」と、どこを調べたら欲しい情報があるのか何となく分かる。

　枚数を褒めるというより、知らない言葉を教えてくれた時に「へえー、そんな言葉があったんだ！」と一緒に驚いたり、「集中して頑張ったね」と取り組んだりしたことを褒めていました。担任や校長先生からのメッセージ、教育委員会からの1000枚ごとに届く賞状が次のやる気に繋がっていました。競争するという意識はなく、自分の中での目標→達成がありました。目標がたとえば5枚ごと、20枚ごと、はたまた100枚ごとなど、自分の決めるステップで達成しやすいので続けやすいのだと思いました。辞書引きを続けると、いろいろな言葉があることを知りますが、「新しい言葉を覚えないといけない！」ではなく「知る→楽しい」という形の習慣が生まれ、「ザ・勉強」という感じではなく、自然に気持ちが動き、また次の興味につながるという流れに繋がっていくように思います。英語の辞書引きに関しては、（なんだかわからないアルファベットの組み合わせで単語が出来ているという、当たり前だけどなかなか説明できないことなども）年齢的にも目が慣れていく感じで身に

辞書引き学習回想（島根県邑智郡邑南町立瑞穂小学校：森脇家）

付く感じがあり、文法の学習をしない小学生のうちに辞書引きを通して英単語に触れることは、中学入学後の英語に対するハードルが低くなる気がします。英語が好きな子は別として英単語のスペル暗記のためにやると、きっとすぐに負担になり嫌いになると思います。ですので「英語にふれる」「単語を知る」ためにはいいなと思います。これをきっかけに英単語をもっと知りたい、書きたい、覚えたい、と自然になっていく子もいると思います。我が子は英和からスタートしたのですが、和英辞典からスタートするのもいいかなと最近思います。最初の文字が英語より、日本語のほうが読みやすく、「海って英語でなんて言うんだろう？」「雨って英語でなんていうんだろう？」で始めたほうが続けやすいかなと個人的に思いました。日常的に大人でも「魚のうろこって、英語で何て言うんだろうね？」とか、子供も「ひな祭りって英語で何て言うの」と聞いてきたりします。英語、英文を読むために辞書で調べる形ではなく、いつも使っている日本語の〇〇って英語で何て言う？　どうやって書く？」の方が、調べたい！　知りたい！　に繋がりやすい気がしました。辞書を見てみると「アウトって out だって、いつも言ってるのと同じじゃん！」とか、「バナナって英語でも banana だったの？　じゃあいつも英語しゃべってたってことじゃん！」と子供なりに面白さに気付きます。また、英語の授業で出てきた野菜の名前や動物、筆記用具などが出てくると、「あっこれ知ってる」と思うはずです。我が子は知った単語を別の本や商品名などで見つけて、読めた時に喜んでいましたし、担任の先生に「〇〇って英語でなんていうか知っていますか？」とクイズを出すこともしていました。これが直接、将来につながる何かになるかは分かりませんが「知りたい」気持ちを絶やさない、知りたいと思ったその時に、支えられる、アドバイスできるように大人が見てやることが大切かなと思います。長男はコツコツやることや単調な作業のようなものは好まず、長期間続けさせることや強制的にさせることもありませんでした。別の好きなことや夢中になれることがあったので。たまたま次男や娘には合っていたのだと思います。しかし子供一人で目標に向かって進ませることは難しいと思います。我が子の場合は家族で一緒に並走して楽しんでいる感じです。また、信頼できる担任の先生や校長先生がおられると、報告をして褒めてもらえる嬉しさや、話すきっかけになり励みになると思います。どんなことでもいえることですが、継続できるかどうかは、特に小さな頃は、その子を取り巻く大人や環境が影響するでしょう。高校生くらいになり自分の興味に対し

第 1 部

てコツコツ夢中になって続ける、研究するのとは違い、幼児、小学生は、もっと単純に大人や周囲に褒めてもらうこと、花丸をもらうことで、喜びを共有したいと思い、その一緒に喜んでくれた、という気持ちが、頑張ろうという次の意欲へつながります。それが学校でできない場合は、積極的に家庭で作ってやるしかありません。

くわな幼稚園における第一言語（日本語）辞書引き学習の実践

水谷秀史

【はじまりは 2010 年】

「辞書引き学習」との出会いは、2010 年だったと思う。

開始直後は、開始の目的は「プラクティカル（実用的)」だと思っていた。

「辞書なのだから、役にたってなんぼや」と。

だから、「知っている言葉を探そう」が最初の入り口だった。

教諭が準備した文字は、幼児にとって簡単な「め」だった。1 文字だし、探そうとして五十音を知らなくても、片っ端から、当たっていけばいつかはあたるだろうと。

かつ、自分では見えないものの、友達の「目（め)」には毎日会っている。その存在を知っている。

知っている言葉を探し、それを紙の上に見つけた時の喜びを、辞書の「醍醐味」だと私たちは思っていた。かつ、5 歳の幼児たちは、そこに書かれた言葉の解説を「物語」を読むように、やってのけた。自分の経験と照らし合わせて、知っている言葉、聞いたことのある言葉に心を動かした。目は生き生きとして、呼んでも答えてくれないほどの集中力を作り出していた。

ちなみにこの 10 年の間に教員によって「辞書引き学習」の指導案は進化を遂げていた。既に「め」からはじめる検索が取りやめられていた。かわりに、「手当たり次第に、知っている言葉を見つけては付箋を貼る」という方法に改められていた。これはまさに、深谷圭助先生が望む姿に近い。教員が子供とともに過ごすうちに、子供に寄り添い、よりふさわしい形を求めた結果であろう―と推測する。

第1部

【そもそも辞書は「小学生」のためのもの？】

　辞書の活動は、そもそも小学生の活動として深谷圭助先生は紹介していらっしゃった。本屋に頼んで取り組みの仕方を紹介したDVDを購入して、その方法を学び、そして子供たちに下ろした。園長の思いに呼応した教員もよくいたものだと思う。トップダウンとして、単純に受けとっただけなのかもしれないが。

【幼児のひらがな】

　子供たちが小学校入学以前にひらがな（文字）が読めるのか、書けるのかという議論はすでにするまでもなく、それは「できる」のである。およその目安として、3歳児で自分の名前が読むことができる。5歳児は自分の名前が読むことができて書くことができる。年中組はその両方が混在する。このように理解するのが現実的だ。

　従来、当地区の小学校では入学しようとする子供たちを、入園前の秋頃に集めて、小学校の先生が「名前が読めればよろしいよ」と伝えていた。ところが、4月になったとたんに担任の先生が黒板にひらがなを書いて、読ませ、あるいは書き写させていた。このギャップで、親は振り回された。いまだに、旧来のひらがな指導の在り方を信じている小学校の先生もいるようだ。

　これまで幼稚園と小学校は、このようにしてギャップの中で過ごしてきた。連携とはいうものの、それは名ばかりで、現実の子どもたちの目線に立ったものではなかった（ない）。3学期の3月31日まで「遊べ」と言われて遊んでいた幼稚園児が、翌日の4月1日には「きちん」と「ならんで」「ちゃんと」「学べ」というのだから、子供たちが戸惑うのも無理はない。

　また、小学校の先生が「名前さえ読めればよい」と保護者に話をしても誰も不自然を感じず、ましてや、指摘もしなかった。このことの「罪」は深い。改善すべきだと指摘し続けていたのは幼稚園側だ。卒園した子供たちの保護者が血相を変えて、幼稚園に飛び込んできたことがあった。

　「園長は、ひらがなは小学校へ行ってからでよい、というのに入学式で板書を写して帰れといわれ」と言われた――と。これは現実にあった話だ。

かくして、幼稚園は「文字教育」を進めた。といっても、確固たる模範やガイドラインがあったわけではないが、基本となるのは各自の「なまえ」だった。ひらがなで記してあるものをなぞったり、傍に書いてみたりして幼児らは親しんだ。

途中、小学校から「書き順を教えないのなら、幼稚園で文字を教えるな。修正が不可能だ」と陰口をたたかれた。実際、書き順はばらばらだった。しかし、意欲を持って書くということを主眼に置くことで、幼児は自ら学びを進めることができた。指導と称して修正を試みると意欲を失う場面が多くある。それが、子供たちの心であり、小学校の先生が理解できない大きなかつ大切な部分なのだ。

指導と意欲を秤にかけた結果、書き順はさまざまとなった。意欲が優先された。その後、小学校では、それらを修正して育っていったのであろう。小学校の先生に感謝するところだ。が、昨今は、それらがどのようになされているのか心配なところではある。

【鉛筆の持ち方】

そもそも子供たちは鉛筆の持ち方を指導されなくなった。それをしていると、さらに意欲減退となるからなのだろうか。持ち方だけなら小学校入学までに実施するのはそれほど難しいことではない。人差し指と親指のコントロールを弁えることで、成立する。多くの場合、力が入りにくいので、中指を応援に呼んでしまう。その結果、持ち方が歪になる。鉛筆の持ち方が悪いから、成績が悪いとか文字が汚いとかいうことではない。むしろ無関係に見えるが、人差し指と親指をうまく使うことで、器用さを演出していきたい、と願うところ。その器用さが、自分で自分を整わせる技能へと導くと思われる。指の働きは前頭葉の発達につながっていると言われているから。

鉛筆を持つと、次に文字を書きたくなる。アウトプットだ。しかし、ここはもう一度辞書の活動を考察してみたい。出力するためには、心の中に何かがなければならない。情報でもよいし、文字でもよいし、イメージでもよい。それを、道具を使って表出させる時、はじめてアウトプットになる。その動機付けのひとつを担っているのが、「ルック・アップ」であると思える。

今後は、インターネット上での検索で辞書の仕事は済まされることが多くなると

第1部

思えるが、脳の中に情報としてたまる勢いと量を思えば、圧倒的に紙媒体に軍配が上がる。情報は、人の五感を刺激して、短期の記憶として脳に取り入れられる。これが長期の記憶となるには、理解や認識が必要となるが、それを大きく助けるのが、五感だ。台所のみそ汁のにおいとともに辞書の上のショートケーキが違和感を作り出す。それを認識することで、海馬の長期の記憶となっていく。子供たちは、これを繰り返して、記憶の中へ情報を獲得していく。

【言葉に出会い続ける】

辞書の活動で、子供たちは、探し当てた文字の傍にある言葉もあわせて付箋に書くようになる。なぜなら、自分が思いつく言葉だけを付箋に記して、かつ、ルックアップしていると思いのほか、はかどらないからだ。すなわち付箋を増やしたかった。増えることが、次へのモチベーションにつながっていた。何といっても付箋の数や厚みや嵩が子供たちには重要だった。付箋の数が努力のあかしだった。何百、何千とたまることをよろこび、なくなると家族にせがんだ。家族も魔法にかかったように喜んで買い与えた。

このくだりで着目すべきことは、子供の活動を保護者がつぶさに認識していた、ということだ。付箋の数に母が興味を持つ、このことは子供にとってはとてつもなく嬉しい。それが相乗効果を生み出し、さらに増える付箋へとつながる。かくして、辞書は辞書の形を失い、「付箋の束」と化していった。

中には、辞書そのものがもったいないとして、すべて付箋を外して小学校で使用した、という話も聞いたが、後に、「それはふさわしくない」と提案した。なぜなら、ふくらんだ辞書にこそ、未来への入り口があるからだ。心の入り口はそこにあるように思えた。辞書がお腹いっぱいになっている姿を子供たちはみて、心を膨らませたのだ。

競争もあった。隣の子供と数を競った。多く貼っている自分をほめたり、愛でたりしたが、少ないからといって卑下する年齢ではなかった。なぜなら彼らは隣の子供が10段の跳び箱を飛んだことを自慢する間に6段を飛ぶことができる自分を自慢している年齢だから。

この年齢での「競争」の意味は少し異なる。つまり、「自分」と競争している部

分と、「他者」と競争している部分が混在する。丁度良いぐあいに混在する子供の
この気持ちは小学校へいくと、消えるようだ。したがって「競争」は、純粋なトッ
プ争いではなく、気分と時間と天候によってその様相は異なり、時として、「自分」
との戦いであり、「他者」との戦いでもあり、という二面性、三面性を携えながら、
この活動は進んだ。

【止めてやらないと止まらない】

　辞書の活動は、大人が割って入って止めてやらないと止まらない。給食を食べ終
わって、いそいそと辞書を持ち出す子供が多くいる。その時間は、何をして遊んで
もよい時間なのだが、なぜか辞書に手が行く。時々、となりと関係のないことをしゃ
べりながら、ルックアップしては、付箋をかき、貼りつける、とう作業を続ける。延々
と続ける。多くの場合、時間的制約のために制止されるまで続ける。楽しくて仕方
がない、という様子で取り組むのが幼児の辞書活動だ。

　ただ、意識が別の方向を向いてしまうと、これほどにとんでもない負荷を与える
活動はないようにも思う。つまり、ノルマや義務を伴うと、辞書はあまりにも厚く、
重たい。

【アナログな「アルゴリズム」】

　辞書引きの活動は、「物事を理解するための『アルゴリズム』を心の中に構築す
るための道具なのだ」と仮定できる。辞書はとてもアナログだ。あの辺にあれが書
いてあった、挿絵があった、破れていたなどの情報が言葉の情報と混在する。この
混在がおそらくは海馬を刺激して、長期の記憶となる。二つ以上の状態や記号が連
なることで理解を伴った記憶が定着する、と仮定できる。アナログ的に辞書と接し
た時間そのものが、「ルック・アップ」による物事理解のアルゴリズムとなる可能
性を秘めている。それがメタ認知へと向かうとき、さらなる考える力になるのでは
ないか。

第1部

【辞書の活動が「アルゴリズム」を形成する】

　今後、成長して、あるいは大人になって物事に出会うとき、この活動がメタ認知として、知らず知らずに脳に作用しているのではないか。知っている言葉の隣に知らない言葉がある、関連があることもあり、ないこともあり、という状況が言葉に接するアルゴリズムを形成していく。

　物事を探求するとき、一つの事柄の細部にわたり、突き進むことがあると思われるが、同時に、行き詰まって次の発想を求める場合がある。この時、辞書には直接的に関係がある、ないに関わらず「となり」があることを認識していることは、発想の転換に力を発揮する素地となりうる。まったく関係のない言葉が、ずらりとならんでいることの意義は、とても深い。いわば、誤って検索用語をブラウザに打ち込んだようなものだ。言葉と出会う範囲が、とてつもなく広い。

　これは「気が散る」と表現するものかもしれないが、それはすでに知識を詰め込んで利用してきた古いタイプの考え方だ。知識だけでは、成長していけない子供たちは、自分の力で自分の興味関心を広げる方法を模索する。そうしないとだれも知識を注入してくれないから。年老いた知識人にスマホの使い方を尋ねても、有効な答えを教えてもらえない場合があるのと同じ意味で彼らの前には、今まで人類が遭遇したことのないような大問題が、つぎつぎと出てくる。解決の方法は愚か、次に出てくるかもしれない課題への予測もできない、誰も教えてくれない。かくして自分独自のアルゴリズムが必要になる。辞書という紙媒体は、その構築に大きな役割を果たすように思える。

　それは、「デジタルの方が得意なのではないか」と思われがちだ。一見、言葉ばかりが並ぶ辞書というのはデジタルによる検索で置き換えが可能であるかのような錯覚を与える。実はこれはアナログで存在することに価値がある。紙の上に印刷されていて、かつそれ自体が破れる、濡れる、紛失することがある。また触ることができ、折ることもできる。そして印刷のインクの匂いもある。子供たちは五感をフル稼働させて自分の学習のあり方を探る。気が付いたら自分独自のアルゴリズムに出会っている、とうわけだ。脳の中で活発に言葉が行き交っているはずだ。

194

くわな幼稚園における第一言語（日本語）辞書引き学習の実践

【アブストラクト】

　当初、私たちは辞書には五十音のマトリクスが必要だと思っていた。なぜなら言葉を探すには、そのほうが便利だから（後に、それは大した問題ではないと理解した）。

　そこですべてのページに五十音が印刷してある辞書を子供たちに与えていた。2010 年当時、国語の辞書でそれが叶ったのは知る限り 1 社だけだった。それを大量に買い込み、園児一人につき 1 冊を持ってもらった。保護者は、躊躇うことなく対価を払った。同じ金額のゲームを要求したら、買って貰えなかったかもしれないが。

　ここに辞書の持つ、もう一つのトラディショナルな世界がある。親の世代は印刷された辞書を使って、大きくなった。この時、アカデミズムを象徴するものとしてそれはあった。自分の子供が、アカデミズムの片鱗に触れることができることの喜びは親の精神生活を潤した。付箋も喜んで補充した。

　ただ、親は勘違いをしている場合があった、と想像する。子供たちへの賢さの要求は、その範疇を逸脱していた可能性がある。つまり、知識獲得がその目的である、と勘違いしていた可能性が。

　子供たちは、この活動で知識より「方法」を知るのだ。そして、その方法は心の中に奥深く残る重要なメタ認知を構成しているものだ。この一連の認識は保護者には少ない。むしろ高い学歴につながると勘違いしてる向きもあるだろうが、それはいずれ子供たちの成長とともに紛れていく価値観であるように思う。

　この場面でのメタ認知があるということは、アブストラクトであると思える。具体的な方法を獲得するのではなく、獲得する方法との出会い方を学ぶものだ。プラクティカルという言葉では説明ができない何かだ。つまり直接的に実用に供するわけではない。

　知らない語句に出会ったとき、辞書でルックアップしてみたらよいかもしれない、と思う作用だと思われる。イメージとして脳の中に現れるのは感触と匂いを伴った辞書のページの数々だ。現実の問題として、辞書が知識欲のすべてを満たすことはなく、入り口に過ぎない。あるいは入り口どころか、単なる表面的な言葉との出会いかすれ違いだけかもしれない。それでよいのだ。それが辞書の役割なのだ。抽象

的な世界と出会っている、ということなのだ。こんなにも現実味をおびた物（言葉）が並ぶ中で抽象的であるとは、と思うところだが、その存在の様子は、混沌としている、という意味でアブストラクトだ。

　辞書の言葉は直接的に役立つものばかりではない。つまり、プラクティカルなものばかりではない。プラクティカル（実用的）である必要もない、もっと、中間的な、空間的な、世界的な浮遊的な、混沌的な存在なのだ。

　子供たちは、幼児にしてそれを体験していることになる。これが5歳にして辞書を操る子供たちの世界だ。辞書の活動は「知っている言葉を探し当てる」のが目的ではなく、「言葉そのものにそこで出会うことが目的」だとする趣旨がそれを説明している。

【解説】深谷圭助

　くわな幼稚園水谷秀史園長との出会いは、2010年のことである。

　幼稚園教育における辞書活用は、幼稚園児が、小学校入学後の文字の学習があまりにも急ピッチにすすめられることに対して危惧した水谷園長が、幼稚園児に対して、小学校の準備教育の一環として、かな文字（ひらがな・かたかな）や漢字に触れる機会をと考え、辞書引き学習の導入を決断したことに始まる。

　辞書引き学習は、文字さえ読むことができれば、実施することができる。検定教科書が存在しない幼稚園で自由に辞書の中から言葉を探すことは十分に可能である。学習国語辞典は、小学生のためだけのものではない。小学校学習指導要領国語科3・4年生の指導項目「辞書の使い方」に関する指導内容があるが故に、小学校低学年以前の段階で国語辞典や漢字辞典の指導はするべきでなないとする小学校教師は存在する。また、文字の指導に関しても、小学校入学前に幼稚園で指導することを否定的に捉えている小学校教師は決して少なくないだろう。筆順や字形を間違えて覚えてしまったら矯正することが困難だと考える一方で、入学時から、子どもに「自分の名前くらいは書きなさい」と言ったり、入学直後から簡単な作文をどんどん書かせようとする小学1年生担任もいる。

　こうした状況の中で、幼稚園として主体的に言葉の勉強をさせる園は多く、幼稚園児が自分の内側にもつ言葉を手掛かりとして、辞書引き学習によって、言葉を辞書から発見し、付箋にたどたどしいながらも嬉々として言葉を書き込んでいく姿は実に興味深い。

　つまり、言葉を学ぶということは、小学校から始まるわけではなく、すでに幼稚園児は多くの言葉を身に付けつつあるのだということである。そうでなければ、これほど多くの言葉を国語辞典の中から見つけ出すことは不可能であろう。

　辞書引き学習は、言葉に対する興味を幼児自身から引き出す。そして、その子供たちの姿は、まわりの大人たちに、言葉の教育とは何かを考えさせるきっかけとなる。むしろ、そちらのほうが重要なのかもしれない。

　辞書引き学習という、汎用的言語学習方略モデルが、幼稚園児から大学生まで年齢、発達の段階を超えて、有用性を発揮することは、これまでの近代教育制度が、年齢、発達段階別に構築された、教科別の系統的カリキュラムに則った指導と評価

第1部

の枠組を通して実行されていたことに対して、一石を投じることになったのではな
いかと考える。

　学習は本来、年齢、学齢に応じたカリキュラムと教科書に基づいて行なわれるも
のというより、個別最適に行われるものである。その意味において、この辞書引き
学習という汎用性は、個別最適な学習に、汎用的に適合した学習方法なのである。

第2部

イギリスにおける複言語学習における
汎用的な言語間共通学習方略モデルとしての
JB モデル（辞書引き学習）の導入

英国の教育場面における辞書引き学習の意義と効果

ジャネット・アドセット

辞書引き学習導入の背景

　辞書引きの意義を説明するためには、現在の英国の教育システムにおいて豊かな語彙を身につける教育の位置づけを検討することが重要となる。

「リーディングの枠組み：読み書きの基礎を教えるために」（2021年1月）[*1]

　英国教育省が発表したこの文書では、子供が流暢な読解力と理解力を身につけるためには語彙力を高めることが重要であることが、繰り返し明確に言及されている。たとえば、7ページには「語彙を理解することは、学習内容の理解とより広い学びの展開に不可欠である」とある。

　この枠組みでは、Beck and McKeown（1985）による語彙の段階性と、子供たちがより広い文脈で第2段階（Tier 2）の語彙を探求することの重要性にふれている。第2段階の語彙とは、子供たちがさまざまな教科で出会う可能性のある難易度の高い語彙のことである。

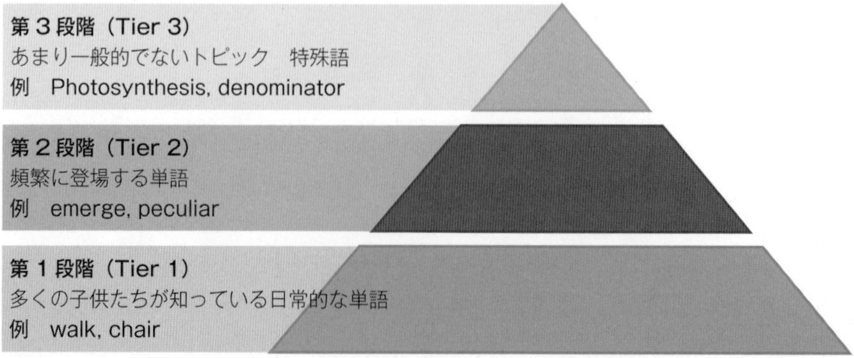

第3段階（Tier 3）
あまり一般的でないトピック　特殊語
例　Photosynthesis, denominator

第2段階（Tier 2）
頻繁に登場する単語
例　emerge, peculiar

第1段階（Tier 1）
多くの子供たちが知っている日常的な単語
例　walk, chair

図1　Beck and McKeown（1985）によるEEF（2021：16）Figure3を元に作成

枠組みでは、英語の歴史について概観し、様々な言語から語句を取り入れていることに起因する英語の語彙体系の複雑さが説明されている。英語は「変化し、より多くの語を吸収し、まったく新しい語彙を生み出し続けている」、と述べている。

子供たちの語彙を増やすことがいかに重要であるか、また、流暢な読解力を身につける上での語彙の重要性については、他にも多くの言及がある。語彙力をつけることで、子供たちは単語をパッと見ただけで読めるようになり、自分が読める単語以外の語にも自発的に目を向けることができるようになる。Keith Stanwich によれば、語彙量が限られていて、読書から背景知識を身につけていない子供たちにとっては、科学と同様に読書においても「マシュー効果（Matthew Effect）」*2 が起こる。

この枠組みでは、「言葉の格差」（word gap）について言及し、学校が子供たちの言語能力の格差を是正することを支援することの重要性について述べている。また、なぜ読書が重要なのか、なぜ子供の言葉と語彙を増やすことが必要なのかを強調している。さらに、印象に残る単語やフレーズを強調することで、子供たちの語彙を増やし、構文に対する認識を深め、理解力を高めるとしている。

教育基金財団（EEF:Education Endowment Foundation）

教育基金財団は、家庭の収入と教育の成果との間の関係性を断ち切ることを目的とした独立慈善団体である。同財団は、小中高校、大学、幼稚園や保育園を支援し、エビデンスをよりよく活用することによって、教育と学習を改善することを目的としている。

EEF による研究と実践の間のつながりは、学校が着手する取り組みに妥当性を与え、英国の学校の多くの上級指導者は、カリキュラム全体にわたる取り組みの実施計画をサポートするために、EEF からのエビデンスを求めている。

EEF の報告書の1つである「Improving Literacy in Key Stage 2- Guidance Report（2021）」（EEF 2021）では、読解力に関するモデルが紹介されている（図2）。この報告書では、語彙力が言語の理解力を伸ばすための重要な要素であることが示されている。

同報告書では、総括として「新しい単語を明示的に教え、新しい単語に繰り返し触れさせ、新しい単語を使う機会を与えることによって、生徒の語彙を増やす」と

第2部

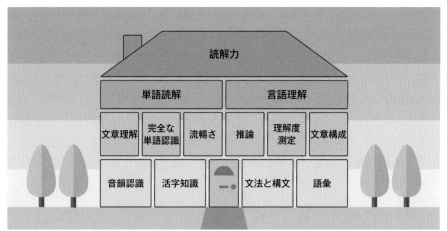

図2　Hogan et al.（2011）による EEF（2021：8）Figure2「読解力」を元に作成

提言している。

　この文書の中で、辞書を使った語彙に関するアクティビティについての議論がある。教員も子供たちもこのようなアクティビティを楽しいと感じているが、一方で子供達にとっては導入された語彙が定着せず、使う機会も少ないということが指摘されている。

　回答は示唆に富んでいる：

- 新しい語彙を明示的に教えることは、切り離された活動とすべきではない。生徒が新しい語彙を保持し使えるようにするには、語の使用例を示して足場かけ（scaffolding）をし、新しい語彙を生徒に繰り返し触れさせることに重点を置くべきである。そうすることで、新しい単語がさまざまな文脈でどのように使われるかを生徒が理解するのに役立つ。
- 教師は、他の授業や自主活動で新しい単語を使う機会を作ることで、生徒が様々な文脈でその単語を聞いたり、読んだり、使ったりする機会を与えることができる。
- 新しい語彙を学習者にとって意味のある、記憶に残るものにする。現在教えられているカリキュラムの内容や、学習者が現在読んでいる文章に関連した新しい語彙を教えることで、学習者が新しい語彙の意味を理解し、どのように使われているかを知ることができるとともに、学習者が授業において新しい語彙を

積極的に使う機会を与えることができる。また、すべての読み書き活動や幅広いカリキュラムを通して新しい語彙に触れさせることも、語彙の広さと深さを確保するのに役立つ。教師は、科学、数学、歴史などの授業でその週に教えられているトピックに関連した新しい語彙をクラスに紹介することを検討してもよいだろう。

・教室での質の高いやりとりは、学習者が重要な考えをことばで表し、理解を深め、語彙を増やすのに役立つ。授業では、教師が発した答えが決まっている質問に対し、生徒が短く答えるという形をとることもある。このような対話スタイルは、文脈によっては有用で適切である。一方で、教師と生徒の間、あるいは生徒同士の間に対話の場を設けることにより、生徒が自分の考えを明確にするためのより広範な機会を提供することができるだろう。

さらに、「最終的な目標は、子供たちがカリキュラムを通してより幅広い語彙を知り、使うことであり、言語とコミュニケーションを通して、また言語とコミュニケーションについて学ぶための、成功的で刺激的な環境を支えることである」と述べている。そして、語彙指導の広さと深さを確保し、以前に教えた語彙の上に新しい語彙を積み重ね、より広いカリキュラムと関連させることを勧めている。また、「形態素（語根、接頭辞、接尾辞）の使い方を教えることで、生徒の語彙力を伸ばすと同時に、音韻の認識、発音、正しい綴りで書くことを向上させることができる」と説明している。

re	appear to become visible	ed
		ing
dis		ance

図3　形態素のグラフィック・オーガナイザーの例
　［EEF（2021：37）Figure13 を元に作成］

形態素について意識することは、子供たちに言葉の成り立ちを理解させ、他の語彙にも応用できるようにすることで、読み書きのあらゆる側面をサポートすることができる。

効果的な読み書きの習得の基礎として語彙を明確に教えることを支持している他の教育基金財団の文書としては以下のようなものがある。

第2部

- https://educationendowmentfoundation.org.uk/education-evidence/guidance-reports/literacy-early-years
- https://educationendowmentfoundation.org.uk/education-evidence/guidance-reports/literacy-ks-1
- https://www.hertsforlearning.co.uk/blog/new-reading-fluency-guidance-materials-produced-collaboration-education-endowment-foundation
- https://educationendowmentfoundation.org.uk/education-evidence/teaching-learning-toolkit/oral-language-interventions
- https://educationendowmentfoundation.org.uk/education-evidence/teaching-learning-toolkit/phonics
- https://educationendowmentfoundation.org.uk/education-evidence/teaching-learning-toolkit/reading-comprehension-strategies
- https://dera.ioe.ac.uk/11382/2/DCSF-RR176.pdf
- https://d2tic4wvo1iusb.cloudfront.net/eefguidancereports/primarysel/EEF_Social_and_Emotional_Learning.pdf?v=1668607028

　調査や英国教育省のガイダンスから、現在の英国の学校においては語彙教育、とりわけ、子供たちが流暢な読者になるために果たす役割が重要であることは明らかである。流暢な読み手になるために必要な自動性（automaticity）と正確さが身につけば、読解する文の内容のより深い理解と言語への理解ができるようになる。

私たちの出会い

　私が、国際交流基金（The Japan Foundation）が2017年10月に日本の学校を訪問するために招いたシニア・リーダーの英国代表団の一員であったのは幸運であった。京都での夕食後、深谷教授によるプレゼンテーションが京都の美しいレストランで行われた。私は、深谷教授の隣に座り、彼の辞書引き学習について語り合った。率直に言って、10000枚にも及ぶ並外れた量の付箋が貼られた辞書が使われていることに少なからず驚いた。名刺交換の際、深谷教授が私の名刺に書かれている日本語が上手であるとおっしゃったので、渡航前に名刺を印刷する際に努力した甲

斐があったと嬉しくなった。これを通して、私たちは研究上のつながりができた。深谷教授は、次に、私が英国で校長をしている学校で辞書引き学習を行いたいが、支援していただけないかと尋ねた。私は、もっと詳しく話を聞きたいし、事前訪問の際には喜んで学校にお迎えしたいと答えた。私が帰る直前に、彼が英国訪問を計画していることが分かった。

　2017 年の視察では、私の同僚たちの間には、辞書引き学習は滑稽でちょっと奇妙なものであるといった懐疑的な見方が多かった。すでに知っている単語の付箋をなぜ辞書に貼るのか？　辞書を使うときによくあるいたずらっぽい行動、例えば、失礼な言葉や礼儀正しい会話で使うべきでない言葉、奇妙な言葉や相当長い言葉を調べてしまうといったことがあったらどうするのか、と考えた。

　新しい冒険と学習への渇望をますますかき立てているこの国で、私たちがリラックスしてこの方法を、より珍しい文化的体験と結びつけていたことも、助けにはならなかった。

　オープンマインドなアプローチで、私はもっと勉強し、深谷教授に学校のミーティングという環境で自分の考えを説明する機会を与えようと誓い、深谷教授がキャッスルモルトンを訪れることになった。

日本文化への私の理解

　英国の教育制度において、日本文化に触れる機会は限られており、学校によっても異なる。今回の日本訪問は、国際交流基金が英国の学校の上級指導者に影響を与え、英国の小学校に日本語や日本文化の教育を取り入れることを推進するための活動の一環であった。招待された代表団の一人として、私たちは学校で日本語と日本文化の教育を何らかの形で取り入れることを約束した。キャッスルモルトン小学校では、課外活動として日本語クラブを設け、深谷教授と協力関係を築き、辞書引き学習を実施することを計画した。

　私たちは、日本文化に対するステレオタイプな見方と向き合い、子供たちがマンガや車、ハイテク機器、過激な食事や武道といったことにとどまらず、人々の生き方、価値観、ライフスタイル、学習についてより広く考えるよう、挑戦したいと考えた。

　キャッスルモルトン小学校は田舎にあり、白人のイギリス人が多く、社会経済的

第2部

な構成は様々である。子供たちに世界中のさまざまな人々と出会い、新しい考えを受け入れる機会を与えることで、世界に対するより豊かで多様な理解を深めることができた。深谷教授と彼の同僚との出会いがそのような機会を与えてくれた。

より詳しく：実際の辞書引き学習を見る

深谷教授は 2018 年にキャッスルモルトン小学校を訪れ、キーステージ 2（Key Stage 2）で辞書引き学習を開始した。彼は子供たちや教師にプレゼンテーションを行い、その方法を説明した。私たちはまず、彼の研究プロジェクトに参加することに同意し、さらに詳しく知りたいと思った。辞書引き学習が日本の生徒たちに与えた明らかな影響について学ぶことは興味深く、キャッスルモルトンの子供たちも辞書引きの経験を通して得るものがあるという考えに、私たちは前向きだった。辞書引き学習の範囲と順序を理解したところで、私たちは計画を立てた。

語彙習得・理解のための効果的な戦略としての辞書引き学習

私たちは、子供たちが豊かで幅広い語彙を身につけられるよう手助けしたいと強く願っていた。そして、辞書引き学習は教育の質を高め、生徒たちが視野を広げ、行動することを支える実践研究になると確信した。辞書引き学習の有効性については疑問もあったが、このメソッドが最も効果的だと思われる部分や懸念がある部分については、最初からオープンにした。私たちは、語彙の習得と理解を深めるという学習成果に焦点を当てながら、必要に応じて指導法を変えていくつもりであることを明言した。

辞書引き学習を行っている間、子供たちが学習にどれだけ受動的か能動的かを観察することは、私たちにとって重要だった。私たちは、辞書引き学習が好奇心を刺激し、学習により積極的に取り組む姿勢を植え付けたことに驚いた。辞書引き学習は想像力をかき立て、モチベーションを高く保つのに十分な競争心を生み出しているようである。最初の兆候はポジティブだった。このプロジェクトでは、辞書引き学習が語彙の習得と理解に効果的な戦略であるという仮説について、さらに詳しく調べることになる。

辞書

　キャッスルモルトンの教室での辞書の使い方は様々であった。教師の中には、単語の意味を調べたり、スペルをチェックするために辞書を使う自立した子供と同様に、辞書をよく使う者もいた。その一方で、辞書が棚に置かれたまま埃をかぶっている教室もあった。先生たちが辞書を大切にしていなかったというわけではなく、古くてボロボロのものから、絵が多すぎたり、文字が小さすぎたりするものまで、さまざまな辞書が集められていたからだ。教育課程に余裕がない状況で、子供たちに辞書の使い方を教える時間を確保し、各教室に「良い」辞書を十分に与えるためのリソースを割り当てるには、学校全体の働きかけと取り組みが必要だった。語彙を教えることが重視されるようになると、辞書を使い、子供たちに効果的な使い方を教えることの根拠が正当化されることがわかった。

　私はこれまでの教員生活の中で、すでに述べたような理由で、子供たちが辞書の使い方を学んでいるのを観察してきた。アルファベットの正しい順番がわからなかったり、調べたい単語の先頭のスペルを完全に間違えていたりすると、多くの子供たちが混乱するのを見てきた。単語を調べるのにかかる時間や、その時間がそのレッスンの学習にどのように影響するか、特に読解力の下位20％に入る子供たちが苦労しているのを見てきた。辞書を使うことをためらい、他の情報源から調べたり、スペルから意味を推測したりすることを好む子供がかなりいた。単語の意味を厳格にチェックすることを訓練し、練習する必要があるが、一方で子供たちが苦労すればするほど、学習効果は低くなる。やる気を起こさせるような方法で辞書を引くスキルを伸ばす必要があった。

　辞書引き学習が、子供たちが辞書を引き、新しい単語を学び、語彙を増やし、語彙を増やすことに意欲を持つきっかけになるのかどうか、私はぜひ知りたかった。私たちは、Key Stage 2の子供たちを対象に、このプロジェクトに着手した。

　私たちは、日本で使われている辞書や、仏英辞書などの二か国語辞書に見られるような、プラスチック（実際は、ビニールクロス）の表紙の辞書を必要としていた。しかし、このような辞書で小学生に適したものは見つからなかった。このような辞書は深谷教授が長年探し求めていると気づいていたので、もしかしたら手に入るようになるかもしれないことは知っていた。このプロジェクトを始めるには辞書が必

第2部

要だったので、適切な辞書としてオックスフォード大学出版局のものを見つけた。

財政的制約

　辞書引き学習を始める前に、子供たちがこのプロジェクトで使う十分な数の辞書と、たくさんの付箋紙を購入する必要があったため、経済的な面での検討が必要だった。また、クラス人数分の教育用、学習用の辞書を管理することも重要であった。辞書引き学習ができるように、私たちはこのような努力をした。小さな学校にとって、これは重要な決断だった。時間外には、ボランティアたちが、やる気を高めるためのおまけを提供してくれた。例えば、付箋紙が1000枚に達したら辞書袋を、1500語に達したら名前入りのビーズを袋にぶら下げるなどである。シニア・リーダー、スタッフ、子供たちの献身的な取り組みと、プロジェクトをサポートするインセンティブのすべてが、辞書引き学習の効果的な実施に役立った。

有効性

　日本の学校で辞書引き学習が成功したことで、このメソッドの有効性が証明され、深谷教授は辞書引き学習が他の国の学校でも同じように成功するかどうかを調査することに熱心だった。深谷教授は、シンガポールやイギリスにも調査に出かけた。このようにプロジェクトの範囲が広がったことで、私たちは自分たちだけが調査をしているわけではないことがわかった。私たちは、中部大学の教授と彼の同僚が支援するアクション・リサーチ・プロジェクトに参加することになった。

　教育界で重要な地位を確立している組織でも話し合いが行われていた。例えば、辞書を提供するオックスフォード大学出版局、ロンドンやシンガポールの小中高校や大学の校長などである。また、日本の文房具メーカーは、辞書引き学習用に特別にデザインされた付箋紙を提供することで、日本での教材をサポートしていた。研究論文や助成金も書き、申請し、獲得した。これらを総合すると、辞書引き学習が語彙習得の指導と向上に有効であり、関連性があることを確信させるのに役立ったと言える。

英国の教育場面における辞書引き学習の意義と効果

言語の壁

　言葉の壁は大きく、困難な課題であった。込み入った考えを伝え、専門的なディスカッションを最高レベルで行うことは難しかった。しかし、私たちは共通の土台を見つけ、学習者と研究のために最善のコミュニケーションをとる方法を見つけるために、懸命に努力した。深谷教授は、英語を話す経験のある同僚を連れてきてくれたし、テクノロジーの活用は、対話とフィードバックを補助する上で非常に効果的だった。スタッフはプロジェクトに時間を割き、より良いコミュニケーションと理解のための関係構築の方法を見出した。

同僚を説得する

　もうひとつのアイデア！　また何かやろう！　次はどうしよう！

　彼らの頭の中から声が聞こえてきた。私は別の視察に行き、また別のアイデアを持って戻ってきた。他の人たちの考えや意見も十分承知していたが、グローバルな教育パートナーシップへの情熱と献身に触発され、新しいアイデアや取り組みに心を開いていた。スタッフたちがどのように新しい考え方を受け入れ、それを試し、リスクを取り、その結果、効果的な指導法や学習法を独自に開発したのか、試したかった部分もある。私は、スタッフが深谷教授を快く迎え入れ、彼の話に耳を傾けてくれたことを嬉しく思った。深谷教授の人柄と熱意に魅了され、同僚たちは辞書引き学習についてもっと話を聞き、その教育的妥当性と価値についてもっと知りたいと思った。

誠実さ

　深谷教授はメソッドを説明し、辞書引き学習に対する深谷教授の意図に忠実であるよう、私たちの実施に協力してくれた。深谷教授の訪問中に子供たちを訓練し、深谷教授が学校で子供たちと一緒に活動することで、深谷教授は私たちを導いてくれた。キャッスルモルトン小学校のスタッフ、特にカッファーキさんは、このプロ

第2部

ジェクトの成功に大きく貢献した。彼女は、このメソッドを、カリキュラムとその期待にとって有意義で重要な形で導入することができた。校長として、私は辞書引き学習にふさわしい厳密さを持たせたいと強く願っていた。時間と場所を与え、新しいことに挑戦するスタッフをサポートするためだ。

時間

実施にあたって重要視されたのは時間だった。すでにスケジュールが埋まっている中で、十分な時間を割くことができるのだろうか？　時間を確保することは、時間割を変更し、継続的に取り組むことを意味した。また、1日のうちで異なる時間帯や宿題の時間に、自主学習の機会があることもわかった。子供たちは昼休みに練習するのが好きで、家でも続けたいと言っていた。

子供たちの様子

子供たちの辞書引き学習に関する視点は、プロジェクトに意義を与え、効果的なものとなった。子供たちは深谷氏に出会ったことを喜び、このアイデアを受け入れるだけでなく、最初から熱心に取り組んでくれた。最初に会ったときのことを思い出すと、私は微笑ましくなる。子供たちは新しいアイデアを受け入れ、それを試してみようとした。子供たちは、自分たちが少し変わったことを探求していること、そして自分たちが研究プロジェクトの一員であることを楽しんでいた。特に、アニメーションや漫画のチラシのキャラクター、辞書を持った子供たちが何千もの付箋紙を持っている写真には、畏敬の念と驚きをもって耳を傾けていた。彼らは好奇心旺盛で、自分たちがどれだけの単語を知っていて、どれだけの単語を覚えることができるのか知りたがっていた。辞書引き学習が持つ、言語や語彙習得への好奇心を掻き立てる力は、強力でやる気を起こさせる要因である。

子供たちとの会話から、多くのポジティブ

英国の教育場面における辞書引き学習の意義と効果

な瞬間を振り返ることができるが、中でも最も重要なもののひとつは、辞書引き学習が、文章を書く際の語彙の選択を多様化するのに役立ったという生徒との会話だった。彼女は、bounce off のような単純な語彙を使う代わりに、辞書引き学習で学んだ ricochet を選んだと説明した。

　子供たちは、さまざまな度合いでこのメソッドに取り組んだ。このメソッドに非常にやる気を感じる子もいれば、そうでない子もいた。全員が練習の恩恵を受けたが、最も成功した生徒は、メソッドに対する勤勉さと責任感を示していた。最も成功した生徒が、自信がつくにつれて、このメソッドで革新的なことを始めたのを見るのは魅力的だった。ある生徒は、この単語を覚えたいが、確信が持てないという場合に付箋をページの下に貼るようにした。意味をより確実に理解できるまで、付箋をページの上に貼ることを良しとしなかったのである。

今後の研究―第二言語学習で辞書引きを試す

　私たちは、第二外国語の学習にも辞書引き学習が有効かどうか知りたかった。子供たちは Key Stage 2（7〜11歳）でフランス語を学ぶが、語彙を増やすことは重要な言語スキルである。学んだ語彙を保持することは、特にレッスン時間が週単位である場合には困難であった。辞書引き学習の導入により、子供たちの語彙の習得と発達を援助することが期待でき、この分野のさらなる研究を支援した。フランス語における辞書引き学習の導入には、以前に英語の語彙力増強を支えるために導入したときと同様の考慮すべき点があったが、さらに別の点についても留意する必要があった。その1つは、発音に関してである。子供たちはどうやって単語の発音を知るのだろうか？

　キャッスルモルトン小学校は、深谷教授や彼の研究グループと緊密に協力し、辞書引き学習が第二言語学習においてどの程度効果的で、複数言語使用能力（plurilingualism）（複数の言語を習得する能力、個人や国家における言語的寛容の価値など）の向上をサポートすることができるかどうかについて、検証し続けてい

第2部

る。現在進行中の研究の成果に期待したい。

結論

意義

　辞書引き学習は、英国の教育システムにも取り入れられ、語彙の発達と習得を支援することができるだろう。現在、特にパンデミック後における考究では、とりわけ、言葉の認識が限定的でコミュニケーションスキルが貧弱な状態の弱い立場から学校生活をスタートさせる子供たちにとっては「言葉のギャップ」を埋める必要性があることが何度も示されている。ギャップを埋めることは、特に、期待が大きく、カリキュラムが埋まってしまっている場合には困難が伴う。生徒が期待される水準に向けて確実に進歩するためには、現状分析と指導強化が重要であり、効果的な教授法も学習の成功を促進し、支援する。生徒を支援し、適応させる指導法で生徒のやる気を引き出すことがもっとも重要であり、辞書引き学習はそのような方法になじむものである。教師は、この方法を戦略の「道具箱」に加え、行方を見守ることができるだろう。私の考えでは、子供たちが楽しんで辞書引き学習に取り組むこと、フィードバックが行われること、そして最終的に生徒が達成感を得られることが、辞書引き学習が教室での実践の一部となる十分な動機と理由になるのではないか。

効果

　英国では完全な有効性の調査は実施されておらず、ここでの見解は私個人のものである。私は、辞書引き学習が最も効果的であるのは、刺激的な方法で導入され、それをサポートする質の高いリソースがあるときだと信じている。そのためには、実施する側のコミットメントが必要であり、それが生徒にとって前向きな学習成果につながるという信念が必要である。辞書引き学習は、他の指導法と同様に、実践者の資質と、指導する生徒をよく知り、効果的に適応させ、学習意欲をかき立てるような足場を作る能力に依存している。辞書引き学習が最も効果的だったのは、子供たちが習得した語彙を他の学習課題、たとえば筆記、会話、スペリングテスト、クイズなどで使えるようになったときだった。

英国の教育場面における辞書引き学習の意義と効果

次のステップ

・英国の他の学校がこの方法を採用するためには、妥当性を裏付けるためにもっと
　研究が必要である。
・辞書引き学習は日本では有効な名称だが、英国のシステムに合った名称を考える
　方が有益であろう。
・プラスチック（ビニールクロス）の表紙で背表紙が曲がっている辞書があれば、
　辞書引き学習の実施に役立つだろう。
・コストを抑えることも助けになる。─英国市場でこれを助けてくれるサプライ
　ヤーを見つけることが重要である。

最終的な考察

　明示的な語彙指導を行い、辞書の技能や語彙の認識力を確保するためにもっと時
間を割けば、子供たちの語彙はより豊かで深いものになるのだろうか。

　識字率向上アドバイザーとして、私は職場に立ち戻り、遠くから教育実践を見る
ことができるというユニークな立場にいる。時間がとても重要であることを目の当
たりにしてきた。子供たちが将来成功するための基礎を築くには、適切なタイミン
グで、重要なスキルや知識、理解を身につけるのに十分な時間を与えることが不可
欠だ。子供たちは、カリキュラムを効果的に利用するために必要な流暢な読解力が
ないまま、Key Stage 2 や 3 に到達している。また、多くの授業で学習内容を理解
するための語彙も習得していない。幸い、すべての子供がこのような状況にあるわ
けではないが、ほとんどの子供は、より明示的に語彙指導を行うことで恩恵を受け
るだろう。子供たちは、単語をすぐに使えるようになると、より流暢に読み、より
理解し、言語的な課題を楽しみ、自信を深めていく。この入り口を開くということは、
子供たちに支援策を与え、飛び立てるようにするということである。子供たちは辞
書引き学習が好きで、辞書を持つのが好きで、新しい言葉を学ぶのが好きで、言葉
に好奇心を持つのが好きだ。探究と自己啓発の時間を与えることが鍵なのだ。辞書
引き学習を試してみることをお勧めする。

第2部

参考文献

Beck, I. L. McKeown, M. G.（1985）Teaching Vocabulary: Making the Instruction Fit the Goal, Equational Perspectives/11.

Beck, I. L. McKeown, M. G. and Kucan, L.（2013）*Bringing Words to Life: Robust Vocabulary Instruction*, New York: Guildford Press.

EEF（2021）*Improving Literacy in Key Stage 2 Guidance Report*, London: Education Endowment Foundation. <https://educationendowmentfoundation.org.uk/education-evidence/guidance-reports/literacy-ks2>

Hogan, T., Bridges, M., Justice, L. and Cain, K.（2011）*Increasing Higher Level Language Skills to Improve Reading Comprehension*, Focus on Exceptional Children, 44（3）, pp. 1–19.

注

[1] Department of Education（2021）*The reading framework: Teaching the foundations of literacy*, London.

[2]（訳者注）マシュー効果：「持っている人は与えられる」（マタイによる福音書25:29）Stanwich らは、ロバート・マートン（Robert Merton、1968）の「言葉が豊かな人はより豊かになり、言葉が貧しい人はより貧しくなる」という記述を評価している。Merton R. K（1968）.「科学におけるマシュー効果」Science:159 巻、pp.56-63.。

翻訳：関山健治（中部大学）

英国の教育場面における辞書引き学習の意義と効果

【解説】深谷圭助

　筆者がジャネット・アドセットと出会ったのは、2016年10月京都・祇園の料亭であった。筆者が2016年8−10月にロンドン大学SOASに在外訪問研究員として滞在していた時、お世話になったThe Japan Foundation UK（国際交流基金ロンドン日本文化センター）の赤澤智輝副所長（当時）に、「2016年10月にイギリス人小学校校長が20名程京都を訪問するので、その機会に研究のプレゼンテーションをしてみてはどうか」という提案を受け、帰国早々赴いたのが、夜の祇園の料亭であった。

　言うまでもなく、酒席であり、私は戸惑いながら、共同研究を呼びかける研究概要の資料を配布し、持参したプロジェクターで宴会場に設置されていた金屏風をスクリーン替わりとし、パワーポイントのスライドショーを投影し、辞書引き学習の共同研究に関するプレゼンテーションをした。宴会場でのイギリス人の校長先生は酩酊気味で、読み捨てられた共同研究資料は、酒席に散乱していたが、一人の女性校長が熱心に筆者の話に聞き入り、名刺交換に応じてくれた。彼女の名前はジャネット・アドセット。後に信頼の絆で結ばれることになる共同研究者である。彼女の夫ビル・アドセットと筆者は、奇しくも同じ誕生日（ビルは1歳年上）であり、共に祝う「家族」同然の付き合いをしている。

　さて、彼女のレポートにもあるように、日本人に対するステレオタイプ的な見方は、共同研究をする上において障壁になる。日本人が誇りに思っている和食文化でさえ、過激で過剰なものであり too much と考えるのがイギリス人である。日本の理解は、アニメ、漫画、ゲーム、車、ハイテク機器、武道と言ったものを通して行っているイギリス人である。ジャネット元校長は、異なる側面から日本文化への理解を示し、実際にイギリスの教育文脈の中で、日本の教育方法を組み込もうとした。まさに挑戦的な試みであった。

　もちろん、ジャネットが辞書引き学習を、キャッスルモルトン小学校の言語教育に導入しようとした背景は存在する。彼女も指摘しているように、導入の背景として、英国教育省「リーディングの枠組み：読み書きの基礎を教えるために」（2021年1月）や、英国教育基金財団（EEF）報告書「Improving Literacy in Key Stage2- Guidance Report（2021）」には、「語彙力が言語理解力を伸ばすための重

第 2 部

要な要素」であることを挙げている。子供の語彙力を高めるために、辞書引き学習は示唆に富むアプローチとなるのではないかとのジャネットの確信が、イギリスのローカルな小さな小学校における大いなる挑戦に結び付いたのである。

　もちろん、辞書を用いた語彙に関するアクティビティに関する議論はこれまでにも存在する。教員も子供たちもこのようなアクティビティを楽しいと感じてはいるが、その一方で子供たちにとっては導入された語彙が定着せず、使う機会も少ないという課題も共有されていた。ジャネットは、「新しい語彙を明示的に教えることは、切り離された活動とすべきではない。生徒が新しい語彙を保持し、使えるようにするには、語の使用例を示して、「足場かけ（scaffolding）」をし、新しい語彙を生徒に繰り返し触れさせることに重点を置くべきである。そうすることで、新しい単語がさまざまな文脈でどのように使われるかを生徒自身が理解するのに役立つ」と述べている。

　実際、「子供たちの様子」において、ジャネットは、「多くのポジティブな瞬間を振り返ることができるが、中でも重要だったもののひとつは、辞書引き学習が、文章を書く際の語彙の選択を多様化するのに役立ったという生徒との会話だった。彼女は、bounce off のような単純な語彙を使う代わりに、辞書引き学習で学んだ ricochet を選んだと説明した」と述べている。辞書引き学習のアプローチは、辞書を引くことに慣れさせることだけでなく、子供自身が持つ語彙に対する振り返りと、自分の語彙力の向上に強い関心を持たせることを強化していくために有用な方法となる。ある子供が、「この単語を覚えたいが、確信を持てないと言う場合に、付箋をページの下に貼るようにした。意味をより確実に理解できるまで、付箋をページの上に貼ることを良しとしなかった」というジャネットによる記述は、辞書引き学習が、子供たちの語彙力向上への意識を高める学習法になっていたことを示している。

　当然のことであるが、辞書引き学習の実施にあたっては、その時間的な制約が壁となる。キャッスルモルトン小学校では、時間割を変更し継続的取り組むこと、そして自主学習の機会の確保を宿題の時間に見出すことを理解するようになり、子供たちもそれを望んでいたとジャネットは言う。子供たちは昼休みに辞書引き学習を行うことを好み、家でも続けたいと子供が嘆願したことを述べている。ジャネット自身も「辞書引き学習が好奇心を刺激し、学習に積極的に取り組み姿勢を植え付け

たことに驚いた。辞書引き学習は想像力をかき立て、モティベーションを高く保つのに十分な競争心を生み出しているようである」と述べている。財政的な制約の中においても、彼女たち、キャッスルモルトン小学校のスタッフは、研究への協力と、研究により導入された辞書引き学習の日常教育活動の中での定着をめざしてその実践を英国の文脈に落とし込みつつ、研究成果を確認していったのである。

　最後に、ジャネットは今後の研究として、「第二言語学習で辞書引き学習を試す」と述べ、実際にフランス語学習における辞書引き学習の導入は進めつつあるのであるが、授業時間が週単位であることにともなう学んだ語彙を保持することの困難性、単語の発音が辞書引き学習によって獲得することがどこまで可能なのかを検討・検証していくことは今後の課題となるだろう。複言語使用能力獲得（複数の言語を修得する能力、個人や国家における言語的寛容の価値等）の向上に対して、辞書引き学習が英国の教育文脈の中でどのように貢献しうるのかについて現在進行形で研究をしているところである。

　辞書引き学習の英国の教育文化の文脈において機能することは、子供たちに対する実践によって明確なものとなった。この成功は、キャッスルモルトン小学校のジャネット・アドセット前校長と現校長のアマンダ・スミスソン現校長の尽力と、担当者ショーン・カッファーキ教諭の尽力があってこそ、である。この場を借りて、厚く御礼を申し上げたい。

　そして、英国の第二言語（フランス語）教育における研究の継続について更なる連携協力をお願いしたい。

英国の小学校の授業における辞書引き学習

ショーン・カッファーキ

「初等教育の教師が直面している主要な問題点のひとつに、語彙が少なく、コミュニケーション能力に乏しい子供たちが増えていることがあるということは、何年も前から明らかだった。初等教育に携わる人と話をすると、ほとんどの人がこれが最重要課題であると言うだろう。その理由はさまざまで複雑だが、ひとつはっきりしているのは、言葉のギャップがすべてに影響しているということだ。」
——アンドレア・クインシー、オックスフォード大学出版局初等英語部長「なぜ単語ギャップを埋めることが重要なのか？」オックスフォード・ランゲージ・レポート 2018 年 11 月

背景

キャッスルモルトン小学校は、英国ウスターシャー州にある田舎の小規模な小学校である。現在約 75 名の児童が在籍している。クラスは、Reception Class（4 〜 5 歳）、Key Stage 1（5 〜 7 歳）、Key Stage 2（7 〜 11 歳）に分かれている。各クラスは 2 年で 1 つの単位になっているため、子供たちは各クラスで 2 年ずつ過ごすことになる。

ジャネット・アドセット前校長は、2016 年 10 月に視察団として日本へ行った際、深谷教授と面会した。当時、知識重視のカリキュラム（knowledge-rich curriculum）として 2014 年に施行されたナショナル・カリキュラムが、私たちの日々の教育実践に組み込まれつつあった。深谷教授の辞書引き学習に対する熱意はすぐに伝わり、アドセット校長は、生徒の語彙力を向上させたいという私たちの願いと一致したため、このやり方を私たちの学校で試してみたいと強く望んだ。

当校の生徒の多くは言語的に豊かな環境にあるが、これは決して一般的なことではなく、「言葉のギャップ」に取り組むことは、カリキュラム全体における私

たちの優先事項であり続けている。Why Closing the Word Gap Matters: Oxford Language Report（2018）の中で、オックスフォード大学実験心理学教授のケイト・ネイションの発言が引用されている；

「子供の言語のばらつきは複雑で、単一の原因に帰することは難しい。原因が何であれ、語彙のレベルが低いと、読み書き、教科の内容理解、カリキュラムの内容を学習することに限界が生じ、言語能力の低下が生活のあらゆる側面に影響を及ぼし始めるという負の連鎖に陥る可能性がある」

2017 年には、教科固有の語彙を系統的に教え、事前学習を強化し、それを基礎とすることは、学校全体の実践に組み込まれつつあった。辞書引き学習は、これをさらに発展させる機会を提供し、生徒の自主性を向上させ、高校やその先へと続く「教育を受ける旅」の準備となる優れた自学自習の習慣を身につけることを促した。

また、ナショナル・カリキュラムの幅広い目標のいくつかを達成する機会にもなった。たとえば、

Key Stage 2（前半）（LKS2）
・辞書を使い、読んだ単語の意味を確認する。
・読み手の興味や想像力をかき立てる単語やフレーズについて話し合う。

Key Stage 2（後半）（UKS2）
・辞書を使い、単語のスペルと意味を確認する。
・単語の最初の 3 文字または 4 文字を使って、スペル、意味、またはその両方を辞書で調べる。
・類語辞典（thesaurus）を使う。

2017 年 3 月に深谷教授が辞書引き学習を開始するために来校されたのを受けて、Key Stage 2 ではこのアプローチが採用され、子供たち一人ひとりに辞書が与えられた（それ以前は、クラス全員が使う共用辞書しかなかった）。Key Stage 2 には、7 〜 9 歳の「3・4 年生クラス（LKS2）」と 9 〜 11 歳の「5・6 年生クラス（UKS2）

第2部

がある。配布された辞書は、子供たちの語彙力、自立心、辞書の使い方を向上させるために引き続き活用され、成功を収めている。

観察

辞書引き学習に取り組む前は、新しい語彙の学習をする際に子供たちに興味を持たせるのは難しいことが多かった。読書中に出会った聞き慣れない単語は、しばしば読み飛ばされ、読んでも理解できなかった。大人に助けを求めるのが一般的だったので、大人がいない場合、子供たちは自分で意味を調べようという方略も意欲もなかった。

辞書の使用については、辞書引き学習を行うまでは行き当たりばったりなところがあり、子供たちにとって辞書は最後の手段と見なされることが多かった。辞書が難しすぎて使いこなせないのである。アルファベット順に並んでいる辞書から単語を探し出すのに苦労するため、辞書を使うのを完全に避けるか、大人が手助けしてくれるまで、使い方がよくわからないまま漫然と辞書を引く生徒もいた。類語辞典（thesaurus）も同様であり、学校ではあまり使われていなかった。類語辞典で新しい類義語に出会った子供たちは、その単語のニュアンスをよく理解しないで作文を書くときに使おうとすることがよくあった。

辞書引き学習を授業に取り入れた最初の成果は、子供たちがすぐに辞書の使い方を自主的に学ぶことに興味を持つようになったことだ。SEND（特別支援教育）の生徒や、以前はアルファベット順の知識を使って辞書を引くことに苦労していた生徒も含め、辞書で単語を探すことに習熟するようになった。子供たち同士の競争は、すでに知っている単語を速いペースで探し出すことを促し、ほとんどの子供たちは、すでにメモできている単語の多さに驚いていた。これはやがて、馴染みのある語彙の周囲にある単語への興味へと変わり、子供たちは同じ語源を持つ単語同士のつながりを作り始めた。100枚や500枚の付箋を貼ると賞品がもらえるなどのインセンティブは子供たちの興味をかき立て、目標達成のために休憩時間に辞書が外に持ち出されることもしばしばあった。

この好奇心は、語彙の習得やスペルの正確さへの、より自主的なアプローチをすぐに育んだ。辞書は、ライティングの授業中だけでなく、リーディングの時間にも、

英国の小学校の授業における辞書引き学習

大人が促すことなく子供たちが手に取るようになった。科学、歴史、地理などの他の科目でも、子供たちが辞書を引き、新しく学んだ語彙を付箋に書き込んでいるのを目撃した。その結果、子供たちは自分の学習とより強く結びついたり、特定の教科の単語同士を結びつけたりするようになった。

　辞書引き学習は、子供たちのスペリングへの取り組みにも良い影響を与えた。辞書引き学習以前は、スペリングのパターンを毎週教え、スペリング・リストを家に送り、子供たちはそれを毎週学習し、テストを受けていた。子供たちはスペルを覚え、テストで満点を取ったが、これらの単語を自分で書いた文章の中で正しく正確に使うのは難しいと感じていた。子供たちは、新しいスペルの単語を保持することが非常に難しいと感じていた。辞書引き学習とスペリング・パターンの学習をリンクさせ、辞書で単語の意味を調べ、そのパターンに続く単語をさらに見つけるように促したことで、子供たちは新しい語彙を、自信を持って自分で書くときに応用できるようになった。子供たちは、スペルミスに気づくことができるようになり、自己修正するための方略を多く身につけた。辞書引き学習により、大半の子供たちが新しい単語の正しいスペルを以前より効果的に保持できるようになった。

　辞書引き学習を読解の授業に取り入れることで、一部の子供たちは大きく変化した。多くの場合、新しい単語は、読書を通じてのみ出会う。そのような語は日常的に使われている言葉ではないので、子供たちが読書を通してしか単語を知らない場合、その単語を正しく発音できない可能性が高い。また、新しい単語の意味を理解するために大人に尋ねたことがなければ、その単語の意味を知らない可能性も高い。読書をするときに辞書を手元に置く習慣を身につけることは、子供たちが本の内容をより深く理解するのに役立っている。子供たちは、出てきた単語の意味を自主的に確認することをとても楽しんでいる。あまり使われない単語の発音表記も、辞書にはそれを助けるガイドが載っていることを子供たちが発見したことで、改善された。このことは、非常に読書が上手で、熱心な読書家である子供たちに特に顕著で、子供たちは、自分で答えを見つけるために必要な方略を手に入れたことで、読書における大人のサポートの必要性を卒業したと感じている。

第2部

保護者の参加

　辞書引き学習プロジェクトに参加した最初の子供たちが、辞書と付箋紙を握りしめて家路を急いだとき、多くの保護者は困惑した。家で本を読んだり、仕事をこなしたりすることにあまり興味のない子供たちが、よりによって辞書を読むことに夢中になっているようだったからだ。私たちが何をしているのか、なぜそのようなことをしているのか、たくさんの質問があった。しかし、子供たちが他の活動よりも辞書引き学習を選ぶようになり、語彙や理解が深まるにつれて、親たちも辞書引き学習の効果を実感するようになった。子供たちは大人に読み聞かせをしたり、新しい単語を共有したり、単語の意味を自分で調べたりすることに熱心になった。子供たちは、読んでいる本により夢中になり、より難しい文章を読むことに喜びを感じるようになった。広く、頻繁に読書をすればするほど、出会う単語の数も増え、もっと読みたいと思うようになった。好循環である。突然、毎週新しいスペルを覚えることが、付箋を増やしたり、ご褒美をもらったりする機会になった。子供たちは、スペリングの勉強を、やらなくてはいけないもうひとつの雑用と見なすことはなくなった。このような家庭での小さな学習にさらに集中することで、子供たちはテストでも、カリキュラムを超えた自主学習でも、より多くの成功を収めるようになった。保護者の中には、子供が弟妹に単語の意味についてアドバイスしているのを聞いたり、自分で辞書の使い方を教え始めているという人もいた。

教師の視点

　私は子供の頃、辞書を引くのが好きだった。辞書を引きながら、見知らぬ新しい単語を彷徨い、その単語を自分の文章に使ってみたりしたものだ。祖父が持っていたリーダーズ・ダイジェスト誌の「言葉の力を高める」(Increase Your Word Power) コーナーを読むのが好きだったし、アイルランドの祖父から、奇妙で聞き慣れない単語がたくさん出てくる奇想天外な話を聞くのも好きだった。小学校では、友人たちと最も長くて手の込んだ物語を書くことを競い合い、何人かのクラスメートは作家になった。私は豊かな言語環境と想像力豊かな遊びの中で育ったが、それは1970年代のことで、現代の子供たちのように気を散らすものはそれほど多くな

かった。

　日本から帰国したジャネット校長が辞書引き学習というものについて話したとき、私は控えめに言っても懐疑的だった。馬鹿げていると思った。私のクラスにも私自身にも何のメリットもないまま、貴重なカリキュラムの時間を浪費する流行的な手法だと感じた。しかし、深谷教授の最初の訪問で、私は辞書引き学習の力を目の当たりにし、電子機器やインターネットにアクセスすることなく、私が子供の頃に楽しんでいたことを学校の子供たちに与えることができるのだと、考えを改めた。私の実践は、さまざまな面で深化してきた。

　カリキュラムをこなす時間は貴重だが、語彙を教える時間は決して無駄ではない。辞書引き学習を使うことで、退屈で受動的な暗記学習になりがちな語彙指導を、エキサイティングでやりがいのある能動的な授業に変えることができた。学校全体の実践の一環として、カリキュラムの各分野の内容の要約（knowledge organizers）を子供たちに配布している。これは、私たちが教える各トピックの主な学習目標をまとめたものである。それぞれの分野ごとに重要語彙の項目があり、私たちの指導を通して子供たちに習得してもらいたい重要な新語が記載されている。辞書引き学習は、このような新しい単語をページから引き離し、子供たちの理解を深めている。子供たちは、このような重要単語を辞書に追加することが多い。追加した語は「フリーな語」、すなわち、毎週のスペリングテストに出てくる単語とは違い、覚えるど必要のない単語と見なしているのだが、その過程で、同じ語源を持つ別の語彙に出会うこともある。彼らは（計画的な）偶然を通して学んでいるのである。

　スペリングの授業も新たな着眼点になった。スペルのパターンやその例外を学ぶのは退屈なものだ。辞書引き学習では、子供たちはスペリングの授業に出てくる単語を使いたがり、使った語は辞書に付箋をつけようとする。その結果、教える時間がないほど多くの関連単語に出会うのである。

　「案内付きのリーディング」（guided reading）のレッスンでは、子供たちは文脈から未知語の意味を推測するスキルを身につける。これも辞書引き学習によって強化される技能のひとつである。子供たちは、推測をする力をつけることを求められることに変わりはないが、その後、辞書を使って、それが正しいかどうかを自分で確認することを奨励される。これには、多くの単語には複数の意味があること、すなわち文脈が重要であることを強調する効果もある。

第２部

　私は常に、じっくり考えて語彙を選択することをクラスで奨励しているが、子供たちの中には、1回で自分の作品を「完璧」に仕上げようとするため、自分が思いついた最高の単語を使うというよりは、自分がよく知っていて綴ることができる最高の単語を選ぼうとする子もいる。作文の個別指導の中で、このような子供たちも勇気を出して、よりレベルの高い、意欲的な語彙を使ってみることができるようになった。辞書引き学習を導入してからは、類義語の意味を確認する必要性や、単に長い単語や珍しい単語を選ぶのではなく、的確で正確な語彙を選ぶことの重要性を子供たちが理解するようになったため、類義語辞典の使い方も改善された。

　辞書引き学習をカリキュラム全体に少しずつ、そして頻繁に取り入れることで、私のクラスの自律性に大きな効果があり、新しい語彙の習得にも非常に良い効果をもたらしている。

　2020年以降、COVID-19の影響で学校が閉鎖されたため、子供たちの大半は、保護者の指導のもと、学校のオンラインサポートを受けて家庭で教育を受けることになった。子供たちが学校に戻ると、保護者や教師の最善の努力にもかかわらず、最も苦しんでいたのは書くことであることがすぐに明らかになった。多くの子供たちは、遠隔地での学習中、あまり文章を書かず、読み物へのアクセスも減っていた。子供たちは必然的にオンラインで多くの時間を過ごすようになり、大多数の子供たちにとって学習はより受動的なものになった。保護者の期待も学校ほど厳しくなく、多くの子供たちが、通常時に期待される水準よりも下のレベルで学校に戻ってきた。復学後、辞書引き学習は子供たちを再び学習に参加させる優れた方法であり、家庭学習で失った自主性を取り戻すのに役立っている。辞書引き学習により、単語の選択とスペリングの力が急速に向上した。パンデミックの間に低下していた言語に対する好奇心も戻ってきており、辞書引き学習は、私たちが指導を通して育むことを目標としている言語への愛情を再び呼び起こす上で、非常に貴重なものとなっている。

　他の科目でも、辞書引き学習に支えられた学校環境での学習への回帰に、同様の好影響が見られる。子供たちは教科固有の語彙を短期間で習得し、長期記憶に定着しつつある。子供たちは、この知識を取り出し、再びカリキュラム全体の関係性を作ることができるようになってきている。

　辞書引き学習は、指先ひとつで豊富な情報を得られるとはいえ、子供たちがすべ

224

ての時間をオンライン環境で過ごしたいと思っているわけではないことを証明している。辞書引き学習プロジェクトに参加した子供たちに尋ねると、そのほとんどがオンライン辞書よりも紙ベースの辞書を使いたいと答える。理由は、遊び場など、どこにでも辞書を持って行けることなど、たくさんある。電源が切れる可能性のあるデバイスに頼らなくてもいいし、インターネットを必要としないのもいい。田舎の学校では、インターネット接続が常に利用できるわけではない。子供たちは、辞書に載っている情報の信頼性が好きだとも言っている。

教師として辞書引き学習プロジェクトに参加したことで、子供たちがどのように新しい語彙を習得し、定着させていくのかを学ぶ時間を増やすことができた。自分のクラスの子供たちが言語やスペリングに苦しんでいるとき、彼らを助けるための方略が増えたと感じる。辞書引き学習は、カリキュラム全体で語彙をより明確に教えることに時間を割くことを促し、子供たちはこの教えをより自主的に定着させることができるようになった。

翻訳：関山健治（中部大学）

【解説】深谷圭助

ショーンとの研究交流は、2016年10月のジャネット・アドセット校長との出会いを契機に2017年3月にキャッスルモルトンCE小学校に初めて赴き、導入授業を行って以来、現在（2024年3月）まで続いている。実際に彼女の教室には、2017年9月（2回目）、2018年3月（3回目）、2018年9月（4回目）、2019年3月（5回目）、2019年9月（6回目）、コロナウイルス感染症の世界的流行による訪問中止を経て、2022年9月（7回目）、2023年3月（8回目）、2023年9月（9回目）、2024年（10回目）の合計10回の訪問を重ねてきている。これまで、一貫して辞書引き学習実践の様子と、児童や教員へのインタビューを行ってきた。

彼女もまた、校長だったジャネットと同様に、日本の教育文化に対して訝しんでいたようである。国際研究をすすめる上で、特にローカルな学校に対して、「介入」を通した教育的接触を行なおうとする際に、目に見えない「文化的障壁」が存在すること、そして実際的な制度的障壁があることを認識しなければならないことが

第2部

ショーンの論考からも伝わってくる。日本で開発され、成功を収めてきた学習方略モデルであっても、文化や制度の違いからくる障壁は高く、分厚いものなのである。

　ショーンは、辞書引き学習に取り組む前の子供たちの様子について「辞書引き学習に取り組む前は、新しい語彙の学習をする際に子供たちに興味を持たせるのは難しいことが多かった」と振り返り、「読書中に出会った聞き慣れない単語は、しばしば読み飛ばされ、読んでも理解できなかった」という。わからない単語に出会っても、子供たちは、「大人に助けを求めるのが一般的だったので、大人がいない場合、子供たちは自分で意味を調べようという方略も意欲もなかった」と述懐している。

　そうした実態が、辞書引き学習の実験導入により、変化の兆しを見せるようになる。ショーンは、「辞書引き学習を授業に取り入れた最初の成果は、子供たちがすぐに辞書の使い方を自主的に学ぶことに興味を持つようになったことだ」とし、特に「SEND（特別支援教育）の生徒や、以前はアルファベット順の知識を使って辞書を引くことに苦労していた生徒も含め、辞書で単語を探すことに習熟するようになった」と言う。ショーンが述べる最初の効果として、学習困難と思われる子供が辞書で単語を探すことに習熟するようになった」というのである。また、「子供たち同士の競争は、すでに知っている単語を速いペースで探し出すことを促し、ほとんどの子供たちは、すでにメモできている単語の多さに驚いていた」とショーンは言う。これは、子供たち同士の「辞書引き競争」において、単語を速いペースで探し出すことで、辞書の中にある「知っている言葉」の多さに自ら驚かされていたことを示すものである。馴染みのある言葉に注目させて、辞書を読ませて、発見した既知語の多さに驚くことで、自己肯定感が高まり、これが、ショーンの述べるところの「やがて、馴染みのある語彙の周囲にある単語への興味へと変わり、子供たちは同じ語源を持つ単語同士のつながりを作り始めた」という現象に繋がっていくのである。

　辞書引き学習の効果は、様々な面に波及している。「この好奇心は、語彙の習得やスペルの正確さへの、より自主的なアプローチをすぐに育んだ。辞書は、ライティングの授業中だけでなく、リーディングの時間にも、大人が促すことなく子供たちが手に取るようになった。科学、歴史、地理などの他の科目でも、子供たちが辞書を引き、新しく学んだ語彙を付箋に書き込んでいるのを目撃した。その結果、子供たちは自分の学習とより強く結びついたり、特定の教科の単語同士を結びつけたり

するようになった」と言うように、語彙の獲得やスペルの正確さ、ライティング、リーディングだけでなく、自分の学習（教科学習）と辞書引き学習を結び付けたりする様子が見られるようになったのである。

　「カリキュラムをこなす時間は貴重だが、語彙を教える時間は決して無駄ではない。辞書引き学習を使うことで、退屈で受動的な暗記学習になりがちな語彙指導を、エキサイティングでやりがいのある能動的な授業に変えることができた」というように、ショーンは、とてもタイトなカリキュラム運営の中においても、辞書引き学習の意義を深く認識し、受動的な暗記学習になりがちな語彙指導がエキサイティングでやりがいのある能動的な授業に変わるきっかけを作ったと述べているのである。このことからも、イギリスという教育文化や教育制度、言語種を乗り越えて、辞書引き学習が汎用的な言語（語彙）学習方略モデルとしての可能性の高さを十分にショーンは認めているのである。

語彙習得学習における語種間共通方略モデルの開発とその実践
——辞書引き学習の動機づけと方略の有効性をめぐって——

深谷圭助　吉川龍生

1. 研究目的

　本研究の目的は、自己調整学習理論に基づいた語彙学習における語種間共通方略モデルを日本とイギリスの学校教育に導入することにより、学習者の語彙学習に対する学習態度を主体的にすることができるかを実証的に明らかにすることである。また、同モデルを日本の大学の外国語（中国語）学習に導入することにより、学習態度を主体的にすることができるかを実証的に明らかにすることである。

　具体的には、イギリスの英語教育、日本の国語教育、日本における中国語教育へ、語種間共通方略モデルである「辞書引き学習（英語圏では "Jishobiki" と表記）」を導入することを通して、モデルの学習者へもたらす効果を検証するとともに、その限界についても明らかにする。なお、イギリスと日本で、この語彙学習モデルを体験した児童へのインタビュー逐語記録を元に、主体性概念構造を明らかにし、比較・分析する。

　言語学習担当者が、学習者の語彙力向上と継続的な学習習慣の形成を促進する語種間共通方略モデル "Jishobiki" の導入をした場合、一般的に、人々から単調で忍耐を求められる学習と捉えられている語彙学習指導をどのように変貌させ得るのか、如何なる効果が得られるのかについて、イギリスの小学校の英語学習、日本の小学校の国語学習、日本の大学における中国語学習の場において実証的に検討することである。

2. 問題の所在

(1)「主体性」形成のための「自己調整学習」の必要性

　「主体性」という言葉は、日本の新しい学習指導要領のキーフレーズである「主

体的、対話的で深い学び」にも登場する、鍵概念である。この「主体性」という言葉を英語で翻訳してみると、Self-Regulated、Self-Directed、Independent 等、様々な訳語に当たる。

　教育心理学領域では、1980 年代に、Zimmerman が "Self-Regulated Learning"（自己調整学習）を、Knowles らが "Self-Directed Learning"（自己主導型学習）に関する研究を開始した。Zimmerman らの研究では、"Self-Regulated Learning"（自己調整学習）における主体性を涵養する教科指導では、以下の 2 点を意識した指導が重要であるとされている。

---
①学習の動機づけ：なぜ学習をするのか
②学習方略：どのように学習をしたら効果的に学習できるか

本研究では、この自己調整学習の理論を背景とした国際共通語彙学習モデル「辞書引き学習 "Jishobiki"」を語彙学習に導入することにより、学習者の語彙学習における主体性を向上させたい。

(2) 言語学習の「動機づけ」の重要性と「自己調整学習」

　さて、近年、グローバル化に伴って、国や言語、文化を超えてコミュニケーションが行われるようになり、学校教育における言語学習の在り方が見直されている。国や地域によっては、子供たちは親の話す言語である母語だけではなく、国が制定した公用語、あるいは習得することが望ましいと考えられている外国語学習、また、国民性を涵養する言語である国語を学ばねばならない。

　言語を学ぶ、「動機づけ」は重要である。例えば、第一言語、第二言語、第三言語をそれぞれ学ぶことは動機づけが異なると考えられる。例えば、国語を学ぶことは、日本の場合、日本語があまりにも当然のように用いられているが故に、学習の対象としての動機づけが弱く、学習方略も意識されないことが多い。一方で、外国語を学ぶことは、あまりにも非日常的な言語であるがゆえに、学習の動機づけは難しい。

　外国語の学習・教授・評価のためのヨーロッパ言語共通参照枠（CEFR: Common European Framework of Reference for Languages: Learning, Teaching, Assessment）は、現代の各国における言語学習に多大な影響を与えているが、この語学シラバスやカリキュラムの手引き、学習指導教材の編集、外国語運用能力評価の考え方には、言語学習における学習者の意欲化の問題、動機づけの問題は反映

第 2 部

されていない。この枠組みは、あくまでも複言語がヨーロッパ標準とする考え方を
表したものである。

　言語能力の熟達は、長期間にわたる地道な学習が必要であり、特に、語彙学習は
単調になりがちになる。それゆえに、欧州以外の国々が CEFR の枠組みに従って
言語教育を行う場合、言語教育の動機づけの問題は困難な問題である。この困難と
目される、語彙学習における動機づけと学習方略を、Zimmerman らの自己調整学
習モデルに対応した辞書引き学習 "Jishobiki" を導入することにより、先述の諸問
題を解消できる可能性を実証的に明らかにしたい。

3. 語彙学習モデル「辞書引き学習（Jishobiki）」とは何か

　ここで、語彙学習モデル "Jishobiki" について説明する。「辞書引き学習」は、深
谷圭助が日本の小学校において、1990 年代に開発した辞書を教材とした学習法で
ある＊1。「辞書引き学習」は、自己調整学習モデルの 2 つの構成要素「動機づけ」
と「学習方略」によって構成されている。辞書引き学習により、自己調整力を育て
ることで、有能な語彙学習者として自立させることができる。シンガポールやイギ
リスでは、このモデルを "Jishobiki" と呼び、以下のように紹介されている＊2。

　　"Jishobiki is one of the effective learning approaches of literacy education,
especially in promoting reading and writing skills as well as prompting
academic competence and literacy in school. "

　深谷は、同語彙学習モデルの開発に 1994 年から着手し、1998 年に論文と著書で
同学習モデルに関する研究成果を公表している＊3。また、拙著『7 歳から「辞書」
を引いて頭をきたえる』（すばる舎、2007 年）以降、関連書籍が刊行されている＊4。
　同語彙学習モデルが、学校や家庭で受容された背景の一つとして、辞書の「引き方」
を教えることが、必ずしも、子供の語彙への理解を深め、広く語彙を獲得すること
に繋がっていなかったことが挙げられる。これまでの辞書指導が、「引き方」指導
に偏しているという問題は、日本だけの問題ではなく、イギリスを始めとした諸外
国においても同様である。語彙学習は、継続的に単調な作業（読み書き）を行わな

ければならず、語彙学習を、辞書を活用させることによって活動的に展開することは、子供の語彙の理解や語彙の拡張に効果的である。ノールズ（2005）によれば、「辞書の引き方」を教えるという、教師主導学習では、「引き方」を学習リソースとしてみた場合に、「引き方」に関する教師・教科書の執筆者、教材の製作者の有する経験のほうが、学習者自身の経験よりも優れたリソースであると捉えられ、それゆえに教師は、これらの専門化のリソースを学習者に伝授する責任をもつものだと考えられている。その一方で、自己主導型学習では、学習者の経験は専門家のリソースとともに活かされるべき非常に豊かなリソースとしてみなされるという。「辞書引き学習」は、「引き方」指導から、辞書を学習者が活用することで広がる語彙学習の可能性を引き出すことで、教師と学習者が豊かなリソースを生み出すことを目指したものである。

　本研究では、語彙学習モデルである辞書引き学習 "Jishobiki" を、日本とイギリスの小学校で一定期間実施し、同学習モデルが、国民語における語彙学習の動機づけと学習方略の両面から、主体性（自己調整力）を身につけることに成果をもたらしているかどうかを、実施後の児童へのインタビュー逐語記録を分析することで検討する。また、日本における中国語学習の語彙学習モデル Jishobiki の導入とその効果についても検討する。

4.　国際共通語彙学習モデル "Jishobiki" の日・英小学校への導入事例

(1) 国際共通語彙学習モデル "Jishobiki" の日・英小学校実証研究の概要

　イギリス・ウスターシャー州の C 小学校では 2017 年 3 月 15 日から現在まで Jishobiki に継続して Year3 と Year4 の児童が 1 週間に 1 時間同一教室でこの取り組みに参加している。

　本研究では、研究実践の効果検証のため、イギリスのウスターシャー州にある C 小学校において Jishobiki に 2 年間取り組んだ Year 5 の児童 3 名に対するインタビューを 2019 年 3 月 7 日に実施した。

　また、日本・島根県の H 小学校では 2012 年から現在まで継続して Jishobiki に取り組んでいる。Jishobiki の実践研究では、小学校 1 年生から 6 年生が全員同じ教室に集まり、1 週間あたり 1 授業時間、辞書引き学習に参加している。

第２部

　本研究では、研究実践の効果検証のため、H小学校で“Jishobiki”に６年間取り組んだYear 6（６年生）児童３名に対するインタビューを2019年３月22日に実施した。

　本章では、イギリスと日本の児童に対するインタビュー逐語記録を分析する。分析に際しては、

　・子供たちに対する『動機づけ』はどのように行われ、学習効果をあげているか
　・子供たちの『学習方略』は、どれだけ定着し、学習効果をあげているか

以上の２つの観点から分析を試みる。

　本研究では、主体性や自己調整力が向上するという事実が確認できれば、通常、地道な努力を必要とする語彙学習がActive Learningとなり、主体的な学習態度が形成されたとみなす。

(2) イギリス・ウスターシャーC小学校における語彙学習モデル「辞書引き学習 （Jishobiki)」の導入と児童へのインタビュー逐語記録の分析と考察

　イギリスのC小学校では、１週間に１授業時間、Jishobikiに取り組む時間が設定されている。対象とされる学年は、Year3とYear4の２学年である。イギリスのC小学校は小規模校であり、Jishobikiの指導については、Year3とYear4の２学年が同じ教室で学習を行っている。辞書引き学習をYear 3とYear 4で実施する理由としては、以下の２点である。

　・KeyStage2の後期に入るYear5からはカリキュラムが過密であり、１週間に１時間のJishobikiの時間を捻出することが困難であること
　・Jishobikiという、語彙力向上のために動的に辞書を活用させる取り組みの特性として、Year3とYear4は適している年代であること。

　イギリス・ウスターシャーのC小学校における語彙学習モデルJishobikiの導入による効果に関するインタビュー逐語記録は文末の補遺１の通りである。インタビュー総時間は19分10秒であった。（補遺１参照）

　まず、イギリス人児童の辞書引き学習の取り組みに関するインタビュー逐語記録から、「動機づけ」と「学習方略」の観点で、以下の頻出語彙に注目する。（表１参照）

語彙習得学習における語種間共通方略モデルの開発とその実践

表1 Jishobiki の小学校英語教育への導入に係るイギリス児童の全コメント中の
頻出語一覧

① because 56	② word50	③ help 44	⑤ dictionary 32	⑥ fun 17	⑦ good 9
⑧ Independent (Independence) 8	⑨ post-its 8	⑩ spell 28	spelling test 5	⑪ internet 2	⑫ silly 2

　表1から "fun" が17回、"good" が9回、イギリス児童の逐語記録に出現していることが分かる。この結果は、辞書引き学習法が児童の満足感につながっていることを示唆するものである。この2語は、語彙学習に対する「動機づけ」に該当する語彙とみなすことができる。"fun" や "good" の登場する場面は、Jishobiki に関する評価のコメントであり、学習効果が見込まれることによる「期待感」につながるコメントである。イギリス人児童は、忍耐と継続を求められる語彙習得において、彼らなりに学習を楽しみとするための努力が行われていることが推察される。fun や good の根拠として、以下の「動機づけ」により学習活動が継続して展開されている。

・辞書に付ける付箋がカラフルなので、付箋に書いた言葉が目につき、忘れにくいから。
・机や椅子を要しない Jishobiki を屋外で仲間と行うことができるから。
・新しい言葉を用いて、意外性のある面白い文章を作ることができるから
・スペリングテストへの対応、スペリングを正確に習得することができるから。
・真っ当な英語の使い手になることができるから。
・学習者として自立できるから。

　また、イギリス人児童が、"fun" であることの根拠を、"because" の後で明示していることから、イギリス人児童が、自己の学びを俯瞰していることが分かる。実際、イギリスの児童のコメントには、因果関係を示す "because" が56箇所、頻出している。

　イギリスの児童の言語教育において、1980年代のイギリスカリキュラム改革以降、論理的思考をする為の論理的な話し方が重視されており、因果関係を明確にする教育が行われてきた成果なのだろう。このようなイギリス小学校教育の経緯と背景があると思われるが、この調査で "because" がイギリス人児童の Jishobiki に関

233

第2部

するコメントで頻出したことの理由は、以下のように考えることができる。

　児童が、Jishobiki を継続して実践することにより、「学習方略」が、児童によって習得され、語彙学習の成果を実感することで、将来の児童の学習成果への期待が高まり、「動機づけ」がさらに強化されることの現れが、"because" に続く文章に示しているのではないか。

　先述した、"fun" が 17 回にわたり頻出したことのみならず、辞書引き学習を評価する語としての "good" が 9 箇所であり、自己調整学習における「動機づけ」と「学習方略」の定着がもたらす動機づけの強化が上手く機能していることが覗える。さらに、"post-its" が 8 回にわたって頻出しており、"post-its" を辞書に貼り付けるという「学習方略」は、「自己調整学力」における「動機づけ」として機能していることが分かる。

　また、"independent, independence" が 8 回にわたって逐語記録に登場していることも、自己調整学習としての辞書引き学習が機能していることを示している。児童それぞれが自立的に学習の当事者として語彙学習が展開されている。

　イギリス人児童らは、自己の言語的能力の成長に関する関心が高く、"word" が 50 箇所にわたって使われている。また、「辞書引き学習」が様々な能力に働きかけたことを示す "help" が 44 箇所用いられている。

　イギリス人児童が "spell" を 25 回、"spelling test" を 5 回、逐語記録の中で用いている。イギリス人児童が英語を学ぶ上で、"spell" が大きな課題であることが考えられる。語彙学習における spelling や spelling test がイギリス人児童にとって大きな負担になっていたことは容易に想像できる。英語教育の内容の中核的な内容である語彙学習と語彙学習における効果的な学習方略の習得は児童にとって大きな関心事であり、辞書引き学習による学習方略の習得も児童にとって期待は大きい。それ故に、児童の語彙習得に有効な学習方略に対する理解と「学習方略」の運用が、「動機づけ」と連動して児童コメントの中に表れているのは興味深い。イギリス人児童にとっての "spelling"、日本人児童にとっての "漢字習得" はそれぞれの小学校語彙指導の中で中核的であり、その習得のために、児童には忍耐と継続的な取り組みが求められる。忍耐と継続性という 2 つの学習負担の軽減を、自己調整学習方策としての辞書引き学習によって児童が取り組み、成果を得ている点は評価できる。

(3) 日本・島根県H小学校における語彙学習モデル「辞書引き学習」の導入の概要と児童へのインタビュー逐語記録の分析と考察

①日本・島根県H小学校における語彙学習モデル「辞書引き学習」の導入の概要

　日本の島根県のH小学校では、小学校1年生で辞書引き学習の導入が行われ、小学校1年生から6年生まで、1週間に1時間、辞書引き学習に取り組む学習機会が保証されている。イギリスのC小学校も、1週間に1時間、辞書引き学習に取り組む時間が設定されているが、対象とされる学年は、Year3とYear4の2学年である。

　日本のH小学校とイギリスのC小学校はいずれも小規模校であり、辞書引き学習の時間は、日本のH小学校では1年生から6年生までの6学年が全員で同じ教室で学習が行われている。イギリスのC小学校ではYear3とYear4の2学年が同じ教室で学習を行っている。

②島根県H小学校の児童へのインタビュー逐語記録の分析と考察

　日本・島根県H小学校における語彙学習モデル「辞書引き学習（Jishobiki）」の導入による効果に関するインタビュー逐語記録（2019年3月22日収録）は補遺2の通りである。日本語による逐語記録であるが、解釈するために英語に翻訳している。

　補遺2の日本人児童に対するインタビューの逐語記録から頻出語を抽出してみると、イギリス人児童に比べて、自己の学びを俯瞰することを示す頻出語が少ない。学習上の自立を表すindependence（自立）という語は、イギリス人児童からは出てきたが、日本人児童からは出てこなかった。自分の語彙力向上が、どのように辞書引き学習によって促進されたかについて、日本人児童によるインタビューよりもイギリス人児童の方が明確である。これは、イギリスの英語教育に比べ、日本における国語（日本語）教育では、語彙獲得に対して関心が払われてこなかったことを表している。

　日本の児童の逐語記録には "fun" に該当する語はない。6年生の日本人児童は、「楽しい」「好き」という感情的な言葉を使うことに抵抗があるのだろうか。楽しい、好きであることを理由に、Jishobikiによる学習効果について語る様子は見られない。

第2部

「言葉」を「調べる」、「勉強する」ことの向こう側に、「自分」にとって「辞書」が「役に立つ」という理由づけを行っている。つまり、学習は義務であり権利であるが、楽しいという概念とは必ずしも学習と結び付いていないということなのだろう。調査をした児童がYear6（小学校6年生）であったということにも関わるのかもしれない。

　イギリス人児童は、スペリングテストに対する負担感は大きく、辞書引き学習をスペリングテストに対応した学習法として認知しているようである。日本人児童の漢字学習に対する負担感も大きいことが予測されるが、日本の漢字学習がドリル学習を中心に進められ、学習の範囲が学年ごとに限定されているが故に辞書で漢字を学ぶという使い方はしないということであろう。

　また、becauseに該当する「なぜなら」は6回頻出しているが、すべて、将来希望する職業と辞書引き学習の関係を説明する際にのみ使用されている語となっている。将来という言葉に対して、日本人児童は、「将来、希望する職業」と「将来」という言葉を「職業」という言葉を同義としてみなす傾向が強かった。イギリス人児童は、将来を「高校」という意味としてとらえ、比較的近い未来のイメージとして捉えているが、それに対して、日本人児童は、成人後の職業としてイメージしている。このことは、日本の児童にとって、関心のある分野の内容を学ぶことが、将来の職業に直結していると考えることに起因しているのだろう。H学校では、Jishonikiを学ぶ際に、自分の好きなことや興味のあることを調べて、発表する学習の流れを設定していた。このことに影響されたものであろう。

表2　Jishobikiの小学校国語教育への導入に係る日本人児童の全コメント中の頻出語一覧

①言葉	②調べ（る）	③自分	④勉強（する）	⑤辞書
29	10	8	5	4
⑥役立つ（役に立つ）	⑦おもしろい	⑧なぜなら		
3	1	6		

5. 日本の大学における中国語教育への語彙学習モデル「辞書引き学習（Jishobiki）」導入事例

（1）理論的背景

　日英両国の小学校における実践報告、とりわけ児童へのインタビューから、「辞書引き学習」が主体的な学習に好影響を与える要因として、次の2点が考察された。第一の要因は、学習者の達成感や自己肯定感を高めているという点である。「辞書引き学習」では、分からない言葉を探すというネガティブな方向性ではなく、既に自分の知識として持っているものを見つけることから始まるため、取り組みに対するポジティブな感覚を得ることができる。第2の要因は、いわゆる「オーナーシップ」の感覚を高めることができる点である。ここでの「オーナーシップ」とは、紙の辞書というリアルな物体を所有するという意味と、自己の学習を自己管理するという意味を含意する。以上二つの要因が高等教育の外国語教育においても機能するか、或いは機能させることができるかを、大学における日本語話者を対象とした初級中国語の語彙学習のなかで実践することとした。

（2）導入

　日本語話者が対象の初級中国語教育のなかで、学生が比較的容易に達成感を獲得できる領域としては、すでに高い運用能力を獲得していることが想定される漢字知識を活用する方法があると考えられ、そこに着目した取り組みを行った。

　取り組みに参加したのは、吉川の担当するK大学1年生（2018年度）の2クラスである。この取り組みにおいては、辞書ではなく、当該学部で独自編集された学習用単語集（紙媒体）である。なお、取り組みの開始時点で、学生たちは約65時間（週4.5時間／1学期14〜15週間）の中国語学習歴があった。また、紹介された学習法を実際に利用するかどうかは学生の任意とした。

　具体的な手順は下記のとおりである。

　①二つののクラスで事前試験を実施する。

　②平均の低かったほうのクラスに単語集の学習方法を紹介する。

　【学習方法】

　　・日本語の熟語と同じ意味の単語や前期の学習で習得済みの言葉を見つけ、白色のシールを単語の横に貼り、通し番号をふる。

第２部

　　　・覚えやすい単語を見つけて、黄色のシールを単語の横に貼り、通し番号をふ
　　　　る。
　　　・未知の単語を記憶し、赤色のシールを単語の横に貼り、通し番号をふる。
　　③両方のクラスで最終試験を実施する。

（3）結果

　①事前試験結果（2018 年 9 月）
　　　クラス A 平均:42.08（27 名）クラス B 平均:36.41（36 名）差:5.67
　　　クラス B（平均点が下のクラス）に上記学習法を導入した。

　②最終試験結果（2018 年 12 月）
　　　クラス A 平均:36.56 クラス B 平均:32.00 差:4.56
　　　クラス A と B の平均差 5.67（前期試験）⇒ 4.56（最終試験）1.11 点平均点が
　　　改善

　　試験のレベルは均等化されてはいるが、試験実施のタイミングの都合上、A・B
両クラスで実施された試験の出題は、若干の相違がある。そのため、この 1.11 点
という数値が統計的に有意であるかどうかは判断しかねる面がある。しかし、最終
試験での平均点差は、事前試験時よりも拡大する傾向があり、また人数が多いクラ
スほど点数が伸びない傾向があるため、その改善を示す数値は経験的には有意であ
ると言える。

（4）質的調査（自由記述回答）

　　学習法を導入したクラス B において、最終試験直後に質的問題を実施した。

　①肯定的なコメント

　　　・自分が覚えたものに次々とシールが貼られていくので、学習する意欲が高ま
　　　　るものと思われる。シールが貼りにくかったが、分からないところは飛ばし
　　　　て先にすすむため、早く進めることが出来ている気がして、モチベーション
　　　　を保つことができる。
　　　・ピンインを覚えるのが難しかったが、意味は漢字を見れば何となく分かった
　　　　ので、案外覚えやすかった。

　②否定的なコメント

・覚えた単語に印をつけるよりも、覚えていないものに印をつける方が自分には合っているかもしれない。
・普段から覚えられた単語、もしくは覚えられていない単語にチェックをつけるくせがあるので、シールを貼る手間が面倒くさかった。
・正直シールに番号を書く作業とそれを貼る作業が面倒だった。左端に間違えたときにチェックをつけていくスタイルでも充分だった。

(5) 分析と考察

① 「動機づけ」に関する分析と考察

既知の単語にシールを貼っていくという方法は、比較的好意的に受け止められたと言える。予想したとおり、学生たちは漢字についての知識を持っているので、満足感を得るのに充分な数の言葉を見つけることができたからである。

単語集を活用した学習の導入としては比較的成功したと言えるが、この方法が何を意図したものかを明確に説明しなかったことや、取り組みを完全に任意としてしまったことから、継続につながらなかった事例も多く見られた。学習法の狙いや紹介のみならず数回はフォローを行うようにして、学生の主体的な学習が確立するまでサポートが必要であるように考えられる。

また、ある程度の学習対象言語の事前知識があればできるという意味では、ヨーロッパ言語間での言語学習においても、この学習法を活用する可能性があるのではないかと考えられる。

② 「学習方略」に係る分析と考察

とりわけ、既に自分なりの学習法を確立していて大学入学試験での成功体験を持つ学生には、今回紹介した学習法に興味を示しつつも、自分の学習法に対する固執や新しい学習法への反発も見られた。とりわけ元来モチベーションも高い学生ほど、自分が知らない言葉をチェックする方法のほうが効率的であるとの感想を持つ傾向が強かった。既に学習姿勢や学習法を確立している学生の方略を阻害しないようにする必要を感じる反面、知らない言葉を後回しにして知っているものから始めるという方略が学習上のインセンティブになることや、それが他の学習全般にも適用可能であることも説明する必要があると考えられた。

第2部

6. 研究のまとめ

分析に際しては、「児童、学生に対する『動機づけ』はどのように行われ、学習効果をあげているか」、そして、「児童、学生の『学習方略』は、どれだけ定着し、学習効果をあげているか」という二つの観点から分析を試みる。

(1)「動機づけ」に関する考察

「動機づけ」は、対象とする児童の所属する、教育文化、環境、そして、教育内容によってその効果が変わることが明らかになった。

「語彙」を習得させることに関しては、日本人が中国語を学ぶという「外国語学習」においては重要であるが、いわゆる母語教育、国家語教育としての日本における「国語（日本語）」では、日常生活で日本語を使う教育環境にあるため、重要視されてこなかった。イギリスの場合、英語を母語としない人々が国内に数多く存在する中で、英語教育の質の転換を図ることが求められ、語彙事項は、イギリスの英語カリキュラムにおいて重視されるようになった。こうした教育文化の変化、教育環境の変化により、教育内容が変遷したため、イギリスの小学校では、spelling が児童にとって克服すべき大きな課題となった。その課題に対応する語彙学習モデルとして Jishobiki は受け入れられたのではないか。

一方、日本の小学校児童は、辞書引き学習（Jishobiki）に対しては、語彙そのものの学習というより、語彙の文章を読み書きする能力や、コミュニケーション能力の向上に対する効果が高いと考える傾向がある。

また、辞書引き学習（Jishobiki）が、自分の関心のある言葉を調べて、発表するという、H小学校で行われていた授業のスタイルに、組み込まれているが故に、調べる言葉そのものが、児童のキャリアイメージに引き寄せられていたのではないかと推察される。学習者としての成長というよりも、将来、希望する職業から見た、語彙学習モデルの意義という観点でコメントをしていることは、イギリスの児童にはない発想である。

日本の児童は、イギリスの児童のように、学習者として自立していたり、俯瞰的に自らの語彙学習を眺めたりすることはなかったが、言葉の学習を言語学習の範囲でとらえようとするイギリス人児童と異なり、言語学習の範囲を意識せずに、言葉

の世界を広げているところに特徴がある。

(2)「学習方略」に関しての考察

　同じ学習方略を指導しても、その方略が、各国の教育文化の文脈に取り込まれ、児童に「学習方略」を活用させていることは興味深い。"Jishobiki" は、言語の違いや、国や地域の文化の違いを超えて汎用的に活用できる自己調整学習モデルであることが証明されつつあるが、主体性概念そのものを示す、自明とされる文脈は大きく異なるという点において今後、精緻な研究が必要であるが、このモデルは、自己調整学習を促進する学習モデルであり、本モデルが持つ「学習方略」は、児童が課題と考える領域の学習成果に対して、大きな期待感を児童や教師に持たせることができたと考えられる。

　自己調整学習としての語彙学習における語種間共通方略モデル「辞書引き学習（Jishobiki）」により、主体性や自己調整力が向上するという事実が確認でき、通常、地道な努力を必要とする語彙学習が Active Learning 化したと評価できる。

謝辞

　本研究は、イギリス・ウスターシャー州 Castlemorton CE Primary School 校長 Janet Adset 氏、同校教諭 Sian Cafferjey 氏、そして、日本・島根県邑智郡邑南町立日貫小学校校長樋野不二子氏、同教諭寺井臣子氏の研究協力の元、貴重な研究実践のデータを得ることができた。ここに深く謝意を表したい。また、この２校で得た研究に関わる情報については、本研究の趣旨を逸脱しない範囲に於いて公開することが許されていることもここに付しておく。

付記

　本稿は、『現代教育学部紀要』（中部大学現代教育学部〔12〕、pp.47-55, 2020-03）に掲載されたものである。

第 2 部

参考文献

ノールズ，マルカム・S. 著、渡邊洋子監訳、京都大学 SDL 研究会翻訳（2005）『学習者と教育者のための自己主導型学習ガイド―ともに創る学習のすすめ』明石書店

注

*1 小学館国語辞典編集部編『大辞泉（上巻）』第 2 版、小学館、2012 年、1597 頁。
*2 Keisuke Fukaya "Fun Learning with Dictionaries: A Hands-On Workshop by Dr Fukaya" ,"Jishobiki: The Japanese Approach to Enhancing Children's Knowledge and Use of Dictionaries" Asian Festival of Children's Content 2017. 17-21th May 2017. Singapore
*3 深谷圭助「自ら学ぶ力を育てる国語辞典の指導法」は 1998 年愛知県教育委員会、愛知県教育文化振興会主催第 32 回愛知県教育論文個人研究最優秀賞を受賞し、同年、深谷圭助『小学 1 年で国語辞典を使えるようにする 30 の方法』（明治図書、1998 年）として、刊行された。
*4 「辞書引き学習法」に関する関連書籍には、以下のものがある。
  ・深谷圭助『7 歳から「辞書」を引いて頭をきたえる』すばる舎、2006 年。
  ・同『7 歳から「漢字辞典」を読む子は学力が伸びる！』すばる舎、2008 年。
  ・同『なぜ辞書を引かせると子どもは伸びるのか』宝島社、2008 年。
  ・同『自ら学ぶ力をつける深谷式辞書・図鑑活用術』小学館、2010 年。
  ・同『辞書引き学習で子どもが見る見る変わる』小学館、2013 年。

Appendix

補遺1　イギリス：C 小学校　インタビュー逐語記録（2019年3月7日収録）

English（C 小学校　2019年3月7日収録）	Japanese
T1: So what do you think of Jishobiki? What do you think about it?	教師1：辞書引き学習についてどう思いますか？どうですか？
S1: I think it's nice and fun to do while you're in your bed at night or trying to read a word or something.	児童1：夜中にベッドにいるときや、何か言葉を読んでいるときに辞書引き学習をやるのは楽しいことだと思います。
S2: I think it's good for spelling and education because it's not only fun but you can help other people with it.	児童2：辞書引き学習をすることでスペリングや勉強にも効果があります。また、楽しいだけでなく、辞書引き学習をすることでクラスメートの勉強を手伝うこともできるからです。
S3: I think it's really addicting and very fun, but you don't really want to stop and that's quite bad.	児童3：本当に辞書引き学習には夢中になります。辞書引き学習はとても楽しいと思います。辞書引きの活動がなくなったらとても残念です。
T2: Why is that? Why don't you want to stop?	教師2：それはなぜですか。なぜあなたは辞書引き学習をやめたくないのですか？
S4: Because then you see another word and another word that you know.	児童4：辞書引き学習をやめられないのは、次々と知っている言葉を見つけられるからです。
S5: And I think the Post-its make it more fun.	児童5：そして、付箋のおかげで辞書引き学習は更に楽しくなっていると思います。
S6: Yes. More colorful.	児童6：そうですね。もっとカラフルになって。
S7: It's not always gray and writing it down like in the textbook. You put it in and then you remember it.	児童7：辞書引き学習では、教科書を勉強するときのように退屈でいちいち書き留めたりということがありません。付箋を辞書に貼り付け言葉を覚えるだけです。
S8: Yes, it's colorful.	児童8：そうですね、しかもカラフルに。
T3: It helps you remember words. So, what makes it fun?	教師3：付箋のついた辞書は、言葉を覚えるのに役立ちますよね。何が辞書引き学習を楽しくするのでしょうか？
S9: I think it's colorful and it's nice to remember words. And you don't have to always write it down and then the teacher says on the board write this down, but you can actually do what you want with the thing. You don't have to start at the front and then go to the back, you can start where you want. It's nice.	児童9：私は辞書引き学習をした辞書が、色鮮やかで、言葉を忘れないのがよいと思います。そして、必ずしも言葉を書き留める必要はありません。先生は個人用の黒板に言葉を書き留めるように言います。しかし、実際はやりたいようにやることができます。辞書引き学習では、必ずしも前から後にすすめる必要もありません、やりたいところから辞書引き学習を始めることができるのです。そこがいいです。

第2部

English（C 小学校　2019 年 3 月 7 日収録）	Japanese
S10: It's very good to do with your friends at break time because if it's raining and we have to go outside it's quite fun to do because it's fun to play and you can make silly sentences.	児童 10：雨が降っていて外に出られない時は、友達と室内で辞書引き学習をするのが楽しいです。ジョークに満ちた文章を作ることができるので、休憩時間に友達と一緒にやるのはとても面白いことです。
S11: I like it because you can do it anywhere and it doesn't have to be in a certain place or time.	児童 11：辞書引き学習は、どこでも行うことができて、特定の場所または時間にやる必要はないので、私は辞書引きが好きです。
T4: Do you think that it has made you want to learn more and increase your vocabulary?	教師：辞書引き学習によって、もっと勉強して語彙を増やしたいと思うようになったと感じていますか？
S12: Definitely.	児童 12：もちろんです。
S13: Yes.	児童 13：はい。
T5: Why?	教師 5：なぜそう思いますか？
S14: Because I would say you remember it a bit more than normal things where you have to have a spelling test, and it just increases your vocabulary.	児童 14：スペリングテストを受けなければならない通常のやり方よりも、少しは言葉を覚えられていると思うので、語彙が増えると言えるのではないかと思います。
S15: I think why is because it's not so serious so you kind of remember it more.	児童 15：それほど堅苦しいものではないので、より言葉を覚えることができると思います。
S16: I think it is because you don't have to be told to do it, you just do it because it's fun, so you remember it more.	児童 16：語彙が身につくのは辞書引き学習をするようにと言われる必要がないからだと思います。辞書引き学習が楽しいからそうするだけです。だから、語彙をさらに覚えているというわけです。
T6: Fantastic. So do you think it has made you more independent in your learning and wanting to learn?	教師 6：すごいですね。あなたは辞書引き学習をすることが、あなたの学びをより自立させ、学びたいと望むようにさせていたと思いますか？
S17: Yes, because you can help other people. You don't just have to do it for your own benefit. Once I helped E with her spellings and really you don't have to tell her this is how you spell it, she gets a Post-it note and she says this is how you spell it. It's quite nice.	児童 17：はいそう思います。なぜなら辞書引き学習は、他の人の学びを手助けすることができるからです。自分の利益のためだけに辞書引き学習をする必要はありません。私が E のスペリングを手伝ったことがあります。そして、本当に E にどのようにスペリングするのかを言わなくてもいいのです。彼女は付箋紙を受け取り、どのようにスペリングをすればよいのかを話します。なかなかいい方法です。

English（C 小学校　2019 年 3 月 7 日収録）	Japanese
S18: Yes, it's quite a good thing because you don't have to do it in your dictionary. So you could do it in somebody else's and help them or they help you because when we get to 1,000 we have a bag so you just want to do it more.	児童 18：はい、自分の辞書でする必要がないので、それはとても良いことです。だから他の人たちを助けられます。1000 枚の付箋紙を辞書に貼ったら辞書を入れるバッグをもらえるので、あなたが他の誰かにそれをして助けることができます。
S19: I think it's quite nice and it makes you feel better about yourself because you know the words and it just makes you feel happier.	児童 19：それはとてもいいことだと思いますし、辞書引きは、自分自身を気持ちよくさせるのです。言葉を知っているということだけで、幸せな気持ちにさせられるのです。
T7: Fantastic. So what do you think are the short-term benefits of it? What do you get out of it in the short-term?	教師 7：すごいですね。それで、あなたは辞書引き学習の短期的なメリットは何だと思いますか？あなたは短期的に辞書引き学習から何を得ますか？
S20: I think because you have been doing it you remember more spellings. When we had our spelling test I think I got better scores because you use the word, and once it popped up in my spelling test and I was like I know this word because I remember it visually on the Post-it notes. So I remembered it way better than normal.	児童 20：辞書引き学習をしてきたので、より多くの単語のスペリングを覚えていると思います。私たちがスペリングテストをしたとき、よりよい得点を得ることができました。なぜならその単語はかつて使った単語で、スペリングテストの時、ふと思い出したものです。どうも一度それが私のスペリングテストに現れ、付箋紙により視覚的に覚えているので、私はこの単語を知ったようでした。それで、私はそれを通常よりずっと良く覚えていたのです。
S21: I think because I'm not the best speller it's really helped me because it's not like a spelling test where you have to do the words, it's like any word you can do and it's got all the words in a children's dictionary that you can learn, not just the ones that you know.	児童 21：私はとてもうまくスペリングができないので、辞書引き学習は本当に私を助けてくれると思っています。なぜなら、辞書引き学習はスペリングテストのようなものではないからです。辞書引き学習により、子供用辞典の中のあらゆる言葉を使えるようなものです。あなたが知っているものだけでなく。すべての言葉を子供用辞典から得ることができるのです。
S22: Yes, like if you are looking through your dictionary and you've done loads of them but you find a couple that you don't know, you feel like you have to learn them so then you fill a page.	児童 22：そうです、あなたが辞書を読み、学ぶ上でのたくさんの苦労をしたとしても、知らない対になる言葉を見つけるならば、それらの単語を学ばなければならないよう、ページに記入して単語で埋めいくのです。
T8: So you set yourself short-term goals, do you?	教師 8：それで、あなたは短期的な辞書引き学習によるスペリングテストの目標の設定をしたのですか。
S23: Yes, to get better scores in your spelling test.	児童 23：はい、スペリングテストで、より良いスコアを得るために短期的な目標を設定しました。

第２部

English（C 小学校　2019 年 3 月 7 日収録）	Japanese
T9: And what do you think the long-term benefits are? In your school, how do you think it is going to help you?	教師 9：では、長期的なメリットは何だと思いますか？学校ではそれがどのように役立つと思いますか？
S24: I think I like the way how it's fun because I think the year 2s will definitely like it because they are getting in groups and going under the tree and learning. And they will say, "Loads and loads of different people have been doing this in our school," and I think they really enjoy it because it's fun and it helps you remember words not just the boring old way, I think.	児童 24：2 年生は、グループになって校庭の木の下で学んでいるので、2 年生は間違いなく辞書引きが好きになると思います。だから辞書引き学習は楽しい方法だと思います。そして、あの子たちは、「私たちの学校では、たくさんのさまざまな人々が辞書引き学習をやっています」と言うでしょう。そして、本当に楽しいと思います。
S25: Yes, I think Key Stage 1 would love to do it because it's another step toward Key Stage 2 because if you have a dictionary in Key Stage 2 you don't really know how to use it. So it's quite helpful because it helps you learn to use a dictionary.	児童 25：はい、私は Key Stage 1 で辞書引き学習をするとよいと思います。なぜなら Key Stage 2 に向けて進むときに、そこで辞書をもっていても辞書を使う方法が本当にわからないからです。Keystage1 で辞書引きを学ぶことは、辞書を使うことを学ぶのに役立つからです。
S26: Yes, I think everyone in the school should start doing it since it really helps if it's a short word or a big word. I think other schools should do it too.	児童 26：そうです、短い単語でも長い単語でも辞書引き学習は大いに役立つので、学校の誰もが始めるべきだと思います。私は他の学校もすべきだと思います。
T10: And how do you think it's going to help you in the long term with you going to high school? How do you think it is going to help you?	教師 10：中等（学校）に行って辞書引き学習が長期的に言葉を学ぶことを助けることになることについてどう思いますか？辞書引き学習はあなたをどのように助けてくれると思いますか？
S27: It will definitely help us remember words. Because I think in high school you use dictionaries a bit more and in English this will help us. We don't have to look through every page to find the word because I think you taught us how to use a dictionary quicker and I think that will help us in high school a lot differently.	児童 27：それは間違いなく私たちが言葉を覚えるのに役立ちます。高校ではもう少し辞書を使うと思いますが、英語ではこれが役に立ちます。あなたが、私たちにより早く辞書を使う方法を教えたと思うので私は単語を見つけるためにすべてのページを調べる必要はありません。
S28: In high school, we have to use bigger words instead of just small ones, so the dictionary is quite helpful for that. And what O said, you did help us use a dictionary quicker so now we can just find a word in two minutes or maybe one and we can remember that if we don't know the word.	児童 28：高校では、簡単な（短い）単語ではなく難しい（長い）単語を使用しなくてはならないので、辞書は非常に役立ちます。そして、O が言ったように、辞書引きは私たちがより早く辞書を使うのを手助けしてくれるので、今ではわずか 2 分ないしは 1 分で単語を見つけて覚えることができます。

語彙習得学習における語種間共通方略モデルの開発とその実践

English（C 小学校　2019 年 3 月 7 日収録）	Japanese
S29: I think it will really help because if you don't always have a dictionary next to you but if you have learned that word recently then you will remember it and then you will know that word to use in your writing. And also you don't have to keep on going to a dictionary all the time.	児童 29：いつも隣に辞書を持っていなくても、最近その単語を学んだならば、あなたはそれを覚えているでしょうし、作文でもその単語の使い方が分かるでしょう。また、いつも辞書を確認し続ける必要はありません。
T11: Fantastic. And how do you think that this has helped you with your self-efficacy of learning and your self-direction of your own learning and your independence in learning?	教師 11：すごいですね。そして、辞書引き学習があなたの学習の自己肯定感と主体的な学習、そして学習における自立を助けていることについてどう思いますか？
S30: I would say it has helped me because at home I would use Siri or something to find a word but now I've got my own dictionary in the room and I will go up to my dictionary and I will look in it to find a word. Like, say if I used it for my homework, I would have it by my side when I'm doing my homework and I would look in it if I needed a word or something that I wouldn't know how to spell or didn't know what it meant.	児童 30：家では、Siri（Apple Computer の AI で自動音声システム）か何かを使うことが単語を見つけるのに役立ったと思いますが、今は部屋に自分の辞書を持っています。そして私は自分の辞書を持っていて、自分の辞書で言葉を見つけます。たとえば、宿題に使ったとしたら、宿題をするときは脇に置いておき、スペリングや書き方がわからないような言葉や必要なもの、つまり、それが何を意味するのかわからないものを調べます。
T12: So you wouldn't just ask anybody, you would do it yourself.	教師 12：つまり、あなたはただ誰かに訊ねるのではなく、自分で調べるということですね。
S31: No, I would look in my dictionary.	児童 31：はい。私は自分の辞書を見ます。
S32: I think it has made me a lot more independent about my vocabulary and spelling because it is a lot easier. And now because if we have Post-it notes it's easier to find the word so it doesn't take as long as a normal dictionary.	児童 32：勉強しやすい辞書引きのおかげで私の語彙とスペリングはより自立（independent）したと思います。そして今、私たちがポストイットを持っているならば、単語を見つけるのがより簡単であるので、普通の辞書ほど引く時間は長くはかかりません。
S33: I think it has made me feel braver about using dictionaries because I used to just have to go to a teacher and ask them to find a word for me or just tell you how to spell it, but now I can just go and get the dictionary and just find the word by myself.	児童 33：私は辞書引き学習が辞書を使うことに対し、私に勇気を与えたのだと思います。私は先生のところに行って言葉（の意味）を教えてくれるように頼むか、どうスペリングするか説明しなければならなかったからです。今では、辞書を手に取って自分自身で言葉を見つけます。
T13: So it has developed your confidence as well as your independence. Well done.	教師 13：そうですか。辞書引きで自信がついて自立できたわけですね。よくやりましたね。

第2部

English（C 小学校　2019 年 3 月 7 日収録）	Japanese
FUKAYA: Thank you very much. I want to add some questions for you. Now you are not using a dictionary in class but I think the attitude to use a dictionary and learn vocabulary is very, very good. So, please tell me about the results of Jishobiki.	深谷：ありがとうございました。いくつか質問を追加したいと思います。今では辞書引きの学習の時間はありませんが、私は辞書を使って語彙を学ぶ態度はとても、とても良いと思います。それでは、辞書引き学習の成果について教えてください。
S34: I think it has helped lots of people to, I would say, it's way more fun than normal dictionaries because you can have fun when you're learning a word because normally you would just go and ask the teacher and they would tell you. But now you can go into your draw, get your dictionary which looks really colorful with the Post-it notes, and try and find the Post-it note with the word on it and it has really helped lots of different spelling results and everything.	児童 34：辞書引き学習は多くの児童を助けてくれたと思います。普通の辞書（の使い方）よりもずっと楽しいのです。言葉を学ぶときには楽しい時間を過ごすことができるからです。今、あなたが書棚に入り、付箋紙でとてもカラフルに見える辞書を手にすることができ、そして言葉を探して付箋紙を付けてみることで、以前とは違う（良い）スペリングテストの成績をとることなどができました。
S35: I think Jishobiki is a great thing to do in schools because it helps with spelling, vocabulary, and you can make more friends by using it because you could say to someone who doesn't know how to spell a word, you could just say, "I know how to spell that word," and you could help them.	児童 35：私は辞書引き学習が、スペリングや語彙の助けになるので学校で辞書引き学習をすることは素晴らしいことだと思いますし、言葉のスペリングがわからない人に教えることができるので、辞書引きを通じて友達を増やすことができます。「その言葉のつづり方を知っています」と言い、友達を手伝うことができます。
S36: I think it's really fun and it's easy to do so anyone can do it. And it really improves everything to do with literacy because you can learn more words to put in your writing and you know the words so then when you're talking to someone you can use them.	児童 36：本当に辞書引き学習は楽しいし、辞書引き学習を誰でもできるようにするのは簡単だと思います。文章を書くためにもっと多くの単語を学ぶことができ、その単語を知っているので、誰かと話しているときにそれらを使用できるためリテラシーに関するすべての処理が大幅に向上します。
FUKAYA: Did Jishobiki contribute to your learning of vocabulary?	深谷：辞書引きは語彙の学習に貢献しましたか。
S37: Yes, I think it definitely did because I always thought I'm really good at small words but not really at big words. Like "experiment" or something like that, I'm not very good at spelling that, but then I went into my dictionary and I thought some dictionaries give you a way of spelling it, so "ex-peri-ment," so I think that's helped a lot.	児童 37：はい、間違いなく貢献したと思います。なぜなら、私は常に短い単語は得意だけど、長い単語は得意ではないと思っていたからです。"experiment" 等のように、私は大きい言葉をスペリングするのがあまり得意ではありませんが、自分の辞書を読み、"ex-peri-ment" のようにいくつかの辞書がスペリングの方法を知ることができると思います。このように辞書引き学習は大いに役立ったと思います。

語彙習得学習における語種間共通方略モデルの開発とその実践

English（C 小学校　2019 年 3 月 7 日収録）	Japanese
S38: I think Jishobiki is a great thing and it helps with our vocabulary and spelling because if we ask the teacher now for a spelling they would say, "We know you've done Jishobiki so how about you look it up in the dictionary?" So they don't really tell us because we know we've done Jishobiki. So that has helped us even more because you can't just say a word, so the first time you look in a dictionary you might not be able to spell it, but if you do it more you know the words more.	児童 38：辞書引き学習は偉大です。辞書引き学習は、語彙やスペリングの習得を助けます。なぜなら、先生に今すぐスペリングを教えるように頼むと、「あなたたちが辞書引き学習をしているのを知っていますよ。辞書を見てみたらどうですか？」と言われます。それで、先生たちは私たちが本当に辞書引き学習をやったことを知っているので、私たちに教えません。つまり、単語を言うだけではだめなので、それがさらに助けになっています。そのため、辞書を初めて見たときにスペリングはできないかもしれませんが、それ以上辞書引き学習を行うと、単語の詳細がわかります。
S39: I think Jishobiki really helps because sometimes you might think that you know a word since you use it when you're talking, but you might not really know how to spell it. So if you're using Jishobiki it really helps because when you are just looking it really helps you to read them and then you know you used that word but you never really knew how to spell it.	児童 39：話しているときに単語を使用しているから単語を知っていると思うかもしれませんが、単語のスペリングがわからない場合があるので、辞書引き学習は本当に役立つと思います。辞書引き学習をしているのであれば、それを読むのに役立つので、見ているときには本当に役に立ちます。
T14 Apart from spelling, how else has it improved your vocabulary, though? Has it helped you learn new words that you can use?	教師 14：単語のスペリングとは別に、他の方法で語彙が改善されたことはありますか？それはあなたが使うことができる新しい単語を学ぶのを助けましたか？
S40: Yes.	児童 40：はい。
T15: How has it done that?	教師 15：どうやってそれをしたのですか？
S41: I would say when you look in a dictionary you would look at your vocabulary and think it helps me with my spelling but it can help you with your language. So my brother always says contractions like "can't" and not "cannot," so it just helps you see words in different types of forms.	児童 41：辞書を見るというのは自分の語彙を見ることで、辞書引き学習はスペリングだけではなく、言葉の学習自体を助けてくれると思います。私の兄弟は短縮形について「cannot」ではなく「can't」だとかいつも言っているのですが、辞書を見ることで言葉のちがった形に目を向けることにもつながります。
S42: I think it has helped our vocabulary loads because it is really good for students to be able to just look in the dictionary. Sometimes you do it for fun so we are not even looking at a word.	児童 42：私たちの語彙の量を増やしたと思います。なぜなら、学生が辞書を見ることができるのは本当に良いことだからです。時には遊びのために使うので単に言葉を調べているだけではありません。
T16: But does that help you understand the meaning of words that you can then use?	教師 16：辞書引き学習は、その時、使うことができる言葉の意味を理解するのを助けますか？

第2部

English（C 小学校　2019 年 3 月 7 日収録）	Japanese
S43: Yes, because in the dictionary it says the word then it says the caption underneath. And we were doing this morning, we were doing he gave us a word and we had to look in our dictionary for the meaning.	児童 43：はい、辞書では、単語がありその下に説明文があるわけですから。今朝やっていたことですが、彼が私たちに言葉を一つ与え、私たちはその意味を辞書で調べるということもやっています。
S44: It was much easier than it used to be.	児童 44：前より楽に辞書を引けるようになりました。
S45: So it's way easier.	児童 45：ずっと簡単になりましたね。
S46: I think it has helped us with our language, like you said, because it has made us more formal in our writing, because Mr. Styles usually says we should be formal, so no contractions, and the dictionary is really good for that.	児童 46：あなたが言ったように、辞書引き学習は私たちの言語習得の手助けしてくれました。なぜなら、Styles 先生は、いつも私たちは真っ当な英語を使うべき、いいかげんな英語ではだめだと言っているからです。
S47: Yes, because if someone says a word that you don't know when you're talking to someone and you just kind of nod along, when you get home you just look it up in the dictionary and it's really easier. And also it really helps because if you don't know a word and you see it in the dictionary you start to read it and then you start to know it and you start using it more and more.	児童 47：そうです、誰かに話しかけているときに知らない言葉を言っていて、ただうなずいているのなら、家に帰るときは辞書で調べるだけでとても簡単です。また、単語を知らなくても辞書に載っている単語を見れば、その単語を読み始めた後、その単語を知り始め、その単語をますます使えるようになるため、非常に役立ちます。
FUKAYA1: Please tell me an episode about Jishobiki in the past two years.	深谷 1：過去 2 年間の辞書引き学習についてのエピソードを教えてください。
S48: I think it has really helped because we did it and we were all in a little group under the tree and we were doing it all together and we were laughing and we were having fun even though we were practicing our education and schoolwork. And I think Key Stage 1, like S and M and all of those girls, they would really like to do the same that we did, I would say.	児童 48：私たちは木の下に集まる小さなグループを作っていて、辞書引き学習を皆一緒にやって笑い合って、私たちが勉強や課題をしていたにもかかわらず楽しんでいたからです。そして、キーステージ 1 で、私は、S ちゃん、M ちゃん、そしてすべての女の子が好きで、彼女達は、本当に辞書引き学習を同じように行い、辞書引き学習を楽しんでいたといっていました。
S49: I think Key Stage 2 would love to do it because when we do it at break we sometimes make sentences, so like "The silly sausage sat under the tree," or we use bigger words to make sillier sentences. So it really helps.	児童 49：キーステージ 2 では、辞書引き学習をしたいのではないかと思います。私たちは休み時間に時々「愚かなソーセージが木の下に座っている」のような文章を作ったり、もっと難しい言葉を使っておかしな文章を作ったりするのです。だからそれは本当に役立ちます。

English (C 小学校　2019 年 3 月 7 日収録)	Japanese
S50: Yes, because if we found a word that we didn't know we would use it in a silly sentence and then we would remember that sentence and then we would remember what it meant. And also we used to do races to see who could get a certain number first.	児童 50：そうです、私たちは知らない言葉を見つけたら、ふざけた文でそれを使ってみたいと思います。そしてその文を覚えると同時にその難しい言葉の意味も覚えるのです。
S51: Yes, that was cool.	児童 51：そうですね、面白かったですね。
FUKAYA2: Do you think Jishobiki will contribute to your future?	深谷 2：辞書引き学習はあなたの将来に貢献すると思いますか？
S52: Yes, definitely, because I would say in high school you use bigger words and you would be "I really don't know this word, I'll go have a look in the dictionary" and you won't be embarrassed to go and look in your dictionary because we know that if we go to the same high school we will probably be doing the same thing as other people.	児童 52：はい、間違いなく。なぜなら高校に行ったらもっと難しい言葉を使うでしょうし、その時は「本当にこの単語を知らないので、辞書を見てきます」となるでしょう。そのときも辞書を見に行くのを恥ずかしいとは思わないでしょう。みんな同じ高校に通ったら、何をしているかみんな知っているわけですから。
FUKAYA3: Recently, electronic dictionaries and smartphones are very useful to learn vocabulary, but is a paper dictionary important for you?	深谷 3：最近、電子辞書やスマートフォンは語彙を学ぶのに非常に役立ちますが、あなたにとって紙の辞書は重要ですか？
S53: Yes, I would say a paper dictionary is better because you can use Post-it notes and it is more fun than just saying "Siri, how do you spell this word?" When it's easy, you can just look it up and you can have fun with it.	児童 53：はい、付箋紙を使うことができるので紙の辞書がより良いでしょう、そしてそれは単に「Siri、この単語はどう綴るの？」と言うよりも楽しいです。辞書引くのを楽しむことができますから。
S54: I think the Internet isn't a very good way because outside you can sit down and you can laugh with your friends instead of asking the Internet for your help. So you can ask your friends for help and make more friends.	児童 54：インターネットはあまり良い方法ではないと思います。なぜなら、インターネットに助けを求めるのではなく、辞書引き学習でなら、屋外で腰かけて友達と笑うことができるますからね。ですから、友達に助けを求めたり、友達を増やしたりすることができます。
S55: Yes, if we were in high school, then I think we wouldn't need all the Post-it notes, we would just know how to use it because we've been doing Jishobiki so we know where everything is.	児童 55：はい、高校生になったら、付箋紙はすべて必要ないと思いますが、私たちは辞書引き学習を通じて辞書の使い方を知っていますから、どこにどの言葉があるか知っているのです。

第2部

補遺2　日本：H小学校　6年生インタビュー逐語記録　（2019年3月22日収録）

英語	日本語　H小学校（2019年3月22日収録）
T1: Well, what is your impression of Jishobiki?	教師1：辞書引き学習に対する印象を教えてください。
S1:By learning Jishobiki, I've been in the sixth grade, but there are words I don't know often, but sometimes when I look it up in the dictionary, I can understand the words I looked up like that, and I was able to learn a lot more than when I was in first grade. I've been talking to people more and more about new words that I can use to make such presentations.	児童1：辞書引き学習することで色々と、僕は6年生になっても、たびたび知らない言葉があるんですけど、たまに辞書で調べると、そういう調べた言葉もすぐわかったし、1年生のころと比べてだいぶ知っている言葉もできたし、新しく知った言葉も、発表するときとかに使えたり、人と話すことが増えたりしました。
T2: Yes. Same question.	教師2：うん。同じ質問です。
What is your impression of Jishobiki?	辞書引き学習の印象を教えてください。
S2:My impression was that I had been doing Jishobiki for six years, and I got to know a lot of words, so I was able to write sentences by incorporating a lot of familiar words into my composition.	児童2：印象は、まず6年間辞書引き学習をやってきて、いろんな言葉を知れたので、作文とかにたくさん知った言葉を取り入れて、文章を書くことができました。
T3: Please, yes.	教師3：お願いします、はい。
S3:I was asked what the same thing was about the words, putting various words in my head, and saying something similar to that one, and then I was able to announce that this was the same way.	児童3：辞書の印象は、いろんな言葉が載ってて、その言葉からどういう意味かっていうのを頭の中に入れていて、その言葉と同じようなことを質問されたら、あ、こうこうこうと発表できるようになった。
T4: What do you think you're glad you're doing?	教師4：辞書引き学習をやっていてよかったと思うことは何ですか？
S4:Jishobiki takes a few minutes to learn, write the last words that remain in my mind on a yellow sticky note, write the meaning, and finally announce the word. In addition to the words I've examined, I can understand the words my friends have examined, and I think it's good for my friends to say new words that I haven't looked into yet.	児童4：僕たちの辞書引き学習は、辞書引き学習するタイムを計って、黄色い付箋に最後、自分の心に残った言葉を書いて、意味を書く、で、最後そこで発表するんですけど、そこでも、自分が調べた言葉以外にも、友達が調べた言葉もわかるし、新しい自分がまだ調べてない言葉も友達が言うことがいいと思います。
T5: Yes.	教師5：はい。

語彙習得学習における語種間共通方略モデルの開発とその実践

英語	日本語　H 小学校（2019 年 3 月 22 日収録）
S5:Well, out of the last words I used today I was writing in three words, and by making the sentence, uh, I thought it would be better to think about sentences and other sentences faster.	児童 5：僕は最後に今日出た言葉の中から 3 つの言葉で文章作るところで、その文章作ることで、より早く文章、他の文章を考えたりするところがいいと思いました。
S6:Jishobiki is that you can learn from that and make the most of the words you don't know, and I think that's good.	児童 6：辞書引き学習の良いところは、自分が知らない言葉をそれから知って、活かすっていうことが出来るところがいいと思う。
T6: What do you mean by making the most of it?	教師 6：「活かす」っていうのは？
S7: We can use that there is such a Chinese character as the meaning of that Chinese character and what kind of origin it is made. In case of the Chinese character for instance at the time of the national language at various times.	児童 7：「活かす」というのは、いろんな時、例えば、国語の時とか、漢字の時だったら、あの、その漢字の意味、どういう成り立ちでできているのかとか、そういう漢字があるからです。
T7: Yes. You know, in the future, do you think jishobiki will be used? What do you think will be useful for your future?	教師 7：うん。今後、辞書引き学習をしたことは、活かされると思いますか？今後、どういう場面で皆さんの将来に役立つと思いますか？
S8: First of all, I think Jishobiki will be useful from now on. So, what I'm going to use in my future is that I'm going to be an archaeologist, so if I have any questions, I can talk to my friends using the words I know in such a variety of ways, or, uh, if I want to do this work,　I want to use it at such a time because I talk about it for myself or introduce myself to become a company employee.	児童 8：まず、これから辞書引き学習は、役に立つと思います。で、ぼくの将来のどんなところで使うかというと、まず僕は考古学者になるから、分からないことがあれば、友達にいろんなとこで知った言葉を使って話しかけたりとか、その他にもしこの仕事をやりたいと思ったら、会社員になるために自分でお話したりとか自分の紹介みたいな入るときの話をするので、そういう時に使ってみたりしたいです。
T8:　What did you want to be?	教師 8：何になりたいって言いましたか？
S9: A fossil archaeologist.	児童 9：化石の考古学者に。
T9: Oh, dig the fossils, archaeologists.	教師 9：あ、化石を掘る考古学者に
S10: Yes, if there's something I don't know, or if I have time to find out, I can ask my friends using the words I know here, or if I'm going to make a presentation elsewhere, I want to use such a word when I announce it so that it is understandable to everyone rather than such when it is called like the teacher or it is like that.	児童 10：うん、もし分からないものがあったりとか、ここはどうやって調べるって時があれば、ここで知った言葉を使って友達に聞いてみたりとか、もし、他の所で発表するときなんか、もし、なんか先生みたいに呼ばれたりなんかしたときがあれば、そういうより、みんなにわかりやすいように発表するときに、こういう言葉を使いたいです。

第2部

英語	日本語　H 小学校 (2019 年 3 月 22 日収録)
S11: Yes, I think the words I've looked up in Jishobiki will be useful in the future. And, Because I want to become a pharmacist in the future, I think that it is useful if I talk by using a current word to talk with various people at that time.	児童 11：はい、辞書引き学習で調べた言葉は、今後役に立つと思います。で、ぼくは、将来薬剤師になりたいと思っているので、そのときに、いろんな方たちと話をするのに今までの言葉を使って話しをしたら役に立つと思うからです。
T10: Yes.	教師 10：はい。
S12: I think, just like the first thing I said, I'm going to be an archaeologist and I'm going to take advantage of what I've learned in Jishobiki. Because, in the future, when my dreams come true, or if I do not know what prefecture or country the name or something like that, I will not know what to do. I know that here is the name of the country that I know in Jishobiki. I thought that it was good because it was possible to go because it was possible to go easy even if I did not look at the map.	児童 12：僕は、最初に言った子と同じで考古学者になるし、辞書引き学習で今まで学んだことは活かされると思います。なぜかというと、将来、夢がかなったときとかに、何県や国の名前とかそういうことがわかっていなかったら、どうすればいいのかわからないけど、辞書引き学習で知った国の名前とかを、ここにあるっていうのがわかってて、楽にいけるから地図とか見なくても楽にいけるからいいと思った。
T11: Now, in that school, I'm told that it's very important to learn independently in difficult words, such as studying from your own willingness, or if you are willing to work with yourself, but this Jishobiki. Could you connect a little bit about learning from yourself?	教師 11：あの、今、学校では、その自分から進んで勉強するとか、自分から進んで活動するとかね、ちょっと難しい言葉で主体的に学ぶっていうことがとても大事だという風に言われてますけども、この辞書引き学習と、自分から進んで学ぶということについてちょっとつなげてお話してもらえますか？
S13: Studying yourself?	児童 13：自分の勉強？
T12: Yes. It's about being willing to study and Jishobiki.	教師 12：うん。自分から進んで勉強するということと、辞書引き学習ということと。
S14: When I'm talking about studying for myself, I usually look at creatures or things like that, but I often put them together on information cards at such times, so I use these words in more detail at that time. Well, first of all, it copies all that the picture book is written in the picture book, and the impression that I thought is used such a word.	児童 14：僕は、自分で進んで勉強するといえば、だいたい生き物とかそういうのをしらべるんですけど、そういう時に情報カードによくまとめるから、そういう時にこういう言葉を使ってより詳しく。まあ、図鑑のことをまず、図鑑に書いてあることをまず全部写して、それから、ぼくが思った感想をそういう言葉を使ってやります。
S15: I think that this Jishobiki and study can be connected because I can look up quickly when I sometimes do not know kanji by connecting with study.	児童 15：僕は、勉強とつなげて、たまに漢字がわからない時があるときに、辞書で調べるときに素早く調べることが出来るから、この Jishobiki と勉強はつながると思います。

語彙習得学習における語種間共通方略モデルの開発とその実践

英語	日本語　H 小学校（2019 年 3 月 22 日収録）
T13: So, if you think you don't really know it yourself, do you want to find out for yourself?	教師 13：で、その実際に自分でわからないなと思ったら自分で調べますか？
S16: Yes.	児童 16：はい。
T14: Do you do it without being told?	教師 14：いわれなくてもやりますか？
S17: Yes.	児童 17：はい。
S18: I think that Jishobiki, that, if you connect what you've been studying so far, you can see that, honorific or the wording of that kind of language, so I think that's good there.	児童 18：僕は、あの、辞書引き学習は、今まで勉強していることとかつなげると、敬語とかそういう感じの言葉づかいとかをこれでわかるので、そこがいいと思います。
T15: Do you use it yourself? Do you use it even if it is not said to the teacher or the house?	教師 15：自分から辞書を使っていますか？先生とか、お家の方にいわれなくても使っていますか？
S18: Yes.	児童 18：はい。
T16: Well, in the future, the study of English will start in earnest, and I think there are many opportunities to study various languages, so I hope you will make use of the customs you have acquired in places like this.	教師 16：あの、これから英語の勉強も本格的にはじまるし、いろんな言葉を勉強する機会も多いと思いますので、こういうところで身に着けた習慣をね、活かしてほしいなあというふうに思います。
T17: Finally, in Jishobiki in the past six years, such words were interesting, if you had such a story, would you please introduce a little specifically?	教師 17：最後に、今まで 6 年間、辞書引きで、こんな言葉が面白かったなとか、こんなお話があったよっていうことがあったら具体的にちょっと紹介してくださいますか？
S19: A word that left an impression in my mind? Well, the word that remained in my mind is the word "In great fear" first, and, uh, certain meaning, ah, the example, whether the teacher broke the vase, uh, "In great fear" and "In the great fear", rather than jumping, or not, or I'm worried about, I liked the most, now it remains in my mind the most. Recently, I've used it sometimes. A recent example is a little before graduation, it was the last dictionary look-up, and when I used the word seen at that time, that, "War fear" was when I didn't want to get caught by mother. The reason is that it is interesting to be able to use such a thing as saying to your younger sister and such.	児童 19：心に残った言葉ですか？えっと、1 番心に残った言葉は、まず、「戦々恐々」という言葉で、えっと確か意味が、あ、例が、えっと花瓶を割ったことを先生にばれないか「戦々恐々」とする。で、「戦々恐々」はたしか、びくびくするとうより、ばれないか、えっと心配するみたいなことを書いてあって、僕は 1 番気に入った、今、それが 1 番心に残ってて、たまに僕もこれは最近かな？卒業する前にしらべて、最後の辞書引きで、しらべて、そのときに、見た言葉で、たまに、あの、「戦々恐々」という言葉を使ったりだとか、だいたい母さんにばれないように、妹にもこうやっていうんだよとか言ったりだとかそういうことにもつかえて、おもしろかったからです。
T18: That's interesting. Yes. Do you have to leave? That kind.	教師 18：面白いね。はい。今までにないですか？そういうの。

255

第2部

英語	日本語　H小学校（2019年3月22日収録）
S20: What ever?	児童20：今までに？
T19: Yes. Such kind of things are interesting up to now, and such an episode is.	教師19：うん。いままでにこんなこと面白いなというか、そういうエピソードというのは。
S21: By now. Well, the kitchen, or something like that, in the loan words, I can know more in detail than just the written word, and knowing that there are a lot of meanings can leave more of a lasting impression on memories.	児童21：今までで…　まあ、キッチンとか、そういう感じの、カタカナの字で、下に英語で書いてあるより、詳しくしれるし、あと、意味もたくさん知ることが出来るっていうのが1番の印象、思い出です。
T20: Yes. Are you interested in the language of katakana?	教師20：うん。カタカナのことばとか、関心があるんですか？
S22: Uh, yes. Learning words like kitchen, kit, I can learn about English.	児童22：えっと、はい。キッチンとか、キットとか、英語について知れるから。
S23: I'm human, and there are a lot of people written in this dictionary, and even though I'm going home with my dad and we're talking about that person, I usually lose to my dad in knowledge. Well, that's why I want to be stronger than my dad.	児童23：僕は人類で、この辞書にはいろんな人物がのっていて、どういう人かっていうのがあったりして、ときどき家に帰ったら、お父さんと人物の言い合いっこしたりしてそういうので毎回負けるんですが、まあそういうのでもっとお父さんより強くなりたいです。っていうのがあります。
T21: You're interested in such a great person. By the way, is there anyone you respect? Isn't there a longing for such a person?	教師21：そういう偉い人に関心があるわけだね。ちなみに、尊敬している人物は、いますか？こういうひとに、あこがれるというのはないですか？
S24: I think it's about two people. There are a lot of them, but well, if it was two people, it would Edison, or you were using Japanese bamboo, you know, other, Yamamoto Kansuke, who was the warlord.	児童24：2人ぐらいかな。たくさんいるけど、まあ、2人だったら、エジソンだったら、日本の竹を使っていたとか、あの、他には、武将の山本勘助とかです。
T22: Do you like history?	教師22：歴史とか好きなんですか？
S25: History, I like it so-so. I don't hate it, but I don't really like it. I feel like I like it normally.	児童25：歴史、まあまあ好きです。嫌いでもないし、ものすごく好きでもない。ふつうに好きって感じ。
T23: Yes, thank you. By all means, even if I go to junior high school from wearing here, I think that I want to demonstrate, yes. Thank you very much.	教師23：はい、ありがとうございました。ぜひね、ここで身に着けたちからを中学校に行ってもね、あの、発揮して、ほしいなと思います、はい。どうもありがとうございました。
S26: Thank you.	児童26：ありがとうございました。

イギリスの公立小学校における辞書引き学習の導入と教師の学び

深谷圭助　吉川龍生　関山健治

1. はじめに

　本研究の目的は、日本で開発された汎用的言語間共通学習方略モデル「辞書引き学習」をイギリスの小学校に導入した後、日本とは異なる教育制度・文化において従事しているイギリス人教師がどのような専門職としての「学び」をしていたのかを、イギリス人教師を観察対象者としたインタビュー分析を通して、明らかにすることである。

　日本の学習指導要領改訂や大学入試における外部試験導入議論の中でも注目を集めたヨーロッパ言語共通参照枠（CEFR：Common European Framework of Reference for Languages）は、その根幹の理念の一つとして複言語・複文化ということを謳っている。様々な言語を対等な関係の中に位置づけ、社会の中でそれぞれの言語を使ってどれだけの役割を果たせるのかという点に重点を置き、その理念の下で個々人の言語における能力指標として参照枠が作られた。

　辞書は、様々な言語を学ぶ際に共通して用いるツールである。したがって、辞書を活用する「辞書引き学習」は、複言語・複文化という文脈においても、言語種に関係なく応用できるという意味において、CEFR の評価指標のような汎用性を有しているとも言える。異なる教育的文脈の中で、学校教育に従事する教師たちは、上述のような汎用性を持つと考えられる「辞書引き学習」をどのように受容し、教師として学び、成長することができるのだろうか。「辞書引き学習」を、国際的な共通学習方略モデルとして普及させていく過程で、学習者のみならず教師の側がどのように成長していくのかを考察することは、この学習方略をより有効なものとし有用性をアピールするためにも、非常に重要な側面である。

　本稿では、日本で開発された「辞書引き学習」をイギリスの小学校で導入し、イギリス人教師がどのような気づきや学びをしたのかについて、実践期間中に行った

第2部

インタビューによる担当教師の自己省察記録の分析[1]を通じて、その一端を明らかにしていきたい。

2. 先行研究の検討

　異なる学校文化を背景に持つ2か国間で、共通の教科内容に基づく教授活動を行い、教師による省察に基づいた学びに関する研究は数多く存在する。但し、その研究の多くは、カリキュラムや教授法に対して教育文化の影響を受けにくい理数科目の授業を対象としたものが多い。

　例えば、2000年代以降、日本の教員研修のスタイルとして発展してきた授業研究が、Lesson Studyとして、1990年代、スティグラー、ヒーバートの『ティーチング・ギャップ』の出版に端を発し、国際的に知られるようになったが[2]、同書も理数教育において成果を上げている日本の教育の特徴を日独米の授業比較から明らかにしたものである。以降、レッスンスタディによる国際比較研究は、授業改善や教員の専門性向上に資するものとなった。2010年頃からは、言語科目に関する授業も授業研究の対象として取り上げられる傾向が見られるようになることを小柳和喜雄は指摘している[3]。教師の専門職としての学びについて、Lesson Studyの果たした役割が大であることは言うまでもない。Lesson Studyが紹介されていた当初と異なり、国際的な広がりによって、それぞれの教育的課題に則した研究が行われる契機となりつつある。それらの研究において、異国間の教師は、相互に自らの教育実践を省察しながら、自分の教育実践の捉え直しをしている。教育方法の国際交流によって自らの授業改善を行うことは、大きなストレスや葛藤、そして刮目する場面を伴うからである。

　本研究では、教育文化の影響を受けやすい言語科目を対象とし、汎用的言語間共通学習方略モデルの導入を通じた教師の気づきや学びを研究の対象としている。これまで、言語系科目は、異なる言語を内容とするために比較研究が難しく、授業研究の対象として不向きと捉えられてきた。そこで、異なる目標言語の教育においても、共通学習方略モデルとして機能する辞書引き学習の導入を行うことで、異なる教育文化を背景にもつ教師が、自らの実践をこれまでと異なる視座から省察する学びをもたらす機会として認識するようになると考えた。

3. イギリス小学校での辞書引き学習の導入と教師の学び

　イギリスの小学校教師Ｓが、辞書引き学習を導入したのは、ウスターシャー・マルバーンのＣ・Ｍ小学校 Year3 と Year4 の２学年複式クラスである。2017 年 3 月以降、水曜日に１単位時間、辞書引き学習を活用した語彙学習をしてきている。また、この授業時間外においても辞書引き学習を適宜児童が行うことは推奨されている。

　本研究で参照するインタビュー記録は、2018 年 9 月 6 日と 2019 年 9 月 9 日に録音したものである。これらを文字起こしした逐語記録を元にしてＳの学びについて解釈する。

They've got those research skills, they can take ownership and find out for themselves, which is fantastic. It gives them confidence that if they look in the right place they can find the answers. And if they learn it for themselves, instead of listening to me, then they really learn it, they really take that onboard, and they really want to use that knowledge. So I find it has leaked into other areas of the curriculum, not just English, certainly in math, science, topic. If we have science words that they are not sure of, they'll often use their dictionary. Before they even ask me what something means, they'll go straight to the dictionary, look in the dictionary, and then usually we have a discussion so that they really understand what they're looking at. So I find it very useful.

（2018 年 9 月 6 日録音）

　Ｓは、「子供たちが、研究（探究）スキルを獲得することにより、学ぶためのオーナーシップを取ることができ、自分自身のために解答を見つけることができることは素晴らしいこと」とし、「子供たちが、正しい情報源から解答を見つけることができる辞書引きは、子供に自信を与えることになる」と述べている。

　研究スキルの獲得に関しては、長年、イギリスの小学校で取り組まれてきたトピック学習に対応したスキル学習指導の経験から、Ｓはその重要性を認識しているようである。

第2部

　また、Ｓは、辞書を「正しい情報源」として認識しており、そこから解答を見つけることができることから子供自身に学ぶことに関して自信を深めさせることができると感じているようである。さらに、Ｓは、「子供たちが、自分自身のために学ぶならば、教師に尋ねるのではなく、実際にそれを学びの俎上に載せ、その知識を本当に活用したいと考えるようになる」と共に、「活用する知識が、他のカリキュラム分野、例えば、数学、科学、トピックへと滲み出るようになる」と述べ、辞書引き学習が、子供自身の知識の活用へと働きかけるようになると言う。そして、「子供たちにとって確信を持てない科学的な言葉があれば、子供たちは、しばしば辞書を使うようになり、教師に尋ねる前に、辞書に当たり、本当に理解するように議論するようになり、よって辞書引きが非常に有益な活動になる」と、辞書引き学習によって、辞書の活用が主体的な活動となると言う。

　これらの辞書引き学習指導を通してのＳの気づきは、辞書引き学習が、学びの主体者としての子供たちが、そのオーナーシップを取ることを促していることに対するものである。

INTERVIEWER: Normally, in the UK, how do teachers teach vocabulary to children?

S: That's a very tricky question. Lots of teachers will teach specific vocabulary when studying a topic. So if you were learning about the Stone Age, for example, you would learn about Neolithic and prehistoric, cave, you learn all the vocabulary to do with the specific topic. So that is one area. Or a science topic and so on, so you might just learn those words as you go along.

　We also tend to have a culture in this country of learning spelling words so learning a group of words that maybe follow a particular spelling pattern and you might learn those each week. Certainly, a lot of teachers just teach a spelling pattern and teach a list of words, and children don't necessarily know how to use those words, don't know the words. They learn how to spell them but they don't know how to use them in a sentence. And I've been guilty of that in the past myself, just teaching a set of words and hoping that they'll know what they mean.

　What I've found with jishobiki is that because we are then linking it with the dictionary, the children are finding out what the words mean for themselves and, like today, trying to use them in a sentence because as soon as they use them they have that in their head as well. So every time they see that word they think, "I used that word this way," and they'll learn to be able to use those words themselves. So they are expanding their vocabulary that way.

（2018 年 9 月 6 日録音）

「イギリスでは、通常、教師はどのように子供たちに語彙を教えていますか？」というインタビューアーの質問に対し、Ｓは、「それは非常に答えにくい質問ですね」と前置きをした後に、以下のように指導事例を踏まえて答えている。

「トピックを勉強するときに、多くの教師が特定の語彙を教えます。たとえば、石器時代について学んでいたら、新石器時代や先史時代の洞窟について学び、特定のトピックに関連するすべての語彙を学びます。だから学ぶ語彙は１つの領域の語彙なのです。または科学のトピック等では、学習が進行するにつれて、科学に関わる語彙を学ぶかもしれません。そして、イギリスには、単語のスペルを学習する文化があります。ですから、特定のスペルパターンに沿った単語群を学習し、毎週それらを学習する傾向があります。確かに、多くの教師が、スペルパターンを教え、単語のリストを教えるだけで、子供は、必ずしもその言葉の使い方を知っているとは限りません。言葉について本当はよく知らないのです。彼らは、単語の綴り方を学びますが、文章の中でそれらの単語を使う方法を知らないのです。そして、私は、これまでの自分自身の指導に対し、罪悪感を抱いていました。言葉としてセットで意味や使い方を教え、それらが何を意味するのかを辞書引きで子供たちが知ることを期待しています」とＳは答えている。

　Ｓは、イギリスの語彙指導について、①対象となる語彙は、トピックの内容に依存していること、②単語スペリングパターンの指導に関しては、イギリスの小学校では重視されてきたことの２点を挙げ、その上で、「子供は必ずしもその言葉の使い方を知らない。言葉について本当は知らないのです」とイギリスにおける語彙指導の実情について吐露している。

　「通常、どのようにイギリスでは語彙を教えているのか」という問いに対して、「答えにくい質問」と捉えているように、Ｓのこれまでの語彙指導におけるジレン

第２部

マを乗り越えるための指導方法として辞書引き学習指導を捉えていることがインタビューから読み取ることができる。

　さらに、Ｓは、辞書引きを語彙指導に導入したことで、以下のような発見があったと述べる。「辞書引きで私が発見したこと、それは、言葉は辞書にリンクしているので、子供たちは、その言葉が何を意味しているのかを辞書引きを通して自分自身で見つけ出すことができるということです。言葉の意味が分かれば、今日のように文章の中で言葉を使ってみようとします。文の中で言葉を実際に使うことで、すぐに頭に入るのです。だから、子供たちは、自分の頭に浮かんだ語を辞書で見るたびに、『この言葉はこのように使うのである』と意識することで、その言葉を自分自身の力で使うことができるようになります。そのようにして子供たちは、語彙を広げています」

　辞書引きの習慣を身に付けさせることで、子供が学んだ言葉が、辞書の中の言葉と自然にリンクするようになり、自分でその言葉の使い方を意識するようになると、Ｓは辞書引き学習の効果を認識するようになったといえる。

I think a lot of vocabulary teaching is accidental. A word happens to come up, the children ask you what does that mean. A lot of children don't hear that many different words at home, depending on your circumstances, and maybe they are not exposed to adult vocabulary or more rich vocabulary, so it's kind of our job as teachers to expand their horizons and give them those words. So I think jishobiki has changed the way I teach vocabulary because the children are more active. I might have presented them with a list before and said, "This is what the word means, let's use it," and that's it, but now the children are finding them out for themselves. So it's good. It has changed what I do.

（2018 年 9 月 6 日録音）

　Ｓは、「大抵の語彙指導は場当たり的である」と述べ、「児童らがどれぐらい多くの言葉に出会うかは、それぞれの子供たちの環境に依存している」と主張する。こうした省察を元にして、Ｓは、「多くの児童は、家庭において、大人が用いる語彙やより豊かな語彙に触れていないかもしれない」と言う。それを踏まえ、「児童ら

の視野を広げて、これらの言葉を子供たちに与えていくことが教師の仕事の一種」とＳは言う。Ｓは、辞書引き学習の実践を通して、子供たちに言葉を教える機会を積極的に持つべきであることに気づき始めたのである。

　その証拠として、Ｓは、「辞書引きが私の語彙の教える方法を変えた」と言い、何故なら、辞書引きにより、児童らの学びの姿がより活発になってきているからだと述べている。更に、Ｓは、「以前なら、私は、子供たちに語彙リストを提示して、『これが単語の意味です。では、それらの語を使ってみましょう』と言うだけだったが、今では、児童らが、自分自身で語句の意味を見つけ出すようになった」と述べている。Ｓは、辞書引き学習の取り組みを通して、自らの語彙指導の考え方を大きく転換したことをこのインタビュー記録から読み取ることができる。

INTERVIEWER: How has jishobiki changed your thinking about using the dictionary?

S: It definitely has. I think before you came to visit us dictionaries were just a tool that happened to be in the classroom. The children would groan if I said, "Don't ask me how to spell a word. Go and get a dictionary." We did little lessons on how to find things in the dictionary, but the children weren't interested. We didn't really use them properly as a tool.

Whereas now, the children see a purpose in the dictionary, they are proud of their dictionary, they are proud of how many words they know. When I take photographs of their dictionaries and we look back on the photographs they say, "Oh, I only had 100 then and now look how many I've got. I've got 500," "I've got 1,000." They can see how much their learning has changed and they are really proud of them.

When they fall apart, because we have that problem with the backs of the dictionaries, they are quite upset. "Can you mend it? It's falling apart but I don't want to lose it. I don't want a new one. I want this one."

So I think I use a dictionary more explicitly in my teaching. I show them the value of the dictionary, the tool that it is, that being interested in what the word means, where the word comes from, is exciting in itself.

第2部

（2018 年 9 月 6 日録音）

「辞書引き学習は、あなたの辞書の使い方に関する考え方を変えましたか？　どのように変えましたか」という問いに対し、「変わったことは間違いない事実」とSは答えている。Sの辞書の使い方に関する考え方の転換は、新たな教師としての学びを意味する。

そして、Sは、「あなた方（研究チーム）が私たちを訪問する前、辞書は、たまたま教室にあった単なる道具だった」、「私が『先生に、単語の綴り方を聞かないでください。皆さん、辞書を持ってきてください』と子供たちに対して言うと、彼らはいつもうんざりしていた」と回顧している。この姿が、Sが学びをする以前について省察したものである。

また、Sは、「どのようにして辞書の中の言葉を見つけるかについてほとんど授業をしていませんでしたし、そのようなことに対して子供たちが興味を持つことはありませんでした。私たちは辞書をツールとして適切に使用していませんでした」と、それまでの辞典指導が子供たちにとって魅力的な活動となっていなかったことを振り返っている。

その後、Sは辞書引き学習導入指導を経て、「子供たちは、辞書を使うことに目的意識を持っています。子供たちは自分たちの使い込まれた辞書を誇りに思っています。子供たちは、自分たちがどれだけ多くの言葉を見つけたかについて誇りに思っています」と述べている。

さらにSは、子供たちの付箋で膨らんだ辞書の写真を撮り、写真で活動を振り返る場面を用意すると、子供たちはそれを見て、「ああ、私は 100 語しか見つけませんでしたが、今では、500 語見つけました」、「私は、1000 語見つけました」などと言う子供の様子を振り返っている。

最後にSは、「辞書引き学習により、子供たちは自身の学習がどれほど変わったかを、実際に目で確かめることができ、本当に子供たちは自分自身を誇らしく思っています」と辞書引き学習の効果に関する手ごたえを感じたようである。

辞書引き学習の導入によって、子供たちが使っている辞書が、使用頻度に耐えかねて破損すると、子供たちが「壊れた辞書を修理できますか」「辞書は壊れていますが、手放したくありません」「新しい辞書は欲しくない。使ってきたこの辞書が

いい」と訴えるようになったことを紹介している。この発言は、子供たちの辞書に対する愛着を示すものであり、自分の辞書が破損しても自分が努力をしてきた証としての辞書を使い続けたいという、自分の辞書に対する拘りをＳは望ましいことと捉えていることが分かる。

　以上は、2018 年 9 月 6 日に採録したＳのインタビューである。次に、前回のインタビューから 1 年を経過した時期に採録したＳのインタビューを取り上げる。1 年間の教育実践を経て、Ｓの教師としての学び、成長がどこに見られるのかを明らかにしていきたい。

　And because we have such a busy curriculum I don't have enough time to do that regularly, so I don't get to do it every day, I don't get to do it every week, I have to fit it in where I can.

So what I would like is to find a way to do it more often, more rigorously, I suppose, that's my thing.

　But in terms of language development, it encourages children to be curious about their language, it encourages them to make those links, which is great.

（2019 年 9 月 9 日録音）

「私たちはこのように過密なカリキュラムを抱えており、定期的に辞書引きを行う十分な時間がないため、毎日、毎週、辞書引きをすることができません、私は辞書引きをカリキュラムの中にうまく組み込む必要があります。もっと頻繁に、より入念に辞書引きを行う方法を見つけたいと思います。それが私の課題だと思います」と述べているように、Ｓは、カリキュラムの過密さに折り合いをつけて、辞書引き学習を組み込むことを企図していることが分かる。

　また、「言語発達の面で、辞書引きは、子供たちが言語に興味を持たせるようにし、他と関連付けるように促します。これは素晴らしいこと」と述べていることから、自らのクラスにおける辞書引き学習指導によって、子供たちが言語に興味を持ち、他と関連付ける学びを展開していたことに、Ｓが気づいていることを伺い知ることができる。

第 2 部

INTERVIEWER-MAN 1: For three years, the children have been learning with jishobiki. How has your thinking about jishobiki changed?

S: I think I am seeing the potential for using it in different ways. I do think a lot of schools ‥‥

When I go on training days, I often say I do this in my classroom and they look at me as if to say, "Well, that's a bit weird. Really? Sticking Post-it notes in a dictionary?"

But actually, when I explain what we are doing and how I am using it, lots of other schools would be interested in doing it, they would be interested in this method.

So I think at the beginning I was skeptical. I thought J has come back from Japan with this wacky idea, what is she doing to me?

But actually seeing the children grow with it, seeing those children now in year six who have been doing it for four years, it is phenomenal the fact that they will use a dictionary without being asked to.

Most children their age don't, so I think it's great. I like it more every time I do it. Every time I do it, I like it better.

（2019 年 9 月 9 日録音）

インタビューアーの「子供たちは 3 年間、辞書引きで学んでいます。辞書引きに対するあなたの考え方はどのように変わりましたか」という質問に対し、S は「辞書引きには、様々な方法で活用できる可能性があると私は考えています。そういう風に考える学校はたくさんあると思います」と答えている。このように、S は、辞書引き学習の実践とその効果と可能性について、校外教員研修において、他校のイギリス人英語教師にも話をしている。「私が数日間の教員研修に行くとき、私はしばしば辞書引きを教室で行うと研修会場の教師達に言います、そして教師達は、私に『へえ、ちょっとユニークですね。辞書に付箋を貼り付けるのですか？　風変りですね』と言うのです」と言うように、辞書引き学習の話を、他校のイギリス人教師にすると訝しんでいたようであるが、「実際、私たちが何をしていてどのように辞書や付箋を使用しているかを説明すると、他の多くの学校の教師が辞書引き学習

に関心を示します」と言うように、Ｓは校外教員研修会で辞書引き学習の良さについて熱意をもって説明している様子であった。このように、Ｓは、辞書引き学習の導入を自らの実践として受け止め、教師としての学びを深めていき、その学びを校外教員研修会において、他のイギリス人教師と共有すべく行動をするようになったことが分かる。

「最初、辞書引きの効果について、私は懐疑的でした。Ｊ（校長）は、奇抜なアイディアを日本から持ち帰ってきたと思いました。Ｊ（校長）は私たちに一体何をさせようとしているのでしょう」と、日本で知った、辞書引き学習の自校での導入を決断したＪ校長の「慧眼」に対する驚きを語っている。しかしながら、Ｓは、「実際に子供たちが成長するところや、４年間、辞書引きをやっている６年の今の子供たち（３年生から６年生にかけて辞書引き学習に取り組んできた６年生）を見て、彼らが、教師から求められることなく辞書を使用するのは驚くべき事実です」と述べているように、この実践を通して、数多くの学びや発見をすることになったのである。「彼らの年齢のほとんどの子供は、教師に求められることなく辞書を引くわけではないので、それは素晴らしいと思います。私は辞書引きを子供が行うたびに辞書引きが好きになります。私（Ｓ）自身、辞書引き指導を行えば行うほど辞書引きが好きになりますと言うように、Ｓは、辞書指導に対する理念とその理念を反映した指導法の工夫により、これまでＳが「罪悪感」を持ちながら指導をしていた辞書指導を大きく改善する学習方略モデルに出会ったことにより指導における自信を深めていった様子をインタビュー記録から読み取ることができるのである。

4. おわりに

　佐藤学は、「教師の学び成長する場の同心円的構造」において、同心円構造の外郭から順に「①大学の研修・大学教授の講演」「②教育委員会の研修・地域の研究会」「③校内研修による授業研究」「④校長・教頭の助言」「⑤同学年、同教科の仲間の支援」「⑥自らの教室における授業の反省」を位置付けた。佐藤が、最も中核に位置づけているのが「⑥自らの教室における授業の反省」である＊４。

　佐藤が述べるように、教師が学び、成長する場として最も中核的な場が「自らの教室における授業の反省」の場とするならば、日本で開発された汎用的共通言語学

第2部

習方略モデル「辞書引き学習」をイギリス人教師Sの自らの教室に導入することで、自らの授業が反省の場として機能するようになったとみなすことができる。この取り組みにより、Sは自身の英語教育の省察を、より深く行うようになったのである。

また、この取り組みを行うきっかけとなったのは、「④校長・教頭の助言」からである。Sの実践は、J校長から持ち掛けられ、J校長の助言により進められ、深化していった。そして、更に、Sは、校外研修会で辞書引き学習についての取り組みのよさを他校のイギリス人教員に伝え、イギリス人教員の評価を受けている。この学びの広がりは、「②教育委員会の研修・地域の研究会」に該当する学びの場の広がりである。教師の学び、成長する場の内、最も中核的な部分に該当する「⑥自らの教室における授業の反省」の場を中心として、その学びを「④J校長・教頭からの助言」や「①大学の授業や大学教授の講演」に該当する、日本人研究者である筆者らによる助言やインタビューの問いによって、Sの教師としての学びや成長が促されたと考えることができるだろう。

教師の成長の場の中核は、「①自らの教室における授業の反省」である。本インタビューの分析から、Sの「①自らの教室の置ける授業の反省」を促したのは、④校長による辞書引き学習の導入に関する助言であり、⑤英語科の同僚による辞書引き学習導入の支援、①筆者ら日本の大学研究チームの関与と、③校内研修による授業研究、②Sの所属する地域の研究会における実践報告であった。Sのインタビューから、自らの授業の反省の機会を、実に様々な場面で得ていたことが明らかになった。教師が成長するとき、これらの6つの場面が相互に作用していたのである。

本研究プロジェクトは、複言語学習における汎用的な言語間共通学習方略モデルの開発に関する国際研究プロジェクトの一環として実施されているものである。教育研究を異なる国や教育文化の間で行う場合、プロジェクトの目標である「汎用的な言語間共通学習方略モデルの開発」という目標を、国を超えて共有できるかどうかという問題だけでなく、そのプロジェクトによって、当事者である子供たちや教師が成長できるかどうかがプロジェクトの成功の鍵を握っている。

国際研究プロジェクトにおいて、日常の業務の負担に勝る、教師の成長や教育をうける子供たちの成長がなければならない。

追記

　本研究は、科研費基盤研究（Ｂ）一般「複言語学習における汎用的な言語間共通学習方略モデルの開発に関する国際比較研究」（課題番号 20H01294）を受けて実施したものである。

　また、本研究において研究協力校として実践を行ったイギリス、ウスターシャー・マルバーンのＣ・Ｍ小学校校長Ｊ氏と英語担当教諭Ｓ氏に対し、深く感謝の意を表したい。なお、両名より、インタビュー記録の研究論文における使用に関しても許可を得ていることをここに付記しておく。

　また、本稿は、『現代教育学部紀要』（中部大学現代教育学部〔14〕、pp27-35, 2022-02）に掲載されたものである。

注

*¹ 佐藤学は、教師の学びの場を同心円的構造において捉えている、本研究では、イギリス人教師の専門家としての学びが、どのような場面で展開されていたのか、分析を試みることにした。（佐藤学『専門家として教師を育てる―教師教育改革のグランドデザイン』岩波書店、2015 年、118 頁。）

*² James W. Stigler, James Hiebert.(1999). The teaching gap: best ideas from the world's teachers for improving education in the classroom, New York: Free Press

*³ 小柳和喜雄「Lesson Study の系譜とその動向」日本教育工学会監修『Lesson Study(レッスンスタディ)』ミネルヴァ書房、2017 年、7 頁。

*⁴ 佐藤、前掲書、118 頁。

複言語主義に基づく英国の小学校における
フランス語辞書引き学習の実践

深谷圭助　吉川龍生　王林鋒　関山健治
ショーン・カッファーキ　ジャネット・アドセット

1. はじめに

　ヨーロッパ言語共通参照枠（以下、CEFRと略記）が示されて以来、国際社会の言語教育現場においてCEFRは広く受容されるようになった。ところが、日本では言語教育の評価枠組のみ強調され、CEFRの基本理念が十分理解されないまま受容されている*1。CEFRの基本理念のひとつに複言語・複文化主義があり、多言語・多文化主義と異なり、1つの国に様々な言語や文化があることを許容するという段階から、国民一人一人の内に複数の言語や複数の文化を保持する段階に移行しなければならないことを示す。境一三によると、欧州評議会は、複言語主義（Plurilingualism）を「能力としての複言語」と「価値としての複言語」の2つに分けて定義しているという。「能力としての複言語」の定義は、「すべての話者に内在する、単独ないし教育活動によって導かれて2つ以上の言語を用いたり、学んだりする能力」（欧州評議会、言語政策局2016年、pp.18–19）、「価値としての複言語」の定義は、「（複言語主義は）言語に対する寛容性を養い、その多様性を積極的に容認する基礎となる。複言語の話者が自らのその能力を意識することは、自分自身あるいは他者が使用する言語変種がそれぞれ同等の価値を持つことへの同意に結びつけていく」（同上）という。複言語主義において重要なのはこれら2つの定義が用意されている点である*2。

　国民一人ひとりが複数の言語や複数の文化を受容することを目指す場合、言語教育は益々重要な役割を持つと共にこれまでとは異なる3つの目標を掲げる必要があると考える。目標の1つめは、複数の言語や文化を理解しそれを活用するだけでなく、言語や文化を架橋する習慣を獲得することである。2つめは、複数の言語や文化を学習する際、それぞれの言語的・文化的性質の異同を理解するメタ認知的視点を獲得することである。3つめは、これらの習慣や視点を獲得し、複数の言語学習

を効率化するための汎用的な学習方略モデルの開発をすることである。

　本稿では、CEFR の理念である複言語主義に基づく汎用的言語学習方略モデルとしての「辞書引き学習」が英国の小学校におけるフランス語教育においてどのような効果を挙げていたのかを検証する。具体的にはこの汎用的学習方略モデルとしての「辞書引き学習」実践が複言語主義のねらいを満たしていたかを、教師と児童の間で行われたフランス語学習と辞書引き学習に関する応答の逐語記録の質的分析により検証する。

2．英国の小学校における第 1 言語（英語）辞書引き学習実践に関する研究の蓄積

　英国ウスターシャー、キャッスルモルトン CE 小学校*3における辞書引き学習の実践は 2017 年 3 月に深谷圭助が、国際交流基金（The Japan Foundation）の支援により同校で導入授業を実施したことに始まる。以後、同校教諭ショーン・カッファーキが、Year3-4 の児童に対して、週 1 回、英語辞書引き学習指導を含めた語彙学習を実施している。

　なお、これまでのイギリスにおける第 1 言語である英語辞書引き学習の実際とその成果は、深谷圭助、吉川龍生、関山健治「イギリスの公立小学校における辞書引き学習の導入と教師の学び」（中部大学現代教育学部『現代教育学部紀要』第 14 号、2022 年、pp.27–35）、深谷圭助、吉川龍生、王林鋒、関山健治「イギリスの小学校英語教育における JB（辞書引き学習）モデル導入事例に関する考察」日本外国語教育推進機構『複言語・多言語教育研究』（第 8 巻、2020 年、pp.151–160）、深谷圭助、吉川龍生「語彙習得学習における語種間共通方略モデルの開発とその実践 - 辞書引き学習の動機づけと方略の有効性をめぐって -」『現代教育学部紀要』（第 12 号、2020 年、pp.47–55）、深谷圭助「子供と言葉の出会いに関する国際比較研究 ―イギリスと日本における『辞書引き学習』の導入事例を中心に―」（『現代教育学部紀要』第 10 号、2018 年、pp.47–59）等において明らかにしている。

3．英国の小学校における第 2 言語（フランス語）辞書引き学習実践

　キャッスルモルトン CE 小学校では、2020 年 3 月から 2022 年 7 月にかけて、新型コロナウイルス感染症拡大の影響で辞書引き学習実践が滞っていた。しかしながら、2019-2020 年度以前に Year3-4 で英語辞書引き学習指導を受けていた児童らは、

第２部

フランス語学習においても自律的、自己調整的に辞書引き学習を行い、英語学習と
フランス語学習の双方で辞書引き学習の習慣を維持していた。本稿では、同校にお
ける Year6 の児童と担当教師のフランス語辞書引き学習に関する会話の逐語記録
を分析する。

(1) フランス語学習における語彙学習について

　本逐語記録は、2022 年 9 月 8 日、Year6 に進級したばかりの同校児童がフラン
ス語語彙学習の省察を行った教師によるインタビューの記録である。なお、フラン
ス語のカリキュラムは Year3-4（Red Class）のカリキュラムから始められている。

　教師は英語を第 1 言語とする児童らに対してフランス語と英語との違いに気づか
せる教材として「クリスマス・ストーリー」の教材を用いていた。同教材はフラン
ス語単語と英語単語を対比させることを目的としている。具体的には、①英語では
動詞が時制によって変化するのに対して、フランス語では主語人称代名詞によって
動詞は変化すること、②フランス語の名詞はすべて男性名詞と女性名詞に分類され、
これにより冠詞や形容詞が変化することを示唆している。一方でその違いの過多を
認識すればするほど、児童の語彙学習の意欲が削がれる傾向が顕著になるが、教師
はこれらの単語の違いを文法的に整理することで、語彙の知識を活用することの方
向性を示している。

教師：（クリスマスのストーリーで学習すると）とても覚えやすいものですね。

児童：クリスマス・ストーリーの中の出来事は、単語にも慣れるのに役立ちま
　　　す。知っている単語を、今やっているシーンに当てはめることができる
　　　んです。だから、そう、いいことなんです。

児童：これをやってから、「ああ、あれも知っている、これも知っている」と、
　　　実際に知っている単語がたくさんあるように感じますが、実際にはあま
　　　り使いたいとは思わないんです。

教師：それはあなたがフランス語を学んだばかりだからです。まだフランス語
　　　をマスターしていないからです。だから、そう、それはとてもいいこと
　　　です。なぜなら、それがあなたの脳に定着するからです。そして、その
　　　後、高校生になって、毎週フランス語を習って、もっとたくさん話すよ
　　　うになったら、あなたの体、あなたの脳は、その情報をどうにかして

複言語主義に基づく英国の小学校におけるフランス語辞書引き学習の実践

> 手に入れることができるようになるんじゃないでしょうか？　そして、
> "あ、この単語、この単語、この単語はもう知っている" と、情報を取
> り出すことができるようになるのです。英語では時制によって動詞の語
> 尾などを変えますよね、でもフランス語では、英語以上に人称によって
> 変えているんです。では、そのことを理解するために辞書は役に立ちま
> すか？　人称が動詞の語尾変化に影響するというのはなかなか厄介なん
> ですよね。男性名詞と女性名詞。英語にはそれがないんです。

(2) フランス語辞書とフランス語学習

　以下の逐語記録では、フランス語辞書を読むことによるフランス語と英語の違い
に関する気づきが述べられている。教師による「フランス語辞書がフランス語学習
を助けているか」という問いから英語とフランス語の異同に関する様々な気づきが
提出されていることが分かる。例えば、英語圏における「アイスクリーム」という
言葉は、フランス語では全く異なる言い方をする点なども、児童の興味を引く点で
あることが分かる。児童の「英語とリンクしているのはフランス語だけではないの
ですから、辞書で単語を調べ、『この単語の意味はわかるがこの単語はどの単語か
ら来たのだろう』と考えることが大切です。そして、その言葉を別の言語で見てみ
ると、類似点が見えてくるのです」と述べたことに対し、教師が「それがヨーロッ
パの言語の面白いところですね。英語は他の言語から単語を借りるのがとてもうま
いですから。たとえば、"café" という単語は、私たちが借用したものです」と応答
したことから分かるように、Year6 になったばかりの児童に対して、フランス語辞
書引き学習を通して、英語の特質を他言語との関わりの中で相対化しようとしてい
る点が確認できる。これは複言語主義における「言語の多様性を容認し、言語の価
値を等価に置くこと」に関わる児童の気づき、教師の示唆でもあると見做すことが
できる。

> 教師：フランス語辞書は、フランス語学習の助けになりますか。
> 児童：ええ、なります。辞書には略語がありますね。(たとえば)男性形の意味で,
> 　　　"mas" と書いてありますね。女性形であることを示す "fem" もあります。
> 　　　これは本当にいい特徴です。

273

第2部

児童：そして、違う言語の単語をほとんど知っておくことも重要です。その国に行けば、すべての単語を知り、ほとんどの単語を知ることができるので、その国でも練習ができます。

児童：私の家族の中でいつも引っかかっていたのは、フランス語の「アイスクリーム」にあたる語でした。

教師：重要な単語ですね。

児童：そうですね、重要です。

教師：それが何だか思い出せますか？

児童："Cornet de glace.（アイスクリームコーン）"

教師："Cornet de glace"、実際にお店でアイスクリームを頼めますか？

児童：思い出せません。

教師：Je voudrais, は I would like（～したい）という意味です。「はらぺこあおむし」の話をしましたね。コルネ・デ・グラス（cornet de glace）と一緒に。覚えていますか？

児童：はい。

教師：「スイカ」、いつも笑ってしまう語ですが，覚えていますか？本当に珍しいんですよ。"p" で始まるんです。

児童：だから、覚えやすいのですよ。

教師："pastèque パステク（スイカ）"。

児童：あと、"sausage（ソーセージ）" は結構覚えやすいですね。"saucisse（ソーセージ）"のような感じですね。

児童：そうですね。

児童：りんごは "pomme" です。

教師：そのとおりです。いいですね。では、これが言語学習にとって良いことなのかどうかを尋ねられたとしたら、英語でもフランス語でも、あるいは高校に上がってドイツ語やスペイン語を学ぶときでも、これが外国語を学ぶ、伝授する、良い方法だと言えると思いますか？

児童：そうですね。なぜなら、リーディングも同時にできるからです。

教師：そう、それが大事なんです。

児童：なぜなら、書き留めるとき、それが正しいかどうか、それが何であるか

を確認するために何回か読んで、頭に定着させるからです。

児童：そうです。もし忘れてしまっても、フランス語と英語の辞書に載っているので、いつでも振り返って探すことができます。そして、"maisie" のように、単語がぶら下がっているものもあるので、スキップして、それが自分の欲しい単語かどうかを確認することができます。

児童：それから、違う言語の辞書に移っても、英語の単語と違う国の単語に慣れることができます。ドイツ語の「ようこそ」は、英語の "welcome" に音がよく似ていると思います。つまり、英語とリンクしているのはフランス語だけではないのです。そのため、辞書で単語を調べ、「この単語の意味はわかるが、この単語はどの単語から来たのだろう？　そして、その言葉を別の言語で見てみると、類似点が見えてくるのです。

教師：それがヨーロッパの言語の面白いところですね。英語は他の言語から単語を借りるのがとてもうまいですから。たとえば、"café" という単語は、私たちが借用したものです。「バンガロー」はどうでしょう？　覚えていますか？　これはいつも私の話のネタになります。「バンガロー」という語がどこから来たか覚えていますか？

児童：いいえ。

児童：ハンガリーみたいじゃないですか？

教師：いいえ、それよりもっと遠い国です。インドからです。

児童：インド、そうなんだ。

教師：イギリス人が帝国を築いたとき、（イギリス人は）インドのような場所に行って暮らし、「シャンプー」や「バンガロー」のような言葉を持ち帰ったんです。それはとても興味深いことですね。

児童：ええ。

児童：例えば、"café" や "shampagne" は、あなたが想像するのとは違う綴りで書かれているので、英語の音調で発話されても、違う国の言葉であることが分かります。だから、なかなか面白いんですよ。

教師：つまり、音があなたが期待していたものとは違うということですか？　"champagne" の場合はどうでしょうか？

児童：おそらく、CH でなく SH で始まるような感じでしょうね。でも、それ

第2部

> は明らかにフランス人がその種の単語を使うからです。それから、（英
> 語では）普通は最後に "e" を発音しませんが、フランス人はそうします。
> 理由は思い出せないけど。
>
> 教師：英語でいうところのスプリット・ダイグラフ*4のようなものでしょうか。

　また、英語には、「シャンプー」や「バンガロー」など、インド・ヒンディ語、ヒンドゥ
スターニー語からの借用語が見られること、英語の語彙とフランス語語彙では、語
の成り立ちや音韻が異なること、そして、英語語彙が、様々な言語、文化、地域か
らの影響を受けて成り立っていることがこの会話逐語記録から分かる。これらの発
言を通して、同校の教師と児童がフランス語学習において英語語彙との異同に注目
しながら第2外国語の学習を行っていることが分かる。これらのフランス語語彙に
関する気づきはフランス語辞書を日常的に活用していればこその気づきであり、テ
キストベースによる文章読解や、文法学習だけでは、日常に関わるフランス語語彙
の英語語彙との比較に十分な気づきを得ることができない。英語とフランス語の語
彙に対する気づきを促す発見・探究的学習が辞書引き学習により日常的に展開され
ていたことが窺われる。

(3) フランス語辞書引き学習

　以下のインタビュー逐語記録は、フランス語辞書引き学習に関する教師と児童の
会話の逐語記録である。教師は児童に対して、メタ認知力を養う上で辞書引きがど
のように役立っているかについて尋ねている。児童は、フランス語辞書引きにより、
フランス語学習で最初の「難しさ」となるフランス語発音を克服することができる
ことを指摘し、フランス語辞典を手にするようになってから微妙に発音の違う単語
でも正しく発音できるようになったと述べている。また児童らはそれまで英語辞書
での辞書引き学習に取り組んでいたためか、立項されている見出し語を見つけてか
ら語釈を読むというより、語釈を読んでから見出し語を読むという双方向的な辞書
の読み方をしてきている。

　また、児童は、英語辞書引きと同様にフランス語辞書引きにおいても、読んだり
引いたりした箇所にポスト・イットを付けていると述べていることから、辞書引き
学習の習慣を維持していたことを窺い知ることができる。

複言語主義に基づく英国の小学校におけるフランス語辞書引き学習の実践

教師：メタ認知とは、あなたがどのように理解し、どのように学習し、どのように情報を処理するかということですね。どのように情報を保持し、どのように思い出すかということです。では、辞書はメタ認知の際にどのように役立っているのでしょうか？　辞書を使うことで、言語に対する理解が深まったと思うことはありますか？

児童：おそらく単語の発音でしょう。フランス語の辞書を手に入れる前は、私のフランス語はそれほどよくありませんでしたから。

児童：私もそうでした。

児童：ええ、フランス語の辞書を使う前はスクリーンを使っていたので、光の反射で見えにくかったんです。それに、辞書には微妙に違う発音の単語が載っているので、どの単語かわからないし、そのおかげで正しい発音ができるようになったんです。

教師：さて、今、フランス語の授業を受けているとしましょう、まあ、明らかに今年は受けていないようですが、今までのところ、知らない単語があったら、どうするのですか？　単語を見つけるのにどんな方略を使いますか？

児童：私は通常、辞書を見ます。英語からフランス語を引き、正しい単語を探します。

教師：わかりました、それからどうしますか？　すでにチェックした単語には付箋を貼りますか？

児童：ええ。

教師：わかりました。そして、その単語を書いて、付箋を貼ることは、後でその単語を思い出すのにどのように役立つと思いますか？　それはどのように役立つのでしょうか？

児童：それはちょっと助けになりますね。というのも、1枚貼ると、「そうだ、今その単語を知っている、今使える」と感じるからです。ポスト・イットのようにスクロールして、それを見つけて、「ああ、そうだ、これは覚えている」と言えるのです。

児童：そして、もしあなたが少し前に書きとめた単語を即座に言うように言われたら、辞書をめくって「ちょっと待って、見つけたぞ、この語の意味

第2部

> は何々だ」と言うことができます。特にポスト・イットを貼ると、すぐに答えが見つけ出せるので本当に便利です。
>
> 児童：そうすると早くできるんですね。
>
> 教師：新しいことを学ぶとき、それを書き留めることで脳に刻み込まれるんです。これは、コンピュータのファイルのようなものです。そして、それは目の前にあるのです。すぐには思い出せないかもしれないけれど、脳内で何かが起こって、ファイリング・システムの中からその情報を探し出すんです。よくわからないですが、このような感じで説明になっているでしょうか。それが私の見方です。
>
> 児童：ええ。
>
> 児童：これはほとんど、あなたが持っているすべてのものを保存しているコンピュータのようなものです。それを取り出して、そこに入れて、スクロールして探し出すことができるんです。

　教師は、「メタ認知」という点について児童に質問を試みているが、児童は今一つその意味を理解できていなかった。しかしながら児童らは、①フランス語の紙の辞典を活用するようになって、正しいフランス語の発音ができるようになること、②辞書引き学習を活用して、ポスト・イットに単語を書きこみフランス語辞書に貼ると後で思い出し易くなること、③フランス語単語を記したポスト・イットを貼ることで、記憶に刻まれ、容易に探し出すことができるようになることと述べている。まさにこれらの気づきが「メタ認知」的な気づきなのである。

(4) デジタル辞書と紙の辞書

　以下のインタビュー逐語記録ではデジタル、コンピュータの辞書と紙の辞書の機能の違いについての教師と児童の捉え方が述べられている。児童は、Year3 から紙の辞書を用いた辞書引き学習に取り組み、紙の辞書に親しんできいるが故に、紙の辞書のよさについて様々な側面から認識しているようである。インターネット検索をすると、様々な間違ったスペルの単語に引っかかる可能性があること、それに比べて紙の辞書は信頼性が高いこと、紙の辞書はいつでも使える状態にあることなど、普段から辞書を使う習慣を持つ児童ならではの発言である。

　また、教師は、それまで英語辞書引き学習を通しての英語語彙指導において、語

複言語主義に基づく英国の小学校におけるフランス語辞書引き学習の実践

根（root word）や接頭辞、接尾辞について学んできたことを児童に振り返りをさせていた。そして、それを踏まえ、語源になる単語とその派生語の関係をフランス語語彙学習においても意識することの大切さや、異形同音異義語（homophones）や同形同音異義語（homonyms）、False friends（空似言葉）の存在についても示唆していた。このことは、インタビュー逐語記録に登場している教師が、語彙指導において、語彙を理解するための汎用的な能力を重視していることの現れであり、辞書引き学習指導によって、小学生の段階から語彙を暗記させるのではなく、探究的かつ、言語間で共有しうるメタ認知的な語彙認識の能力を向上させることができることを彼らが期待していることを意味している。

　児童が、同じ発音でも異なる綴り方や意味を示す単語、異形同音異義語について、英語と似た発音をするフランス語単語の綴り方の違いや意味の違いがあったとしても、紙の辞典を用いたフランス語辞書引きの習慣があれば、それらを正しく見極めることができると述べている。こうした点を踏まえ、児童は「紙の辞書が好き」と述べたのであろう。

教師：コンピュータの方が好きですか、それとも紙の辞書の方が好きですか？
　　　どちらですか？

児童：紙の辞書です。

児童：紙の方が好きです、なぜなら、（コンピュータで）長時間やろうと思ったら、目が痛くなるかもしれないからです。それに、単語を探すのが簡単です、なぜなら、よりよく刷り込まれていて、よりよく見えるかもしれないからです。

児童：例えば、（インターネットで）"up"を検索すると、スペルが間違っているかもしれないし、他の単語が出てくるかもしれません。

児童：それに紙の辞書は本当に信頼できます。インターネットはそうではありません。コンピュータの電源が切れて動かなくなる可能性があるからです。でも、紙の辞書はいつでも使える状態で、いつでも引き出せます。それに、どこにでも持っていくことができます。フランスで新しい単語を覚えたとき、誰かがその単語の定義を英語で教えてくれたら、辞書でその単語を見つけて書き留めれば、次に行くときにはその単語の意味が

第２部

なんとなくわかっているからです。

教師：それは本当に良いポイントです。そのことはあまり考えていませんでした。それは実にいい方法です。周りの単語を聞きながら、その単語の意味を調べれば、それが自分の助けになります。そして、フランス人が話しているのを聞くので、発音にも役立ちます。

教師：フランス語（の音）は英語よりもずっと柔らかいので、彼らがどう発音しているのか、そして自分はどう発音すべきなのかを聞くことができますね。

教師：ええ。

児童：そうです。そして、その類似性は定義を知る上でも役立ちます。フランスの人たちの言葉を聞くと、その言葉が何なのかがなんとなくわかります。シャンパンやカフェのような言葉です。

教師：辞書を読むことは、一般的な言語構造を理解するのに役立つと思いますか？

児童：言語構造？

教師：覚えていますか、たとえば、私たちは語根についてたくさん勉強しました。私たちがどのように語根をとって、それからさまざまな接頭辞や接尾辞を加えるのか、そして、それらの語族がどのように（別の語根と組み合わさるのか）……。辞書を使うとき、こんなことに気づきましたか？例えば "achieve" という単語がありますが、"achieve"、"achievement" のような形がありますよね。これらの（派生語）が全て（辞書には）出ています。つまり、語源（語根）となる単語と、そこから派生するすべての単語を見ることができるんです。それはどのように役立つと思いますか？

児童：ええ、辞書には（語根が）同じ単語は（見出し語に）載っていないかもしれませんから。例えば、"lounging" という単語を探そうとすると、"lounge" と出てくるかもしれませんが、"lounging" とは出てきません。

児童：通常は "lounging" と "lounge" と……のようになるのが（見出し語に）出てくるかもしれませんが、"lounging" は出てきません。

教師：ええ、私はそのことについて少し考えていました、その単語が意味する

280

ことの種類についてです。つまり、その語根を学べば、そこから他の単語を作ることができるわけです。あるいは、新しい単語に出会ったとき。辞書を使うことで、新しい単語が何であるかを理解するのに役立つと思いますか。変に聞こえるかもしれませんが、（語根を知っていれば）辞書を使わなくても（意味を類推することができますか？）。

児童：ええ。

教師：私の言っていることがわかりますか？　語根を理解しているのだから、それは……。

児童：特に、同じセクションにあるから、少しは役に立つかもしれませんね、もし、そのような単語があったら。英語の辞書には時々、異形同音異義語がありますよね。

教師：そうです、異形同音異義語や同形同音異義語です。

児童：そう、同じスペルでも違う意味になることがあるんです。フランス語でもそれはかなり役に立ちます。どうやるのかよくわからないのですが。でもそうすれば、その単語が実際に何を意味するのか、文脈の中でどのようなものなのかを知るのに役立ちます。

教師：高校に入ったら、高校の英語の先生が false friends（空似言葉：発音は似ているのに言語によって意味が違う単語の組み合わせ）について話しているのを聞くでしょう、そう、あなたがそれを見るとき、単語は．だから、"travis" という単語をフランス語にすると、"travel" に見えるのです。これは「旅行」ではなく、「仕事」を意味しますから、false friends（空似言葉）ということになります。だから、偽りの友達（false friends）なんです。ある種、一つのものであるかのようにあなたを騙そうとするんです。辞書を使うこと、あるいは辞書を使ったことがあることは、それらの false friends（空似言葉）を見分けるのに役立つと思いますか。

児童：ええ、辞書にはたくさんの単語が載っているので、何が「本物」で何が「偽物」かを教えてくれます。「偽物」は英単語にとても似ていますが、全く違うことを意味します。

児童：そして、すべての意味の下に書いてあるので、それが実際の単語かどう

第2部

> か、いつでもざっと見ることができますね。

（5）フランス語辞書を使う習慣について

　以下のインタビュー逐語記録では、フランス語辞書を使う習慣に関する教師と児童の捉え方が述べられている。

　すでに、Year3から辞書引き学習に取り組んできた児童たちには既に辞書引きの習慣が定着していた。「新年度になるとフランス語でいろいろな種類のものをいろいろな科目で学ぶことになるのでかなり役立つと思います」という児童の発言はそれを示すものである。

　また、児童が「最初に使い始めたときは家に帰ったら車の中でやっていました。それから家に帰ってベッドで数分間横になってそれから辞書を引いていくつかの単語を見つけます」と述べていることも、日常における辞書引きの習慣が定着していることを窺わせる発言である。児童らは、紙の辞書を使うようになりコンピュータで意味を調べていた時よりもよく辞書を引くようになったことを振り返り、スクリーンの辞典に慣れている兄弟姉妹は紙の辞書は使いたいと言わないだろうから、自分たちが紙の辞書を自由に使うことができてよかったと述べている。紙の辞書を引く習慣を持つ児童は、「以前は、誰かに聞かないといけなかったし、多くの人がその言葉を知らなかったので、辞書がないともっと大変でした。でも、辞書を使うことで、多くの時間を節約し、他の人を煩わせることもなくなりました。だから、念のために持っておくと便利」だとか、「（辞書引きは）語彙と言語能力を高めることができます。これは、ほとんどの人にとって生涯を通じて非常に重要なこと」などと辞書引きの習慣の重要性を指摘している。

> 教師：フランス語の辞書を使う習慣はありますか？
> 児童：ええ、最近フランス語をあまりやっていないので、しばらく使っていませんでしたが、新年度になると、フランス語でいろいろな種類のものをいろいろな科目で学ぶことになるのでかなり役に立つと思います。一般的な単語だけでなく、（固有名詞として）有名な場所の単語も入っていて、英語では違う言い方をするかもしれませんが、フランス語辞典にあるのならフランス語で正しい言い方を知ることができるんです。私はい

282

複言語主義に基づく英国の小学校におけるフランス語辞書引き学習の実践

つも思うのですが、実際のフランスの観光スポットのフランス語の名前は、英語の名前よりもずっと素敵です。

教師：では、授業で辞書を読む以外は、どんな時に辞書を読んだり使ったりするのですか？

児童：最初に使い始めたときは家に帰ったら車の中でやっていました。それから家に帰ってベッドで数分間横になってそれから辞書を引いていくつかの単語を見つけます。

児童：ポスト・イット・ノートは、1枚の付箋に複数語、書けるので、とても便利です。私が最初に始めたときは、1つだけ書きましたが、そうすると、ポスト・イット・ノートが本当にすぐになくなってしまうんです。でも、行数がかなり多いので、同じページに5つずつとか書けるし、別のページには別のポスト・イットで書けるんです。

教師：新しい本を読んでいるとき、つまり、知らない本を読んでいるときに、知らない単語が出てきたら、どうしますか？その単語の意味や言い方をどうやって調べますか？　あなたならどうしますか？

児童：文章を見て、それが何とつながっているのか（文脈を）確認します。それでもわからないときは、辞書を引きます。家には姉や弟から受け継いだものがたくさんありますから。

児童：（姉や弟は）辞書を使おうとは思わないでしょうから、これ（辞書）をもらえるのはとてもうれしいことです。実際、今はコンピュータで単に意味を調べるだけだった昔の頃以上に辞書を引きますから。

児童：以前は、誰かに聞かないといけなかったし、多くの人がその言葉を知らなかったので、辞書がないともっと大変でした。でも、辞書を使うことで、多くの時間を節約し、他の人を煩わせることもなくなりました。だから、念のために持っておくと便利なんです。

児童：辞書引きは、語彙と言語能力を高めることができます。これは、ほとんどの人にとって生涯を通じて非常に重要なことです。

教師：もう1年、小学校で学んだ後にハイスクールに行ったら、他の言語も学ぶことになるよね。そのときに、フランス語の辞書を学校に持って行こうと思う？　それは良いことだと思いますか？

283

第2部

児童：持って行くと思います。単語を覚えておくのに役立つし、授業は長くなるし、宿題も増えるから、そこに入れておけば、"ああ、そうだ、これは知っている"ということになるからそうします。

児童：新しいことを学ぶので、おそらく新しい単語をたくさん見つけることになるでしょう。これからもっとたくさんの教科を学ぶ際に、辞書はその教科の単語を調べるのに本当に便利です。辞書はそのテーマに関する単語を調べるのにとても役立ちます。

児童：もし、（学校の規則で）辞書を使ってはいけないと言われたら、居残りをすることになりますよね。

教師：あなたが辞書を持っていることに文句を言う教師はいないと思います。あなたは大丈夫だと思います。

児童：（辞書は）学業に関係のあるものです（から学校へ持って行くことが禁止されることはありません）。

教師：ええ、大丈夫だと思います。実際、Hanley校では、辞書を持ち込むと、ハウスポイントか何かが加算されるかもしれません。ただ、7年生にどうなるか、これをやっていない他の学校より、7年生の学習が少しは充実しているかどうか、見てみるのも面白いかもしれませんね。

児童：私が以前通っていたUpton校では、4年生のときに、ハイスクールに進学しなければならないことは分かっていましたが、フランス語はほとんどやっていなかったので、心配でした。Hanley校ではフランス語が重要な科目だと知っていたので、「もし、自分が知っておくべきことを何も知らなかったらどうしよう」と思って、とても不安でした。

教師：すぐに覚えられますよ、私を信じてください。

児童：それに、もし誰かにそれが何なのか聞かれたら、小学校で習ったものだと言えばいいし、覚えているものだから、とてもいいじゃないですか。

教師：ええ。

児童：辞書引きが使われるようになるといいですね。別の学校に行っても、他の人が辞書引きのことを知っていて、他の人も使い始めて、それが広まって、普通の学用品のように使うようになるといいですね。

教師：辞書を読んで、ポスト・イットに単語を書くわけですが、その後、どの

ような場面で、すでに書いた単語に戻ることがあるのでしょうか。ポスト・イットをどのように見直したり、再検討したりするのでしょうか？あるいは（見直さないで）ポスト・イットに1回書くだけですか？

児童：たぶん毎晩です。

教師：ああ、毎晩ですか。すべてのポスト・イットを見直すのですか？

児童：たぶん、それをやっていたとき、「ああ、ポスト・イットがある」というような感じだったと思います。そして、それを見直すと上手くいくんです。

児童：家で宿題をしているときに、その意味がわからず、助けてくれる先生もいないようなとき、これはミニ先生のようなもので、探したかった単語の意味をすべて得るのに役立ちますね。

児童：ポスト・イットに書いた単語のメモを何度も何度も読み返すと、本当に覚えやすくなりますし、脳に馴染みやすくなります。そして、何度も何度も繰り返していれば、その単語を使うことができます。なぜなら、その単語をよく知っているので、辞書を引くことなく普通に使うことができ、その後に語釈を見て、覚えて、使うことができるからです。だから、もっと手っ取り早いんです。

教師：物事を復習するときに、突然「あ、この単語知ってた！」と思って、その単語を知っていることを忘れていた自分に驚くことはないですか？

児童：ええ、それは脳の奥にあるものが手前に移動するからです。

児童：そして、それが飛び出してきて、"ああ、そうだ、覚えている"という感じです。

児童：それは、他の誰かがそのことについて普通に話し始めたときだけです。でも、辞書の場合は、すでに知っていることだから、そんなことはありません。誰かが「これに関連する言葉を思いつく人はいますか？」と尋ねたら、スクロールして、それに似た言葉を見つけることができるんです。

　児童の「ポスト・イットに書いた単語のメモを何度も何度も読み返すと、本当に覚えやすくなりますし、脳に馴染みやすくなります。そして、何度も何度も繰り返

第2部

していれば、その単語を使うことができます。なぜなら、その単語をよく知っているので、辞書を引くことなく普通に使うことができ、その後に語釈を見て、覚えて、使うことができるからです」という発言は、辞書引き学習で付箋紙を活用することの意義について理解できていることを示している。また、教師の「物事を復習するときに、突然『あ、この単語知ってた！』と思って、その単語を知っていることを忘れていた自分に驚くことはないですか」という問いに対して、児童が「ええ、それは脳の奥にあるものが手前に移動するからです」と答え、「そして、それが飛び出してきて、『ああ、そうだ、覚えている』という感じです」と述べている点から児童が自身の言葉の認知の仕方についてメタ的に認識しようとしていることを窺い知ることができる。そして、最後に児童が「辞書引きが使われるようになるといいですね。別の学校に行っても、他の人が辞書引きのことを知っていて、他の人も使い始めて、それが広まって、普通の学用品のように使うようになるといいですね」と述べていることから、辞書引きの習慣が児童のフランス語学習における有用感に繋がっていることが分かる。

4．研究の考察

　本研究では、複言語主義に基づく汎用的言語学習方略モデルとしての「辞書引き学習」のフランス語学習への導入効果の検証を英国の小学校教師と児童に対して行ったインタビュー逐語記録から行った。逐語記録は教師児童間で行われたフランス語学習と辞書引き学習に関する応答の様子を記録したものである。本研究では複言語主義に基づく教育のめあてとして、3つのめあてを持つことの重要性を指摘した。
①複数の言語や文化を理解しそれを活用するだけでなく、言語や文化を架橋する習慣を獲得すること
②複数の言語や文化を学習する際、それぞれの言語的・文化的性質の異同を理解するメタ認知的視点を獲得すること
③以上の習慣や視点を獲得し、複数の言語学習を効率化するための汎用的な学習方略モデルの開発をすること
　考察ではこの3つのめあてに則してフランス語の辞書引き学習が実施されていたのかどうかを検証する。

複言語主義に基づく英国の小学校におけるフランス語辞書引き学習の実践

「クリスマスのストーリー」言語や文化を超えて共有されている教材「クリスマスのストーリー」の学習では実際に知っているフランス語語彙が登場することに児童は気が付いているものの、児童はその語彙を活用しようという気にはなれないと述べている。その一方で、辞書引き学習により、語根や接頭辞、接尾辞などに注目し、メタ的な認知能力を獲得することにより、他の語彙に触れたとときに、その能力を発揮しようとすること、そして、辞書引き学習の習慣がフランス語と英語を紐づけながら語彙学習を邁進させる力となっていることがインタビューの記録から窺われる。これらの事実は、目標①に迫る事実であると見做すことができる。

教師と児童は、英語とリンクしているのはフランス語だけではなく他のヨーロッパ言語ともリンクしており、それぞれの単語がどの単語に由来したものかその単語を他の言語の単語から見てみることのよさについて児童は強調している。そして、教師も英語は他の言語を上手く借用していることへの気づきを促す発言をしている。また、英語の発音と綴りの関係と、フランス語の発音と綴りの関係についての児童の気づき、具体的には英語では発音しない語尾の "e" をフランス語では発音するなどの気づきなどもインタビュー記録から読み取ることができる。以上のことから、児童が「言語構造」という言葉そのものは理解できていないとしても、言語間を架橋してそれぞれの言語を言語構造的に見る目線が形成されつつあることを示すものである。これらの事実は、目標①と②に迫る事実であると見做すことができる。

次に、スクリーンの辞書と辞書引き学習によって用いられる紙の辞書の機能の違いについてである。児童らはスクリーン（デジタル辞書）で調べていたときは、言葉の意味だけを読んでいたが、紙の辞書を使用するようになって、文脈を理解し、文脈に相応しい言葉の意味を選択するようになったと言う。「知らない単語があったらどうするのですか」「英語からフランス語を引き、正しい単語を探します」という応答は、英語の語釈を読み、どれがここで記されているフランス語単語の意味に該当するのかを丁寧に読み取ろうとする態度を身に付けていることが分かる。これは、言葉を調べることよりも、日常的に言葉を読むことを重視する辞書引き学習の習慣が為せる技である。言葉の意味には複数の意味があることを日ごろから辞書を読んでいる児童にとっては当たり前のことで、フランス語辞書の英語表記の語釈を読んでからフランス語を理解しようとしている日常の習慣がそのような紙の辞書の使い方をさせているのである。興味深いのは、「辞書引き学習」による付箋を活

第2部

用しての学び方が、コンピュータの用語の「スクロール」や「コンピュータのファイル」という例示で説明されていることである。つまり、コンピュータがしていることを、紙の辞書と付箋を用いる「辞書引き学習」で児童が行っているということを教師と児童が認識していることである。付箋でタグ付けすることにより、「ポスト・イットを貼るとすぐに答えを見つけ出せるので本当に便利です」と児童が述べているが、スクリーンの辞書のことを便利と言わず、辞書引き学習における付箋が便利だという趣旨の発言は、児童の学習にとって便利であるということの意味を問い直させる発言であると考えられ、デジタル教材の意味を検討する切り口となるのではないだろうか。また、何度も単語を読み直し、「脳内で何かが起こって、ファイリング・システムの中から情報を探し出すんです」という教師のデジタル用語を用いたアナログ学習の解説は、デジタルとアナログの架橋をするものであり興味深い。これらの、紙の辞書と紙の付箋を用いた「辞書引き学習」の習得は、③の目標に迫るものである。

5．おわりに

　本稿で取り上げた、英国ウスターシャー州キャッスルモルトン CE 小学校では、第1言語の英語カリキュラムと併行して、第2言語のフランス語カリキュラムを実施している。英語授業で実践している英語辞書引き学習の習慣がフランス語学習においても援用され、フランス語学習においても辞書引き学習の習慣が維持されていることが分かる。これらの様子から汎用的な言語学習方略モデルとしての辞書引き学習の有効性が確認できる。指導する教師は英語においてもフランス語においても、それぞれの語彙構造に関する興味を引き出し理解を深めることの重要性は認識しており、教師の発言においてもその点を強調する発言が随所で見られている。教師の汎用的言語学習方略モデルに対する期待の大きさを感じることができる。

　本研究を含め、これまで英国で継続して取り組んできた複言語を架橋する汎用的な言語学習方略の習得に関する実践研究は、複言語主義に基づく現代的な言語教育を実現する上において有効である。今後も英国における複言語学習に関する実践研究を更に進め、研究を深めていきたい。

複言語主義に基づく英国の小学校におけるフランス語辞書引き学習の実践

追記

　本論文で取り扱われているデータはその使用目的や講ずる措置を研究の対象者に対し十分に説明した上で必要な範囲の個人情報に限り収集した。これらのデータは英国キャッスルモルトン CE 小学校において児童の個人情報が特定できないことを確認した上で、許可を得て掲載するものである。協力者各位には厚く御礼申し上げる。

　本研究は、令和 4 年度科学研究費助成事業（科学研究費補助金）基盤研究 B「複言語学習における汎用的な言語間共通学習方略モデルの開発に関する国際比較研究」（課題番号：20H01294）による助成を受けて実施したものである。

　本論文は『現代教育学研究紀要』（第 17 号、2023 年）に掲載されたものである。

参考文献

境一三・山下一夫・吉川龍生・縣由衣子（2022）『外国語教育を変えるために』三修社

深谷圭助・吉川龍生・関山健治（2022）「イギリスの公立小学校における辞書引き学習の導入と教師の学び」中部大学現代教育学部『現代教育学部紀要』第 14 号 pp.27–35

深谷圭助・吉川龍生・王林鋒・関山健治（2020）「イギリスの小学校英語教育における JB（辞書引き学習）モデル導入事例に関する考察」日本外国語教育推進機構『複言語・多言語教育研究』（第 8 巻）pp.151–160

深谷圭助・吉川龍生（2020）「語彙習得学習における語種間共通方略モデルの開発とその実践—辞書引き学習の動機づけと方略の有効性をめぐって—」『現代教育学部紀要』（第 12 号）pp.47–55

深谷圭助（2018）「子供と言葉の出会いに関する国際比較研究—イギリスと日本における『辞書引き学習』の導入事例を中心に—」『現代教育学研究紀要』（第 10 号）pp.47–59

"What is a Digraph?"<https://www.twinkl.jp/teaching-wiki/digraph>（2023 年 5 月 5 日閲覧）

第2部

注

*1 例えば、公益財団法人日本英語能力検定協会では、CEFR について、英語能力検定受験者個人成績表に以下の様な文言を付して説明している。「国際標準規格の CEFR にも対応しています。CEFR（Common European Framework of Reference for Language）とは「ヨーロッパ言語共通参照枠」と呼ばれるもので、外国語の学習者、教授者及び評価者が、その熟達度を同一の基準で判断することが出来るように開発された枠組みです」この文言では、CEFR のことを国際標準規格の言語熟達度評価枠組であると説明しており、CEFR の理解が偏重したものになっていることを窺い知ることができる。

*2 境一三・山下一夫・吉川龍生・縣由衣子（2022）『外国語教育を変えるために』三修社 79–80 ページ

*3 Castlemorton C.E. Primary School
所在地：Church Road Castlemorton, Near Malvern Worcestershire. WR13 6BG

*4 スプリット・ダイグラフ（Split digraph）とは、フォニックスで、離れた 2 文字で 1 音を表す母語ダイグラフ（Vowel の法則のこと。Vowel digraph は 2 文字で固有の一音を表すもので、それぞれの母音を続けて発音する音とは異なる。Digraph は日本語で二重音字とも呼ばれる。日本語が 46 音なのに対し、英語には 44 音があるが、アルファベットは 26 文字しかないため、digraph（ダイグラフ、2 文字で一音）を使って音を表している。"What is a Digraph?"<https://www.twinkl.jp/teaching teaching-wiki/digraph>（2023 年 5 月 5 日）

英国・中等教育の外国語クラスにおける Lexplore
（辞書引き学習）実践

丁佳

はじめに

　動機付けは、外国語学習の中で極めて重要な役割を担っている。動機付けには様々な種類や形式があるが、外国語学習においては、学習者の動機付けは外発的動機付けと内発的動機付けとに大まかに分けることができる (Dörnyei, 1994)。外発的動機付けのひとつであるテスト不安は、中等教育段階の外国語学習者にとっては、極めて直観的に有効な働きかけになる。一方、内発的動機付けは生徒が外国語学習の過程を楽しみ、そこから大きく成長することを可能とする。

　Lexplore（辞書引き学習）は生徒の内的動機付けを高める容易かつ有効な方法である。まず、生徒には最大限の自主性が認められる。生徒は自分の興味関心に基づいて辞書の中から関連の語彙を探すことが許されるが、それは学習の自由が最大限与えられているというだけでなく、辞書を読む過程で自主的な学習の喜びを存分に味わってよいということでもある。次に、付箋に語彙を書き写す過程は、生徒がその語彙を整理し記憶しようとする過程でもある。当然ながら、生徒が辞書を付箋でいっぱいにする頃には、非常に直観的に自分の学習の成果を目にすることができ、自らすすんで他のクラスメイトとその成果を分かちあおうとする。さらに、ポジティブな競争の雰囲気がクラスに形成されると、生徒たちはより積極的に多くの時間を辞書から語彙を見つけることに費やし、さらに多くの付箋を貼り付けることができる。上述のような Lexplore の特徴によって、内的動機付けの形成が促進される。

　Lexplore は母語の学習に活用されることが多いとはいえ、筆者はアクションリサーチの方法で、Lexplore の外国語学習における役割について探ってみたいと考えた。外国語学習と母語の学習には大きな違いがあるとはいえ、動機付けという面だけ見れば、内的動機付けと外的動機付けが学習過程で担う役割に違いはない。そうした点を明らかにすべく、筆者の担当するクラスで 10 ヶ月近くのアクションリ

第2部

サーチを行った。

研究方法

　本アクションリサーチの対象クラスは、英国の男子グラマースクール（公立）の10年生中国語クラスである。グラマースクールへの入学は選抜制であり、生徒は厳しい入学試験を経て本校に入学し、学力水準は非常に高く、学習に対する意欲もたいへん高い。本校の中国語コースは5つある外国語選択コースの1つであり、10年生の中国語クラスの生徒はすでに8年生と9年生で2年間中国語の学習をしており、その毎週の授業時間は2時間である。10年生と11年生で継続して2年間中国語を学習し、11年生の年度末にGCSE（中学卒業認定試験）を受験する。この2年間は毎週5時間の授業が行われる。対象クラスには合計9名の男子生徒がおり、年齢は14歳である。筆者は本クラスの中国語担当教員で、生徒は8年生からゼロベースで筆者の下で中国語学習を始めた。したがって、筆者はこの9名の生徒の成績と学習方法について把握しており、生徒もまた筆者の授業方法に積極的に協力する態度を示した。

　当該クラスで初めてLexploreを導入したのは、2022年9月であった。最初の授業では、生徒たちは辞書の使用法を学び、教員の指示に従って、指定されたテーマで面白そうな関連語彙を自主的に見つけ、付箋に中国語と英語でその語彙を書きとめ、その語彙が載っている辞書のページに貼り付けた。その後、見つけた語彙を中国語と英語で自分のノートに書き写し、グループに分かれて自分が興味を持った語彙についての意見交換を行った。次の第二段階では、すべての生徒に辞書を持って帰らせ、辞書を用いた講読課題を行わせるという試みをした。この段階で、2週間ごとに1篇の中国語のレベル別講読課題を宿題として生徒に与え、辞書を用いて意味の分からない語彙を調べ、調べた語彙に基づいてさらに興味を持った語彙を調べさせることで、Lexploreのサイクルを回すようにした。しかし、この方法はすぐに問題を露呈した。生徒は辞書を自宅に忘れがちで、授業での使用に影響した。そのためすぐにやり方を調整し、Lexploreは授業中だけに限定し、辞書の使用者を固定せず、毎回ランダムに生徒に貸し出すようにした。第三段階として、Lexploreの専門家の意見を採り入れ、Lexploreを毎時限の帯活動（starter and warm up activity）とする試みをした。生徒は授業のテーマに基づき、自主的に面白そうな語彙を探し、見つけたものを付箋に書きとめて貼り付け、授業用ノートにも書き写すようにし、続いてグループワークをさせた。特筆すべきは、グループワークの際に、教員からできるだけ最近学習したりその日の授業で学習予定だったりする重要文型の中で、自分が見つけた語彙を使って練習や共有をするよう促した。その結果、生徒は単に見つけた語彙を共有するだけでなく、既習文型を復習したり、新しい文型を練習したりするようになった。

　このアクションリサーチは2023年7月で終了した。10ヶ月の実践活動で、筆者はLexploreの専門家と対面やオンラインのミーティングを重ね、実践の進展をフィードバックし、専門家からの意見を採り入れることで、次の実践方法を調整し改善するようにした。また、実践の過程で、筆者はあえて授業中にLexploreの感想を生徒に求め、学習の進み具合をふり返ったり、Lexploreの改善意見を出したりするように促した。筆者は授業ごとに簡単なまとめを書き残すことで、生徒からのフィードバックの記録とし、専門家とタイムリーに共有できるようにした。

考察

　実践の過程を通じて、9名の生徒が積極的に協力したため、筆者は生徒とのやりとりや観察をする中で、次のようないくつかの有益なフィードバックを得ることができた。

　まず、生徒たちの自主性が非常に強かったことで、生徒中心の実践が可能となったことがある。Lexploreを始める前、生徒は教科書の中の単語や教員がリストアップした重要語彙を学ぶだけだった。Lexploreの実践過程で、生徒は一定の指定されたテーマの中で、最大限の主体性をもって自分が面白いと思える語彙を探し学習した。例えば、トレーニングというテーマで学習した際には、生徒は辞書から「カヌー（划艇）」「重量挙げ（举重）」「ジョギング（慢跑）」などの本当に関心のある語彙や、実際にトレーニングで使いそうな語彙を発見し、教科書に出てくる「太極拳をする（打太极拳）」や「体操をする（练体操）」といった語彙だけに縛られずに学習することができた。また、一部の生徒はみんなと違う語彙を見つけることでクラスメイトや教員の注目を集めようとして、辞書の中からできるだけ変わった語彙を見つけ

第２部

ようとし、そうした語彙はすぐに広がって使用され、容易に定着していった。例えば、課外活動がテーマの時には、ある生徒が偶然「葬式（葬礼）」という語を見つけ、「私の最も好きな課外活動は葬式に参加することです」という例文を作り、他の生徒たちも意外さとおかしさのあまりこの言葉を覚えてしまった。語彙学習の自主性を高めるのみならず、生徒たちは既知の知識を利用して、主体的に部首に関わる質問をしたり、語の構造に関する質問を行ったりもした。例えば、天気について学んだときには、ある生徒が「あめかんむり」の部首の漢字の中から「零」という字を見つけ、なぜ「零」に「あめかんむり」があるのか、ゼロという数字と雨とどう関係あるのかと質問した。生徒が主体的に考えて質問することを通じて、その質問の答えについても記憶が鮮明になるものと確信している。以上のように、自主的な学習によって言語学習はより効率的になり、Lexplore はその意味で生徒に中国語を学習するモチベーションを与えていた。

　次に、Lexplore は生徒の好奇心も高めた。好奇心は生徒が学習に向かう主要なモチベーションとなる。実践期間を通じて、大部分の時間辞書は教室に置かれていて、授業時だけ使用され、毎回授業のたびに生徒に配られた。つまり、生徒は決まった同じ辞書を使っていたわけではない。こうすることで、生徒はクラスメイトの残した付箋に興味津々であった。生徒は辞書を使って自分の学習を進めるだけでなく、他の生徒が貼った付箋を見るのが好きで、その辞書を前に使った生徒がどんな言葉に興味があったのか興味を持ち、無意識のうちに自分の語彙量を増やすことに繋がっていた。しかし、Lexplore の実践過程から、筆者は未だに有効な復習とテストの方法を見出せておらず、そのため生徒のこうした語彙学習の結果が短期記憶に属すものなのか長期記憶になるものなのか判断することができない。経験的に言えば、新しい語彙は異なる文脈で何度か使用されて初めて短期記憶から長期記憶になるもので、授業での Lexplore の時間も限られており、決まった辞書を持っているわけでもなく、多くの語彙は、自分で見つけたものであれ、好奇心から目にした他の生徒が見つけたものであれ、「ひと目会っただけ」で、すぐに忘れてしまう可能性が高い。

　また、辞書自体の制約で、生徒が見つけた語彙を使用する際に２つの難しさがある。ひとつ目には、語彙を使用する文脈を判断できないことである。中国語には書面語や詩的な用法など多くの用法があるが、辞書から詳細な文脈を知ることはでき

ず、生徒がふさわしくない文脈で見つけた語彙を使用してしまう例が散見された。ふたつ目には、辞書の中の語彙がすでに賞味期限切れになっていたり、最新の語彙を見つけることができなかったりということがある。ことばは生き物であり、とりわけ現在のネット社会では、言語もネット上で日進月歩で成長し変化している。3年前の GCSE では、「ネットアイドル（网红）」という言葉が出題されたが、辞書の出版よりはるか後に出現した語彙のため、オックスフォード中英辞典でも見つけることはできない。また、現在「スマホをスクロールする（刷手机）」という指を素早く動かしてスマホの画面を切り替える動作を表現する言葉がよく使われるが、紙の辞典の「刷」という字の古典的字義で「スクロール」の意味まで解釈することは難しい。

　当然、辞書自体の制約の他にも、受験クラスの担当教員としては、Lexplore は多くの授業時間を消費してしまうので、授業時間が元来不足している状況下で、長期間にわたって Lexplore を使うことは難しい。Lexplore を導入する以前は、限られた授業時間を使って GCSE の試験センターが指定した重要語彙を限られた授業時間を集中して学習し練習することができた。Lexplore の実践過程では、生徒は関心のある語彙を学ぶ自由を与えられ、主体性も高まったが、生徒が自主的に学んだ語彙は分散的で系統だっていない。そのため、重要語彙を学ぶ授業時間を奪われるだけでなく、系統的に語彙を増やすこともできない。

　以上のように、Lexplore は生徒の主体性や好奇心を高める面では非常に良い効果があり、長期的に言語学習の効果を高めるのに適している。しかし、受験クラスの生徒にとっては、試験の成績というプレッシャーを前にして、Lexplore は系統性と効率性に欠けている。

結語

　Lexplore は外国語教育での辞書の使用に対する反省と革新である。英国の中等教育における外国語学習では、辞書はしばらく前までは重要な役割を担っていた。——以前の GCSE Chinese では、作文の時間に辞書の使用が認められていたが、2015 年の新しい GCSE 試験綱領での改革とともに歴史の舞台から去った。2015 年以前は、辞書は中学の中国語授業の常連で、生徒も慣れた手つきで辞書を使用する

第2部

ことができた。しかし、2015年の新しい規則の中で、作文試験は全国統一試験となり、生徒は試験中に辞書を使用することができなくなった。この規則の下で、多くの中学校中国語教育の現場で伝統的な紙の辞書が放棄され、素早く便利なネット辞典やスマホアプリが用いられ、本校のオックスフォード辞典も2015年以降は顧みられなくなってしまった。Lexploreは、改めて辞書の使い道について考えさせるものだ。辞書は信頼できる言語学習の工具書であるだけでなく、生徒の自主的な学習を促す工具書にもなり得る。今回のアクションリサーチにより、Lexploreが生徒の主体性や好奇心を高め、生徒を真に学習の中心とし、長期的な言語学習の道筋を提供できることがはっきりと示された。しかし、コインに表裏があるように、Lexploreにも実践の中で現実的な問題が存在し、とりわけ成績を重視する受験クラスにおいては、求められている系統性や効率性をLexploreは今のところ提供できない。また、英国の公立学校の教育予算が極めて逼迫する状況では、辞書を購入するために必要な高額な費用もLexploreを推進するための障碍になるだろう。しかし、さまざまな現実的な困難が存在するとはいえ、筆者はLexploreを実践して極めて良好な感触を持ち、Lexploreを実践する教員のフィードバックを共有する中で、より中等教育段階の外国語学習に適したLexploreの教授法が開発されることを心から期待している。

翻訳：吉川龍生（慶應義塾大学）

使用辞書

Pocket Oxford Chinese Dictionary: English-Chinese / Chinese-English, Oxford University Press

参考文献

Dörnyei, Z. (1994) Motivation and motivating in a foreign language classroom. The Modern Language Journal, 78(3), 273-284.

第3部

シンガポールにおける複言語学習における
汎用的な言語間共通方略モデルとしての
JBモデル（辞書引き学習）の導入

シンガポール・マドラサ・イルシャド・ズフリ・アル・イスラミヤ校における辞書引き学習を取り入れた語彙学習の改良

アイーシャ・シャウール・ハミド　スフェンディ・イブラヒム　リザル・ジャイラニ
ロザナ・ムハンマド・ザイード　ノール・アイシャ・ハサン　フイーザ・アブダル・ジャリル

マドラサ・イルシャド・ズフリ・アル・イスラミヤ (Madrasah Irsyad) における辞書引き学習の背景

　辞書引き学習（辞書をもとにした学習モデル（JBモデル））は、既知・未知を問わず、学習者が日常的に単語を辞書で読んだり調べたりすることを保証する自己調整型の言語学習戦略である。学習者は、読んだり調べたりした部分に番号のついた付箋を貼り、そこに見つけた単語を書き込むのである。

　辞書引き学習は、1989年に深谷教授の出身地である愛知県で、子どもたちが辞書を読んだり、辞書で遊んだりして楽しんでいるのを見て、辞書を使わせるためのわかりやすい取り組みとして始まった（Journal、2014）。辞書引きモデルのアクション・リサーチは、1998年に日本で第1言語である日本語を対象として始まった。その後2011年にイギリスで導入され、ついには2011年にシンガポールのフアミン（Huamin）小学校に導入されるに至った。マドラサ・イルシャドが初めて辞書引き学習を導入したのは2019年3月であった。

アクション・リサーチは日本の3人の教授によって準備された

　深谷教授が共有したように、辞書引きモデルの利点は、異なる言語や教育・文化的背景に合わせて内容を調整できることにある。その他の利点は以下の通りである：

1. 言語学習への興味と意欲を高める
2. 生徒が自主的に学習できるようになる。
3. 単語同士を関連付け、類義語、反意語などの多様な意味を学ぶことができる。
4. JBモデルをデジタル化することで、あらゆるプラットフォームで適用できる。
5. 評価ルーブリックや辞書引き日記などにより、モデルを拡張することができる。

シンガポール・マドラサ・イルシャド・ズフリ・アル・イスラミヤ校における辞書引き学習を取り入れた語彙学習の改良

写真 01：深谷圭助教授とアクションリサーチチーム。左から 3 番目の写真は 2022 年 8 月、吉川教授とマドラサ・イルシャド・ズフリ・アル・イスラミヤのスタッフとともに撮影された。

マドラサ・イルシャドにおける辞書引き学習

　深谷教授が、私たちに辞書引きを伝えたいという熱意を抱いてイルシャドを訪問したのは 2019 年 3 月のことだった。学校の休暇中であったが、イルシャド・ライティング・スタジオの生徒 20 人を集めて、彼の辞書引き学習の紹介の時間に参加することができた。辞書引き学習とは、辞書を使った実践的なアプローチであるが、私たちは今まで聞いたことがなかった。私たちにとって、辞書は授業で意味や単語を確認したり、作文を書くときに使ったりするものである。辞書引きという言葉に出会ったことが、辞書を使いこなすための新しいアプローチの始まりだった。

　深谷教授はまず、辞書は教室の棚に放置され、ほとんど使われることなく「埃をかぶっている」ものだと考えられていたことを話した。続いて、辞書がいかに役に立つかを知ることで、私たちの辞書に対する考え方を変えることができると述べた。前校長のヌール・イシャム氏は、辞書引き学習のアプローチにとても感銘を受け、

第3部

小規模なものから辞書引き学習を始めることを許可してくれた。

ところが、同じ年に新型コロナウイルスが発生し、すべてが行き詰まってしまった。辞書引き学習も延期を余儀なくされた。学校が再び機能するようになった 2022 年まで、私たちはクラスで辞書引き学習を実施することができなかったが、教師の中には、生徒と一緒に何とか辞書引き学習を行うことができた者もいて、生徒同士でもそのやり方に関心が持たれ始めていた。

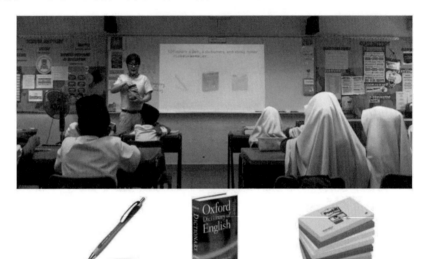

写真 02：マドラサ・イルシャド・ズフリ・アル・イスラミヤの生徒たちに初めて辞書引き学習の方法を紹介する深谷教授

マドラサ・イルシャド・ズフリ・アル・イスラミヤで共有されている辞書引きのステップ
  1. すでに知っている単語（基本 1000 語を推奨）から始める。
  2. 未知の単語を考え、辞書で引く。
  3. 辞書で引いた未知語の意味を読み、付箋に書いてページの一番上に貼る。
  4. これを繰り返す。

辞書引き学習では、知っている単語を見つけたら、番号を振って付箋に書き込むことをすすめている。こうすることで、語彙を記録し、自分が見つけた単語を視覚

的に認識することができる。辞書に記載されている単語の意味を読むことで、さらに知識が深まり、文章を書く際にも活用できるようになる。

写真03：小学4年生（Primary 4）のクラスで初めて実施された辞書引き学習を見学する吉川教授

　2022年8月18日、吉川教授が初めて本校を訪れ、小学4年生（10歳）を対象に実施された辞書引き学習の授業を見学した。教師たちは、単語日記（word journal）を作成したり、単語記録ノート（word-bank）を拡張したりすることで、辞書引き学習に付加価値を与えた。これらは、単語の意味を単に説明するだけでなく、より高いレベルで理解するきっかけとなった。

　同じ日に、吉川教授は、マレー語教師やアラビア語教師を含む本校の教師たちと共有セッションを行った。

写真04：吉川教授とマドラサ・イルシャド・ズフリの英語、マレー語、アラビア語の先生たち

　このセッションでは、深谷教授と王教授もオンラインで参加され、辞書引き学習がいかに効果的であるかを、他のマドラサの先生方と分かち合うことができた。先生たちは、辞書引き学習が有意義であり、生徒たちがより多くの単語を知ることが

第 3 部

できるようになるだろうということを知り、喜んだ。

マドラサ・イルシャド・ズフリ・アル・イスラミヤにおける辞書引き学習の目的

　2023 年に小学 4 年生（Primary 4）と 5 年生（Primary 5）（2022 年に小規模な辞書引き学習を行ったクラスである）を対象に、学年全体での試験的なプロジェクトが始まった。この 1 年間のプロジェクトでは、授業開始前に辞書引き学習を実施し、授業中にも適切な形で取り入れる。これにより、辞書引き学習を用いた辞書の活用能力をより体系的に身につけることができる。このストラテジーは、口頭で繰り返し練習するのに比べ、生徒が授業で学んだ内容をより長く保持することに役立っている。

　2023 年 2 月 9 日、深谷教授と吉川教授は辞書引き学習の進展について把握するために、マドラサ・イルシャドを再び訪問した。彼らは小学 4 年生（Primary 4）と 5 年生（Primary 5）の授業に参加した。ここでもまた、教師たちは単語の「意味の連続性」（word cline）や「同義語・反義語」の観点を組み込むことで、辞書引き学習に付加価値をつけていた。これらのストラテジーは、辞書引き学習の方法論を拡張し、楽しく英語を学ぶ方法を提供した。

写真 05：マドラサ・イルシャド・ズフリで行われた辞書引き学習の授業を見学する深谷教授と吉川教授

　マドラサ・イルシャド・ズフリの生徒にとって、辞書引き学習がどれほど効果的であったかを知るため、深谷、吉川両教授は、教師と生徒にインタビューを行った。

教師たちは、辞書引き学習は単語学習の幅を広げ、特定の語の機能をより深く説明する一つの方法であると感じている。

辞書引き学習が学科会議で共有されたことで、同じ年に他の学年（小学3年生）の教師が辞書引き学習を導入した。辞書引き学習で使う付箋は、教育・学習の必要経費として学科予算に計上された。教師と生徒のいずれにとっても大変スムーズに導入することができた。これらのことを通して、辞書引き学習が最終的には生徒たちのためになると確信した。

本論では、以下に、先生と生徒がそれぞれの進度とやり方で辞書引き学習を実施する中で経験したさまざまな体験を共有したいと思う。どのような活動であれ、すべての教師が念頭に置いていたのは、生徒がより早く、よりよく学び、学んだことを効果的に活用できるようにすることだった。

小学部3年（P3）の経験

フィルザ・ハニム・アブダル・ジャリル氏とノール・アイシャ氏による実践

辞書引き学習は、当初、小学4年生と5年生が対象であったが、小学校3年生の2つのクラスでも試すことができた。P3のうち1クラスは能力が高く、もう1クラスは能力が中程度である。

小4と小5の生徒たちとは異なり、小3の生徒たちは辞書引き学習に触れたことがない。そのため、辞書引き学習とは何か、なぜ辞書引き学習をするのか、辞書引き学習はどのように行われるのかを理解することが重要となる。最初の授業の前に、生徒たちは辞書を持参するように言われた。小学3年生のクラスでは、辞書を購入することは強制されなかった。なお、付箋は教師が用意した。

通常、辞書は単語の意味を確認するために使われる。しかし、辞書引き学習を導入すると、生徒たちが自分が知っている単語を探すことに驚いた。付箋に単語を書く前に、教師は、辞書に出ているその単語の意味を読むように指示した。その後で、意味を書き込んだ付箋を単語が出ているページに貼り付けた。生徒たちはとてもわくわくしていた。

アクティビティが始まるやいなや、生徒たちはたくさんの単語を調べて付箋に書き、どんどん貼っていった。与えられた時間は10分だったが、多くの生徒が時間

第3部

内に少なくとも 20 語を書くことができた。この活動の応用として、生徒たちは発見した単語を「単語記録ノート」に意味とともに書き留めた。

　次の授業でも、生徒たちは同じように 10 分間、辞書引き学習を行った。今度は、生徒は 30 以上の単語を書いたのである！　与えられた時間は同じであるのに、生徒たちの辞書引き学習が上達したのは驚くべきことだった。能力の高い生徒を伸ばすために、物語文から抜き出した数語の意味を予測することが求められた。推測した結果確認するために、生徒たちは辞書を引いて語義を見つける。このように、生徒の知的な能力を試すことで、彼らを大いに興奮させた。さらに、与えられた単語をもとに文章を作ることを指示した。これは、単語に関する知識を応用し、適切な文脈で単語を使う能力を試すものである。

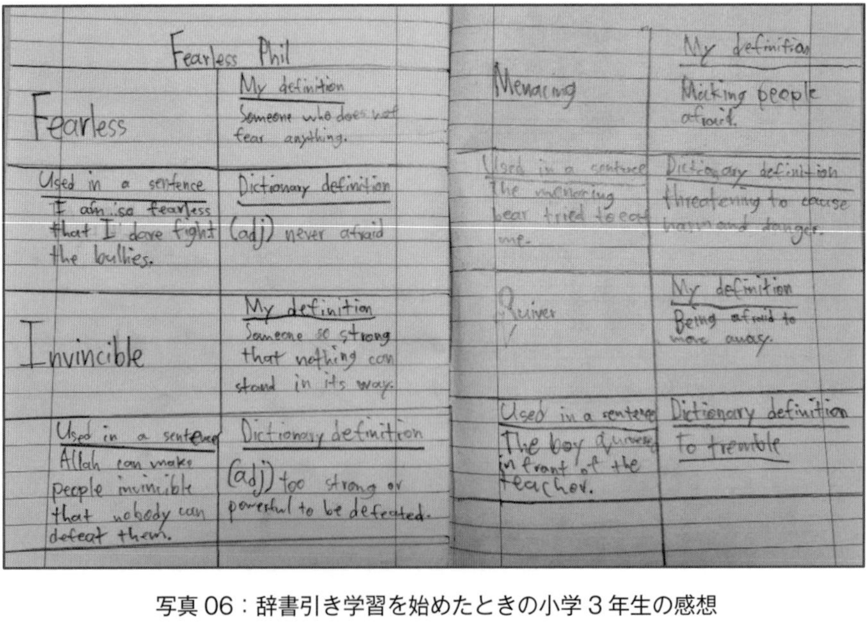

写真 06：辞書引き学習を始めたときの小学 3 年生の感想

　中級の生徒には、レッスンの始めに辞書引き学習を行った。最初の数レッスンでは、生徒たちは知っている単語を 5 つ辞書で調べるように促された。始めの 1 週間が終わると、生徒たちは付箋の数が 3 倍に増えているのを見て大喜びした。生徒たちはやる気になり、さらに多くの単語を探し始めた。そして彼らは、自分が実際に

はたくさんの単語を知っていることに気づき、よりやる気を持つようになった。辞書引き学習により、彼らの学習意欲がより強くなったのである。その後、彼らは互いに競争心を燃やし、与えられた時間内に多くの単語を調べ、達成感を味わうようになった。

　高学力の生徒とは異なり、このアクティビティは基本的な内容に限られているため、この段階では辞書を引いて文を作る必要はなかった。主な目的は、辞書を使うことに興味と意欲を持たせることであった。この活動によって、生徒たちは苦手な分野である語彙のセクションを上達させることができたため、生徒たちに良い影響を与えた。

　今では、教師が教室に入ってくるのを待つ間の隙間時間に辞書を使う生徒もいるし、知らない単語の意味を調べるために辞書を使うようになった。

生徒の共有
感想用紙による生徒の感想

　両クラスの生徒を対象に簡単なアンケートを実施し、辞書引き学習をどのように感じているかを調べた。

　全体的に、生徒たちは辞書引き学習を楽しんでいた。既知の単語を探し、なるべく多くの付箋を貼るという活動は、非常に刺激的なものであった。実際、この活動を通して、決められた制限時間の中で最も多くの付箋を貼るかということを互いに競い合い、競争心が芽生えた。「単語記録ノート」の単語数を増やすことで、彼らは自分が多くの単語を知っていることに気づくようになった。同時に、辞書のページを読み進めるうちに、新しい単語を覚えることもできた。彼らはまた、自分が覚えた語を友達と共有することに熱中していた。

　中には、単語を聞いたり、目にしたりしたことはあるが、その語の完全な意味を知らなかったという生徒もいた。辞書引き学習を通して、生徒たちはその単語の意味や、文章の中での使われ方を発見することができた。このやり方は、語彙の使い方の知識を増やすのに役立った。中級レベルの生徒も同じように、単語には複数の意味があることに気づくことができた。

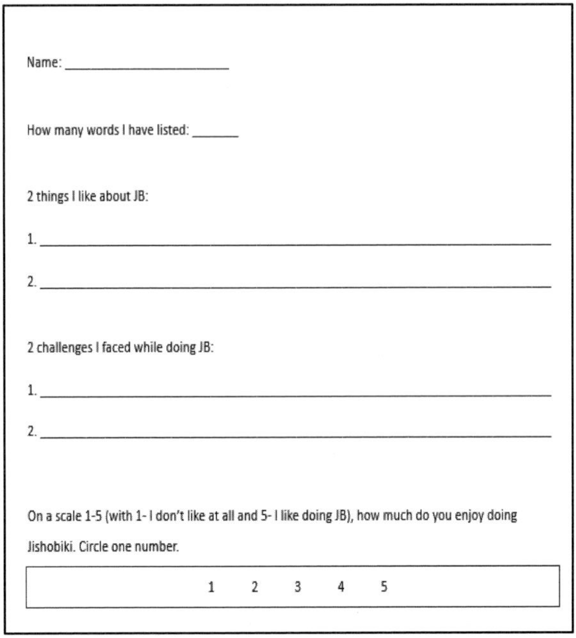

第3部

```
Name: _____

How many words I have listed: _____

2 things I like about JB:

1. _____

2. _____

2 challenges I faced while doing JB:

1. _____

2. _____

On a scale 1-5 (with 1- I don't like at all and 5- I like doing JB), how much do you enjoy doing
Jishobiki. Circle one number.

                    1      2      3      4      5
```

写真07：辞書引き学習を開始したときの小学3年生を対象としたアンケート用紙のサンプル

課題

　生徒たちは、アンケートを通して、活動中に直面した多くの課題を共有している。最初のフォローアップ活動では、単語記録ノートに単語とその意味を記入するよう求められたが、単語を調べることは楽しい活動であり、「たくさん書く」つもりはなかったため、それが足かせとなった。しかし、次のセッションでその必要はないということを再確認すると、生徒たちは知っている単語をリストアップすることに意欲的になった。彼らはすでに辞書引き学習の方法を身につけていたのだ。実際、生徒たちは付箋に知っている単語をできるだけ多く書き留めようと躍起になり、配られた付箋をすべて使い切った。

　2つ目のフォローアップ活動は、より有益であることがわかった。与えられた単語は、何人かの生徒にとってはすでに知っているものだったが、大半の生徒にとっては馴染みのないものだった。ほとんどの生徒は、クラスが読んでいる物語文から

シンガポール・マドラサ・イルシャド・ズフリ・アル・イスラミヤ校における辞書引き学習を取り入れた語彙学習の改良

単語の意味を推測することができた。しかし、その意味を言葉で表現するのは難しいと感じる生徒もいた。文章を作ることも、この生徒たちにとっての課題である。与えられた例文を辞書から自由に書き出すことができたが、すべての辞書に意味が載っているとは限らない。その後、生徒たちはクラスメートと協力して、与えられた単語の意味を示す文章を作る機会を与えられ、セッションの最後には、それができるようになった。

　P3E（小学部3年英語クラス）の生徒は、辞書引き学習の際に直面した2つの課題を共有した。1つめの問題点として、調べた単語の数を覚えておくのが難しいということがあった。前日に中断したときに何語調べたか忘れてしまった場合などがそうであった。そこで、私たちは、辞書の表紙に大きめの付箋を貼って、リストアップした単語の数を記録する方法を思いついた。2つめとして、辞書に貼った付箋が、辞書の単語と意味を隠してしまうということがあった。彼らは辞書引き学習を行っている際に付箋で隠れている単語を読むために、付箋の一部をはがさなければならなかった。

　興味深い観察のひとつは、辞書引き学習の最中に生徒たちが「f-k」、「b-h」、「stupid」といった不適切な単語を見つけたことだ。生徒たちは、これらの単語はイスラム教では許されない単語であり、日常会話やコミュニケーションで使用することは勧められないので、記録してもいいかと尋ねた。クラスで話し合った結果、生徒たちは、これらの言葉は不適切ではあるが、書き留めておいた方がよいということに同意した。これで生徒たちは、これらの言葉の意味と、なぜ不適切な言葉としてレッテルを貼られ、使うことが推奨されないのかを知ることができた。

第3部

小学部4年（P4）における辞書引き学習の経験

リザル・ジャイラニ氏による実践

　私は2022年、小学部4年の英語クラス（ブハラ学級）で辞書引き学習を始めた。当時、深谷圭助教授の説明会に参加した同僚たちから辞書引き学習の進め方を教わったり、ウェブサイト（https://www.jishobiki.jp/about/en/）で公開されている資料に目を通したりした。辞書引き学習とは何か、それはどのような内容であるか、なぜ辞書引き学習に取り組むのかについて、生徒たちに興味を持ってもらうために、短い紹介ビデオを作ることにした。このビデオはまた、私の学年の同僚に教える際の共有ビデオとしても使用できるように作成した。

　小学4年生からよく出た質問のひとつは「なぜ、すでに知っている単語を最初に特定しなければならないのか？」というものであった。

　生徒たちは当初、すでに意味や使い方を知っている単語を見つけて記録するという考えになじみがないため、奇妙なものだと考えていた。私は生徒たちに、このような言語学習と習得の方法、つまり、これまで接してきたすべての単語を把握し、文の中での定義と適切な使い方を理解することは、少なくとも15年間あらゆるクラスで英語を教えてきた私にとっては、これまでになかったことだと説明した。彼らもまた、語彙を増やし、単語の理解や使い方を確認する実に斬新な方法だと同意した。生徒たちと語彙について議論したことが何度もあるが、「単語は知っている」けれども、簡単な英語でもその意味を定義することができない、と言われることがよくあった。

　最初に立てた、1000語の単語に付箋をつけるという辞書引き学習の目標を500語に修正した。というのも、このプロジェクトに着手したのがすでに2学期で、私は2022年7月に3ヶ月のコースから離れることになっていたからだが、どの生徒も500語を達成することができなかった。100語に到達できた生徒でさえ、ほんの一握りだった。後任となる先生と話し合った結果、2023年に辞書引き学習プロジェクトを成功させるためには、以下の点に取り組む必要があることがわかった：

・簡単に辞書にアクセスできるようにするために、教室では全生徒の辞書を各自の机の下に置き、授業のある日はいつでも簡単に使えるようにする。週末や長期休暇中は辞書を持ち帰ることができるようにする。また、授業の間の休憩時

間に教員がいない時間や、自分の英語の授業中に限って、そのセッションの課題を終えた生徒には、辞書に付箋をつけることをすすめている。

・一日中便利で簡単にアクセスできるようにするために、辞書に貼る付箋を教室に置き、学級代表の生徒が管理して、生徒がその日に必要な分を持っていくようにする。

・1週間のELの授業のうち、少なくとも30分間を辞書引き学習に確保する。30分を10分ずつの枠に分け、特に準備時間が必要な授業の最初に辞書引き学習を行うことが多い。

2023年、生徒とともに辞書引き学習を実施することで多くの経験を積み、これを継続させる方法をよく理解した私は、4年生と5年生のクラス、(P4 コルドバ学級とP5 Group 1) で辞書引き学習を実施した。私たちは2022年にうまくいかなかった点を回避し、生徒も私も1000語という目標を達成することに意欲を燃やしている。

小学部4年(P4 コルドバ学級)には、高い能力と中程度の能力を持つ生徒の大半が所属している。彼らは非常に意欲的で、比較的容易に辞書引き学習を受け入れ、私が毎日指示しなくても、すでに知っている単語に付箋を貼ることを自主的に行った。

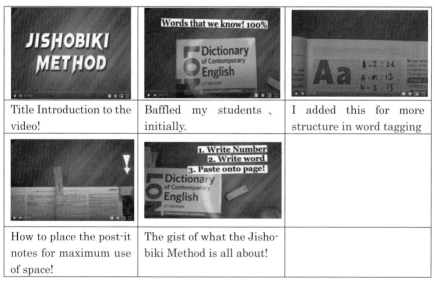

写真08：辞書引き学習がどのようなものか、生徒と教師双方を指導するために作成したビデオのスクリーンショット

第3部

写真09：付箋を貼った辞書を持つ小学部4年（コルドバ学級）の生徒たち

辞書引き学習の拡張

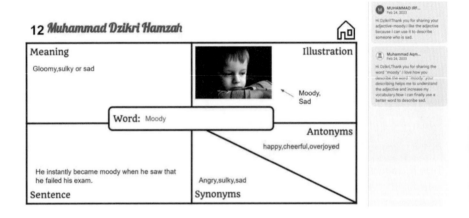

シンガポール・マドラサ・イルシャド・ズフリ・アル・イスラミヤ校における辞書引き学習を取り入れた語彙学習の改良

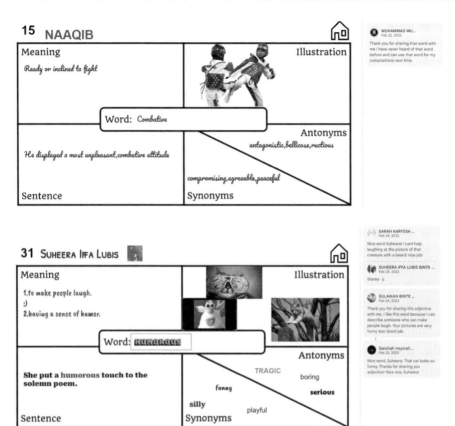

写真10：小学部4年コルドバ学級の生徒たちは、Googleクラスルームを通して、Googleスライド上で「4マス語彙力養成」の活動を行った。

第3部

生徒の感想

「もっと新しい単語とその意味を知り、作文に使ったり、語彙を増やしたりすることに興味がわいた。」

アイマン・イズディハル

「辞書引き学習は、作文やメール、その他重要なことを書くときに使う言葉に関する活動なので、とても気に入っている。僕にとって、辞書引き学習とは、辞書で偶然見つけた素晴らしい単語でできたファンタジーの終わりのない魔法の世界だ。」

アフマド・リファイエ

「辞書引き学習は、自由な時間に読書や絵を描くこと以外にすることを与えてくれた。それ以外にも、すでに知っている単語を復習したり、新しい単語をどんどん覚えたりするのと同時に、クラスで1番になろうとする競争心も芽生えた。」

ナーキブ

「辞書引き学習に参加して得たことのひとつは、作文を書くときに使う新しい単語やより良い単語を学んだり理解したりできたこと、そして何かを話すときに正しく適切な単語を使えるようになったことだ。」

ハナソフィア

「自分が知っている単語は知っている意味しかないと思っていたが、辞書でその意味を読むと、意味がより明確になった。一定時間内に誰が一番多くの単語を覚えられるか、友達と競うのも楽しい。」

サラ

課題

授業中に辞書引き学習を実行するのは簡単なことだった。最初に何度か説明し、辞書引き学習の意図を再確認した後、ほとんどの生徒が快調な滑り出しを見せた。し

かし、付箋を貼る単語の数が増えるにつれて、2つの主な課題が浮かび上がってきた：

1. 500語以上に付箋をつけると、辞書が机の下に簡単に収まらなくなり、教室内で「分厚くなった」辞書を置くスペースを確保しなければならなくなる。この状況は、推奨されている辞書のサイズ（最小サイズはA5）より小さい辞書を使っている生徒にとっては、さらに困難である。辞書がきちんと閉じられないと嘆く生徒もいる。

2. 生徒のモチベーションを維持し、辞書に付箋を貼り、1000語の目標に到達させることは困難であった。英語科の教師は、辞書引き学習を行っている間に生徒が目標となる語数に達すると、努力をたたえるために達成証明書を授与した。

ロザナ・ムハンマド・ザイード氏による実践

　小学部4年（ブハラ学級）には33人の中級レベルの生徒がいる。彼らは以前から辞書引き学習のことを耳にしていたが、深谷教授と吉川教授が訪問した日まで辞書引き学習を試したことはなかった。保護者にはこのプロジェクトについて説明し、生徒には辞書を購入するよう勧めた。付箋も配布された。

　訪問当日、生徒たちはまず辞書の使い方を教わった。生徒たちは紙の辞書がかさばることに気づき、わからない単語の意味を確認する普段の方法を尋ねると、即座に電子辞書やオンライン辞書を選ぶと答えた。辞書引き学習が紹介され、その方法が実演され説明された。初回であったため、生徒たちには自分で試す時間が与えられた。

　生徒たちは、調べた単語のうち知っている語を辞書で引き、その定義を読んだかどうか尋ねられた。定義は正しかったか？　その単語に他の意味はあったか？　生徒たちは、辞書の1番、2番……と番号のついた語義を繰り返し口にした。これは彼らの理解を示しており、辞書引き学習と関連づけることができた。

　応用的な活動として、「意味の連続性」が行われた。生徒たちは、単語をカテゴリー別に並べるワークシートを完成させた。

第 3 部

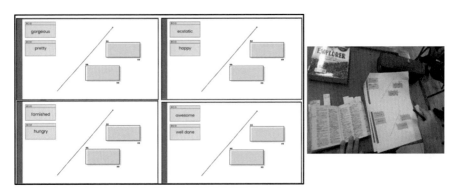

写真 11：辞書引き学習の応用的な活動として Word Cline にとり組んでいる小学部 4 年（ブハラ学級）の様子

生徒の感想

　訪問当日、生徒たちは辞書を持っていた。辞書引き学習の活動は管理しやすく、とりくみやすいものであったため、生徒たちは課題に取り組んでいた。知っている単語を調べるだけなのに、ついつい定義を読んでしまうということが共有された。また、いくつかの単語の横にある数字が、その単語に複数の意味があることを示していることもわかった。それは彼らにとっても新鮮だったようだ。

小学部 5 年（P5）の体験

スフェンディ・イブラヒム氏による実践

　辞書引き学習の実施は、マドラサ・イルシャドに浸透している読書の文化を支えている。マドラサ・イルシャドの生徒たちは、学期ごとの図書館訪問、100 冊チャレンジ、3-2-1-Read など、多くの図書での読書プログラムを推進することで、読書を奨励され、報われている。生徒たちが 5 年生から最終学年（critical year）、さらにその先へと進むにつれて、語彙の知識が増えることは間違いない。読書を奨励する継続的なプログラムを実施することで、生徒たちは語彙やその構成要素を付随的に学習するプラットフォームに触れることができる（Pellicer-SánchezA 2016）。

　辞書引き学習では、自信と確信のレベルが様々である生徒が語彙知識を習得で

きるように、ペアワークや小グループでの作業を後押しする指導方略を実施した（Pellicer-SánchezA 2016）。小学部5年の生徒のために開発した自習を取り入れた授業では、通常の授業の一環として辞書引き学習を行った。そして、応用的な活動として生徒全員に単語カードを配布した：

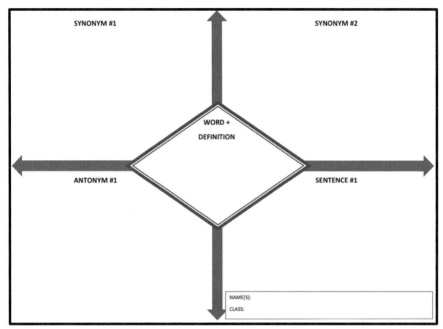

写真12：辞書引き学習の応用的な活動で用いる単語カード

　生徒は、辞書からその日の単語を選び、その語の同義語と反意語を検索して単語カードを完成させる。学力の高い生徒には、選択した単語を使って自分の文を作る応用的な課題が与えられる。この応用課題は、後に学力の低い生徒のクラスでも採用され、生徒の能力に応じて修正される。

　連続的な語彙学習から生じるもう一つの利点は、コロケーション能力の向上である（Pellicer-SánchezA 2017）。書いたり話したりするときに言葉の選択に気を配るようになることで、生徒は次第に自信を持って人前で話せるようになる。Webb（2009）の研究では、単語ペアの継続的な使用と発信を意識した学習により、生徒

第３部

のスペリングと文法、語法の成績が向上した。

生徒からの感想

・辞書は、単語の明確で簡潔な定義を提供してくれるので役に立つ。
・生徒は新しい単語の意味を見つけ、文脈の中で正しく使うことができる。
・多くの生徒が、辞書を使うことで語彙が増え、同義語、反意語、関連語を発見できることを評価している。
・生徒は、説明を教師やクラスメートのみに頼ることなく、自主的に学ぶことができる。
・場合によっては、生徒がさまざまな状況でその単語がどのように使われるかを理解するのに、辞書が必ずしも十分な文脈を提供しているとは限らない。

振り返りと課題

　生徒の大半は、自分のペースで新しい単語を発見することを楽しんでいる。多くの生徒は、付箋を使って辞書をカラフルにすることを楽しんでいる。また、辞書によって言葉の定義が異なることを学んだ。辞書を使った授業では、生徒が仲間から偶然に単語の意味を学んだり、仲間に定義を読み上げたりして学びを共有していることが観察された。

　付箋を何枚使ったかを記録することに困難を感じる生徒もいる。

辞書学習の冊子で楽しむ

　辞書引きの継続的なプロセスの一環として、小学校４年生と５年生を対象に、単語とその意味を所定の冊子に記録させる試験的なプロジェクトを実施した。読書100冊チャレンジと同様に、生徒たちは１年間で300語、500語、1000語という一定の目標を達成することが求められる。外発的な効果を高めるため、生徒の努力に応じて達成証が授与される。

　この冊子は、「辞書を使った学習を楽しもう」という名前のものである。間違いなく、集団学習における健全な競争心の中で、仲間同士のより良いコミュニケーションを育むのに役立つだろう。辞書引き学習は、読書、調べること、新しい単語を学

ぶことへの愛着を促進するため、いつでもできる。これにより、生徒たちは言葉を操る能力や、コミュニケーションのスキルをさらに向上させることができるだろう。同時に、多くの単語の同義語を発見することで、文章を書く能力も飛躍的に向上するだろう。

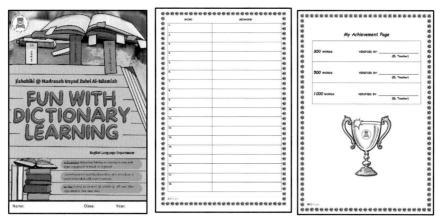

写真13:「辞書を使った学習を楽しもう」という冊子は、表紙、単語と意味のリスト、達成度を記録するページで構成されている。

この小冊子の背景にある考え方

　英語教師は、学習した新しい単語の意味の定着をサポートするような、目的を持った学習場面を作ることが不可欠である。見つけた単語の意味を読んだり書いたりすることは、生徒によっては面倒かもしれないが、その単語を知らない人に意味を説明するのと同じくらい重要である。そうすることで、簡単な単語でも難しい単語でも、その意味を知ることはそれほど難しいことではないということを実感し、当事者意識を促すことができる。英語を学ぶ過程で、生徒が単語を知り、最終的にマスターできるようにするためには、特別な努力と勇気が必要だ。生徒の中には、スペルや単語の意味と格闘している者もいる。私たちは、この従来からある手作業を基本とした方法を通して、生徒が最終的に見つけた単語の意味を覚えてくれることを願っている。そうすることで、生徒が意識的に単語帳を作り上げる過程や機会を提供することができるだろう。

第3部

今後の計画

　辞書引き学習は汎用性の高い教授法であるため、様々なレベルの生徒の要求に応えることができる。多くの教師は、生徒のボキャブラリー学習を強化するために、このテクニックを英語のレッスンに取り入れることができ、しばしば絶賛されている。生徒や教師が直面した課題や欠点にもかかわらず、マドラサ・イルシャド・ズフリにおける辞書引き学習は、試験で優れた結果を出すことに向けても非常に効果が高いと思われる。

　過去3年間、語彙の択一式問題やクローズ・テストの成績は思うようなものではなかった。マドラサでは、辞書引き学習の実践的な方法論をすべてのレベルに導入することで、今後数年間で語彙分野の成績が改善されることを期待している。

　このアプローチは生徒の努力をほとんど必要としないだけでなく、各単語の意味を学ぶことを忘れず、生徒が数千以上の単語を学ぶことで、大きなチャンスを開くことになる。辞書引き学習と試験対策のコラボレーションは、生徒が国際的なプラットフォームで使用される最も一般的な言語である英語を受け入れるための努力において、その学習にさらなる深みを与えることは間違いない。

　マドラサは、深谷圭助教授と彼のチームが提示したイニシアチブに感謝している。これは、英語の単語をマスターするためのベンチャーにおいてかなり効果的な別の方法で辞書を使用することで、より多くの学生に利益をもたらすだろう。

結論

　現在の辞書引き学習や、教師が紹介するさまざまな応用的な活動からできることはまだまだあるが、深谷教授の努力と共有は、マドラサ・イルシャドの生徒たちが語彙力を向上させ、レベルアップするための新たな機会を開くことになるだろう。Tseng, J., & Poppenk, J. (2020) が述べているように、脳は1日に平均6,000個の思考をしている（Tseng & Poppenk 2020）。だから、先週の水曜日に覚えたが、それ以来思い出していない単語を思い出すことは、ほとんど太刀打ちできない。実際、単語が「身につく」ようになるまでには、何度も何度も復習する必要があるというのが、ほとんどの学者の意見である。Nation, P (2001) は、新しい単語をマスター

するには、形の認識（発音、綴り、派生語）や辞書的な意味を知るなどの能力が確かに必要だと述べている。このように、辞書引き学習と辞書冊子の活用は、単語を効果的に学習することにつながると信じている。

　結論として、導入―実施―見直し―改善のサイクルは、他のカリキュラム計画と同様に重要である。したがって、どのようなアプローチやストラテジーの導入も、予期せぬ状況に直面した際にその解決方法を見つけ、最終的には誰もが慣れ親しみ、快適な目標に到達する。辞書引き学習はそのような方法論の一つであり、現在、そして今後数年のうちにイルシャドでその方法を見つけるだろう。マドラサでの英語学習を成功させるためには、生徒のボキャブラリー学習を強化することが重要である。辞書引き学習が教師や生徒のフィードバックを通じて示した最初の効果を私たちは肯定的にとらえているので、マドラサ・イルシャド・ズフリ・アル・イスラミヤのためにこのような成功をさらに重ねることが私たちの方略の一部となるだろう。そのような重要な目標の１つは、毎年の小学校卒業試験（PSLE）である。

　やるべきことはまだまだあるが、良いスタートを切り、継続的に復習することで、生徒が教材に深く関わり、対話を深め、自分の進歩を振り返ることを促す、より生徒主体のアプローチで学習を進めることができるだろう（Weimer、2002）。最後に、熱心な読者であり、批判的思考を持ち、雄弁で英語運用能力の高い生徒を育成するという英語科の目標を、生徒たちが達成することを期待している。

翻訳：関山健治（中部大学）

参考文献

Journal（2014）Promoting Academic Competence in Classrooms : Linking Jisho Biki with the 'Teach Less Learn More' Pedagogical Approach in Singapore by Keisuke Fukaya, Edmund W.K. Lim and Nobuhiko Kohata

Nation, P.（2001）　Learning Vocabulary in Another Language. Cambridge: Cambridge University Press. <http://dx.doi.org/10.1017/CBO9781139524759>

Pellicer-Sánchez A（2016）Incidental vocabulary acquisition from and while reading: An eye-tracking study. *Studies in Second Language Acquisition* 38: 97–130.

第3部

Pellicer-Sánchez A (2017) Incidental learning of L2 collocations: A classroom study. *Language Teaching Research* 21 (3) : 381–402.

Tseng, J., & Poppenk, J. (2020) Brain meta-state transitions demarcate thoughts across task contexts exposing the mental noise of trait neuroticism. *Nat Commun* 11, 3480. <https://doi.org/10.1038/s41467-020-17255-9>

Webb, S. (2009) The Effects of Receptive and Productive Learning of Word Pairs on Vocabulary Knowledge. RELC Journal, 40 (3) , 360–376. <https://doi.org/10.1177/0033688209343854>

Weimer, M. (2002) *Learner-centered teaching: Five key changes to practice.* San Francisco, CA: Jossey-Bass. <https://connect.springerpub.com/content/book/978-0-8261-7718-6/part/part01/chapter/ch01>

シンガポールのアラビア語学習における辞書引き学習

──児童の語彙習得と作文にどのような影響があるか？──

シティ・ハイルンニサ・アブドゥラ

1. 対象クラス　小学部 2 年ダマスカス（Dimasyq）学級、8 歳の生徒 33 人から編成された男女共学クラス
2. 実験期間：2023 年 7 月第 1 週〜 2023 年 10 月 10 日
3. 活動内容：辞書引き学習（アラビア語辞書とポストイット・ノート）
4. 概要

「辞書引き学習（Jishobiki）」は日本で広く使われている教育手法です。私たちは 2 つの重要な側面に焦点を当てています：第一に、すでに知っていて理解していると思われる単語を再考すること。第二に、新しい単語を継続的に調べ、理解し、使う努力をすることです。

辞書引き学習（Jishobiki）は日本だけでなく、イギリスやシンガポールなど他の国でも導入されています。そこで、以上の 2 つの側面から、私たちは、外国語であるアラビア語学習にもこの学習法を取り入れる必要性を感じました*1。子供たちは膨大なアラビア語の語彙を習得することが難しく、同時に単語の正しい綴りを知る必要があるのです。子供たちのアラビア語語彙の習得と単語の正しい綴りを知ることを目的に、私たちは、2023 年 7 月から辞書引き学習法を導入しました。

私たちは、辞書からランダムに単語を探し、その単語を付箋に書いて辞書のページの脇に貼り付けるという小さな活動から始めました。

より楽しく、より多くの単語を辞書から探させるために、多くの単語を見つけることができた子供たちにインセンティブを用意しました。数日のうちに 5 人程の子供たちが、80 以上の単語を覚えることができました。友達がインセンティブをもらうのを見て、生徒たちはさらに単語を探し始めました。

私は、生徒一人一人に用意したノートに単語を書き込む必要性に気づきました。ノートに単語を書き込むことで、生徒たちは単語とスペルを覚えることができます。

第３部

　その後、私が産休に入ったため、私のクラスは産休補助のリリーフ・ティーチャーに引き継がれた。リリーフ・ティーチャーは、生徒たちのアラビア語の単語の綴りが上達したことについて、肯定的な感想をくれました。また、辞書引き学習によって、子供たちが、アラビア語の単語に触れる機会が増え、語彙が増えたとも言っていました。

　アラビア語の試験が近づいたので、私はリリーフ・ティーチャーにお願いして、復習のために辞書引き学習を用いた活動を用意してもらうことにしました。受験に必要な単語（場所や物）をリストアップし、ノートに書き留めてもらいました。

　驚いたことに、子供たちの結果について、リリーフ・ティーチャーから良い肯定的なフィードバックをもらいました。子供たちは、模擬テストよりもずっと単語力が向上したというのです。子供たちがこの辞書引き学習から何を得たのかを知るために、私は、保護者を通じて何人かの生徒にこの件について尋ねることができました。

　以下、彼らの感想の一部を紹介したいと思います；

・児童Ａは、辞書引き学習のおかげで、今まで知らなかったアラビア語の単語を知ることができたと言いました。新しい単語を学ぶだけでなく、単語のスペルも学びました。家で仕事をしているときに、タグ付け（辞書に付箋を貼ること）した単語も覚えていました。
・児童Ｂは、（アラビア語辞書で単語を探すのは）難しいが、楽しいと述べている。ポストイットに単語を書き、辞書に貼って新しい単語を覚えたり、インセンティブをもらったりできるので楽しいようです。彼の母親は、生徒が辞書を使うことで、自分が見つけた単語の意味を知ることができるようになるのは、全体的に私の良い取り組みだと述べていました。
・児童Ｃは、辞書を引くことは、特にインシア（アラビア語の作文）や単語の意味を理解するのにとても役に立ったと話していました。また、この活動によって単語を覚え、単語の正しい綴りを覚えることができるようになったと語っていました。

　アラビア語学習において、この学習法が効果的であることが、良いフィードバッ

クによって示されました。新しい語彙が増えただけでなく、将来（特に将来作文をするとき）のために正しい単語の綴りを練習することができました。来年度の１学期から実施し、より良い結果が得られることを願っています。

翻訳：関山健治（中部大学）

注

*1 Keisuke Fukaya, "Children and Their Exposure to New Worlds: Case Studies from the UK, Singapore and Japan", Abstract Number: 20240, World Association of Lesson Studies 2017

「辞書引き学習」と Teach Less Learn More（TLLM）
教育学的アプローチのリンク

深谷圭助　エドモンド・W・K・リン　木幡延彦

1. はじめに

　「辞書引き学習」とは、小学生が能動的かつ自主的に学習するために、辞書を活用するアプローチのことである。日本では、「辞書引き学習」は読み書き教育の効果的なアプローチの一つであり、特に読み書きの能力を促進する上で有効である。本稿では、日本における「自書力」の概念、プロセス、活用法を紹介する。また、日本の「辞書引き学習」を他の教育文脈や言語に移植することの可能性と課題についても検討する。

　ここでは、「Teach Less Learn More」（TLLM）教育言説を持つシンガポールの教育状況に重点を置く。

　本稿では、シンガポール・華民（ファミン）小学校の事例をもとに、児童の主体的な学習への影響を検証する。この事例研究では、子どもを育み、それぞれの子どものニーズ、能力、興味にもっと注意を払う「シンプルでありながらパワフル」な方法として、「辞書引き学習」を適用した学校の取り組みが描かれている。また、子どもたちから学び、より創造的な学習をデザインするための重要な機会を提示している。

2. 「辞書引き学習」のアプローチ

　「辞書引き学習」とは、文字通り、「辞書」は「辞書」を意味し、「引き」は「検索」を意味する。「辞書引き」とは、辞書を使って検索することである。このアプローチは、20年以上前、深谷圭助が小学校教師の頃に考案された。深谷は、子どもたちが積極的かつ自主的に辞書を効果的に使えるようにしたいと考えた。より深く、より広い学習のために辞書を使うという積極的な習慣を育てようとしたのである。そして

「辞書引き学習」と Teach Less Learn More（TLLM）教育学的アプローチのリンク

　深谷は、辞書という便利なリソースと付せんという便利なツールを融合させ、読み書きと読書を促進するシンプルで強力な方法を生み出した。

　そのプロセスを説明しよう。子どもたちは、まず辞書から単語を探し出す。単語とその定義を読んだ後、ポスト・イットに番号を振り、読んだ単語を書き留める。例えば、「21 Excellent」という具合である。その後、指幅ほどの小さなポスト・イット・ノートを、その単語が載っているページの一番上の空白部分に、そのページの他の単語を覆わないように貼り付ける。このプロセスを続ける。子どもは次に興味のある単語を読む。そして、次の数字と読んだ単語をポスト・イットに書き、辞書のページに貼り付ける。例えば、「22 Effort」という具合に、である。このプロセスは、子どもがやめると決めるまで続く。

　よくある質問は、「知っている単語を探すべきか」それとも、「知らない単語を探すべきか」というものである。通常、辞書は「未知の単語」を検索するために使われる。教師や辞典利用者のなかには、辞書から「未知の単語」を探すことから始めるべきだと考える人もいるかもしれない。しかし、深谷は、まず教師が子どもに対して、「辞書引き学習」では、「既知の単語を探すこと」を促すことを提案した。そうすることで、子どもは最初に「身近な単語」を辞書の中から参照することから始めるようになる。

　「既知の単語」の定義や意味を読みながら、子どもは「既知の単語」のさまざまな定義をより深く広く理解することができる。例えば、「ボール」という言葉には複数の意味がある。そうすると、子どもは、最初に理解したことに加えて、「ボール」にはさまざまな定義があることを発見する。そうすることで、子どもはもっと学びたいと思うようになる。さらに、辞書の定義を読んでいるうちに、子どもが新しい単語に出会うかもしれない。これによって、子どもは学習の旅に出ることができる。子どもはまた、別の既知または未知の単語の定義を探すこともできる。

　「辞書引き学習」のプロセスでは、特定のページごとに単語を探すというアプローチにはこだわらない。子どもは、自分の興味、能力、必要性に応じて、単語を参照することができる。子どもは、自分の好みに合った方法で、ランダムに単語を探すことができる。

　深谷は、自学力の養成の初期段階では、まず「既知の単語」を100語、探すことを勧めた。ポスト・イット・ノートに番号をつけることで、子どもは自分の進歩状

第3部

況を把握することができ、辞書を使う意欲を高めることができる。このアプローチは、体系的で理路整然としたものであると同時に、子どもがさまざまな単語を柔軟に検索できるようにするものでもある。また、子どもは、辞書のどのページをめくっても、既知または未知の単語を検索することができる。辞書引き学習のアプローチには、親しみ、発見、楽しみの要素がある。

3. 日本における「辞書引き学習」の展開

深谷は1989年愛知県刈谷市立亀城小学校の教諭として勤務する傍ら、「辞書引き学習」を考案した。1965年生まれの深谷は、学校の教壇に立ちながら教育を受けた。1999年から刈谷市立南中学校社会科教諭。名古屋大学で博士（教育学）号を取得。2007年から2010年まで立命館小学校に勤務し、副校長、校長を歴任。2010年後半から中部大学准教授、2016年より同教授を歴任している。

「辞書引き学習」のアイデアは、深谷が、教室で辞書を引いて遊んでいる児童に気づいたことから始まった。その子どもは、辞書を読んだり遊んだりするときにポスト・イット・ノートも使っていた。その後、この習慣はクラスの他の生徒にも広がっていった。やがて、より多くの子どもたちが辞書で遊び、より多くの単語を覚えるようになった。そこには、遊びや切磋琢磨といった魅力的な側面があった。このアプローチによって、学習は楽しく魅力的なものになった。

深谷は、子どもたちは自主的に、また協力的に学び、遊ぶことができると指摘した。遊びを通して楽しく、うまく学ぶことができる。深谷は、遊びとしての学習、あるいは遊びが学習であるという哲学を信条としている。深谷は、子どもたちが辞書を読んだり遊んだりするのを楽しんでいる様子を観察した。

辞書を積極的に楽しく使うことで、子どもたちの自信、学習態度、知識が育まれる。また、自主的、能動的、協働的に学ぶ意欲も向上する。長年にわたり、彼は「辞書引き学習」の教育的アプローチである「辞書引き学」に磨きをかけてきた。また、日本の多くの学校とその研究を共有した。

2006年、「辞書引き学習」に関する書籍出版。タイトルは『7歳から「辞書」を引いて頭をきたえる』（すばる舎、2006年）というタイトルである。この本では、知的発達と自主的な学習の育成という観点から、「辞書引き学習」のアプローチに

ついて説明している。

彼の成功は日本のさまざまなメディア企業の目にも留まった。彼の仕事は様々なテレビ番組で取り上げられた。2007年から2009年にかけて、深谷は日本各地の40以上のテレビニュースや新聞報道で取り上げられた。また、レッスン・スタディは「自学力」とも連動している。

「辞書引き学習」普及の結果、日本での辞書の使用と販売は大幅に増加した。ベネッセの統計によると、2006年に紀伊國屋書店で販売された生徒用辞書は約634冊。「辞書引き」導入後、紀伊國屋書店での学生向け辞書の販売数は2008年には1066冊、2010年には2310冊に増加した。

日本ではますます多くの学校が、子どもたちのために「辞書引き学習」のアプローチを採用している。2010年11月、深谷はBenesse Corporationの木幡延彦とともに、世界授業学会（WALS）の国際会議で辞書引きの取り組みを発表した。同じ並行セッションで、同じく授業研究の取り組みを発表したエドモンド・リンと出会った。その後、深谷がシンガポールで彼の研究を紹介する手配がエドモンドを通してなされた。

4. 華民（ファミン）小学校（シンガポール）で「辞書引き学習」を紹介

2011年7月7日、深谷と木幡がシンガポールに辞書引き学習の紹介に訪れた。華民（ファミン）小学校の英語教師と3年生の児童を対象に、授業形式のセッションを行った。子どもたちは、魅力的で楽しい「辞書引き学習」のプロセスに没頭していた。明確で効果的な授業により、生徒たちは20分足らずで辞書引き学習のアプローチを学ぶことができた。また、子どもたちは、教師の「辞書引き学習」に関する提案やガイドラインを実践することをとても楽しみにしていた。子どもたちは嬉しそうに、そして興奮気味に辞書を使っていた。それは彼らにとって楽しいゲームのようだった。興味と学習意欲のレベルは高かった。さらに、生徒たちは切磋琢磨していた。辞書に載っている単語を探し、読み、書きながら、大きな声で数を数える生徒もいた。一回の授業で、辞書に50以上のポスト・イット・ノートを書き込んだ生徒もいた。リン校長も授業を参観し、学習を促した。また、ある生徒は感想用紙に「この学習方法が好きです。兄弟や友達にもこのゲームを教えようと思い

第3部

ます」と書いた。

　午後には、深谷と木幡が20人以上の英語教師を対象に有意義な講演を行った。彼らは深谷から「辞書引き学習」を学んだ。また、日本の「辞書引き学習紹介ビデオ」を鑑賞し、「辞書引き学習」授業の写真がシンガポールの教室に展示された。

　このような紹介活動を通じて、多くのスタッフや子どもたちが「辞書引き学習」を体験した。今後、より多くの子どもたちが定期的に「辞書引き学習」を活用することを目指す。

5. 華民（ファミン）小学校の教師と子どもたちによるフィードバック

　深谷は、華民（ファミン）小学校の教師と子どもたちのフィードバックに注目した。例えば、人差し指の長さのポスト・イット・ノートに、日本語と文字を上から下へ一行で簡単に書くことができる。このメモを辞書のページの一番上に貼り付けておけば、簡単に参照できる。英単語を上から下へ一文字ずつ書くと少し奇妙になる。これでは素早く読むことができない。そこで、ポスト・イット・ノートの長さを水平にして、左から右へ単語を書くという方法がある。そのメモをページの上部に貼り付ける。単語全体が斜めに見えるかもしれないが、単語の各文字を上から下に書くよりも、その方が読みやすい。また、ポスト・イット・ノートをページの上端（横方向）ではなく、ページの横端（縦方向）に貼るという方法もある。こうすることで、さらに文字が読みやすくなる。

　ただし、ページをめくる際には、ポスト・イット・ノートに影響を与えないように調整する必要がある。その場合、辞書のページを横からめくるのではなく、上からめくる必要がある。このような工夫をすることで、アルファベットを使用する英語圏での「辞書引き学習」の適用により適合させることができる。また、アプローチの拡張も可能である。例えば、単語を確認するだけでなく、その単語の定義をポスト・イット・ノートに簡単に書かせることで、より理解しやすく、記憶しやすくする教師もいる。これは、子どもがより効果的に言葉の定義を言い換えたり、覚えたりするのに役立つ。しかし、完全な定義の書き込みを要求しないように注意する必要がある。そうしなければ、「辞書引き学習」のプロセスが不当に遅れてしまい、「辞書引き学習」の「楽しい要素」が損なわれてしまう可能性がある。とはいえ、現地

のニーズや英語のような特殊な言語の文脈に合うように、多少の脚色や改良を加えることは有益である。

6. 国立図書館ビシャン図書館でのワークショップ

エドモンド・リンの協力のもと、深谷は 2011 年 7 月 9 日、シンガポール・ビシャン図書館で無料ワークショップを開催した。この体験型ワークショップには、関心のある親、子ども、教師、図書館職員が参加した。シンガポール人、日本人、韓国人がこの興味深く、有益なワークショップに参加し、「辞書引き学習」について学んだ。印象に残った感想のひとつは、「好きです。学ぶことが好きです」であった。

華民（ファミン）小学校での「辞書引き学習」の普及

2011 年後半、華民（ファミン）小学校校長エドモンド・リンの支援のもと、教師らは華民小学校の全ての子どもたちに「辞書引き学習」を紹介した。頑張る子どもたちのために、学校は予備のポスト・イット・パッドを用意し、辞書と一緒に使えるようにした。子どもたちには、楽しいコンテストが用意された。各レベルの目標を達成した生徒たちは、クイズに参加することができた。クイズの勝者には、賞品が贈られた。子どもたちは辞書を使って楽しく学び、遊んだ。「辞書引き学習」の適用はシンガポールでも広がり始めている。

今後、数年間で、「自学力」がより多くの子どもたちの役に立つことが求められている。「辞書引き学習」は、日本では授業研究と並行して使われてきた。来年度、華民小学校では、より体系的な「辞書引き学習」記の活用を、日常的かつ定期的に行う予定である。さらに、華民小学校の子どもたちと彼らの学習における「辞書引き学習」の適用、効果、利点を検証するために、授業研究を行う予定である。

あるシンガポールの教育者の言葉を借りれば、「辞書引き学習」は、まさに「シンプルかつパワフル」なアプローチであり、子どもたち一人ひとりのニーズや能力にもっと注意を払うことができる。このような取り組みを通して、生徒たちは英語などの 1 つの言語から中国語などの母国語へ、また言語などの 1 つの教科から社会科や理科などの他の教科へと学習能力を広げながら、熱心に学び続けることができ

第3部

る。

　「辞書引き学習」は、教師が生徒から学ぶ機会を提供することができる。教師は、また、子どもたちの学習意欲を高め、子ども同士が互いに学び合うことができるよう、より創造的な学習活動をデザインすることができる。このようにして、学習者のコミュニティと学習の質を向上させ、拡大させることができる。

　「辞書引き学習」の適用は、シンガポールの TLLM（Teach Less Learn More）教育学的アプローチに非常に合致している。

7. 「辞書引き学習」とシンガポールにおける TLLM（Teach Less Learn More）教育学的アプローチ

　TLLM は、テストや試験、総括的評価のために単に多くのことを教えるのではなく、学習者の興味を引き、生涯学習への準備をさせるために、より良い教え方を提唱している。

　「辞書引き学習」を通じて、教師は子どもたちを引き込み、生涯にわたって積極的かつ自主的に学び続ける方法を教えることができる。子どもたちは、言葉の知識と思考力を、自主的な方法で伸ばしていく。このことにより、読解力がさらに高まる。

　TLLM は、教育において「量」を超えて「質」を目指すものである。この文脈における「質」とは、教室での相互作用の拡大、表現の機会の増加、生涯に亘るスキルの学習、革新的で効果的な教育アプローチや戦略による人格の育成などである。反復的な評価や暗記学習など、量的なものは減らすべきである。

　教師たちが目の当たりにしたように、「辞書引き学習」は、「遊び」や「辞書を読むこと」を通して、子どもたちの自主的な学習の機会を増やしている。子どもたちは彼らの興味やニーズに応じて、快適でカスタマイズされたペースで、より多くの単語を学ぶことができる。「辞書引き学習」は、子どもたちが、学習により自信を持つことを可能にする。子どもたちは、知識と自信が増すにつれて、より効果的なコミュニケーターになることができる。さらに、「辞書引き学習」を積極的に活用することで、粘り強さ、決断力、集中力、目標志向性など、前向きな性格の資質が培われます。革新的で効果的な「辞書引き学習」は、生涯学習に貢献する前向きな資質を養うのである。

8. おわりに

　TLLM に沿い、「辞書引き学習」は、子どもたちが失敗を恐れるのではなく、学ぶことに情熱を持てるよう、学習意欲を高める手助けをする。「辞書引き学習」は、教師から教わるだけでなく、辞書やその他の情報源を通して主体的に探求するようにする。そうすることで、生徒たちは「人生のテスト」に備えることができる。

　「辞書引き学習」を用いることで、生徒たちは、特定の教科の固定分野を超えて、さまざまな言葉や考え方のつながり、ひいてはさまざまな話題や領域のつながりを作ることができるようになる。「辞書引き学習」を通じて、生徒たちは忍耐力、自発性、学習への愛情など、さまざまな良い資質を身につけることができる。「辞書引き学習」は、特定の成果物に焦点を当てるのではなく、子どもたちの能力と自信を伸ばすための学習過程に重点を置いている。こうすることで、彼らは、より能動的で積極的な学習に取り組むようになり、ドリルや練習をあまりしなくなる。

　子どもの側においては、学習と教育のオーナーシップが高まり、教師の側では、教師の話や教訓的な指導が少なくなる。これらは、試験の高得点を目指すだけでなく、積極的な価値観や考え方、態度を養うという TLLM の目的と一致している。

　「辞書引き学習」は、まさに、「Teach Less Learn More」教育学的アプローチを満たし、強化するための貴重なリソースである。「辞書引き学習」は、子どもたちの心と態度を成長させ、自主的な学習を成功させるために真に役立つのである。

付記

　本稿は、『現代教育学研究紀要』（中部大学現代教育学研究所（7）、pp25-30, 2014-03）に掲載された、Keisuke Fukaya, Edmund W. K. Lim, Nobuhiki Kohata (2014) Promoting Academic Competence in Classrooms : Linking Jisho Biki with the 'Teach Less Learn More' Pedagogical Approach in Singapore を深谷圭助が日本語に訳出したものである。

研究の成果と残された課題

子供と言葉の出会いに関する国際比較研究
——イギリスにおける「辞書引き学習」の導入事例を中心に——

深谷圭助

1. 研究の目的

　本研究の目的は、子供に効果的に語彙と出会わせ、語彙を修得させるために、語彙力向上と継続的な学習習慣の形成のための辞典指導である「辞書引き学習法」の導入を行った場合、どのような成果と課題があらわれるのかについて、イギリスの小学校で実践し、言語文化、教師文化の側面から実証的に検討することである。なお、「辞書引き学習法」とは、「知っている言葉を見つけて（辞書に）付箋を付けていくことによって、子供たちが言葉の世界に興味を持ち言葉に対する認識が深まり、その結果、日本語力が身に付く[1]」学習手法である。2000 年代から日本の学校教育や家庭教育[2]で、2010 年以降は海外においても紹介されている学習法である[3]。海外では、以下の様に紹介されている。"Jishobiki is one of the effective learning approaches of literacy education, especially in promoting reading and writing skills as well as prompting academic competence and literacy in school.[4] "

2. 問題の所在

　1990 年代以降、国や地域の子供の学力を国際学力調査によって明らかにし、教育改革の根拠としようとする動きが具体化するようになった。この動きと連動して、能力観、教育評価、そして授業改善のあり方が国際的に議論されるようになった。

　日本の伝統的な教師文化である「授業研究」は、1990 年代から、Lesson Study として注目され、国際的な授業改善のためのアプローチとして認識されるようになった。そのきっかけになったのが、1994 年のスティグラー（Stigler, J.W.）、スティーブンソン（Stevenson, H.W.）による『ラーニング・ギャップ（Learning Gap)』の刊行[5]、そして 1999 年、スティグラー、ヒーバート（Hiebert）による『ティーチ

ング・ギャップ（Teaching Gap）』の出版[6]と言われている。彼らがアメリカと日本の学力差の原因に「授業研究」の存在を指摘したことで、日本の「授業研究」が世界から注目を集めたのである。これらの動向は、世界の授業改善へのアプローチに大きな影響を与えた[7]。日本の授業研究が注目されるようになったのは、アメリカのスティグラー（Stigler）らのこれらの著作がきっかけであったと言われている[8]。

　アメリカでは 1990 年代にこの問題と呼応しつつ、「教育スタンダード」化現象が進行した。もともとアメリカにはナショナルカリキュラムは存在せず、初等教育の目標、内容の規定は、各州の裁量となっていた。それが、ジョージ・H. W. ブッシュ政権下において、1991 年「全米共通教育目標」の達成戦略として、教育内容や学力の規準となる「教育スタンダード」の策定を目指すこととなり、「2000 年のアメリカ」を発表した。さらに、1994 年、クリントン政権下において、「2000 年の目標：アメリカ教育法」を策定し、アメリカの教員すべてが、継続的な職能向上を目指し、児童生徒の指導に必要な能力を開発するための教育研修の機会を持つことが定められた。このことは、アメリカ各州においても共有され、各州の教育改革の基本方針となった。また、イギリスでは、1988 年の教育改革法により、ナショナルカリキュラムが導入され、1994 年、1999 年の改訂を経て、2014 年に 3 年生以上の外国語の必修化とコンピューティングの導入が図られた。また、学校監査を行う教育水準局（OFSTED）は 2015 年から新たな監査の枠組みを導入し、その監査の結果をインターネットで公開している。イギリスもまた授業改善や子供の学力向上をめざした授業づくりへの教師、保護者の関心は高まっている。

　こうした動向を踏まえ、授業研究を国際的に展開、発展させていくためには、先述の国際的な学力評価、リテラシー概念の浸透と教育規準の共有化、それに対応した評価設計、そして教育内容の策定の具体化が必要であり、PISA 等が示すリテラシー概念に基づいた、教育内容の共有化を図る必要がある[9]。

　そこで、日本で開発された、読解リテラシー形成における言語スキル学習法である「辞書引き学習法」の海外移転・導入を通して、イギリスの教員が授業研究を通してどのように受容し、どのような教師文化、学校文化の同質性、異質性が存在するのかを明らかにしたいと考える。イギリスには日本と同様に小学生向けの学習辞典が豊富に揃っており、辞典指導に関して関心が高い。具体的には、辞書を活用する学習法として「辞書引き学習法」を移転することで、どのように子供は語彙と出

会い、語彙を習得し活用することが望ましいのかについて、イギリスの小学校と日本の小学校で同一モデルの教育実践を展開する。ピート・ダドレーが運営する、Lesson Study UK（https://lessonstudy.co.uk）で公開されている「授業研究ハンドブック（Lesson Study：a handbook）」を教員に紹介し、その手順に従って「辞書引き学習法」の導入とその教育効果の検証を行う。

3.「辞書引き学習」とは何か

　ここで、海外移転する日本型教育モデル「辞書引き学習」について説明しておく。「辞書引き学習」は、筆者が日本の小学校において、1990年代に開発した辞書を教材とした学習法である。この学習法について、小学館国語辞典編集部編『大辞泉』（第2版、小学館、2012年）では次のように説明されている。

> 辞書で引いた言葉を付箋（ふせん）に書いて、該当ページに貼っていく学習法。教育学者の深谷圭助が愛知県の公立小学校教諭時代に発案し授業で実践した。辞書を引いただけ付箋の数が増えるので成果が実感でき、子供はゲーム感覚で辞書を引く習慣を身につけることができることから、全国的な広まりを見せている。語彙の数を増すだけでなく、子供が自発的に学習する意欲を引き出す効果も期待されている*10。

　この学習法の特色は二つある。一つは、辞書を引く際に、未知の語だけでなく、既知の語も辞書を引く対象の語として認めるということである。もう一つは、辞書を引いた際、見つけ出した語が掲載されている頁の余白に、通し番号を付し語を書き写した付箋紙を貼るということである。この学習法の実践により、児童の辞書を活用する意欲が高まり、辞書を活用する機会が増えたこと、そして、その結果として語彙が広がり、語彙の理解が深まることが明らかにされた。筆者はこの学習法の開発に1994年に着手し、1998年に論文と著書で発表をしている*11。また、2006年に刊行された、拙著『7歳から「辞書」を引いて頭をきたえる』（すばる舎、2006年）で一般に知られるようになり、現在もこの学習法の関連書籍が刊行されている*12。この「辞書引き学習法」が学校や家庭で受容された背景には、これまでの、辞書の引き方を教えることを中心とした辞典の指導では、十分に成果が挙げられていなかったことが挙げられる。辞書の引き方を教えることが、必ずしも、子

供の語彙への理解を深め、広く語彙を獲得することに繋がっていなかった。この辞書指導が、辞書の引き方指導に限定されているという問題は、日本だけの問題ではなく、諸外国においても同様である。子供の語彙の理解や語彙の拡張に対して、辞書指導の問題は、諸外国と問題を共有しうるのではないか。本研究では、イギリスにおいて日本で開発された「辞書引き学習」を移転導入した場合、語彙の理解や拡張に関して、どのような受け止め方の差異が見られるのかを検討することにする。

4.「辞書引き学習」を海外導入した事例（イギリスの場合）

(1) Castlemorton C.E. Primary School における日本型教育モデル「辞書引き学習」導入の概要

イギリス Castlemorton C.E. Primary School において取り組まれた辞書引き学習法の実践研究では、Year3 から Year6 までの児童がこの取り組みに参加している。2017 年 3 月 15 日に導入授業を同校で筆者が行い、約 3 ヶ月間に亘って辞書引き学習法の実践を行った。

研究実践の効果検証のため、2016 – 2017 年度の Castlemorton C.E. Primary School、Year 3.4 の複式学級担任である Sian Cafferkey（ショーン・カッファーキ）教諭に対して、「辞書引き学習法」の実践検証に関わるインタビューを、2017 年 9 月 6 日（水曜日）に収録し、逐語記録を作成した。これを分析する。

(2) Castlemorton C.E. Primary School, ショーン・カッファーキ教諭に対するインタビューの逐語記録

①「辞書引き学習」を導入して感じたこと

原文	日本語訳
I: How do you feel about the Jishobiki?	I：辞書引き学習についてどう思いましたか？
T1: At the beginning I was skeptical. This isn't going to work, they won't like this but they loved it.	T1：最初、私はこの方法に対して懐疑的でした。辞書引き学習はうまくいかないだろうと思いました。子供たちは、辞書引き学習は好きではないだろうと。でも、子供たちは辞書引き学習が好きでした。

研究の成果と残された課題

原文	日本語訳
The children were really enthusiastic. For them they suddenly thought, "We can use a dictionary and it's interesting."	子供たちは本当に熱狂的でした。子供たちは、突然考えました。「辞書とその面白いことができる」と。
When I was a child there was a booklet called Readers Digest. And in there they have "Increase Your Word Power". And I used to love looking up words in dictionaries finding new words using them and the children didn't have that before. But this has made them want them to find out new words. And the competition has really ... they loved the competition. "Can I get more words than my friend? " "Can I be the first one to a 1000?" "Can I use the words in my own writing?" So from a teacher's point of view it has been fantastic. I wasn't a believer in the beginner but it's a genius thing.	私が子供の頃、『リーダーズダイジェスト』という小冊子がありました。そこには「あなたの言葉の力を増やす」とあります。そして、私は辞書を使って新しい言葉を見つけて辞書を検索するのが大好きでしたし、子供たちはそれ以前は辞書を持っていませんでした。しかし、辞書を用いて、子供たちに新しい言葉を見つけてもらいたいのです。競争は本当にね ... 子供たちは競争が大好きです。「私の友人よりも多くの言葉を手に入れることはできますか？」「私は最初の 1000 枚を達成することできますか？」「私自身の文章でその言葉を使うことはできますか？」教師の視点からみて、そのことは素晴らしいことです。私は、はじめは信じられませんでしたが、本当に素晴らしいです。
I: It was a good opportunity.	I：いい機会でした。
T2: Brilliant. Your higher achiever children will always take something like that and run with it and think it's brilliant. Children who struggle with English, I didn't think they would like it., because I thought they would feel left out.	T：すばらしいです。あなたのよりレベルの高い子供たちは、常にそのような何かを取ってそれと一緒に行い、見事だと思うでしょう。英語に苦労している子供たちがそれを好きになるとは私は思っていませんでした。
But because they did it at their pace, they loved it too. And they could do it at their level so everybody joined in which was brilliant It's been fantastic.	しかし、彼らのペースでそれをしたので、英語に苦労している子供たちもそれが好きになりました。そして彼らは彼らのレベルで辞書引き学習を行うことができたので、誰もが立派に参加しました。それは素晴らしいことです。

②「辞書引き学習」をどのように導入したのか

原文	日本語訳
I:I want to know your process of Jishobiki and for March, April, June, July what's the process.	I: 辞書引き学習の実践の経過、3月、4月、6月、7月の経過を知りたいのですが。

子供と言葉の出会いに関する国際比較研究

原文	日本語訳
T3: So normally, after your lesson the children had a week where they kept bringing their dictionary and they were doing it everywhere. Every time you turned around a child was doing Jishobiki somewhere in school. Outside at playtimes. They were very motivated. It was a fad then it wanted a little bit so then we said, "Where are we up to? What numbers are we up to? Where is everybody at?" We looked at having a bit of competition in class. Can you get up to a 500? Can you get up to a thousand? Every time it dipped, every time they stopped wanting to do it themselves we gave them an incentive to do it.	T：順調ですね。授業の後で、子供たちは辞書を持ってきて一週間、辞書引き学習をしました。子供たちは、どこででも辞書引き学習をやっていました。いつも子供は学校のいたる所で辞書引き学習をしていました。遊び時間、校舎の外でもしていました。彼らは非常に意欲的でした。 熱中していました。「何があなたたちをそうさせるの?」「付箋は何枚貼ったの?」「どのあたりにいるの?」私たちは、クラスでちょっとした辞書引きの競争があることを見ました。「あなたは500枚貼ることができますか?」「あなたは1000枚貼ることができますか?」彼らがそれをやりたいと思っていた度に、私たちは彼らにそれをするインセンティブを与えました。
It does dip doesn't it. If you don't do it every day it dips off. but in my class we do reading in the morning for half an hour. And one of my groups if they've finished their reading book then they can get their dictionaries and what I was finding was that whenever they'd finished a book and they didn't want to start a new book yet they would go and get their dictionaries independently. That would be the automatic "Oh go get my dictionary."	それはちょっと拾い読みするようなものです。もしあなたが毎日、拾い読み(辞書引き)をしないなら、私の授業は、朝に30分読書をしています。グループの1人が読書を終えたら、彼らは辞書を手に入れることができます。彼らは本を読み終えても、いつも新しい本を読み始めることを望んでいません。彼らはごく当たり前のように自分で辞書を手に取って辞書引きをします。「ああ、私の辞書を取りに行こう」と。
I have done one or two lessons where we've used the dictionary we've had challenges. "Can you find a word quickly?" "Can you find a word you don't know?" "Can you find a word that begins with these sequence of letters?" "Can you find a word that has these letters in the word?"	私は、私たちが辞書引き学習に挑戦してきた辞書を使って、1～2回授業をしました。「すぐに単語を見つけることができますか?」「あなたはこれらの文字列で始まる単語を見つけることができますか?」「あなたは、これらの文字をもつ単語を見つけることができますか?」

研究の成果と残された課題

原文	日本語訳
So using that to help them to make sure they really are using it. Not just writing numbers. So maybe once a week have a lesson that has a dictionary focus. As part of a spelling lesson or grammar and that's worked really well.	それで、実際に使っているかどうかを確認するのに役立ちます。数字を書くだけではありません。一週間に一度、週に1回、スペリングの授業や文法の一部として辞書に焦点を当てた授業があり、それは本当にうまくいっています。
I: About once a week?	I：一週間に一度？
T4: About once a week. Have a specific time but then also there are opportunities for them to use the dictionaries throughout the week. Encouraging them in literacy lessons to have the dictionary on the desk so they are using it. And then saying, "If you look the word up in your dictionary you can add a post it note on it because you've learnt a new word" We encourage them that way. It's worked really well.	T：週に1回。特別な時間を取りますが、その週には辞書を使う機会があります。彼らがそれを使用しているように、辞書を机の上に置くことを英文読解の授業で推奨しています。 そして、「あなたがあなたの辞書でその言葉を見付けたら、あなたは新しい言葉を学んだことになるので、あなたの辞書に付箋を貼り付けることができる」と私たちはそのように奨励しています。それは本当にうまくいっています。

③「辞書引き学習」の短期的利点とは何か

原文	日本語訳
I: What do you think are the short term benefits of Jishobiki?	I：辞書引き学習の短期的なメリットは何だと思いますか？
T5: For short term, curiosity about language. The sense, for the children, of empowerment. They don't need to ask me about words. They can find out by themselves. They know if they get their dictionary and look up a word they can then say I know that word. Instead of saying "Ms. Caffejey, How do you spell?" "What does this word mean?" They go straight to the dictionary and use it first before asking me. Which is brilliant because they are independent. and know that they can learn new words.	T：短期間では、言語に対する好奇心。子供のために力を付けさせることの意義ですね。子供たちは言葉について私に尋ねる必要はありません。子供たちは自分自身で言葉の意味を見つけることができます。子供たちは辞書を手に入れて、単語を見つけたら、その言葉を知っていると言うことができます。「Ms. Caffejey、どのように綴りますか？」「この言葉は何を意味していますか？」と言うのではなく、子供たちはすぐに辞書に向かい、私に尋ねる前にまず辞書を使います。子供たちは自立して学んでいるので素晴らしいです。彼らが辞書で新しい言葉を学ぶことができることを知っています。

原文	日本語訳
In English we use very few of the thousands of words that we have available. I seem to remember that for most people its 1000 words that we use every day. There are so many more ways that we can speak and more vocabulary that we can use. It just encourages them to expand what they say. And it's quite interesting when you hear them in the playground sometimes. They'll suddenly come out with a new word. What does that mean? They race back in to come in to find that word.	英語では、私たちが利用できる何千もの言葉のごく一部しか使用していません。ほとんどの人にとって、私たちが毎日使っている1000の言葉を覚えているようです。私たちが話すことができる方法がずっとあり、私たちが使うことができるより多くの語彙があります。彼らは彼らが言うことを拡大するように促すだけです。そして、時には、遊び場でそれらを聞くとかなり興味深いものです。彼らは突然新しい言葉を発するでしょう。それはどういう意味ですか？　彼らはその言葉を見つけるためにあれこれ思い返します。

④「辞書引き学習」の長期的利点とは何か

原文	日本語訳
I: How about the long term benefits?	Ｉ：長期的なメリットはどうですか？
T6: In the long term, I'm hoping it will help them to improve their spelling. English spelling is very tricky. Every time you learn a rule, every word you come across after that doesn't abide by the rule. At least this way they're starting to see the connections between words. Because of the way the dictionary is organized as well you start with a root word and expand upon the root word. They're beginning to understand the spelling patterns. I think they're making better choices and better guesses when they don't know how to spell a word. They're using what they found out and more to help them. The younger children in the class are definitely seeing more of that because they were younger when they started. I think year I should see a bigger improvement in their spelling, hopefully. We just need to keep going with it.	Ｔ：長期的に、私は辞書引き学習が子供たちのスペリングを改善するのに役立つと期待しています。英語のスペリングは非常に難しいのです。あなたがスペリングの規則を学ぶたびに、あなたが出会うすべての言葉は、スペリングの規則を遵守しません。少なくともこのようにして、子供たちは言葉のつながりを見始めています。辞書引き学習が、組織化され、語根で始まり、語根の単語に展開するようになると、彼らはスペリングのパターンを理解し始めます。私は彼らが言葉の綴り方を知らないとき、彼らは、より良い（類語の）選択肢とより良い推測をしていると思います。彼らは彼らが見つけたものを使用しています。彼らを助けるためにもっと勉強しています。複式学級の中の下の学年の子供たちは、彼らが始めたときには若かったので、もっと見ています。私は、今年、うまくいけば、彼らのスペリングがさらに改善されるはずだと思います。私たちは辞書引き学習を続けなければなりません。

研究の成果と残された課題

原文	日本語訳
I: Usually how do you train spelling in this school?	I：通常、この学校ではスペリングをどうやって教えていますか？
T7: We teach a spelling rule.	T：私たちはスペリングのルールを教えています。
Maybe we might teach one spelling rule or two spelling rules in a week. Then we've always sent home ten spellings, ten words to learn. They would learn those words have a test and then forget the spellings. They don't retain them so it's very difficult because parents say "My child can spell. My child gets ten out of ten."	おそらく、1週間に1つのスペリングのルールまたは2つのスペリングのルールを教えます。そして、私たちはいつも、10綴り、10語を学習するように宿題を出しています。子供たちは、テストで出るそれらの言葉を学び、その後、スペリングを忘れてしまいます。子供たちは、スペリングがとても難しいので、記憶することができません。親は「私の子供が綴ることができる。うちの子供は10のうち10できます」と両親が言うからです。
They don't use the words. They just learn words. I don't know about you but when I'm writing If I come across a word I think I can't spell sometimes you change it to a different word because it's easier than going and getting a dictionary.	子供たちは多くの言葉を使いません。子供たちは、ちょうど言葉を学んでいる最中です。あなたがどうかは知りませんが、私が書く時、もしある言葉に出くわしたとしたら、私はスペリングできないし、別の言葉に置き換えることも難しいでしょう。何故ならそれは辞書を引くことよりも容易だからです。
But I think the children are now thinking "I'm not sure about that word I'll look it up." Hopefully they'll be more adventurous in our spelling and our choice of language. Which is good.	しかし、子供たちは、今では、こう考えていると思います。「私は調べようとする言葉については、よくわからない」と。子供たちが、スペリングやその言葉に代わる言葉（類語）の選択において、もっと冒険することを願います。

⑤「辞書引き学習法」導入にみられる児童観

原文	日本語訳
T10: Do you remember C? Tall boy long hair.	T：Cを覚えていますか？　背の高い長い髪の男の子。

子供と言葉の出会いに関する国際比較研究

原文	日本語訳
T11: He has very poor English. Very very poor. Can barely write. And he was looking through the dictionary and saying, "Oh I know that word I know that word" He then started to count and said, "I know 50 words!" And the next day he'd come and say "I thought I only knew 50 words , now I know 70 words"	T：彼は英語の成績が不振です。とてもとても不十分です。かろうじて書くことができます。そして彼は辞書を見て、「ああ私はその言葉を知っていることを知っています」彼はそれから数え始め、「私は 50 語知っています！」そして、次の日に彼は来て、「ぼくは 50 語しか知らなかったと思ったけど、今は 70 語を知っているんだよ」
And he hadn't realized how good his vocabulary actually is because although he can't necessarily spell them all right, those words, he knows the words.	そして、実際、彼が自分の語彙力がどれほど高いかを認識していませんでした。彼は必ずしも正しい言葉を綴ることはできませんが、その言葉は知っているのです。
And when he reads it he can tell he knows the words.	そして、彼がその言葉を読むとき、彼は彼が言葉を知っていると言うことができます。
For me, somebody like C, It's a huge boost to him to realize how good he is.	私にとって、C のような子がどれほど素晴らしいかを理解することは本人にとっても大きな助けとなります。
T12: He will never match where he needs to be at the end of primary school. He will never make that much progress, but he's better than he thinks he is. He's always thought he's not good at writing not good at reading. He's better than he thinks he is. Some children have that I can't do it I can't do it so don't even try feel.	彼は小学校の終わりにどのレベルにいる必要があるか決して一致をみることはありません。彼はそれほど進歩しているわけではありませんが、彼は彼自身が思っているよりもずっと優れています。彼はいつも書く力と読む力はあまり良いとは思っていません。彼は自分が思っているよりも優れています。何人かの子供たちは自分ができない自分は今までやったことがないからできないと思っています。
T13:And for C that was very much what C was like, but now he has a go and hell have a go at using the dictionary, being independent. Because before he would rely on my TA, my classroom assistant, to do it for him, to write it down. He would then copy, but now he's much better at trying.	それで、C にとっても、かなりそんな感じでしたが、今では、辞書引き学習に頑張って取り組んでいます。辞書を自分の力で利用しています。彼が私の TA に頼る前に、私の教室の助手は、彼のためにそれを書いて、それを書き留めていたからです。彼は書き写していますが、今は以前よりもはるかに努力しています。

研究の成果と残された課題

原文	日本語訳
T14: I would say he was my lowest ability child and my least able. But then you have children like M who is also year 5 who is very able. Who is writing at a very high level. For him the good thing was realizing the words he didn't understand, the words he didn't know.	I：私は、Cが私の担任をしている最も低い能力の子供であったと言えます。しかし、Mのような子供もいます。Mもまた5年生です。彼は非常に高いレベルで書くことができます。彼にとって辞書引き学習が良かったことは、彼が理解できなかった言葉、彼が知らなかった言葉を実現できたことでした。
T15:Actually he wasn't worried by that. It was just an opportunity for him to learn those words. So it worked at both ends which I really didn't think it would work. Which is why you're a professor and I'm not.	実際、彼はそのことを心配していませんでした。それは、彼にその言葉を学ぶ機会に過ぎなかった。それで、私はそれが両方上手くいくとは思っていませんでした。何故なら、あなたは教授で、私はそうではありませんから。
I: So you mean for him this Jishobiki was very effective?	T：彼のために、この辞書引き学習はとても効果的だったのですか？
T16: Yes for both ends. For the poor ones it's about improving their confidence and telling them they do know more.	I：CとMの両方に効果的でした。できない子供には、自信を持ちなさい、貴方はもっと言葉を知っているはずだよと伝えています。
T17:For the higher ability it's stretching them to say. They want to come in with bigger dictionaries because we have school dictionaries which have a few words comparatively and so he then wanted to come in with a big student's dictionary. And for M that's fine because actually he can learn very long words. He likes the challenge. So it worked for both ends, which is great.	より高い能力のために、それは彼らが言うように伸びています。私たちは、比較的少数の言葉しか持たないスクールディクショナリーを持っています。ですから、彼らはもっと大きな辞書に入って欲しいので、彼は大きな学生の辞書を使いたいと思っていました。実際に非常に長い語彙を学ぶことができるので、Mにとっては問題ありません。彼は挑戦が好きです。ですから、できる子供にもあまりできない子供に対しても辞書引き学習は双方の子供に有効でした。これは素晴らしいことです。
T17: He's very very good episode. I think this approach Jishobiki is very effective in every development stage. C is not so higher level but he's very interested in the Jishobiki and expands their ability vocabulary and confidence.	I：彼のエピソードは、非常に良いエピソードです。このアプローチは、それぞれの発達段階で非常に効果的だと思います。Cはそれほど高いレベルではありませんが、彼は「ジショビキ」に非常に興味があり、語彙の能力と自信を高めています。

子供と言葉の出会いに関する国際比較研究

原文	日本語訳
T18: Parents have been surprised as well. Lots of parents come in and say, "Oh what's this? Another thing we've got to do at home." You say, "Well your children are interested" and they come back and go, "I can't believe they sat with the dictionary for an hour and a half this evening and just gone through a dictionary" because children nowadays have so many things.	T: 親も驚いています。多くの両親が来て、「ああ、これは何？　私たちは自宅でやるべきことがもう一つある」と言います。「そう、あなたの子供たちは興味を持っている」と言っています。子供たちが戻ってきて、保護者は「私は、信じられないのです。晩に、子供たちが辞書を持ってきて座り、1時間半、辞書引き学習をしていました」。今や子供たちの周りにはたくさんのものが満ち溢れているにもかかわらず。
Whereas in the 70's we had 3 TV channels and that was it. No DVDs and no videos. There wasn't a lot to do other than read.	1970年代には3つのテレビチャンネルがあり、DVDやビデオはありませんでした。読書以外には、することはたくさんはありませんでした。
T19:Nowadays they have so many things that they could do. Why would you sit with a dictionary, but they do and they love it they absolutely love it. And they love their little bags that Mrs. J mum made. Very cute	今日、彼らには、できることがたくさんあります。なぜ、あなたは座って辞書引き学習をしているのでしょう？　それは、子供たちは辞書を愛しているからです。辞書引き学習を子供たちは非常に愛しています。そして、彼らはJ校長のお母さんが作った小さな辞書専用バッグが大好きです。とてもかわいい辞書専用バッグです。
J: He also studied Spanish.	J：Mはまたスペイン語を勉強しました。
T20: That wouldn't surprise me.	T：私にとっては驚きではないですね。
J: He applied this method to Spanish. He's clever.	J：彼はこの方法をスペイン語に適用しました。賢いです。
T21: Brilliant. He makes those connections with other things where he can apply it. He will do it science, everything, without teacher help really.	T：すばらしいです。彼はそれを適用できる他のものとつなげていきます。それを科学等すべてに対し教師の助けなしで行います。
I: He's clever.	I：彼は賢いですね。
T22: Yes very clever. Exceptional.	T：はい。とても賢いです。ずば抜けています。
I: He's year 5 also?	I：彼も5年生ですか？
T23: Year 5.	T：5年生。
I: I think he develop his study skills by himself.	I：彼は、自らの学習スキルを自ら考え、実践しているのだと思います。

研究の成果と残された課題

原文	日本語訳
T24: Yeah. I think that's the thing for M. He will take that now on now as he moves on towards high school. His parents are very academic as well. So I think he will be encouraged to keep going with it. Yeah he does make those links very easily. Wise beyond his years,	T：そうです。私はそれがMだと思います。彼は今、上級学校へ向かう途中でこれを獲得するでしょう。彼の両親は非常に学業的です。だから私は彼がそれを続けるように励まされると思う。そう、彼はそれらのつながりをとても簡単に作っています。Mは彼の年を超えて賢明なのです。

5.「辞書引き学習」を国内導入した事例（日本の場合）

　(1) N 市立 S 小学校における日本型教育モデル「辞書引き学習」導入の概要

　N 市立 S 小学校では、2013 年 10 月から 2015 年 3 月まで、小学校 1 年生から 6 年生までの全クラスで「辞書引き学習」を導入し実践研究を行った。ここで研究実践のリーダーであった教務主任の Y 教諭のインタビュー（逐語記録）を示し、イギリスのショーン・カッファーキ教諭のインタビュー（逐語記録）と比較を試みる。インタビューは、2017 年 9 月 18 日に収録されたものである。

　(2) N 市立 S 小学校 Y 教諭に対するインタビュー

　　①「辞書引き学習」の短期的な効果とは何か

　Ｉ：Y 先生がお感じになられた効果とか成果ですね。えー短期的な効果とか成果はどんなものがあったのでしょうか？

　Ｙ：子供が言葉に関心を持つようになって、話し言葉の中でも、使ってみたい言葉、使っては嫌な言葉を意識するようになりました。

　Ｉ：他にはありませんか？

　Ｙ：読み取りなどの言葉で分からない言葉があるとすぐに調べてより深く心情を読み取ったり、情景を読み取ったりするようなこともよく見られました。

　Ｉ：それは国語の授業だけですか？

　Ｙ：えっと、算数だと、例えば、「端（はした）」という言葉は子供たちが調べたくなった言葉、そんな感じで各教科、子供たちが分からない言葉があると、手にとってすぐ調べるといった姿が見られるようになりました。

　Ｉ：算数の言葉、もう一度お願いします。「はした？」。

　Ｙ：「は・し・た」1 メートルと 30 センチ、1.3 メートルなんですけど、その

子供と言葉の出会いに関する国際比較研究

30センチを1メートルにカウントできない。「はした」という言葉で、教科書に出てきます。

Ｉ：あ「はした」ね。なるほど、なるほど。算数のテキストの中にも難物の言葉があるわけですね。

Ｙ：そうです。算数でしかでてこない言葉ですね。

Ｉ：「はした」なるほど。わかりました。他にはどうでしょうか？　短期的といいますと。

Ｙ：子供たちが、辞書を好きになって、「読書の時間」に毎週木曜日、朝、「読書タイム」があるんですけれど、「読書タイム」の時間に辞書を読むという子供たちがとても増えておりました。

Ｉ：それは、付箋の枚数を増やしたいからということなんでしょうか？

Ｙ：まあ、中にはそんな子もおりますが、付箋を貼った言葉に対して、用法であるとか、言葉の意味であるとかをもう少し詳しく知りたいというように、読み込む子が出てきます。

Ｉ：高学年の辞書の使い方と低学年の辞書の使い方で特徴はありましたか？

Ｙ：学年が上がるにつれて、いろんな教科での辞書の教材としての価値が上がっていたと思います。低学年ほど、国語の教科書とか簡単な身の回りの言葉、生活の中の言葉が、高学年では教科の分からない言葉を引くことが多かったと思います。

②「辞書引き学習」の長期的な効果とは何か

Ｉ：では、長期的に見て、辞書引きはどのような子供に価値をもたらすものなのでしょうか？

Ｙ：難しい質問ですが・・・基本、子供たちって、じっくり座って夢中になって何かに取り組むというのは、よっぽど好きじゃないとやりません。すぐに飽きてしまうというのが子供の、よくある姿なのですが、辞書に関しては、毎回新しい発見や友達は知っているのだけれども自分は知らないといった、友達とのコミュニケーションの中で知りたくなったことがいろいろ満載なので、子供たちが夢中になって言葉の学びを深めていくというかすすめていく。それっていうのはこれから子供たちが成長していく上で、言葉

研究の成果と残された課題

の価値というものが非常に基本となって大事になる部分じゃないのかなと
思います。

Y：本校は、国語辞典の他にも漢字辞典も一人一冊持ちましたので、漢字辞典
も子供たちにとっては興味深いものになりました。国語辞典は言葉を知
りたいときに、すぐ引いたものなのですけれど、漢字の意味が知りたいと
か、細かい読みとか書き順とか画数とか部首とかそういったものを知りた
いなっていうときに、非常に役立っております。中でも漢字辞典を使って
いて、分からない言葉が出てきたときに国語辞典を合わせて引くというよ
うなことがよくありました。

Ｉ：漢字辞典を使うことが面倒だとか煩わしいという子供はいませんでした
か？

Y：んーとー、一人一人に聞いたわけではないので、まあ、何とも言えません
が、煩わしいというよりは、即座にいろんな情報が一つの漢字について知
ることができるという意味では、あっち開いたり、こっち開いたりしなく
ていいので、子供たちにとっては、貴重な漢字辞典だったと思います。

Y：各教科で、漢字辞典や国語辞典はどの単元においても活用できる教材とし
て有効だと思います。国語ではもちろん、算数なんかでは、例えば、小数
の学習をします。その小数の学習の教材として、日本でいうと「厘」とか「分」
とか昔の単位など、今使われていない漢字なども子供たちは漢字辞典で調
べたり、その際の意味を国語辞典で調べたりすること。あと社会だと、需
要と供給などの難しい言葉などが出てきたときにすぐさまそれを国語辞典
で調べる。難しい漢字なので、漢字の意味から考えたいという意味で、国
語辞典で調べる子などがおりました。

③「辞書引き学習法」導入にみられる日本人教師の児童観

Y：子供というのは、疑問に思ったときに、その答を知りたいという気持ちが
非常に強いようです。大人の私たちが、聞かれてすぐにその言葉の的確な
意味だったり、漢字の成り立ちだったりを答えてあげれば一番いいのかも
しれないけれど、なかなか大人の私たちが子供にきちんと教えられるだけ
の力量が備わっていないような気がします。いつでもどこでも子供たちが

348

子供と言葉の出会いに関する国際比較研究

> 知りたいときに知ることができる、という意味では宝の宝庫なのだろうと
> 思います。
>
> Ｉ：この辞書引き学習を全校で取り組むにあたって、先生方のご理解、先生方
> にご理解いただく。先生方がもつ、従来の辞書への観念を取り除くために
> 苦労された点はありませんか？
>
> Ｙ：多忙極まる担任の先生たちにとって、計画をした勝負の時間です。その中
> で言葉一つ一つが分からないから調べようという子供たちの気持ちはある
> 意味大変な時間を費やしてしまうという先生方の声はありました。

6. 考察

　日本とイギリスで同一教育モデルを実践し、次のような点で特色の違いが明らかになった。

(1) 辞書引き学習法の「導入期から展開期」について

	導入期	展開期
イギリス	・導入授業の後、1週間、様々な場面で取り組む（授業中、遊び時間）	・週に1回スペリングや文法の授業の一部で辞書に焦点を合わせた授業。それに加えて一週間を通して机の上に辞書を置いて辞書を使うことを推奨している。 ・インセンティブを与える。 ・朝「30分間読書」で取り組む。

　まず、「辞書引き学習法」の導入と展開についてである。教育課程にない教育モデルの導入に関しては、それぞれの既存の教育システムに適応するように設計するのが普通である。日本で「辞書引き学習」を導入する場合、教師の責任の範囲内の「各教科の授業中に扱うこと」が多く、イギリスの場合は、授業内外の多様な場面で取り扱っている。日本よりもイギリスの方が、教員の裁量権が大きいと考えられる。イギリスの教育的文脈における「辞書引き学習」による教育効果は、主に「スペリング」の能力向上と見られており、英語の授業のうち、週1回は辞書に関連付けた授業内容としている。また、学習成果に対するインセンティブについてはイギリスの方が積極的に受け止めている。導入期において、日本では、国語を中心とし

研究の成果と残された課題

た各教科の授業の中で辞書引き学習に取り組んでいたが、イギリスでは、授業内外
で、辞書を楽しみとして使うことから始め、親しんできたら、英語のスペリングや
文法の授業、そしてインセンティブを与えながら、教科外でも引き続き積極的に行
わせていたことが分かる。目的の置き方が異なるのである。

(2) 辞書引き学習法の「短期的効果」と「長期的効果」
　次にイギリスの教師が感じた辞書引き学習法の「短期的効果」と「長期的効果」
についての比較である。

	辞書引き学習の「短期的効果」	辞書引き学習の「長期的効果」
日本	国語文学教材の読解に有効である。各教科の語彙に対する関心が高まる。	主体的な言葉の学びを深化させる。夢中になって学び続けるようになる。
イギリス	言葉に対する好奇心や子供の主体性を育てる。	英語学習において、正しいスペリングが修得できる。類語に対する関心が高まる。

　日本の場合、「辞書引き学習」の短期的な効果として、まず「国語の文学的教材
の読解」における効果、そして、「算数等の各教科における語彙への関心」をあげ
る*13。そして、長期的な効果として、「辞書を用いての学習習慣や主体的な学習姿勢」
を期待する傾向がある。それに対して、イギリスの教師でのとらえ方は逆で、短期
的効果として、「子供の言葉に対する好奇心や主体性」を挙げ、長期的な効果とし
て、「スペリングの能力に対する効果」を挙げている。最終的な教育実践上の目的を、
日本では、「学習態度養成」に置き、イギリスでは、「語彙能力深化と拡張」に置い
ていることが分かる。日本の教師は、各教科等のカリキュラムや授業進行に対して
縛られるが、その重点は子供の学習へのモティベーションの向上である。それに対
して、イギリスの教師はあくまでも、語彙力向上のためのカリキュラム、授業であ
り、その取扱は弾力的である。イギリスの教師にとって、意欲は能力獲得のための
「道具」なのである。

(3) 辞書引き学習法導入の際にみられる「指導観」、「児童観」、「教材観」
　最後に、辞書引き学習法の導入の際に見られる、教師の「指導観」「児童観」「教
材観」である。

子供と言葉の出会いに関する国際比較研究

	指導観・児童観	教材観
日本	各教科の授業進度や各教科の授業計画遂行に対して教師が抱えているストレスは大きい。	国語以外の各教科の語彙に対しても対応できる国語辞典の教材としての汎用性に魅力を感じている。
イギリス	学級内の能力差に対して関心が高い。児童の能力形成に関心が高い	能力差に対応した教材としての辞書に対する魅力を感じている。

　日本の教員は、授業計画や各教科の進行遂行に対して感じているストレスが大きく、児童が自由に辞書を使う事に対し、授業が成立しなくなるのではないかと不安を抱いている[14]。一方、イギリスの教員は、教室内の能力差についての関心が高く、能力の優劣に関わらず有効な「辞書引き学習」について大きな関心を持っている。日本の教師は、授業を管理しなければならないと考えており、授業における辞書引き学習の意義を、各教科においても積極的に位置づける必要があると感じている。イギリスの教員はその点、大らかに考えているが、最終的には、小学校の英語教育において大きな課題となっている「スペリングの知識技能の習得」において、「辞書引き学習」に大きな期待をしていることが分かる。

(4)「辞書引き学習法」導入に見られる「語彙教育観」

　「④『辞書引き学習』の長期的利点とは何か」におけるショーン・カッファーキ教諭のインタビューに "root word" という語が登場する。

> T6: In the long term, I'm hoping it will help them to improve their spelling. English spelling is very tricky. Every time you learn a rule, every word you come across after that doesn't abide by the rule. At least this way they're starting to see the connections between words. Because of the way the dictionary is organized as well you start with a root word and expand upon the <u>root word</u>. They're beginning to understand the spelling patterns.（下線は筆者による。）

　語彙教育において、イギリスの教師が関心を持つのは、辞書引き学習で辞書を読むことを繰り返すことで、「語根 "root word"」に出会うことができるという点からである。英語語彙に対する理解を深め、語彙を拡張するために、語根に注目することは、極めて有効であり、辞典の語彙の配列において、語根が発見しやすいとい

研究の成果と残された課題

う利点がある。National Curriculum UK に "Glossary for the programmes of study for English（non statutory）" があり、93–94 頁に "root word" が示されている。辞典指導において "root word" に着目することの有用性は、National Curriculum UK を通して教員間で認識されている。

　イギリスの教師にとって、辞典に付ける、見つけ出した語彙を書き込む「付箋紙」は、語彙力伸張、拡張の「試薬」であり、イギリスにおける語彙指導における「辞書引き学習」の受け止め方に、イギリスの言語文化的・教育学的特色を垣間見ることができる。

謝辞

　本研究は、イギリス・ウースターシャー・キャッスルモルトン CE 小学校（Castlemorton C.E. Primary School）ジャネット・アドセット（Janet Adset）校長、同校 Year 3.4 の複式学級担任ショーン・カッファーキ（Sian Cafferkey）教諭、そして日本の N 市立 S 小学校 Y 教諭の研究協力の元、貴重な研究実践のデータを得ることができた。ここに深く謝意を表したい。

　また、この 2 校で得た研究に関わる情報については、本研究の趣旨を逸脱しない範囲に於いて公開することが許されていることもここに付しておく。

付記

　本稿は、『現代教育学部紀要』（中部大学現代教育学部〔10〕pp.47–59, 2018–03）に掲載されたものである。

注

*1 深谷圭助『辞書引き学習で子どもが見る見る変わる』小学館、2013 年、3 頁。

*2 近年では、中学校英語の指導法としても注目されており、福田稔らにより、その導入の検討がなされている。福田稔「中学校英語における辞書指導について」『宮崎公立大学人文学部紀要』第 24 巻第 1 号 2017 年 3 月 pp.185–196.

*3 2017 年 5 月 20 日、21 日に National Library Building, Singapore で開催された

Asian Festival of Children's Content 2017 において、招待ワークショップ "Have Fun Learning with Dictionaries: A Hands-ON Workshop by Dr Fukaya", 及び、招待講演会 "Jishobiki: The Japanese Approach to Enhancing Children's Knowledge and Use of Ditionaries." が行われている。

*4 K. Fukaya, E.W.K. Lim, N. Kohata（2014）Promoting Academic Competence in Classrooms: Linking Jisho Biki with the 'Teach Less Learn More' Pedagogical Approach in Singapore. *Journal of College of Contemporary Education* 7. pp.25–30, March 2014.

*5 Stevenson, H.W. & Stigler, J.W.(1994) *The Learning Gap: Why Our Schools are Failing and What We Can Learn from Japanese and Chinese Education,* New York: Touchstone book.

*6 Stigler, J.W. and Stigler (1999) *The Teaching Gap: Best Idea from the World's Teachers for Improving Education in the Classroom,* New York: Free Press.

*7 この経緯は、以下の書籍に詳しい。小柳和喜夫・柴田好章編、日本教育工学会監修『Lesson Study（レッスンスタディ）』ミネルヴァ書房、2017 年。

*8 授業研究（レッスンスタディ）の系譜や現在の動向については、小柳和喜雄が分かりやすく解説している。小柳和喜雄「Lesson Study の系譜とその動向」小柳、柴田好章『Lesson Study（レッスンスタディ）』教育工学選書Ⅱ、第 11 巻、ミネルヴァ書房、2017 年、2-18 頁。

*9 日本のカリキュラム改善について、以下の研究が、PISA 2012 Results: Creative Problem Solving Students' skills in tackling real-life problems Volume V, p.127. に引用されている。

Mohammad RezaSarkar Arani, K. Fukaya (2010) Japanese National Curriculum Standards Reform: Integrated Study and Its Challenges. Globalization, Ideology and Education Policy Reforms, Heidelberg, London & New York: Springer.

*10 小学館国語辞典編集部編『大辞泉（上巻）』第 2 版、小学館、2012 年、1597 頁。

*11 深谷圭助「自ら学ぶ力を育てる国語辞典の指導法」は 1998 年愛知県教育委員会、愛知県教育文化振興会主催第 32 回愛知県教育論文個人研究最優秀賞を受賞し、同年、深谷圭助『小学校１年で国語辞典を使えるようにする 30 の方法』（明治図書、1998 年）として、刊行された。

研究の成果と残された課題

*12 「辞書引き学習法」に関する関連書籍には、以下のものがある。

　　・深谷圭助『7歳から「辞書」を引いて頭をきたえる』すばる舎、2006年。

　　・同『7歳から「漢字辞典」を読む子は学力が伸びる！』すばる舎、2008年。

　　・同『なぜ辞書を引かせると子どもは伸びるのか』宝島社、2008年。

　　・同『自ら学ぶ力をつける深谷式辞書・図鑑活用術』小学館、2010年。

　　・同『辞書引き学習で子どもが見る見る変わる』小学館、2013年。

*13 日本において「辞書引き学習」の実践を3か年に亘り実践したN市立S小学校Y教諭へのインタビューでは、辞書引き学習で最初に国語文学教材における読み取りに「辞書引き学習」が有効であったこと省察している。これは、日本において、辞書指導の中心が「国語」という教科にあり、国語文学教材読解の文脈で辞書を使用することが前提のようになっているからと思われる。

*14 日本において「辞書引き学習」の実践を3か年に亘り実践したN市立S小学校Y教諭へのインタビューでは、「辞書引き学習」を各教科の指導計画や授業計画を損なわないように位置づけるためにはどうしたらよいのかという問題が最も大きかったと述べている。

あとがき

　本書は、いわば種まきの報告と発芽の記録である。日本で花開き実をつけた辞書引き学習の種を、海外でまく活動を続けてきた。とりわけ、2019年度に科研費を取得して以降は、国・言語種・学校種を超えてさまざまな文脈で辞書引き学習を導入する活動を拡大し、データ収集の面も強化した。やがて、まいた種のほとんどが芽を出した。異なる国で、さまざまな言語・学校で、無事に芽を出したものもあれば、うまく育たなかったものもあるが、そうした活動の記録が本書には集められている。

　ここで紹介されている学校の一つひとつに足を運んだ身としては、それぞれの記録の背後に辞書に向き合う児童・生徒の真剣なまなざしや面白い言葉を見つけたときの笑顔、そして当初やや心配げな先生たちの表情がよみがえってくる。とはいえ、記録はやはり記録であって、実際の成果を収集したデータに基づいて分析する作業は、まだこれからという現状ではある。導入授業がどうして実際に起こったような結果に至ったのか、活動を継続しているためにはどのような方法が有効かなどの面については、個々の事例について横断的な分析を加えて明らかにしていく必要がある。単なる記録の集合体から実践報告や論文などのように、より汎用性を備えたような形にまとめていくのは今後の主要な課題である。

　我々がこの実践研究を通じて目指すものは、辞書引き学習によって言語学習のあらゆる問題を解決すること、などではもちろんない。辞書引き学習でできることは限られているし、世界中のどこでもカリキュラムがタイトな状況で、余計な活動が入り込む余地は少ない。そのため、授業時間の消費を最小限に抑えつつ、語彙についての気づきからメタ言語能力の増進に繋がるような、サプリメンタルな教授法・指導案の提供を目指している。余計なお世話と思われるかもしれないが、言語の学習に辞書は欠かせないものであり、どのみち使うのであればできるだけ楽しく有意義に使ってほしいと願っている。

　本書で紹介したイギリスやシンガポールで芽を出した辞書引き学習が、これからも順調に育ち、花を咲かせ、実を結んでくれることを願う。そして、その経験の結晶たる種がまた新たな地に運ばれて芽を出せば望外の喜びである。AI時代の紙の

辞書というテーマは、ここで語り尽くせるような話題ではなく別の機会に譲るが、辞書引き学習の持つ植物的なしなやかさと強靱さは、AIの時代においても、いやむしろ無機質なデジタルの時代にこそ、その存在意義を増していくだろう。トマトや唐辛子のようにとまでは言わずとも、世界のどこに行っても見られるような存在になっていけたら面白い。

　本書は、辞書引き学習が海を渡った最初の報告・記録である。寛容な心で提案を受け入れてくれる先生方がいなければ、ここまで活動を広げることはできなかった。ともに活動し、本書の執筆にもご協力いただいたすべての関係者に、心よりの謝意を表したい。

2024 年 11 月
著者を代表して
吉川龍生

執筆者一覧

■編著者

深谷圭助（ふかや・けいすけ　研究代表者）

中部大学現代教育学部教授

『7歳から「辞書」を引いて頭をきたえる』（単著 新潮社 2011 年）

『子どもが自ら考え、動き出す　学ぶ環境の作り方』（単著 池田書店 2020 年）

『子どもの学力が劇的に伸びていく！　一年生になったら紙の辞書を与えなさい』（単著 大和書房 2020 年）

■編著者

吉川龍生（よしかわ・たつお　研究分担者）

慶應義塾大学経済学部教授

『外国語教育を変えるために』（共著 三修社 2022 年）

『わたしの青春、台湾』（監訳 五月書房新社 2020 年）

■著者（翻訳）

関山健治（せきやま・けんじ　研究分担者）

中部大学人間力創成教育院准教授

『英語辞書マイスターへの道』（ひつじ書房 2017 年）

『英語のしくみ（新版）』（白水社 2014 年）

『日本語から考える　英語の表現』（白水社 2011 年）

■著者

王　林鋒（ワン・リンフォン　研究分担者）

大阪教育大学大学院連合教職実践研究科　特任准教授

「中等教育におけるメタ言語能力の育成を目指した複言語アプローチの外国語教育実践と省察」『複言語・多言語教育研究』10: pp.247-257　2023 年

『メタ言語能力を育てる文法授業―英語科と国語科の連携』（ひつじ書房 2019

年 分担執筆）

イギリス（キャッスルモルトン CE 小学校）

┃執筆者

Janet Adsett（ジャネット・アドセット　研究協力者）

Education Literacy Advisor for FFT Education

MA（Early years）NPQEL

Former Headteacher at Castlemorton C.E. Primary School

Sian Cafferkey（ショーン・カッファーキ　研究協力者）

Teacher at Castlemorton C.E. Primary School

イギリス（オルトリナム・グラマー・スクール・フォー・ボーイズ）

┃執筆者

丁佳（Ding Jia）（ディン・ジア　研究協力者）

Head of Chinese at Altrincham Grammar School for Boys

PGCE Tutor and Chinese Subject Lead at the University of Buckingham

シンガポール（マドラサ・イルシャド・ズフリ・アル・イスラミヤ）

Primary 4 English Language（Jishobiki）

┃執筆者

Aishah Shaul Hamid（アイーシャ・シャウール・ハミド　研究協力者）

Head, English Language Department, Madrasah Irsyad Zuhri Al-Islamiah

Suffendi Ibrahim（スフェンディ・イブラヒム　研究協力者）

Teacher, English Language Department

Rizal Jailani（リザル・ジャイラニ・研究協力者）

Asst Head, ICT Department,Teacher, English Language Department

Rozana Mohamad Said（ロザナ・ムハンマド・ザイード　研究協力者）

Co-ordinator and Teacher, English Language Department

（Team）Presenter, Plotagon Strategies in Teaching in 50th Regional Language Centre（RELC）International Conference（2015）with Sahrina Rani.

Noor Aishah Hussin（ノール・アイーシャ・ハサン　研究協力者）

Asst Head, Pupil Development Department Teacher, English Language Department

Book Publication: Kamsah, Mohd Fazilah & Hussin, Noor Aishah. (2011). Menangani Anak Biadab. Telaga Biru Sdn Bhd. (Malay Language)

Research Work: Hussin, Noor Aishah & Shahnaz, Liza & Wok, Saodah. (2010). Determinants of Communicating Forgiveness.

Shahnaz, Liza & Hussin, Noor Aishah & Wok, Saodah. (2010). Profiling Facebook Users among University Students and their Motives for Using Facebook.

Firza Hanim Abdul Jalil（フィルザ・ハニム・アブダル・ジャリル　研究協力者）

Asst Head, English Language Department

Primary 2 Arabic Language （Jishobiki）

▌執筆者

Siti Khairunnisa Abdullah（シティ・ハイルンニサ・アブドゥラ　研究協力者）

Teacher, Arabic Language Department

Redesigning Pedagogy International Conference (RPIC) 2022 by NIE/NTU: 30 May-1 June 2022

(Team) Presenter (Workshop) on the topic "Utilizing ClassPoint and WordWall in designing interactive and engaging lesson" with Ustazah Hafizah and Ustazah Halimatus Sa'diah. Madrasah Teachers' Symposium 2023: 20 November 2023

(Team) Presenter (Workshop) on the topic: "Crafting Engaging, Innovative Lesson and Formative Assessment Materials: Let's Dive into Eduaide, Canva and Classpoint" with Ustazah Halimatus Sa'diah and Ustazah Hafizah

シンガポール（ファミン小学校）

Primary 3 English Language（Jishobiki）

▌執筆者

Edmund Lim WK（エドモンド・リン　研究協力者）

Principal consultant & partner with Singapore Education Consultancy Group.

Former Headteacher Huamin Primary School

木幡延彦（こはた・のぶひこ　研究協力者）

Benesse corporation　辞典企画課　課長

日本（三重県伊勢市立城田中学校）　　　　　　　　中学校3年生　英語

▌執筆者

廣　千香（ひろ・ちか　研究協力者）

伊勢市立城田中学校　教諭

水本良恵（みずもと・よしえ　研究協力者）

三重大学教育学部非常勤講師、伊勢市立港中学校非常勤講師、元伊勢市立城田小学校校長、元伊勢市教育研究所所長

三重県学校図書館協議会「学校図書館運営の手引き」編集委員（2004年）

日本（沖縄県石垣市立石垣第二中学校）　　　　　　中学校1-2年生　英語

▌執筆者

髙原かおる（たかはら・かおる　研究協力者）

石垣市教育委員会　学校教育課　指導主事

赤嶺祥子（あかみね・しょうこ　研究協力者）

豊見城市立伊良波中学校　教諭

西原啓世（にしはら・ひろよ　研究協力者）

石垣市立石垣第二中学校　教諭

仲山恵美子（なかやま・えみこ　研究協力者）

石垣市立石垣中学校　非常勤講師

崎山　晃（さきやま・あきら　研究協力者）

石垣市教育委員会　教育長

日本（島根県邑智郡邑南町立瑞穂中学校、石見中学校、羽須美中学校）

┃執筆者

堀尾亮介（ほりお・りょうすけ　研究協力者）

邑南町教育委員会（浜田教育事務所派遣）指導主事

土居達也（どい・たつや　研究協力者）

前　邑南町教育委員会

日本（島根県邑智郡邑南町森脇家）

┃執筆者

森脇智美（もりわき・ともみ　研究協力者）**森脇製陶所**（邑南町）

『言葉の玉手箱（香川智美絵手紙集）』『丸』（共に絵手紙株式会社）

森脇　靖（もりわき・やすし　研究協力者）**森脇製陶所**（邑南町）

森脇　嵩（もりわき・たかし　研究協力者）（邑南町立瑞穂小学校）

森脇　蒼（もりわき・しげる　研究協力者）（邑南町立瑞穂中学校）

森脇明里（もりわき・あかり　研究協力者）（邑南町立瑞穂小学校）

日本（三重県桑名市くわな幼稚園・認定こども園くわな）

幼稚園年長　ことば（日本語）

┃執筆者

水谷秀史（みずたに・ひでふみ　研究協力者）

学校法人水谷学園理事長（幼稚園型認定こども園くわな幼稚園、幼保連携型認定こども園くわな　園長）

一般社団法人日本保育学会　会員

日本（福井県足羽高等学校）

高校3年　中国語

┃執筆者

青山恭子（あおやま・きょうこ　研究協力者）

前　福井県立足羽高等学校　教諭（中国語教育担当）

現　N高等学校　教諭（中国語教育担当）

2023年福井県教育功労賞

2021 年漢語橋 20 周年優秀指導者賞

2018 年駐大阪中国領事館教育室感謝状受領

日本（横浜市・慶應義塾高等学校）　　　　　　　　　高校3年　中国語

▌執筆者

荻野友範（おぎの・とものり　研究協力者）

前　慶應義塾高等学校　教諭

東洋大学准教授

須山哲治・荻野友範・山下一夫・吉川龍生「慶應義塾の中国語教育における高大連携（2）：既習者クラスの教科書について」『慶應義塾外国語教育研究』14 号 pp.69-79　2017 年

日本（北海道札幌市南月寒小学校）　　　　　　　　　小学校6年　英語

千葉里美（ちば・さとみ　研究協力者）

前　札幌市立南月寒小学校　教諭

新地真広（しんち・まさひろ　研究協力者）

札幌市立南月寒小学校　教諭

装　丁	三省堂デザイン室
組　版	株式会社 ぷれす

辞書引き学習、海を渡る
汎用的語彙学習方略モデルの開発

2024年12月25日　第1刷発行

編著者	深谷圭助（ふかや・けいすけ）　　吉川龍生（よしかわ・たつお）
発行者	株式会社 三省堂　代表者 瀧本多加志
印刷者	三省堂印刷株式会社
発行所	株式会社 三省堂
	〒102-8371　東京都千代田区麹町五丁目7番地2
	電話　(03) 3230-9411
	https://www.sanseido.co.jp/

〈辞書引き学習・368pp.〉

落丁本・乱丁本はお取り替えいたします。

Ⓒ Keisuke Fukaya　2024　　　　　　　Printed in Japan

ISBN978-4-385-36305-9

本書を無断で複写複製することは、著作権法上の例外を除き、禁じられています。
また、本書を請負業者等の第三者に依頼してスキャン等によってデジタル化する
ことは、たとえ個人や家庭内での利用であっても一切認められておりません。

本書の内容に関するお問い合わせは、弊社ホームページの「お問い合わせ」フォーム
(https://www.sanseido.co.jp/support/) にて承ります。